AS LINHAS FUNDAMENTAIS DO PENSAMENTO DE NIETZSCHE

Dados Internacionais de Catalogação na Publicação (CIP)
(Câmara Brasileira do Livro, SP, Brasil)

Stegmaier, Werner
As linhas fundamentais do pensamento de Nietzsche : coletânea de artigos: 1985-2009 / Werner Stegmaier ; organização de Jorge Luiz Viesenteiner e André Luis Muniz Garcia. – Petrópolis, RJ : Vozes, 2013.

Vários tradutores.
Bibliografia
ISBN 978-85-326-4610-1

1. Filosofia alemã 2. Nietzsche, Friedrich Wilhelm, 1844-1900 I. Viesenteiner, Jorge Luiz. II. Garcia, André Luis Muniz. III. Título.

13-05660 CDD-193

Índices para catálogo sistemático:
1. Nietzsche : Filosofia alemã 193

WERNER STEGMAIER

AS LINHAS FUNDAMENTAIS DO PENSAMENTO DE NIETZSCHE

Coletânea de artigos: 1985-2009

Organização de Jorge Luiz Viesenteiner e André Luis Muniz Garcia

Tradutores:
Oswaldo Giacoia Jr.
Antônio Edmilson Paschoal
Anna Hartmann Cavalcanti
André Luis Muniz Garcia
Jorge Luiz Viesenteiner
Marta Faustino
Vicente de Arruda Sampaio

EDITORA VOZES

Petrópolis

Rua Frei Luís, 100
25689-900 Petrópolis, RJ
Internet: http://www.vozes.com.br
Brasil

Diretor editorial
Frei Antônio Moser

Editores
Aline dos Santos Carneiro
José Maria da Silva
Lídio Peretti
Marilac Loraine Oleniki

Secretário executivo
João Batista Kreuch

Editoração: Fernando Sergio Olivetti da Rocha
Projeto gráfico: Alex M. da Silva
Capa: HiDesign Estúdio
Ilustração da capa: © Nicku | Dreamstime.com

ISBN 978-85-326-4610-1

Editado conforme o novo acordo ortográfico.

Este livro foi composto e impresso pela Editora Vozes Ltda.

Sumário

Abreviatura das obras de Nietzsche

As referências feitas às obras de Nietzsche seguem a convenção bibliográfica dos *Nietzsche-Studien*, sendo de conhecimento geral no âmbito da pesquisa especializada internacional. Uma correspondência com o modo de citação mais corrente no Brasil pode ser encontrada nos números dos *Cadernos Nietzsche*, publicação do GEN (Grupo de Estudos Nietzsche). A sigla KSA abrevia Friedrich Nietzsche *Sämtliche Werke*. Kritische Studienausgabe. Hg. G. Colli und M. Montinari, Berlim, Nova York, Munique: de Gruyter, DTV, 1980, em quinze volumes. Os primeiros algarismos depois de KSA indicam os números dos volumes; os demais remetem à numeração dos fragmentos inéditos, ou números de páginas. Algarismos arábicos indicam a numeração de capítulos, partes ou dissertações de uma obra. As outras abreviações se referem, primeiramente, ao título da obra no original alemão e, em seguida, ao título em português. Nesta coletânea consta apenas a abreviação da obra no original alemão.

AC/AC	Der Antichrist/O Anticristo
DD/DD	Dionysos-Dithyramben/Ditirambos de Dioniso
DS/DS	Unzeitgemässe Betrachtungen. Erstes Stück: David Strauss der Bekenner und der Schriftsteller/Primeira Consideração Extemporânea: David Strauss, o devoto e o escritor
EH/EH	Ecce homo/Ecce homo
FW/GC	Die Fröhliche Wissenschaft/A gaia ciência
GD/CI	Götzen-Dämmerung/O crepúsculo dos ídolos
GM/GM	Zur Genealogie der Moral/Para a genealogia da moral
GT/NT	Die Geburt der Tragödie/O nascimento da tragédia
HL/HL	Unzeitgemässe Betrachtungen. Zweites Stück: Vom Nutzen und Nachtheil der Historie für das Leben/ Segunda Consideração Extemporânea: Da utilidade e desvantagem da história para a vida
JGB/ABM	Jenseits von Gut und Böse/Para além de bem e mal
KGB	Kritische Gesamtausgabe Briefwechsel
KGW	Kritische Gesamtausgabe
KSA	Kritische Studienausgabe
KSB	Kritische Studienausgabe Briefwechsel
M/A	Morgenröthe/Aurora
MA/HH	Menschliches, Allzumenschliches/Humano, demasiado humano
MA II/HH II	Menschliches, Allzumenschliches II/Humano, demasiado humano (v. II)
SE/SE	Unzeitgemässe Betrachtungen. Drittes Stück: Schopenhauer als Erzieher/Terceira Consideração Extemporânea: Schopenhauer como educador
SGT/STG	Sokrates und die griechische Tragoedie/Sócrates e a tragédia grega
WA/CW	Der Fall Wagner/O caso Wagner

WB/WB	Unzeitgemässe Betrachtungen. Viertes Stück: Richard Wagner in Bayreuth/Quarta Consideração Extemporânea: Richard Wagner em Bayreuth
VM/OS	Vermischte Meinungen und Sprüche/Miscelânea de opiniões e sentenças (HH II)
WS/AS	Der Wanderer und sein Schatten/O andarilho e sua sombra (HH II)
Za/ZA	Also Sprach Zarathustra/Assim falou Zaratustra

Apresentação

A intenção de organizar este livro com textos reunidos de Werner Stegmaier surgiu durante estadia de pesquisa dos organizadores desta coletânea em Greifswald, na Alemanha. A carência de textos em língua portuguesa de grandes intérpretes da filosofia de Nietzsche, sobretudo da tradição germânica, foi um dos principais aspectos que motivou a organização e tradução destes textos, que agora se tornam disponíveis aos pesquisadores de Nietzsche no Brasil. Ao lado de outras traduções também de extrema relevância já disponíveis, esta coletânea de textos inéditos em língua portuguesa se insere na perspectiva de dar continuidade à trajetória de recepção de Nietzsche no Brasil, bem como ampliar o acesso de estudantes e pesquisadores brasileiros a textos de relevância capital na pesquisa Nietzsche.

Os textos ora apresentados nesta coletânea resultam de um ambicioso projeto de tradução de artigos acadêmicos de um dos mais influentes intérpretes alemães do pensamento de Friedrich Nietzsche atualmente na Europa. Todavia, após uma consulta aos títulos de literatura secundária, sejam livros ou artigos, publicados nos últimos anos no Brasil, pode-se afirmar que, dentre os mais respeitados e produtivos pesquisadores da filosofia nietzscheana, talvez Werner Stegmaier seja, em plagas brasileiras, um dos autores menos referenciados por estudiosos, ou mesmo leitores, que consultam material de apoio especializado. Enquanto herdeiro da rica tradição alemã, que teve um papel determinante, no início da década de 1970, na criação de novas diretrizes para os estudos sobre a filosofia nietzscheana, em especial com Mazzino Montinari, Wolfgang Müller-Lauter e Josef Simon, a produção acadêmica de Werner Stegmaier se destacou, antes de tudo, pela originalidade e profundidade de sua interpretação da filosofia tardia de Nietzsche. A ideia norteadora do presente livro, que devido ao rigor de seu planejamento foi prontamente acolhida pela Editora Vozes, consiste em apresentar ao público de língua portuguesa – e não somente ao público especializado, mas também àquele que, por ter se deparado com intrigantes e polêmicos argumentos de Nietzsche, decidiu-se por recorrer a uma embasada bibliografia secundária – uma inovadora visão sobre o "modo de pensar" e, consecutivamente, sobre o modo de questionar, de problematizar, filosoficamente, teses, princípios ou valores que até então eram tomados por evidentes. Outro grande mérito é, sem dúvida, revisitar e rediscutir importantes conceitos-chave e temáticas filosóficas que se consolidaram e nortearam a pesquisa sobre a filosofia de Nietzsche ao longo destes últimos cem anos.

Werner Stegmaier é professor do Instituto de Filosofia da Universidade de Greifswald e atual coeditor e diretor de redação tanto do periódico *Nietzsche-Studien – Internationales Jahrbuch für die Nietzsche-Forschung* quanto da série de livros *Monographien und Texte zur Nietzsche-Forschung*, ambos editados pela Walter de Gruyter, Berlim/Nova York. Ressalte-se que essas duas fontes figuram entre os principais meios de divulgação da pesquisa Nietzsche no mundo. A projeção internacional da interpretação de Werner Stegmaier como pesquisador de Nietzsche, porém, ocorre em 1994 com a publicação de uma das mais refinadas análises de *Para a genealogia da moral*, intitulada *Nietzsches 'Genealogie der Moral'*, editada pela Wissenschaftliche Buchgesellschaft, Darmstadt, e que ainda exerce forte influência naqueles que assumem a tarefa de analisar o texto de 1887 de Nietzsche. Pouco tempo antes dessa análise, em 1992, é publicado o texto de sua habilitação sob o título *Philosophie der Fluktuanz: Dilthey und Nietzsche*, trazido a público pela Editora Vandenhoeck & Ruprecht, de Göttingen. Embora ambos ainda permaneçam sem tradução no português, eles se configuram como a espinha dorsal da interpretação de Werner Stegmaier, bem como passam a definir o lugar peculiar que sua interpretação ocupa no contexto da *Nietzsche-Forschung*.

Todos os textos reunidos nesta coletânea foram escolhidos em conjunto e sob a indicação pessoal de Werner Stegmaier. De um modo geral, os textos giram em torno de uma filosofia da interpretação e do signo, e revelam tanto a metodologia com a qual Werner Stegmaier emprega em suas interpretações como também as linhas gerais que marcam o lugar de sua interpretação na pesquisa Nietzsche. Por isso, trazer ao público brasileiro alguns dos artigos de Werner Stegmaier é, sem dúvida, um ganho teórico de peso à pesquisa Nietzsche no Brasil.

A propósito do papel que Werner Stegmaier ocupa na pesquisa Nietzsche mundial, há de se destacar, como já mencionado, o mapeamento e escrutinador exame de conceitos e temáticas filosóficas que não possuíam até então um papel central no debate e na produção acadêmica da *Nietzsche-Forschung*, isto é, temas e conceitos que estavam, por assim dizer, à margem daqueles que amplamente são conhecidos e interpretados pelos estudiosos, tais como "vontade de poder", "eterno retorno do mesmo", "além-do-homem", "niilismo", o par conceitual "dionisíaco-apolíneo" etc. Werner Stegmaier, ao se deparar, em suas análises, com tais conceitos-chave, não mais os esclarece apenas com base nas canônicas interpretações produzidas por diversos estudiosos, em especial, das tradições alemã, anglo-saxã, francesa e italiana. Revisitando continuamente, em seus textos, intérpretes "clássicos" da *Nietzsche-Forschung*, que, salienta, exerceram influência definitiva em seu trabalho de pesquisa, procura, prodigiosamente, trazer à tona um até então intocável aparato argumentativo-conceitual, o qual, a seu ver, forneceu as bases para a criação e, consequentemente, recorrente ilustração, por Nietzsche, dos temas mais conhecidos em obras publicadas. Não se quer dizer aqui que esse "deslocamento" do olhar crítico em relação ao objeto examinado represente um distanciamento destes que são, notadamente, como o próprio Nietzsche reconhece, seus "pensamentos" mais originais. Antes, esses conceitos-chave são interpretados e discutidos em um domínio até então marginal na filosofia nietzscheana, a saber, o domínio dos "signos", da "compreensibilidade" da escrita, das "margens de manobra" para interpretação, pelo leitor, dos argumentos do filósofo alemão, dos "paradoxos", que são habilmente formulados somente por, a dizer como o próprio Nietzsche no aforismo 307 do primeiro volume de *Humano, demasiado humano*, "pessoas ricas de espírito". Desse quadro, revelado pela habilidade de análise ímpar do autor, segue-se a possibilidade de novos pontos de vista, novas inflexões; em suma, um novo acesso ao complexo e, por vezes, mal-entendido contexto no qual Nietzsche apresenta seus pensamentos fundamentais.

Assim, depois da fase filológica de interpretações em torno dos temas clássicos da filosofia de Nietzsche, assim como a depuração dos principais mal-entendidos que marcaram seu pensamento, a interpretação de Werner Stegmaier ocupa, como se vê, um lugar desafiador na atual *Nietzsche-Forschung*, sobretudo no que se refere também à sua metodologia de interpretação dos textos de Nietzsche, bem como a uma filosofia da interpretação e do signo. A propósito de tal metodologia, trata-se de uma 'interpretação contextual', cuja tarefa consiste em uma "filologia infinita dos aforismos, de seus contextos nos livros de aforismos e em sua genealogia nos apontamentos do espólio"[1]. As anotações do espólio, por sua vez, não são consideradas por Werner Stegmaier como a "autêntica filosofia de Nietzsche", como Heidegger as considerou, mas são tomadas apenas como elementos que indicam a genealogia do próprio aforismo que Nietzsche realmente enviou à publicação[2]. Manter-se tanto quanto possível no próprio aforismo, ampliar sua interpretação relacionando-o com o contexto do livro e com o contexto do emprego por Nietzsche em outros livros aforismáticos e, por fim, considerar o espólio como genealogia é, pois, a metodologia usual empregada por Werner Stegmaier em suas interpretações: "A filologia Nietzsche, no sentido de Nietzsche, tem que ser uma filologia dos livros aforismáticos, a arte de ler aforismos, por um lado, em seus próprios contextos de encerramento; por outro lado, no contexto dos livros – de igual modo, contextos de encerramento dos livros nos quais Nietzsche os inseriu numa ordem, e, finalmente, no contexto aberto configurado pelos livros entre si"[3]. Os textos publicados neste livro trazem consigo, de uma forma ou de outra, precisamente uma interpretação dos textos de Nietzsche segundo essa metodologia, com especial atenção ao artigo *Idealismo filosófico e Música da vida*.

---

1 STEGMAIER, W. *Nach Montinari*: Zur Nietzsche-Philologie. In: *Nietzsche-Studien* 36 (2007) p. 80-94 [Publicado neste livro sob o título *Depois de Montinari: sobre a filologia-Nietzsche*].

2 Ibid., p. 90.

3 Ibid., p. 93.

Presente desde a análise de *Nietzsches 'Genealogie der Moral'*, quando na ocasião escreve que "deveríamos primeiro compreender Nietzsche sistematicamente, a fim de entender que ele não queria ser sistematicamente compreendido"[4], essa metodologia não parte de nenhuma regra *a priori* como conceito-guia, mas, antes, convida à paciência e coragem para surpresas no percurso filológico, à renúncia em creditar apenas ambivalências e contradições ao pensamento de Nietzsche ou em esperar dele doutrinas universais, e, sobretudo, levar a sério a ideia da temporalidade do pensamento, ou, como ele também se refere, a fluidez dos conceitos empregados por Nietzsche e, inclusive, a fluidez do próprio pensamento. Mesmo o aforismo como forma de escrita filosófica de Nietzsche mantém o sentido em constante fluxo e, ao mesmo tempo, exige uma compreensão temporal e fluida.

A importância conferida por Werner Stegmaier à temporalidade e, portanto, à fluidez da interpretação e do signo, remonta ao texto de 1992 da sua habilitação, quando ele cria um conceito que, apesar de não ser empregado em língua alemã, marca decisivamente sua interpretação posterior de Nietzsche, qual seja, o conceito de *Fluktuanz*, uma alusão à palavra latina 'substância' somada a 'fluxo', significando então 'substância em fluxo': "O pensamento da fluidez responde, por um lado, ao pensamento metafísico da substância, o pensamento de uma unidade incondicional e independente em todas as mudanças [...]. Por outro lado, ele responde ao pensamento de desenvolvimento científico, na medida em que, a partir de um conceito crítico de vida, pensa essa 'unidade independente' no fluxo de suas condições de vida, o fluxo através do qual sua independência é novamente contestada e, ao mesmo tempo, que possibilita uma contestação sempre de uma maneira diferente". Trata-se, pois, de um pensamento que se refere a algo que nunca pode ser desvinculado da pressão do tempo, da história e suas sempre mutáveis condições de vida, de modo que o "pensamento da fluidez", que também corresponde ao conceito de evolução nas relações de vida, passa a expressar "a mutabilidade da essência de uma unidade de vida em sua rede vital"[5]. Assim, tão logo se alterem as condi-

4 STEGMAIER, W. *Nietzsches 'Genealogie der Moral', Werkinterpretation*. Darmstadt, 1994, p. 9.

5 STEGMAIER, W. *Philosophie der Fluktuanz*: Dilthey und Nietzsche. Göttingen: Vandenhoeck & Ruprecht, 1992, p. 190ss.

ções de vida ou mesmo as condições de emprego de um conceito, seu sentido também será continuamente deslocado; portanto, sob a pressão do tempo, o sentido pode ser sempre deslocado sem que se possa fixar um conceito de uma vez por todas, tomando-o apenas como mero signo sempre fluido.

O conceito empregado em *Nietzsches 'Genealogie der Moral'* já fora também utilizado no texto da sua habilitação[6], bem como passará a configurar a pedra de toque e a peculiaridade da sua interpretação na *Nietzsche-Forschung*. A partir daí surgem diversas hipóteses de grande envergadura, tais como as constantes neste livro, por exemplo, a ênfase da noção de temporalidade no pensamento de Nietzsche; a noção de que não há um texto estritamente autobiográfico na filosofia de Nietzsche, mas, antes, que sua vida representa apenas as condições genealógicas através das quais seu pensamento se desenvolve, uma espécie de autogenealogia e não autobiografia, como por exemplo na interpretação que faz de *Ecce homo*; a ideia de uma inversão da compreensibilidade, na medida em que, segundo Stegmaier, um conceito não pode mais ser universalmente compreendido por todos, mas deve sempre remontar às condições individuais de vida e de emprego deste mesmo conceito, de modo que é continuamente interpretado de outra maneira; a hipótese que situa Nietzsche como um pensador, cujo filosofar é uma forma de evitar uma doutrina, um pensador que não construiu nenhuma doutrina nem mesmo das suas principais teorias, na medida em que, segundo o autor, Nietzsche nunca quis ser universalmente compreendido; a hipótese também de que, em face da temporalidade e da fluidez dos conceitos, a própria filosofia de Nietzsche deve ser compreendida como 'mero signo' que, como tal, é sempre fluido e de cujo sentido é sempre continuamente deslocado sob condições diferentes de vida; ou, ainda, a criação de uma metodologia de interpretação que, como vimos, ao mesmo tempo inaugura uma nova filologia na *Nietzsche-Forschung* sem torná-la fechada, mas, antes, uma metodologia que também pressupõe uma tal *Fluktuanz*, sempre que amplia continuamente as margens de manobra – *Spielräume* como é o termo utilizado por Werner Stegmaier[7] – de um conceito e de uma interpretação.

---

6 STEGMAIER, W. *Nietzsches "Genealogie der Moral"*, p. 78ss.

7 Sobre o recorrente emprego do conceito *Spielraum* (margem de manobra) na interpretação de Werner Stegmaier, julgamos pertinente destacar, em linhas gerais, a fim de pontuar para o leitor sua centralidade nos textos ora traduzidos, três aspectos: 1) a origem etimológica da palavra e sua pos-

terior recepção no vocabulário filosófico; 2) o emprego do conceito em relação à filosofia de Nietzsche; e 3) o uso da palavra no interior da Filosofia da orientação de Werner Stegmaier. 1) Segundo o verbete "*Spielraum*" (In: KNEBEL, S.K. *Historisches Wörterbuch der Philosophie*. Bd. 9. Basel/Stuttgart: Schwabe & Co. 1972, p. 1.390-1.392), o termo *Spielraum* foi empregado originalmente ao domínio da mecânica, especialmente no que tange ao vocabulário militar, em relação à "diferença entre o calibre do canhão e o diâmetro do projétil". Para que o projétil pudesse atingir corretamente seu destino, o *Spielraum* entre eles deveria estar corretamente dimensionado. O uso mais geral do termo, porém, ocorre apenas no século XVIII e passa a designar "mais ou menos a margem de manobra delimitada da ação de possibilidades" (*HWPh*., p. 1.390). Desde o Círculo de Viena, especialmente com Wittgenstein, o termo *Spielraum* se torna um "conceito fundamental" no âmbito da filosofia da linguagem e da lógica formal, pois "ele se refere à totalidade das proposições elementares permitidas e é definido através de casos-limites, tautologia e contradição" (*HWPh*., p. 1.391). No aforismo 194 das *Investigações filosóficas* Wittgenstein também empregou o termo no sentido geral que *Spielraum* recebe a partir do século XVIII, a propósito da pergunta: "Teria a máquina, de uma forma misteriosa, seus possíveis movimentos já em si? [...] O que são as *condições* de movimento? Elas não são o *movimento*; mas também não parecem ser a mera condição física do movimento – o *Spielraum* que há entre o pino e o mancal, de modo que o pino não se adapte tão estreitamente ao mancal" (WITTGENSTEIN, L. *Philosophische Untersuchungen*. Frankfurt am Main: Suhrkamp Verlag, 2003). 2) Nietzsche também emprega o termo *Spielraum*, por um lado, no horizonte teórico do seu sentido original, tal como lemos em uma anotação da primavera/verão de 1888, KSA 13, 16[7]: "O domínio sobre as paixões e *não* seu enfraquecimento ou extirpação! Quanto maior é a força de domínio de nossa vontade, tanto mais liberdade pode ser dada às paixões. O grande homem é grande por meio da margem de manobra (*Spielraum*) de liberdade de seus apetites, mas ele é forte o suficiente para, desses selvagens apetites, domesticá-los". Em outro apontamento de novembro 1887/março de 1888, KSA 13, 11[400], Nietzsche registra ainda que a "originalidade de alguém" pressupõe também uma "livre margem de manobra". Por outro lado, há o uso de *Spielraum* no interior de uma filosofia da interpretação ou do uso interindividual de signos de comunicação, como será destacado por Werner Stegmaier em alguns de seus artigos traduzidos nesta coletânea. Com relação a esse último ponto de vista, o aforismo 27 de *Para além de bem e mal* é decisivo, especialmente onde Nietzsche escreve enigmaticamente que, na comunicação interindividual entre "bons amigos", "é bom que se conceda a eles de imediato uma margem de manobra e um espaço de recreação para o mal-entendimento". À luz desse aforismo, Werner Stegmaier argumenta no artigo publicado aqui sob o título "Signos de Nietzsche": "'Margem de manobra' é um conceito ou imagem para regulamentação da validade de regras. Uma 'margem de manobra' é um espaço no qual alguém ou alguma coisa pode se comportar de acordo com 'regras de atuação' próprias; espaço que, não obstante, é limitado por regras ou dados de fato, sobre os quais nem um nem outro, nesse espaço, pode, 'recreando', impor-se. Os limites da margem de manobra na comunicação entre indivíduos são determinados pelos indivíduos que dela participam, voluntária ou involuntariamente. Esses limites se situam na respectiva força daqueles indivíduos de acolher mesmo a incompreensão como compreensão e, por seu turno, de esforçar-se por condescender a outros por meio de compreensibilidade, para não 'ofendê-los'". 3) Por fim, há ainda o uso que o próprio Stegmaier emprega no interior da sua *Filosofia da orientação*, especialmente para caracterizar o quão fluida pode ser a ação moral, desde que a pensemos sob as condições estritas do tempo. Assim, do ponto de vista moral, ações morais também seriam, segundo sua hipótese, fluidas, na medida em que, em um determinado espaço com regras mais ou menos delimitadas, a mesma ação pode se ampliar e tomar outros significados sempre que os participantes da comunicação também assim concederem. A fluidez da ação no interior do *Spielraum* permitiria pensar então um "*limite regulado de comportamentos não regulados*": "Uma margem de manobra é um espaço e, porém, nenhum espaço, e nele

O perfil exegético com o qual Werner Stegmaier compreende a atual filologia-Nietzsche não está presente apenas em torno de uma temática da filosofia da interpretação e do signo, mas também em textos nos quais ele dialoga com outros filósofos, como Platão, Spinoza, Kant, Hegel, Darwin, Heidegger, Lévinas, Derrida e também Niklas Luhmann, assim como em torno de questões epistemológicas e estéticas. Essas e outras caras hipóteses de interpretação, somadas à sua filologia-Nietzsche, marcam o lugar de originalidade de Werner Stegmaier na pesquisa Nietzsche no mundo, e que agora ficam acessíveis aos pesquisadores brasileiros. O que esperamos é que este livro amplie os horizontes de interpretação de Nietzsche aqui no Brasil, dando um novo fôlego tanto filológico quanto temático.

Há que se destacar também que Werner Stegmaier, além de pesquisador da filosofia de Nietzsche, também desenvolve pensamento autônomo intitulado *Filosofia da orientação*, cujos textos dialogam diretamente com intelectuais como N. Luhmann, J.K. Ulmer, Josef Simon e outros. Seu trabalho sobre o tema da orientação se origina no início da década de 1990, com diversos livros e artigos sobre o tema, culminando com sua obra principal publicada em 2008, sob o título *Philosophie der Orientierung*[8].

Todos os fatores que aparentemente poderiam convergir contra a proposta desse grupo de apresentar uma tradução, com esmero e qualidade, de artigos que cumpram, por um lado, uma função pedagógica, fornecendo um novo e embasado material de apoio para leitores em geral e, por outro, uma função acadêmica, primando por rigorosas diretrizes, bem como pela coesão e objetividade argumentativa, foram sendo, pouco a pouco, para empregar um termo caro a Nietzsche, "superados" por uma capacidade ímpar do grupo de incorporar e dissolver recorrentes dificuldades

---

há um jogo e, todavia, nenhum jogo; em todo caso, há um uso corrente de 'margem de manobra' na 'margem de manobra da ação'; na ligação entre 'espaço' e 'jogo' se desloca o sentido de ambos. Não se esperando de outra forma, a metáfora da margem de manobra acolhe e oculta um paradoxo. Uma margem de manobra é o 'espaço' de um movimento limitado por regras, no qual é possível um rápido 'movimento' que não obedeça a essas regras, no interior do qual, nesse sentido, é possível um 'jogo' livre dessas regras. Em resumo: um *limite regulado de comportamentos não regulados*. 'No interior' desse limite, o comportamento pode provavelmente obedecer a regras próprias" (STEGMAIER, W. *Philosophie der Orientierung*. Berlim/Nova York: Walter de Gruyter, 2008, p. 221).

8 STEGMAIER, W. *Philosophie der Orientierung*. Berlim/Nova York: Walter de Gruyter, 2008.

inerentes a tal empresa. Agregando as potencialidades de cada tradutor, chegou-se a este resultado de conjunto que agora pode ser avaliado pelo público nas páginas que se seguem.

Gostaríamos obviamente de agradecer aos amigos que contribuíram para a elaboração deste livro, traduzindo e discutindo pacientemente os textos: os professores Oswaldo Giacoia, Antônio Edmilson Paschoal, Anna Hartmann Cavalcanti, à nossa querida amiga lusitana Marta Faustino e, *last but not least*, ao amigo Vicente de Arruda Sampaio. Agradecemos também, obviamente, ao próprio Werner Stegmaier pela acolhida que nos deu na Alemanha, com sua sempre respeitosa, metódica e dedicada orientação, bem como pelo imediato e empolgado consentimento em publicar alguns dos seus artigos em português, que ora são apresentados nesta cuidadosa edição preparada pela Editora Vozes.

Os organizadores,
Jorge Luiz Viesenteiner
André Luis Muniz Garcia

Introdução

A presente coletânea oferece, pela primeira vez, ao público leitor brasileiro uma amostragem sistematicamente organizada do trabalho filosófico de Werner Stegmaier. Atualmente catedrático de filosofia do Instituto de Filosofia da Universidade de Greifswald e diretor editorial do *Nietzsche-Studien: Internationales Jahrbuch für die Nietzsche-Forschung*, o prestigioso anuário que reúne o que de mais importante foi produzido no âmbito da pesquisa internacional sobre a obra de Friedrich Nietzsche, assim como da célebre coleção *Monographien und Texte zur Nietzsche-Forschung*, também publicada pela Editora Walter de Gruyter. Stegmaier já havia marcado indelevelmente sua presença como intérprete arguto da tradição histórica da filosofia ocidental, num vasto arco que abrange do classicismo helênico ao idealismo alemão, de Kant a Nietzsche, de Heidegger a Wittgenstein, de Deleuze e Derrida a Lévinas e Niklas Luhmann.

O poder de penetração e a amplitude filosófica de sua ocupação hermenêutica com os clássicos da história da filosofia já fora maiusculamente atestada em obras como *Interpretationen. Hauptwerke der Philosophie. Von Kant bis Nietzsche.* Stuttgart: Reclam Verlag, 1997, ou como no magistral comentário *Nietzsches Genealogie der Moral.* Darmstadt: Wissenschaftliche Buchgesellschaft, cuja segunda edição foi publicada em 2009 graças ao imenso sucesso da primeira edição (1994) sobre os trabalhos excelentemente qualificados a respeito daquele que talvez seja o livro mais expressivo na fortuna crítica de Friedrich Nietzsche. Informações mais substantivas sobre a biobibliografia de Stegmaier, o leitor as encontrará na apresentação da coletânea por seus organizadores. Cabe aqui apenas colocar em destaque algumas das linhas mais expressivas da atuação do autor dos textos aqui reunidos.

As posturas hermenêuticas e metodológicas próprias que distinguem Stegmaier como intérprete de Platão, Aristóteles, Kant ou Hegel, firmaram-se de maneira ainda mais pronunciada em sua atividade no âmbito da *Nietzsche-Forschung*. A originalidade de suas posições vem à tona na questão relativa à relação entre espólio filosófico e obra publicada – crucial justamente no caso de Friedrich Nietzsche. Diferentemente de Karl Löwith, por exemplo, para quem o essencial do pensamento de Nietzsche há de ser encontrado apenas na obra publicada, Stegmaier não descura dos *Nachgelassene Fragmente*, o denso e volumoso espólio de escritos e fragmentos inéditos deixados pelo autor de *Assim falou Zaratustra*. Ao contrário, o *Nachlass* de Nietzsche sempre foi tomado por ele como objeto do mais atento e penetrante escrutínio, pródigo em brilhantes e fecundos *insights* filosóficos. No entanto, Stegmaier não hesita em impugnar que "a autêntica filosofia de Nietzsche há de ser encontrada justamente em suas anotações, e é filologicamente ímprobo considerar as anotações de seu espólio como fragmentos de suas verdadeiras doutrinas"[1].

Para Stegmaier, os apontamentos inéditos que compõem o espólio filosófico de Nietzsche não podem ser considerados *fragmentos* de sua filosofia se tomarmos fragmentos na acepção de textos elaborados, contendo pensamentos desenvolvidos e interrompidos apenas em sua elaboração. Seguindo a opinião de Mazzino Montinari a esse respeito, Stegmaier os considera como anotações, não como fragmentos, notas nas quais Nietzsche escrevia, primeiramente apenas para si próprio – como faz todo aquele com aquilo que poderia ser esquecido e de que não se esquece (conjunto a que pertence inclusive formulações desse material). Por isso, é mais provável que lá não se encontrem os pensamentos sumamente importantes, aqueles que não nos largam, dos quais não nos esquecemos e, na maioria das vezes, não carecemos de anotar.

Por isso, ao contrário da posição de Heidegger, para quem, no caso de Nietzsche, a obra publicada franquearia o acesso apenas à antecâmara e ao átrio do pensamento de Nietzsche, ocultando-se o decisivo nos percur-

---

1 STEGMAIER, W. "Nach Montinari". In: *Nietzsche Studien*, 36. 2007, p. 90 [Publicado neste livro sob o título *Depois de Montinari: sobre a filologia Nietzsche*].

sos labirínticos do muitas vezes desconcertante *Nachlass*, Stegmaier sempre conferiu relevância filosófica e filológica à obra publicada. E, em especial, aos livros de aforismos – e essa escolha tem uma razão teórica e filológica, a saber, porque o aforismo é a forma literária mais adequada ao pensamento de Nietzsche, que não se encerra em formulações conclusivas nem se deixa apreender num sistema definitivo de teses e consequências logicamente deduzidas. Para Stegmaier, as conclusões de Nietzsche são sempre provisórias, as unidades de pensamento detectáveis em sua filosofia, por exemplo, sob a forma de um ensinamento ou de um filosofema determinado (o eterno retorno do mesmo, o niilismo, decadência, o Além-do-Homem), são sempre cambiantes, reformuláveis, reatualizáveis em novas e surpreendentes formulações e contextos.

"Em livros aforísticos, o elemento determinante não é o sistema, mas o contexto. Abranjam eles uma única sentença ou textos com várias páginas, eles são contextos intelectuais sem desenvolvimento metódico dos pensamentos, sem um princípio de desenvolvimento e sem resultado do desenvolvimento numa ordem lógica explícita, mas com modos abertos de sopesamentos e abertas possibilidades de conexão. Eles são assim, justamente como formas apropriadas de apresentar uma experiência, um ensaio, pensamentos surpreendentes, que produzem efeito por meio de suas surpresas, não por meio de fundamentação. – Fundamentações, Nietzsche as fornece apenas onde elas, por seu turno, são surpreendentes"[2]. De acordo com Stegmaier, é no material editado que Nietzsche traz a público aquilo que considerou como a versão mais elaborada de seu pensamento comunicável – aquilo pelo que, portanto, assumiu publicamente a responsabilidade filosófica. Esse julgamento vale para todas as obras publicadas e preparadas para a publicação, inclusive e principalmente para aquela a que Stegmaier confere importância particular: os textos aforismáticos.

"Como forma literária, o livro de aforismos mantém o sentido em fluxo permanente e não apenas torna possível, senão que também força ao entendimento temporal do mesmo. E, no entanto, aforismos são também concluídos, respectivamente cada um deles, e podem, ao mesmo tempo,

2 Ibid., p. 92.

nessa conclusividade, subsistir por si próprios, tornando-se, enquanto figuras magistrais, formas de 'eternidade'. Para tanto, Nietzsche não se intimida de reanimar conceitos-chave da antiga metafísica ('substância', 'forma', 'imortalidade', 'eternidade') – e fluidificá-los, por sua vez ('pequena imortalidade', 'formas da eternidade') [...]. A filologia de Nietzsche, no sentido de Nietzsche, tem que ser uma filologia dos livros aforismáticos, a arte de ler aforismos, por um lado, em seus próprios contextos de encerramento; por outro lado, no contexto dos livros – de igual modo, contextos de encerramento dos livros nos quais Nietzsche os inseriu numa ordem, e, finalmente, no contexto aberto configurado pelos livros entre si, que ele mesmo só com dificuldade conseguia abranger com o olhar, de modo que ele tinha que apropriar-se dele sempre de uma nova maneira"[3].

Esse julgamento, todavia, não diminui em nada a importância conferida aos escritos póstumos inéditos, de acordo com os critérios e parâmetros metodológicos seguidos na edição Colli-Montinari. Ao contrário, o *Nachlass* conserva toda sua relevância para o sentido de filologia que Stegmaier considera adequado à interpretação do pensamento de Nietzsche. As anotações inéditas, contidas no espólio, tornam possíveis, por um lado, detectar "como Nietzsche desenvolveu e formulou seus pensamentos, e por quais pensamentos e formulações ele se decidiu finalmente, e a partir daí pode-se adquirir importantes modos de interpretação. Desse modo também Montinari queria ver utilizado o espólio, que deveria então ser ele próprio investigado do ponto de vista de suas fontes [...] Por outro lado, é possível extrair do espólio o que Nietzsche não publicou ou não publicou de determinada forma, bem como a maneira com a qual ele o registrava, seja porque para ele a comunicação não parecia tão boa, seja porque a comunicação não estava tão madura, seja porque os leitores não pareciam tão maduros para os apontamentos, pelo fato de serem muito significativos a eles"[4].

Os fragmentos e anotações conservados como inéditos não devem ser considerados, de modo algum, como elementos de segunda ordem, como algo despiciendo. Muito pelo contrário, devem ser tratados como

---

3 Ibid., p. 92ss.

4 Ibid., p. 91.

matéria de um cuidado hermenêutico igualmente essencial, uma vez que tornam possível acompanhar tanto o surgimento quanto os caminhos de elaboração do pensamento, desde suas primeiras articulações, passando pelos esforços de elaboração reflexiva e gramatical, até chegar à maturidade capaz de alçar-se ao nível da enunciação pública e, nesse sentido, de um posicionamento filosófico que pode reivindicar o direito de cidadania no seleto país da filosofia.

Não fora assim, não se poderia explicar a estreita vinculação do trabalho de Werner Stegmaier com a esmerada exegese histórico-crítica que vem à luz sob a forma da edição dos escritos completos de Nietzsche por Giorgio Colli e Mazzino Montinari. Essa, inegavelmente, constitui um marco divisor de águas na recepção contemporânea de Nietzsche e, ao mesmo tempo, desde seu aparecimento na segunda metade do século passado, monumento de valor e significação incomparáveis, a cujos rumos encontra-se desde o princípio ligada à publicação exitosa dos *Nietzsche-Studien*.

Stegmaier denomina a filologia adequada à filosofia de Nietzsche de 'filologia infinita' – dado o caráter de inconclusividade (não de ambiguidade da filosofia de Nietzsche, que não tolerava ambiguidade, não nos outros, muito menos em si próprio); ele considera seus trabalhos como uma preparação para uma filologia infinita, tal como ele a compreende. Sua opinião é a de que essa tarefa vale a pena ser prosseguida: "A filologia infinita dos aforismos, de seus contextos nos livros de aforismos e em sua genealogia nas anotações do espólio poderia ser a tarefa da futura *Pesquisa-Nietzsche (Nietzsche-Forschung)*"[5].

Na presente coletânea, o ensinamento de Stegmaier nos auxilia o percurso pelos caminhos e veredas do temerário pensamento de Nietzsche, que nos concita à ousadia de exercer a plena liberdade de um pensamento individual, que não se abriga sob o manto politicamente correto de 'imperativos formais do dever', mas nos confronta, de modo impiedoso, com o mais "sobrehumano" dos imperativos da singularidade humana, profundamente existencial: viver cada um dos instantes de nossa vida como se pudéssemos bendizê-lo por toda a eternidade, assumir integralmente cada um dos nossos momentos de modo que jamais venhamos a nos arrepender deles, enfim,

5 Ibid., p. 94.

assumir *sub specie aeternitatis* cada instante de nossa existência irremissivelmente sofredora e finita, sem subterfúgios e consolos ultramundanos.

Diferentemente de intérpretes contemporâneos já hoje tornados clássicos, como Gilles Deleuze ou Walter Kaufmann, Werner Stegmaier interpreta Nietzsche como um pensador sistemático – seguramente não na acepção mais usual do termo, de acordo com a qual o sistema equivale a uma totalidade organicamente estruturada de elementos dispostos segundo um plano arquitetônico, na esteira de filósofos como Descartes, Comte, Kant, Hegel ou Schopenhauer, por exemplo. Sistemático seria o pensamento de Nietzsche, de acordo com a interpretação de Stegmaier, porque seus ensinamentos ou 'doutrinas' articulam-se numa conexão filosoficamente completa, coerente e consistente. Para apreendê-la e explicitá-la (o que certamente constitui também condição fundamental para reconstituí-la, perfazê-la por si e pensar por si próprio a partir dela), uma tarefa, de resto, imposta por Nietzsche a seus autênticos leitores, na medida em que Nietzsche quis ser uma escola do pensar independente, mesmo que contra ele próprio[6].

Por certo que a interpretação dos clássicos da história da filosofia por Werner Stegmaier não deixa de lado os temas e conceitos que consagraram seu pensamento. No caso de Nietzsche, que aqui nos concerne e interessa mais de perto, as 'palavras' cardinais do filósofo – para evocar um termo de Heidegger – são ruminadas com a prudência e o devotamento filológico que o autor esperava de seus leitores. É assim que ocorre com o problema da oposição entre arte e ciência, com a questão da virtude e do dever, com o Além-do-Homem e com a(s) vontade(s) de poder, por exemplo. No entanto, a cura interpretativa de Stegmaier circunscreve

6 "Retribuimos mal um mestre quando permanecemos só discípulos. E por que não quereis arrancar minha coroa de louros? Vós me reverenciais; mas e se algum dia vossa veneração desmorona? Guardai-vos de não ser esmagados por uma estátua! Vós dizeis que acreditais em Zaratustra? Mas o que importa Zaratustra! Sois meus crentes: mas o que importam todos os crentes! Vós ainda não me buscastes: daí terem me encontrado; assim fazem todos os crentes, por isso importa tão pouco em toda crença. Então eu vos ordeno a me perder e encontrar a vós mesmos; e só quando todos vós tiverem me renegado é que eu quero retornar para vós" (NIETZSCHE, F. Assim falou Zaratustra – I: Discursos de Zaratustra. In: *Sämtliche Werke* – Kritische Studienausgabe (KSA). Ed. G. e M. Montinari. Berlim/Nova York/Munique: De Gruyter/DTV, 1980.

esses temas magnos a partir de conceitos até então pouco (ou quase nada) explorados na recepção de Nietzsche, como, por exemplo, o de plausibilidade, flutuância (*Fluktuanz*), paradoxo (*Paradoxie*), *Spielraum* (margem de manobra)[7] e orientação.

Como anteriormente foi esclarecido, obra publicada e póstumos inéditos encontram-se colocados em situação de equilíbrio. Por um lado, a interpretação dos aforismos deve concentrar-se muito atentamente sobre seus termos, noções, conceitos, modos de emprego, estilos etc., assim como para o contexto em que o aforismo se insere num determinado livro; mas há que se considerar sua conexão com o próprio livro em que se insere, bem como os contextos de surgimento e formas de uso desses elementos em outros livros aforismáticos do autor. A análise e interpretação acurada e zelosa dos póstumos permitem recompor a genealogia de um pensamento, dos conceitos em que se enuncia, de sua elaboração como problema, dificuldade, eventualmente impasses e alternativas de solução.

A interpretação percorre mais uma vez o caminho traçado por um pensamento essencial, reunindo num contexto os aforismos que dão a esse pensamento tratamento, densidade, amadurecimento, enfim, expressão linguística. Para tanto, é indispensável tanto partir da obra publicada quanto recorrer ao espólio dos escritos inéditos para acompanhar a gênese e o desenvolvimento daquilo que, nesse pensamento, deu e dá a pensar, reconstituir seu ducto da maneira mais exaustiva possível, acompanhando seus passos através da obra. Nesse diapasão, adquirimos familiaridade tanto com aquilo que foi pensado por Nietzsche quanto com a vertiginosa mudança de perspectivas a partir das quais Nietzsche realiza, nele e com ele, suas experiências vividas.

A contextualização permite, portanto, reunir e acomodar as peças que constituem o mosaico de uma 'doutrina' ou ensinamento em Nietzsche, um estuário para o qual confluem muitos afluentes principais e subsidiários, com suas montantes e vazantes, um tecido orgânico irrigado por artérias e veias, uma trama multifacetada, cujos fios componentes podem ser acompanhados e reconstituídos, em seus meandros, confluências e distanciamentos, pelo sen-

7 Sobre esse fundamental conceito, cf. nota 7 da apresentação [N.Orgs.].

deiro que conduz dos aforismos à versão publicável daquele pensamento nos aforismos que integram diferentes obras. Monta-se com isso uma constelação conceitual de temas e problemas, cujos astros e satélites formam a figura de uma problematização: por exemplo, a vontade de poder, a lógica da decadência, o Além-do-Homem, que não dispensa, mas ao contrário busca e exige a contradição, a polêmica, as relações de aliança e confrontação, que só elas permitem sua problemática enunciação, nem sempre inteiramente bem-sucedida.

Essa incessante elaboração no eixo diferencial de múltiplas e instáveis perspectivas, que sempre de novo se reconfiguram, e não se deixa capturar unidade totalizadora e totalitária de uma metaperspectiva não perspectivada – nomadismo experimental como modalidade da filosofia no tempo da perempção do absoluto – é a forma nietzscheana da objetividade. A ela corresponde, então, o preceito metodológico de contextualização, proposto por Werner Stegmaier; este fica plenamente explicitado, em seu exercício concreto e meticuloso, nos trabalhos hermenêuticos encerrados nesta coletânea. É nessa ótica que somos confrontados com os ensinamentos fundamentais do Além-do-Homem, da(s) vontade(s) de poder, do eterno retorno do mesmo.

Tais filosofemas são, de acordo com Stegmaier, antidoutrinas, integradas por anticonceitos – componentes fundamentais desse sistema filosófico '*proprium et ipssissimum*', nos quais somos permanentemente lançados na impermanência, na ousadia do desconhecido, no horizonte do infinito dos paradoxos filosoficamente produtivos, onde há somente mar, mar, mar... – e no qual carecemos de orientação, como condição de existência. É por causa disso que somos conduzidos, sem percalços e turbulências, mas como por uma transição cômoda e necessária, do método de contextualização para uma filosofia da orientação, pois orientação é simplesmente aquilo de que mais carecemos em situações e condições concretas de nossas vidas, que sempre são contingentes, cambiáveis, histórica e temporalmente determinadas. Em tais contextos, que não podemos evitar, necessitamos sobretudo de orientação, em sentido cognitivo para o pensamento teórico, e em sentido prático, para o agir ético-moral e político – particularmente então quando está em jogo a pretensão de pensar e agir por si mesmo, com os outros homens, no âmbito intramundano que é o nosso.

Orientação, em sua instabilidade permanente, se dela se pretende fazer uma filosofia, então tem que ser uma filosofia desprovida da pretensão a derradeiras respostas, mas sempre contextualizada e aberta à produtividade das contradições, razão pela qual o débito de Nietzsche em relação à longa tradição da dialética e da negatividade no pensamento não escandaliza Stegmaier, nem são tomadas por ele como pedras de tropeço; ao contrário, trata-se de um canal de mobilização para a crítica e autorreflexão, um manancial do pensamento extremamente fecundo e previamente insondável.

É por isso que, assim pensa Stegmaier, encontramos em Nietzsche o descerramento de espaço para uma filosofia da orientação – mas apenas como promissor movimento de saída, como uma exploração arqueológica, que expõe e trás à luz os rudimentos de um monumento valioso, ou antes, como também preferia Nietzsche, como numa partida de xadrez a ser jogada sem perspectiva de final –, prolegômenos a uma tarefa cheia de riscos, perigos e promessas, cuja realização cabe a nós hoje. A ela Stegmaier dedica sua excepcional *Filosofia da orientação*, plenamente cônscio que, *nach Nietzsche*, não nos consola mais a nostalgia do absoluto perempto. Por isso, talvez possamos dizer, na tentativa de acompanhar a reflexão de Stegmaier, que o principal legado filosófico que Nietzsche nos deixou foi a necessidade de re-pensar o *conceito de conceito*, depois que a própria marcha da história da filosofia se encarregou do sepultamento do conceito universal, impessoal, meta-histórico de conceito.

Conhecido entre nós como intérprete de Nietzsche por alguns trabalhos esparsamente publicados, Stegmaier apresenta-se agora ao leitor brasileiro numa profusão de aspectos que ilustram a fecundidade de seu pensamento original, tanto como historiador da filosofia quanto como filósofo. Pois que a presente coletânea foi bafejada pela fortuna de vir à luz contemporaneamente à publicação da grandiosa *Filosofia da orientação*, uma obra de amplo fôlego teórico, na qual Werner Stegmaier apresenta minuciosamente as linhas fundamentais de seu pensamento filosófico independente, levando a termo o que em outros autores, como Nietzsche e Josef Simon, por exemplo, não ultrapassava o limiar dos *Ansätze*, ou seja, dos prelúdios de uma autêntica filosofia da orientação.

Uma intensa e profunda reflexão filosófica desse porte constitui talvez o desafio mais urgente e pesado de nosso tempo, em que as sombras do niilismo – o irrefreável movimento que leva à perda de sentido e cogência por parte das supremas referências axiológicas que proveram os alicerces e os rumos do processo civilizatório ocidental até agora – se abatem opressivamente sobre o homem contemporâneo, precipitando-nos num abismo de paradoxos e dilemas, nos quais coincide a extensão planetária da técnica, tornando realidade o domínio humano integral sobre a natureza interna e externa, mas também a mais ingentemente sofrida situação de penúria e indigência em termos de orientação e segurança.

Se, na tradição da metafísica sempre se pressupôs e admitiu uma âncora e um ponto de apoio infinito (divino) para orientar a finitude humana em sua marcha na história, a filosofia de Nietzsche fez o diagnóstico de sua impossibilidade e, doravante, de sua falta de necessidade. Desse modo, podemos dizer com Stegmaier que Nietzsche abriu o espaço do pensamento para uma filosofia da orientação que não se permite, por considerá-lo ímprobo e indigno de filósofos, autênticas e definitivas verdades.

Uma genuína filosofia da orientação deve ser capaz de ousar o esforço, imposto por Nietzsche, de colocar o pensamento a serviço das necessidades constringentes, das vicissitudes e premências da condição humana, sempre temporal, histórica e culturalmente contextualizadas, em cujos limites unicamente se descortinam os vetores de sentido para a orientação, uma filosofia que deve sempre posicionar-se e comprometer-se, para em seguida desestabilizar todas as posições consolidadas (as convicções são asneiras, de acordo com Zaratustra) – e assim continuar incessantemente a se desenvolver como diretriz de orientação. Também uma filosofia da orientação, no sentido de Stegmaier, deve viver e poder respirar o ar rarefeito das culminâncias de paradoxos e antinomias.

Estas são algumas das linhas de força do trabalho atualmente levado a efeito pelo filósofo e intérprete Werner Stegmaier, que o leitor interessado, não apenas em filosofia, mas também nas ciências humanas 'puras' e 'aplicadas', encontrará nesta coletânea que descerra os horizontes de uma teoria da orientação que deliberadamente se enuncia como filosofia intercultural.

Oswaldo Giacoia Junior

1 A nova determinação de Nietzsche da verdade*

> Meus escritos já foram nomeados como uma escola da suspeita, mais ainda do desprezo, felizmente também da coragem, e até da ousadia. De fato, eu mesmo não acredito que alguma vez alguém tenha olhado para o mundo com suspeita tão profunda (MA I. Prefácio 1)[1].

Na mais profunda suspeita de Nietzsche encontra-se a possibilidade da verdade. Perplexo face ao niilismo do século XIX, ele vê como sua "própria tarefa" a de "*colocar em questão*, experimentalmente", a verdade (GM III 24) e, em sua nova determinação*, mudar radicalmente os fundamentos da filosofia. Contudo, sua "transvaloração" teve pouco efeito direto sobre as correntes filosóficas predominantes no século XX, sobre a hermenêutica, a fenomenologia e a filosofia da ciência, sobre o existencialismo e a antropologia, a filosofia da linguagem e a teoria crítica. A recepção de sua filosofia foi dificultada não apenas porque ela se apresentou de modo inacabado, em obras compostas por aforis-

---

* STEGMAIER, W. "Nietzsches Neubestimmung der Wahrheit". In: *Nietzsche-Studien*, 14, 1985, p. 69-95. Tradução de Antonio Edmilson Paschoal e Vicente A. de Arruda Sampaio. Revisão de Anna Hartmann Cavalcanti.

1 Uma primeira versão do ensaio a seguir foi exposta no curso intitulado "Nietzsche e a filosofia do presente" do Inter-University Centre's of Postgraduate Studies in Dubrovnik (Iugoslávia), em 29/03/1982. Ele foi traduzido para o servo-croata e publicado em Theoria 3/4, 1982, p. 99-114.

* O termo *Bestimmung* que traduzimos por "determinação" possui diferentes significados, podendo também ser traduzido por destino, destinação ou finalidade, bem como por diagnóstico [N.T.].

mos e fragmentos póstumos; além disso, ela sofreu o ônus de ser classificada como uma "filosofia da vida", sob suspeita de descompromisso e de apresentar termos envoltos por uma aura patética e demoníaca, tais como "eterno retorno" e "afirmação dionisíaca". Em grande parte, porém, o impacto dessa filosofia foi obstruído por sua própria coerência, que lhe proibia tornar-se uma doutrina formulada sistematicamente. Assim, embora Joseph Möller, em seu panorama sobre a "verdade como problema"[2], conceda à nova determinação de Nietzsche um lugar importante na evolução histórica, na parte sistemática ele a considera apenas de forma ocasional; já L. Bruno Puntels, em sua "exposição crítico-sistemática" das "teorias da verdade na filosofia contemporânea"[3], simplesmente não a registra. Nietzsche não oferece qualquer teoria da verdade, mas redefine as margens de manobra* de tais teorias. Só no mais recente debate sobre Nietzsche, é perceptível como essa margem de manobra foi preenchida com uma terminologia diferente, passo a passo, de forma ampla e independente de Nietzsche, e seria meritória uma dissertação pormenorizada para mostrar que as decisões fundamentais de Nietzsche na determinação da verdade não foram ultrapassadas até agora e talvez nem mesmo tenham sido alcançadas[4]. Em primeiro lugar, tentarei aqui, com base em poucos conceitos diretores de Nietzsche, tão somente tornar perceptíveis essas decisões fundamentais em sua radicalidade, partindo da tradição metafísica e tendo em vista os conceitos correntes de verdade no século XX[5].

---

2 MÖLLER, J. *Wahrheit als Problem*. Traditionen – *Theorien – Aporien*. Munique/Friburgo i. Br., 1971, 81-88.

3 PUNTEL, L.B. *Wahrheitstheorien in der neueren Philosophie* – Eine kritisch-systematische Darstellung. Darmstadt, 1978.

* Sobre esse fundamental conceito, consultar nota 7 da apresentação [N.Orgs.].

4 Importantes indicações a esse respeito são oferecidas pelas discussões do Colóquio de Reisenburg "Recepção e debate. Friedrich Nietzsche no século XX", coordenado por Wolfgang Müller-Lauter; cf. *Nietzsche-Studien*, 10/11, 1981/1982. Dentre as conhecidas correntes, foram referidas ali especialmente a hermenêutica, o existencialismo e a teoria crítica da linguagem, e, além delas, a filosofia da natureza, a sociologia, o marxismo, o darwinismo e a psicanálise.

5 Jean Granier, em sua obra *Le problème de la Vérité dans la philosophie de Nietzsche* (Paris, 1966 [2. ed., 1969]) –, obra de destaque, que, no entanto, foi pouco considerada na discussão sobre Nietzsche

na Alemanha –, coloca com razão o problema da verdade no centro da filosofia de Nietzsche. Em um trabalho de alcance filológico exaustivo, ele deixa, tanto quanto é possível, o próprio Nietzsche falar ("donner la parole à Nietzsche", p. 7), compreendendo suas concepções dispersas como uma construção ao mesmo tempo de grande empenho e completa, como uma "*continuité* spéculative", como "une totalité qui ne [...] cède en rien, pour la densité, la cohérence et l'amplitude aux plus solildes constructions de la philosophie classique" (p. 28ss.). Com uma terminologia que ultrapassa e interpreta a linguagem de Nietzsche, ele apresenta, contra toda interpretação psicológica, aporética, de cunho existencial e marxista, uma interpretação consequente e ontológica, embora não esclareça, com precisão, o sentido e a possibilidade de uma ontologia após Kant (cf. meu artigo "Phenomenologische und spekulative Ontologie bei Dilthey und Nietzsche". In: *Phenomenologische Forschungen*, 16, 1984). Para Granier, a ontologia parece designar, em essência, a dimensão filosófica originária e geral, a "verdade ontológica" pode ser substituída pela "verdade originária" (p. 491). Nessa, segundo o pensamento de Nietzsche, não é mais possível estabelecer de maneira filosófico-transcendental uma distinção entre pensamento e ser, Granier fala de "'affinité originaire' de la pensée et de l'Etre" (p. 312). Com um "méthode regressive-structurale" (28), ele desdobra a crítica "especulativa" e "genealógica" de Nietzsche à verdade metafísica. Sem dúvida, seu conceito de metafísica também permanece impreciso – basicamente ele considera o dualismo entre coisa em si e fenômeno, aproximando-se de um pensamento, "qui identifie l'Etre et l'Ideal, la Vérité et le Bien, en rendant l'ontologie solidaire de la théologie et de la morale" (626) – e sua imagem de Hegel [é] excessivamente simplificada. Contudo, Granier defende Nietzsche engajadamente contra seu sequestro para o campo da metafísica no pensamento de Heidegger (p. 611-628); nesse "sirocco", Nietzsche aparece para ele como "la fraîcheur d'une source" (p. 9). Como conceito de ser nuclear, ele propõe (ao lado do conceito de eterno retorno) o conceito de vontade de poder, que ele interpreta, do mesmo modo que *Kaufmann* (*Nietzsche. Philosoph – Psychologie – Antichrist*, 1950. Trad. para o alemão por J. Salaquarda. Darmstadt, 1982), como autossuperação, porém, de modo ontologicamente mais profundo, como origem da configuração e superação de formas (*Gestalten*) e, finalmente, como "structure originaire du dévoilement de l'Etre" (p. 463). No que Nietzsche ultrapassa a ontologia metafísica, isso Granier não determina de forma precisa em parte alguma. Ao contrário, ele descoloca a vontade de poder novamente para as proximidades do conceito metafísico de *phýsis*, ao destacar o ser-condicionante em contraposição ao seu ser-condicionado, o ser-interpretante em contraposição ao seu ser-interpretado, e, em conformidade com isso, ao recusar como conceito fundamental o conceito nietzscheano de vida, que acolhe em si o de vontade de poder e visa justamente à imbricação entre o ser-condicionado e o ser-condicionante (370) (para a resolução do conceito nietzscheano de *phýsis*, cf. meu artigo "Leib und leben – Zum Hegel-Nietzsche-Problem", publicado pouco depois em *Hegel-Studien*, 29 [1985]). Sua bem-sucedida determinação da "Vérité originaire" – "aptitude à se surmonter à l'infini en conservant la disponibilité absolute qui permet aux choses de se dévoiler comme telles" (496) – leva-o, contudo, a distinguir, de maneira certeira e aguda, a verdade segundo o critério da utilidade – "pragmatisme vital" – e a verdade segundo o critério da justiça – "probité philologique" (p. 463ss.), apresentando-as em sua "réciprocité rigoureuse" (p. 528). O conceito de jogo, pouco atestado em Nietzsche e praticamente apenas nos seus primeiros escritos, que Granier extrai de *Fink* (*Nietzsches Philosophie*. Sttutgart, 1960, p. 31 e 187-189) e que, com seus momentos de descompromisso, reconciliação e celebração, não pode ser combinado com a "probité philologique", o "Jeu de l'Art e de la Vérité" (p. 537), parece-me, ao contrário, problemático como "mesure ontologique suprême", especialmente se ele é por fim transfigurado em símbolo de Dioniso e da "affirmation absolue" (p. 557) do eterno retorno. Quanto a esse ponto, resta a uma interpretação mais sóbria do pensamento de Nietzsche a difícil tarefa de esclarecer de modo reconstitutivo como se pode conciliar a supressão (*Aufhebung*) de toda afirmação na intensificação até a verdade enquanto

As diretrizes do debate de Nietzsche com o tema da verdade se mantêm, em essência, desde *Sobre verdade e mentira em sentido extramoral* até seus últimos escritos póstumos, de modo que, como *Granier*, posso abrir mão de uma diferenciação cronológica. Tomo como ponto de partida um fragmento póstumo da primavera de 1880:

> O novo em nossa posição atual perante a filosofia é uma convicção que nenhuma época jamais teve: a de que *nós não temos a verdade*. Todos os homens do passado "tinham a verdade": até mesmo os céticos (KGW V, 3 [19]).

O fragmento enuncia o seguinte:

(1) Ele torna a verdade a questão central da filosofia.

(2) Ele afirma a perda da verdade e, com isso, uma situação completamente nova da filosofia na contemporaneidade.

(3) Ele se atém à possibilidade da filosofia e de sua verdade – Nietzsche a chama, na *Segunda consideração extemporânea*, de "a mais verdadeira de todas as ciências" (HL, 5).

(4) Ele vincula a possibilidade de ter a verdade a determinadas épocas passadas e faz dela um conceito histórico, historicamente ultrapassado.

(5) Como expressão de uma convicção, ele ao mesmo tempo faz uma reivindicação de verdade, ainda que tal reivindicação seja condicionada.

A verdade torna-se, portanto, ambígua e contém sua própria negação. Ela só pode ser entendida a partir de sua história, de seu debate com a tradição, resumido por Nietzsche no conceito de metafísica. Com isso, o curso da investigação está predelineado: (A) parto da determinação da

---

justiça com uma interpretação do eterno retorno que não seja compreendida apenas como "une machine de guerre montée par Nietzsche *contre* l'Idéalisme métaphysique" (p. 580), mas também como "afirmação dionisíaca"; esclarecer o que significa para o sentido da verdade a eternidade no instante face às recaídas na injustiça de perspectivas estabelecidas a todo instante. Como Fink, Granier segue aqui apenas indicações de fragmentos póstumos que são pouco significativas, sem tornar compreensível a partir delas nossas modernas experiências com a verdade ou estas últimas a partir daquelas. Também deixo este ponto em aberto e faço referência a uma obra que está no prelo, a saber, o escrito de habilitação de Gunter Abel (*Nietzsche* – Die Dynamik der Willen zur Macht und die ewige Wiederkehr), que deriva a doutrina do retorno a partir do pensamento da interpretação (*Interpretationsgedanke*) e assim a libera da "afirmação absoluta".

verdade na metafísica e de sua "genealogia", (B) explicito então alguns conceitos fundamentais de Nietzsche para a nova determinação da verdade e como eles surgem de seu debate com a metafísica. Por fim, (C) resumo sua determinação da verdade em seis critérios e indico seus pontos de contato com correntes filosóficas contemporâneas.

A) A determinação da verdade na metafísica e sua genealogia

Ao colocar em questão o "valor da verdade", Nietzsche chama a si mesmo de um "sem Deus e antimetafísico" – a crença na verdade é "a crença em um valor *metafísico*" (GM III 24), ela pertence à "psicologia da metafísica" (KGW VIII 8 [2]). A verdade da filosofia e da ciência, que é expressa em juízos com pretensão a validade permanente, está originariamente vinculada à metafísica. A metafísica *tem* a verdade em seus juízos, ela a tem objetivamente diante de si como um "mundo verdadeiro", que "finalmente se torna uma fábula", revela-se como a "história de um erro" que se inicia com Platão e só tem fim com Nietzsche (GD, Como o "mundo verdadeiro" finalmente se tornou fábula). Esse fim, contudo, deve-se ao seu início: Nietzsche projeta o quadro de um processo coerente, no qual a verdade da metafísica, um dos "níveis mais altos da cultura (*Bildung*)", dos "melhores produtos da humanidade até agora" (MA I 120), é suprimido em sua superação (*in ihrer Überwindung aufgehoben*). A metafísica ocidental e a religião cristã produzem, em uma "disciplina de dois mil anos" (GM III 27) destinada à clarificação de seus "dogmas", "o rigoroso método da verdade", que o homem moderno possui agora "no coração e na cabeça" (MA I 109) de tal modo que ele, "educado para sacrificar à verdade tudo que se possa desejar" (GM I 1), tem de finalmente reconhecer os dogmas como tais e, em uma atitude de "veracidade", renunciar a eles (JGB 1, FW 357) – Nietzsche também denomina tal atitude de "honestidade intelectual" (AC 12), "virtude" da "probidade" (Za I. Dos transmundanos), "consciência intelectual" (*intellectual* ou *intellectuell*/FW 2. 335)[6].

---

6 A proveniência da veracidade a partir da verdade foi exposta de forma pormenorizada e discutida por Gerd-Günther Grau, *Christlicher Glaube und intellektuelle Redlichkeit* – Eine religions-philosophische Studie über Nietzsche. Frankfurt am Main, 1958.

Sem que Nietzsche o tenha estabelecido conceitualmente de modo coeso, esse campo conceitual da verdade, do mundo verdadeiro e da veracidade ultrapassa o ponto de partida teórico situado no juízo, tal como desenvolvido pela primeira vez por Aristóteles nos escritos do *Órganon*. Para quem, como Nietzsche, determina a verdade como valor, não há sentido em prender-se à distinção entre verdade teórica e prática nesses escritos. O campo conceitual da verdade prática, porém, abrange o da teórica, e, mais uma vez, é Aristóteles quem predelineia isso, no Livro VI de sua *Ética nicomaqueia*. Assim, ainda que na maioria das vezes ele apareça nas obras de Nietzsche apenas como moralista e autor da *Poética*, e, quando muito, como lógico e metodologista, e como historiador da filosofia, para nossa investigação, o contexto de sua determinação prática da verdade oferece o melhor apoio possível[7].

Segundo Aristóteles, a verdade é uma "obra" (*érgon*) do homem, de sua "razão" (*noûs*; 1139 a 29, b 12), portanto, não é simplesmente algo originário e previamente dado, mas sim o desempenho de um "ato de verdade" ("*Wahrheiten*") (*aletheúein*; 1139 b 13, 15; 1140 a 18), que pode descerrar ou também dissimular o verdadeiro. Quando fala do "método da verdade", Nietzsche parece ter em vista essa produção que visa a uma meta.

7 Segundo Otto Pöggeler, "Heideggers Neubestimmung des Phänomenbegriffs" (*Phänomenologische Forschungen*. Org. por E.W. Orth. Vol. 9). Friburgo/Munique, 1980, p. 125. • "Heidegger und die hermeneutische Theologie". In: JÜNGEL, E.; WALLMANN, J. & WERBECK, W. (orgs.). *Verifikationen*. Publicação comemorativa em homenagem a Gerhard Ebeling por ocasião de seu septuagésimo aniversário. Tübingen, 1982, p. 477. Também Heidegger, no início dos anos de 1920, no processo de elaboração de sua hermenêutica do ser-aí em uma planejada "fenomenologia da vida", tomou como ponto de partida o "amplo conceito de verdade, como lhe oferece a *Ética nicomaqueia*", que abrange, ao lado da verdade da teoria, também a da técnica e da prática. Karl Ulmer ("Nietzsches Idee der Wahrheit und die Wahrheit der Philosophie". In: *Philosophisches Jahrbuch*, 70, 1962/1963, p. 295-310) orienta-se em sua interpretação do aforismo 534 da "Vontade de Poder" ("O critério de verdade reside na intensificação do sentimento de poder") na estrutura de fundamentação do critério de verdade de Descartes ("*illud omne esse verum quod valde clare et distincte percipio*", III. Med.), estrutura que ele interpreta segundo os momentos (1) do que é assinaladamente verdadeiro (autoconsciência – sentimento de poder), (2) da revelação do verdadeiro (matemática – arte), (3) da capacidade originária do homem de chegar ao verdadeiro (autolegislação da razão – da vontade de poder) e (4) da verdade suprema (Deus – eterno retorno). Aqui, a possibilidade da autolegislação da verdade também o reconduz à determinação aristotélica do ato de verdade (*Bestimmung des Wahrheitens*) na *Ética nicomaqueia*. Ele desdobra essa possibilidade no texto: *Wahrheit, Kunst und Natur bei Aristoteles* – Ein Beitrag zur Aufklärung der metaphysischen Herkunft der modernen Technik. Tübingen, 1953, p. 40-46.

O ato de verdade pode se desenvolver em uma atitude fundamental (*héxis proairetiké*) que é decidida e capacita a tomar decisões em casos particulares, adquirindo, assim, uma excelência (*areté*) peculiar (1139 b 12-13) – a "veracidade" ou "virtude da probidade"[8] de Nietzsche.

Para Aristóteles, o ato de verdade, apesar de seu momento metódico, não vale simplesmente como uma competência (*Können*) (*téchne*) cuja meta (*télos*) o homem poderia estabelecer por si mesmo e em favor de si mesmo. Muito antes, a meta do ato de verdade já está estabelecida a partir da coisa (*Sache*), a saber: exibir o ente tal como ele se mostra a partir de si mesmo, isto é – nas palavras de Nietzsche –, como o "verdadeiro" ou, em sua totalidade, como o "mundo verdadeiro". Para Aristóteles, o verdadeiro só é propriamente verdadeiro quando algo não pode ser de outro modo, portanto, quando é necessário, eterno, e assim se torna aprendível (1139 b 20ss.)[9]. À estrutura da verdade pertencem, por conseguinte, uma determinada atitude do homem, sua conduta dela resultante e algo que lhe está previamente dado. Ela deixa uma margem de manobra aberta para que os momentos da verdade se estabeleçam de diferentes maneiras. Até que ponto ela mesma já é metafísica, isso terá de ser dito posteriormente.

---

8 Contudo, a veracidade – para a qual Aristóteles não tem nenhum termo corrente à sua disposição (*Ética nicomaqueia* 1127 a 14), servindo-se do neologismo *aletheutikós* (1127 a 30) –, enquanto a virtude da conduta para com outros homens, é distinguida por ele da aspiração filosófica à verdade, como é o caso da *philalétheia* platônica (cf. Político 485 a-d). Veraz é o homem de autoestima incorruptível, que se apresenta a si mesmo e aos outros como ele é, sem vanglória e autoironia, mesmo quando não se trata de assunto relacionado ao direito e à justiça. Isso não exclui exceções em casos especiais: um "dever incondicional de dizer a verdade, não importando se a verdade é proveitosa ou não para mim ou para outros, isso a ética dos gregos não conhece" (WILPERT, P. "Die Wahrhaftigkeit in der aristotelischen Ethik". *Philosophisches Jahrbuch*, 53, 1940, p. 323-338. Reimpresso e citado por HAGER, F.-P. (org.). *Ethik und Politik des Aristoteles*: Wege der Forschung. Vol. 208. Darmstadt 1972, p. 251). De modo incompreensível, Wilpert afirma que Nietzsche risca a veracidade "da série dos valores" (p. 235); mas, por motivos que exponho na próxima seção, Nietzsche inclui o incondicional anseio filosófico à verdade no horizonte das condições de vida cotidianas próprias da veracidade. Com isso, contudo, altera-se a margem de manobra da veracidade (Seção C).

9 O problema da *Metafísica* Θ 10, a saber, de que modo a verdade do não composto, do necessário e imperecível, bem como da essência, se distingue da verdade do composto, o qual admite ligação e separação, ou seja, de que modo a verdade que intui e simplesmente enuncia se distingue da verdade que enuncia algo como algo, e de que modo ambas as verdades estão em conexão, isso pode permanecer aqui em aberto, uma vez que se trata em ambos os casos da exibição da coisa como ela mesma é. Paul Wilpert vê ambas as verdades ligadas entre si pela "transposição conceitual" e "pelo uso analógico da linguagem". Cf. "Zum aristotelischen Wahrheitsbegriff". *Philosophisches Jahrbuch*, 53, 1940, p. 3-16.

No tocante ao modo como metafísica determina a verdade mais precisamente, agora já podemos acompanhar o próprio Nietzsche. No interior da filosofia do século XIX ele se posicionou da maneira mais radical perante a metafísica e, com isso, redefiniu seu conceito de maneira decisiva. Procurarei esboçar os traços fundamentais do conceito de metafísica de Nietzsche a partir da seção "A 'razão' na filosofia" (5 e 6) do *Crepúsculo dos ídolos.*

Lá se diz que o "preconceito da razão" tomava "outrora" "a alteração, a mudança, o devir em geral como prova da aparência" e, "a partir da [sua] contradição", estipulava "unidade, identidade, duração, substância, causa, objetividade (*Dinglichkeit*), ser" como o "mundo verdadeiro". (1) Unidade, identidade, duração, causa, objetividade, ser são facilmente reconhecíveis como momentos tradicionais do conceito de *substância*. Como fundamento (*arché*), a substância é aquilo de que tudo mais depende, mas que não depende ele mesmo de nada mais, portanto, é o autônomo ou incondicionado. A metafísica é "a derivação do condicionado a partir do incondicionado" (KGW VII, 8 [25]). (2) Com a *razão*, ela apreende seu caráter incondicionado, que é, segundo Nietzsche, um "preconceito da razão" (GD III 5) ou uma "ficção fundamental do pensamento" (KGW VII, 8 [25]). "Pensamento", "razão", "consciência", "vê em toda parte agente e ação: acredita na vontade como causa em geral; acredita no 'eu', no eu como ser, no eu como substância e *projeta* sobre todas as coisas (*Dinge*) a crença na substância-eu – somente então *cria* o conceito de 'coisa' ('*Ding*')" (GD III 5). A substância é um objeto da razão, esteja ela posta como algo a ser originariamente captado *para* a razão, como em Aristóteles (*dektikón*; Met. Λ 7, 1072 b 22, *De anima* Γ 4, 429 a 15), ou como algo a ser necessariamente projetado *pela* razão, como desde *Descartes*, que faz da própria razão a substância por excelência. Essa razão substancial, como produtivamente positiva, tem o traço fundamental da vontade, ela é, na medida em que põe a partir de si a totalidade do ente, vontade de unidade, de totalidade, de sistema (KGW VIII, 11 [99]). Assim, também nas filosofias modernas, no âmbito do conceito de sistema, que é segundo Kant a unidade racional da totalidade das condições (KrV A 322, 680, 832ss.), o incondicionado permanece conservado na coisa mesma (*Sache selbst*), e *Hegel* o pensa até o *fim*[10]. (3) O incondicionado, todavia, não está dado à razão do homem, mas é primeiramente incumbido a ela, ele é a medida por meio da qual a razão se orienta, como todos os demais entes: *finalidade* (*télos*; GD VI 8). Disso resulta uma hierarquia do ente segundo a medida da absoluta autonomia, com o divino no cume, imediatamente seguido pela razão humana.

> A aparência [diz Hegel] de que o espírito estaria mediado por algo diferente, é suprassumida (*aufgehoben*) pelo próprio espírito, uma vez que ele possui - por assim dizer - a soberana ingratidão de suprassumir (*aufheben*) aquilo por meio do que parece mediado, de mediatizá-lo, de rebaixá-lo a algo subsistente apenas por meio dele, e de fazer-se desse modo perfeitamente autônomo (Enz. § 381, suplemento, SW 10,29).

Nietzsche resume: "temos de ter sido divinos, *pois* nós temos a razão!" (GD III 5).

Segundo Nietzsche, a estrutura da metafísica se deixa compreender, desde *Platão* até *Hegel*, como um entrelaçamento dos conceitos incondicionados de fundamento, substância, razão e *télos*. Por conseguinte, o verdadeiro se mostra no incondicionado *qua* racional; quer ele seja originariamente dado, quer ele deva ser necessariamente construído, em todo caso, o incondicionado se mostra estruturado em si mesmo de modo imutável, devendo ser concebido, portanto, como algo livre de contradição, que ao fim permanece vinculado a um ser divino - como acontece explicitamente, por exemplo, em Descartes e Leibniz[11]. De acordo com a determinação

10 Karl Ulmer que, apoiando-se em Nietzsche, pela primeira vez pôs em aberto "a estrutura destes três conceitos: substância – razão – teleologia" como "o fundamento de toda filosofia ocidental até o momento, que é chamada de metafísica" ("Philosophie – gegenwärtig oder vergangen?" *Wiener Jahrbuch für Philosophie*, 4, 1971, p. 16), compilou com vistas a uma "diferenciação do conceito de razão" as passagens principais da "determinação metafísica da razão" desde os gregos até Hegel ("Wissenschaft, Vernunft und Humanität – Eine Auseinandersetzung mit der Wissenschaftstheorie". *Zeitschrift für philos* – Forschung 29, 1975, 501, p. 502, nota 17). O conceito de substância em seu desdobramento sistemático através de Aristóteles, Descartes e Leibniz foi discutido por mim em meu livro *Substanz. Grundbegriff der Metaphysik* (Stuttgart: Bad Connstatt, 1977).

11 "Comete-se uma injustiça contra Descartes quando se chama de leviana sua invocação da fidedignidade de Deus. De fato, apenas com a aceitação de um deus moralmente congênere a nós, a 'verdade' e a busca pela verdade são de antemão algo que promete êxito e tem sentido. Deixando esse Deus de lado, cabe perguntar se ser enganado não faz parte das condições da vida" (KGW VII, 36 [30]).

metafísica da verdade, portanto, o homem como razão incondicionada se comporta para com algo que é incondicionadamente racional a fim de colocá-lo diante de si como tal. Ele "tem" a verdade na medida em que a fixa como "mundo verdadeiro" e assim dispõe dela, do ente em seu todo como sistema, do homem como eu, ou seja, como autoconsciência e liberdade da vontade, e da história como processo orientado por uma meta – dispondo disso tudo, segundo Nietzsche, em uma "falsa reificação" ("*falsche Verdinglichung*") (KGW VIII, 1 [62]). E, uma vez que os céticos, na dúvida quanto à validade do racional incondicionado, ainda se atêm ao esquema que dispõe da objetividade, à reificação, também eles "têm", a seu modo, a verdade:

> Também os adversários dos eleatas sucumbiram à sedução de seu conceito de ser: Demócrito, entre outros, quando inventou seu *átomo*... (GD III 5).

Esse conceito de metafísica que Nietzsche segue permite delimitar a metafísica historicamente como uma época que vai de Platão até Hegel, ao passo que Heidegger, com sua tese de que a metafísica significa a interpretação do ser não apenas a partir de um ente incondicionado, mas sim a partir de cada ente objetivo subsistente (*vorhanden*) como tal e, por fim, do ente em seu todo, faz de todo pensamento, inclusive o cotidiano e o científico, exceto o seu próprio, o pensamento esquecido do ser e, afinal, faz de Nietzsche o mais extremado metafísico, pois, na reivindicação mais extrema, em si mesmo cega, do projeto-chefe da metafísica, ele teria pensado um novo "poder incondicionadamente potenciador" na vontade de poder[12]. A experiência decisiva de Nietzsche e de sua época é, contudo, justamente, a dissolução da obrigatoriedade do incondicionado, seja ele uma substância objetiva, unidade e totalidade do universo (KGW VIII, 7 [62]), seja ele em uma configuração (*Gestalt*) do divino (FW 343). Nietzsche pensa essa experiência como niilismo, como desvalorização dos valores supremos (KGW VIII, 9 [35]), portanto, ele reconhece valores na razão incondicionada e no seu "mundo verdadeiro": "o ponto de vista do 'valor' é o ponto de vista das *condições de conservação-intensificação*, com respeito a complexas conformações (*Gebilde*) da vida com duração relativa no interior do devir"

12 HEIDEGGER, M. *Nietzsche*. Pfullingen, 1961. II, p. 12, 353, 477-480; vol. II, p. 10, 264, 298-301.

(KGW VIII, 11 [73]). Aqui, valor possui o triplo sentido de valor criado e reificado, de valor de uso para um outro (a vida) e de permanente necessidade: o homem criou para si e reificou o "mundo verdadeiro" a partir da necessidade de obter estabilidade em sua vida (GD III 6). Com isso, porém, é vislumbrada a possibilidade de uma verdade incondicionada como dependente de um pressuposto e, portanto, como erro e engano, o "mundo" "se tornou desdivinizado, tolo, cego, louco e questionável" (FW 357). A verdade não pode mais ser pensada a partir de conceitos do incondicionado (substância, razão, *télos*) e tampouco segundo o método do incondicionado, da dedução sistemática derivada de *um* princípio.

Entretanto, dessa maneira, está dissolvida de imediato apenas uma determinada configuração de verdade, mas não o está também sua estrutura como atitude do homem de comportar-se para com algo dado de modo a trazê-lo como tal diante de si. A partir da atitude da veracidade, que ainda permanece como solo do ato de verdade, a verdade tem de ter uma nova determinação a partir da superação histórica de sua fixação metafísica.

B) Os conceitos diretores da nova determinação de Nietzsche da verdade

Em *Assim falou Zaratustra*, Nietzsche toma o primeiro impulso para a fundamentação construtiva da filosofia a partir dos conceitos diretores de corpo (*Leib*), vida, vontade de poder, transvaloração de todos os valores, além-do-homem e eterno retorno. A seção "Dos desprezadores do corpo" expõe primeiramente os conceitos de corpo, vida, si-mesmo e vontade de poder. Eles bastam para uma primeira fundamentação da nova determinação da verdade.

Em "Desprezadores do corpo", Nietzsche procede de modo a criticar os conceitos metafísicos de "alma", "eu", "espírito" e "razão" com respeito à sua dependência comum de pressupostos e ao caráter condicionado, sem distingui-los de forma precisa uns dos outros. Ele quer "finalmente trazer à luz os pressupostos sobre os quais repousa o movimento da *razão*" (VIII 7 [63]). Assim, "alma é apenas uma palavra para algo no corpo", mas o corpo, com seu si-mesmo, é a habitação e o "senhor poderoso" dos "pensamentos e sentimentos", "dominador do eu" e "criador do espírito". O fato de que o espírito tem sua origem no corpo, de que o corpo abrange e domina suas ações, não significa, contudo, que *ele* tenha se tornado agora fundamento (*arché*) e substância no sentido metafísico, o espírito é apenas um acidente dependente. Como "instrumento e brinquedo", o espírito está condicionado pelo corpo nas metas de suas ações, ele não possui qualquer *télos* em si: "o que o sentido sente, o que o espírito conhece, isso nunca tem em si seu fim" (Za. "Dos desprezadores do corpo"). A seu pensamento, à sua lógica não são reconhecidos a originalidade e o "aparente autodomínio" (JGB 3, 16, 17). Porém, como instrumento, ele permanece, ao mesmo tempo, distinto do corpo, sua "pequena razão" possui uma estrutura peculiar, sua própria lógica[13].

Em sua construção destinada à superação dos conceitos metafísicos, Nietzsche se atém ao conceito de razão; contudo, ele o amplia na "grande razão do corpo". Se nos detivermos à determinação de Kant (KrV A322), segundo a qual a razão é a faculdade de pensar a totalidade das condições como um incondicionado, então o corpo, a grande razão, tem de sobrepujar e abranger as capacidades do espírito, da pequena razão: "todo esse fenômeno 'corpo', mensurado segundo medidas intelectuais, é tão superior à nossa consciência, ao nosso 'espírito', ao nosso pensar consciente, sentir, querer, tal como a álgebra em relação à tabuada" (KGW VII, 37 [4]). O corpo mensura segundo a "utilidade total" e a "nocividade total", as quais são indicadas por meio de "sentimentos de prazer e desprazer" (KGW VIII, 11 [71]); com uma riqueza de informações e uma rapidez de processamento desses sentimentos das quais a consciência não seria capaz, ele regula suas funções no intercurso com o mundo. E ele também determina a sequência dos pensamentos: "pois é apenas uma aparência que um pensamento seja a causa imediata de outro pensamento. O acontecimento propriamente conectado <se> passa sob nossa consciência" (KGW VIII, 1 [61]). Nas regras da lógica, capturam-se *insights* (*Einfälle*) do corpo.

13 Como atesta Granier de forma pormenorizada (op. cit., p. 319s.), apoiando-se em Kaufmann, não é cabível atribuir qualquer irracionalismo a Nietzsche: "On donnerait de la philosophie de Nietzsche une image très inexacte si on présenterait comme une tentative pour dévaloriser systématiquement la raison et pour lui substituer le culte de la passion sans frein, du désir aveugle. [...] l'Etre n'est ni raison absolute, ni déraison; l'Etre n'autorise qu'une affirmation, c'est qu'*il y a de la rationalité* dans le monde".

O corpo, que carrega a consciência e dá a ela o que pensar, está, por sua vez, bem distante de ser um fundamento originário e incondicionado. Ele mesmo, por um lado, é apenas "a melhor alegoria" para uma opaca e complexa pluralidade "daqueles mínimos seres com vida que constituem nosso corpo" (KGW VII, 37 [4]) e, por outro lado, é condicionado pelo "mundo", pela "existência" ("*Dasein*") (FW 374), pela "realidade" (KGW VIII, 11 [99]) e entrelaçado com ela do início ao fim. Porém, na "realidade" também não reside nenhum fato último; ela, de sua parte, só pode ser apreendida através de um corpo, ou seja, de maneira perspectiva: "pelo contrário, o mundo tornou-se para nós mais uma vez 'infinito': na medida em que não podemos rechaçar a possibilidade de que ele *encerre em si infinitas interpretações*" (FW 374). Assim, mundo significa sempre mundo da vida individual (*individuelle Lebenswelt*), e a individualidade de um corpo – ou daquilo que "nós denominamos 'corpo'" (KGW VII, 37 [4]) – reside a cada vez em seu entrelaçamento peculiar, em sua conexão funcional com o mundo em sua totalidade, que por princípio não pode ser apreendido como um mundo articulado em si, ou seja, transformado em objeto: "Mais uma vez nos acomete o grande horror – mas quem teria disposição para, à maneira antiga, imediatamente divinizar de novo *esse* caráter monstruoso do mundo desconhecido?" (FW 374). Assim, a estrutura da *arché* incondicionada se dissolve por completo em um entrelaçamento de momentos cooriginários: corpo e mundo condicionam-se um ao outro, de forma recíproca, no acontecimento originário da constatação de mundo, acontecimento que não se vincula mais a polos fixos ou a uma instância suprema, mas se deixa compreender a cada vez tão somente segundo suas realizações individuais:

> Parece-me importante tornar-se livre de *o* todo, da unidade, de uma força, de um incondicionado; [caso contrário,] não se poderia deixar de tomá-lo como instância suprema e batizá-lo de Deus. É preciso (mu<β>) estilhaçar o todo; desaprender o respeito pelo todo; tomar de volta como o que está próximo, como nosso, aquilo que demos ao desconhecido <e> à totalidade (KGW VIII, 7 [62])[14].

---

14 A proximidade entre o perspectivismo de Nietzsche e a monadologia de Leibniz, que é frequentemente observada (para a literatura, cf. FIGL, J. *Interpretation als philosophische Prinzip*. Friedrich

Nietzsche pensa o entrelaçamento e o caráter reciprocamente condicionado entre corpo e mundo no conceito de si-mesmo. Si-mesmo significa o colocar-se-em-relação-de-si-para-si do corpo sob as condições de seu mundo; o si-mesmo suprime (*aufhebt*) em si a autorreferencialidade abstrata do eu. Nietzsche fala do si-mesmo como um "centro [superior] de toda a individuação" (VIII 7 [9]), como um "intelecto superior e de olhar panorâmico", a serviço do qual "o próprio eu consciente [tem lugar] apenas como um instrumento" (VII 24 [16]). Como consciência, o si mesmo é senhor de si e, ao mesmo tempo, como corpo, é condicionado.

O conceito de corpo e de seu entrelaçamento com o mundo no si-mesmo conduz finalmente ao conceito de vida, ao conceito último e ao

---

Nietzsche universal e Theorie der Auslegung im späten Nachlass – Monographien und Texte zur Nietzsche-Forschung. Vol. 7. Berlim/Nova York, 1982, p. 87, nota 32), relaciona-se, portanto, com o fato de que já Leibniz suprime (*aufhebt*) o conceito aristotélico de substância ou de essência necessariamente constatada, inserindo-o na articulação relacional de uma unidade constatada a partir do mundo (cf. meu livro *Substanz*..., p. 147-214). Mas, ao mesmo tempo, tal proximidade também faz com que venham à luz as linhas fundamentais características da ontologia pós-metafísica de Nietzsche. Para Leibniz, o mundo das mônadas individuais não só é determinado a partir do mundo em seu todo virtualmente apreensível em sua completude, como também é predisposto à sua descoberta; as mônadas encerram (*enfermer*) um mundo comum e o exprimem (*exprimer*) de modo perspectivo. Na realização da constatação de mundo como constatação de si, com a qual elas modificam a si mesmas e ao mundo simultaneamente, reside a essência delas, e seu devir segue o conceito tal como ele foi previsto por Deus, ainda que seu futuro lhes permaneça desconhecido: "*Substantia est ἄτομον αὐτοπληροῦν, Atomon per se completum seu se ipsum complens. Unde sequitur esse Atomon vitale seu Atomum habens* ἐντελέχειαν (G II 224; Anotações marginais à carta a Volder de 6 de julho de 1701)". Deus as criou como constatações de mundo individuais e autônomas (*per se*) segundo um plano sistemático, e é somente do reflexo de sua autarquia recíproca que surge para elas, necessariamente, sua multiplicidade, ou seja, o mundo. "A harmonia preestabelecida é então, assim vista, nada mais que o arranjo divino do mundo, o qual possibilita esse reflexo da autonomia" (op. cit., p. 214). Também para Nietzsche a constatação do mundo e a de si mesmo caminham juntas: se o corpo se compreende apenas a partir de seu entrelaçamento com o mundo, então, na interpretação do mundo, o corpo é interpretado pelo próprio mundo, ele cria para si seu mundo. Sem dúvida, sempre apenas o *seu*, não o mundo todo e muito menos um mundo perspectivamente comum: a ontologia de Nietzsche permanece, por assim dizer, uma monadologia "de dentro"; o corpo, bem como sua grande razão, experimenta-se em seu mundo sempre de uma nova forma, expandido e reduzido, sem reconhecer a si em uma transcendência metafísica como um "ponto metafísico" fixo, e sem um conhecimento que cumpre a si mesmo. Ele se sabe um acontecimento sempre em aberto, do início ao fim contingente, movendo-se de modo imprevisível na interação com as próprias e com outras forças, uma "sucessão de processos de subjugação que nele se desenrolam, mais ou menos profundos, mais ou menos interdependentes" (GM II, 12), que não encerram e nem exprimem qualquer mundo predeterminado em si, mas a cada vez apenas a pluralidade das condições do mundo; portanto, nenhuma unidade programada de uma completa articulação de relações, mas sim linhas que fluem de modo indeterminado em um rio torrencial, devorador.

mesmo tempo fundamental na construção de "Os desprezadores do corpo". "No interior da linguagem da filosofia" ele significa "a experiência de algo objetivo de que o sujeito não é capaz de se distinguir e diante do que fracassa em seu conceito de si como faculdade de pensar puramente 'transcendental'"[15]. "Vida" quer dizer a experiência do condicionante de ser opaco em seu próprio condicionar e, portanto, de ser também sempre condicionado pelo condicionado. Na medida em que a razão, a consciência, apreende a si mesma como vida, ela compreende seu próprio caráter condicionado por meio de algo de que ela é um momento sem ser idêntica a ele, de que ela se distingue sem poder fazê-lo suficientemente, uma vez que também nessa distinção ela permanece seu momento. "Compreende-se que se é ridicularizado e que se <é>, contudo, impotente para não se deixar ridicularizar" (KGW VIII, 5 [71]5).

Frente a Aristóteles e à tradição metafísica, Nietzsche estabelece a relação entre razão e vida de uma maneira nova[16]. Também para Aristóteles a razão vale como momento da vida; contudo, ela se assinala por se comportar de forma autônoma, incondicionada perante a vida, cabendo-lhe um *chorismós* [separação; independência]. No tocante ao conceito de vida, a razão se vincula primeiramente a outros momentos como crescimento, nutrição, deslocamento e percepção (*De anima* 413 a 22-25). Sua determinação fundamental como *phýsis* é possuir a origem e a meta do movimento em si mesma. Tal origem se manifesta em cada vivente individual como alma (*psyché*). A alma é o fundamento do movimento de um corpo (*Leib*) material individual, e como tal ela tem primazia em relação ao que é fundado, em relação ao corpo. Os diferentes momentos da vida devem ser classificados - segundo o critério metafísico de uma autonomia incondicionada - de modo tão mais elevado quanto mais autonomia eles possibilitam ao vivente. Com isso, a razão (*noûs*) se mostra como a suprema possibilidade da vida, de modo que ela pode reconhecer tudo mais em sua determinidade essencial (*eîdos*) e assim criar para si a maior margem de manobra e a mais abrangente esta-

---

15 SIMON, J. [verbete] Leben. In: *Handwörterbuch philosophischer Grundbegriffe*. Studiensausgabe. Vol. 3. Munique, 1973, p. 844.

16 Em relação à nova e decisiva determinação especulativa do conceito de vida elaborada por Nietzsche em contraste com Hegel, cf. meu artigo: "Leib und Leben – Zum Hegel-Nietzsche-Problem".

bilidade no ente. Como ela, diferentemente dos demais momentos da vida, não possui qualquer órgão que possa ser comprovado corporeamente (*körperlich*), ela deve ser independente do corpo (*Körper*) (429 a 25-b 5). Assim, a razão enquanto incondicionada dispensa de si mesma a vida e, com isso, torna-se apta para a verdade, para seu distanciamento em relação ao que é dado e às ordenações universais que se fazem valer e subsistir livremente, cujo conhecimento não está condicionado pelo vivente individual e, por princípio, não é limitado a ele. Porém, uma vez que o vivente também tem em si mesmo a meta de seu movimento, ele é *entelécheia*, ele vive e cresce conforme uma meta (*télos*) previamente dada a ele, seu crescimento e comportamento têm desde sempre limite (*péras*) e medida (*lógos*; 416 a 16-17), a saber, a medida de tornar-se autônomo, ou seja, de tornar-se, em última instância, eterno e divino (415 b 1-7) e, portanto, incondicionado no ser. Essa medida, que se mostra primeiramente na determinidade essencial (*eîdos*) da espécie biológica, permanece na mudança dos indivíduos, conduz seu devir e, por isso, é autônoma e tem primazia em relação a eles, ela é um universal que, ao ser, não é condicionado por eles. Justamente esse universal incondicionado, os *eíde*, é apreendido pela razão em seu ato de verdade. Assim, ela também ganha sua autonomia assinalada perante tudo que é vinculado ao corpóreo (*Körperliches*) a partir do objeto de seu ato de verdade. Por fim, a razão tem a experiência de sua suprema autonomia no fato de que apreende aquilo que é autônomo no mais supremo grau, o divino. Esse divino é um "vivente eterno, o melhor" (Met. Λ 7, 1072 b 29), sua vida é tão só condição de si mesmo e de todos os outros, livre de toda possibilidade, contingência, condicionalidade, vida em um sentido mais elevado, que deixa para trás o originário ser-condicionado-condicionante.

Nietzsche não admite mais essa incondicionalidade da razão frente à vida. Preparado por *Hegel*, ele compreende a vida não mais apenas a partir de suas possibilidades de autonomia, mas igualmente como apropriação e subjugação do outro. Ele oferece "uma nova fixação do conceito de 'vida', como vontade de poder" (KGW VIII, 7 [54]):

> a vida mesma é *essencialmente* apropriação, ferimento, subjugação do que é estranho e mais fraco, opressão, dureza,

> imposição de formas próprias, incorporação e, no mínimo, da maneira mais tênue (*mindestens, mildestens*), exploração (JGB 259).

Como momento da vida e "instrumento do corpo", também a razão, o espírito, possui essa "vontade que constrange, doma, anseia por domínio e é efetivamente dominadora", a "intenção [...] de incorporação de novas 'experiências', [...] de crescimento, portanto" (JGB 230). Porém, assim como a própria razão não é algo simples, articulado em si e nitidamente demarcado diante do outro (JGB 16-19), tampouco a vontade de poder como "essência do que vive" se deixa compreender (JGB 259) como algo uno e unitário, originariamente universal, como fundamento incondicionado de todo o ente; mas, tal como mostrou Wolfgang Müller-Lauter[17], ela constitui algo "in-fixá-vel" (*ein "Un-fest-stellbares"*), uma articulação de condições em si plural. Ela não está vinculada a uma medida universal, em si incondicional, e os indivíduos, portanto, em seu crescimento e comportamento, não aspiram à conservação de um tal universal:

> Contra a teoria de que o indivíduo isolado tem em vista a conveniência do *gênero*, da sua descendência, à custa da própria conveniência: isto é apenas *aparência* (KGW VIII, 7 [9]).

Os indivíduos são "*quanta* de força, cuja essência consiste em exercer poder sobre todos os outros *quanta* de força" (KGW VIII, 14 [81]). Se Nietzsche fala do "caráter incondicionado em tudo, [da] 'vontade de poder'" (JGB 22), isto não significa que nela "dominam [...] leis", mas, justamente, que nela "as leis *faltam* absolutamente": "se algo acontece de um modo e não de outro, nisso não há qualquer 'princípio', qualquer 'lei', qualquer 'ordem'" (KGW VIII, 14 [81]).

Ora, se Darwin pôde ver a historicidade do universal como espécie e medida do individual, para Nietzsche, então, o limite de seu significado filosófico reside no fato de que ele se prende ao *télos* da conservação da es-

---

17 MÜLLER-LAUTER, W. "Nietzsches Lehre vom Willen zur Macht". *Nietzsche-Studien*, 3, 1974, p. 1-60, resumidamente reeditado em: SALAQUARDA, J. (org.). *Nietzsche, Wege der Forschung*. Vol. 521. Darmstadt, 1980, p. 234-287. Para a tentativa de Johan *Figls* (op. cit., p. 83-85) de conciliação entre a interpretação de Heidegger e a de Müller-Lauter, cf. minha resenha de seu livro em *Nietzsche-Studien*, vol. 14, 1985.

pécie, ao qual o indivíduo permanece submisso. Mas, em última instância, esse *télos* mostra seu limite no diagnóstico da realidade efetiva do homem: (1) Com a dominação sem concorrência do homem sobre a natureza e através de sua punição corretiva por meio da moral metafísico-cristã, os mecanismos de seleção natural estão alterados e progressivamente eliminados. O homem não precisa mais lutar pela manutenção de sua espécie. Não se trata mais de profundidade e maldade, "até agora, as duas formas básicas da superioridade do homem sobre os outros animais" (GM I 6), mas, sob a dominação do espírito, os fracos, comportados e superficiais tornam-se poderosos: "Darwin esqueceu-se do espírito [...], os *fracos têm mais espírito...*" (GD, Incursões... 14), "os meios dos fracos para se manter no alto tornaram-se instintos, tornaram-se 'humanidade', são 'instituições'..." (KGW VIII, 14 [137]). (2) O "impulso vital básico" do homem é, todavia, em primeiro lugar, "ampliação de poder", sim "bem-aventurança [...] no perigo", e apenas no caso limite "autoconservação" (FW 349, cf. JGB 224. 13). (3) O homem pode e tem de, por sua própria responsabilidade, configurar o futuro de sua espécie (JGB 203. 208. 251). Como é dito ao final de "Desprezadores do corpo", a vida "é capaz" de "criar para além de si mesma". (4) A "ampliação de poder" na configuração do futuro do homem parte de indivíduos fortes, os quais, no entanto, com a ajuda da moral, são vencidos de forma eficaz e duradoura pela multidão de fracos (KGW VIII, 7 [9], 10 [136], VII 26 [231]), de modo a emergir uma contradição entre os critérios de força e duração quando dirigidos à espécie (KGW VIII, 7 [25]).

Não cabe ao que é universal nenhum direito de se afirmar como medida incondicionada do individual, de reclamar autonomia e primazia diante dele. A razão não pode se distinguir da vida tomando-se como incondicionada – ela não tem entre suas funções pôr e estabelecer o universal:

> Para poder dispor de antemão do futuro nessa medida, quanto o homem teve de aprender primeiro a separar o acontecimento necessário do contingente, a pensar de forma casual, a ver e antecipar o que é distante como presente, a estipular com segurança, a contar em geral, a calcular o que é finalidade e o que é meio para tanto (GM II, 1).

Como "filósofo da vida", Nietzsche não desconheceu de modo algum o sentido do universal[18].

Com isso, pois, estão tomadas as decisões fundamentais para a nova determinação da verdade de Nietzsche. A determinação do homem retoma em sua estrutura a da vida: ser uma articulação de condições em si plural, em última instância, impenetrável, e nela ser vontade de apropriação e de intensificação, a qual, como um si-mesmo, alcança perspectivamente sempre mais além. Seu ato de verdade, portanto, não é mais um comportamento para com algo originária e previamente dado, ou seja, para com algo necessariamente posto, mas sim um ato de superação do que é sempre condicionado por si mesmo e, todavia, também por outros, do que se desloca de modo incessante. Com isso, porém, é superada a *estrutura* aristotélica da verdade - e não apenas sua *fixação* metafísica. O ato de verdade se torna um acontecimento que - tanto da parte do homem quanto da parte do que é dado - perde sua ligação fixa, sua estabilidade, e não pode mais ser entendido como um comportamento que se decide entre *relata* [termos correlatos] subsistentes. *Epistemologicamente*, o homem e o dado são radi-

18 A interpretação de Nietzsche da relação entre vida e razão, tal como eu a entendo, contradiz a tese de Karl-Heinz Volkmann-Schluck (*Leben und Denken*. Frankfurt am Main, 1968, p. 3-8) exposta em estreita conexão com Heidegger, segundo a qual o conceito de vida de Nietzsche apenas retomaria o conceito de razão metafísica e seria, portanto, ele mesmo metafísico; mas, à diferença dos conceitos que vão desde Aristóteles até Hegel, o conceito de vida de Nietzsche exclui justamente tanto a autonomia de uma razão incondicionada quanto um universal como limite e medida da intensificação da vida, ele não é orientado por um incondicionado. Ao contrário, o conceito metafísico de razão desvia-se do de Nietzsche, porque a razão metafísica, em sua apropriação cognitiva, faz o conhecido, ainda sob as categorias da razão, valer e subsistir por si como o necessário e verdadeiro. Se em Descartes a razão se reflete como o que se põe a partir de si mesmo, ou seja, como o interpretante, é em sua demonstração da existência de Deus, todavia, que ela se assegura de sua verdade objetiva. Kant, que renunciou a essa garantia divina, de imediato delimita *a priori* a razão dentro das medidas de seu interpretar. Mas, ao conhecer *a priori* as condições de seu interpretar, ela suprime (*aufheben*) o caráter condicionado dele e, assim, torna possível uma verdade necessária, incondicionada. Mas o pensamento de Nietzsche do eterno retorno também não precisa ser entendido como o "pináculo supremo (da vida) através da marca do ser no devir", isto é, como um novo incondicionado (VOLKMANN-SCHLUCK, p. 36). "A eterna vontade de geração, de frutificação, de eternidade" pertence ao "caráter total da vida, como o mesmo em toda mudança, a mesma potência, a mesma bem-aventurança" (KGW VIII, 14 [14]), mas com isso essa vontade não confere nenhuma medida incondicionada nem ao devir cósmico nem à conduta ética; ao contrário, de forma sempre diferente, ela se revela sob condições sempre diferentes (cf. MAGNUS, B. *Nietzsche's Existential Imperative*. Bloomington/Londres, 1981. • ABEL, G. "Nietzsche contra 'Selbsterhaltung' – Steigerung der Macht und ewige Wiederkehr". *Nietzsche-Studien*, 10/11, 1981/1982, p. 367-384).

calmente distanciados, "não há nenhuma 'verdade'" (KGW VIII, 2 [108]). Mas então a questão "não [é] como o erro é possível, [...] mas sim: *se é ou não possível uma espécie de verdade apesar* da inverdade fundamental no conhecimento?" (KGW V, 11 [325]). Dessa forma, o homem e o dado coincidem *ontologicamente* no conceito de vida:

> Por fim: nossa fantasmagoria idealista *também* pertence à *existência* (*Dasein*) e tem de aparecer em *seu caráter*! A existência não é a *fonte*, mas por isso mesmo está de fato presente. Nossos pensamentos mais elevados e ousados são peças de caráter (*Charakterstücke*)* da "efetividade". Nosso pensamento é do mesmo material que todas as coisas (*Dinge*) (KGW V, 12 [11]).

A unidade ontológica dá ao ato de verdade uma nova margem de manobra e uma nova medida. Se o homem, com a ferramenta de sua razão, toma distância de suas condições, objetivando-as e fixando-as em ordens, por meio disso ele pode projetar uma imagem de seu futuro, com referência à qual ele pode configurá-lo e, portanto, dirigir a intensificação de sua vida, ou seja, intensificá-la novamente. Assim, sua liberdade não é mais entendida a partir de uma razão prática incondicionada, mas é "instaurada [como] poder positivo, como vontade de poder" (KSA 14, 431), como criação de margens de manobra por meio de e para a intensificação: "criar para si liberdade para uma nova criação" (Za I. *Das três metamorfoses*). A liberdade se torna um acontecimento no interior do qual ela pode intensificar-se, manter-se, mas também decair, e, segundo Nietzsche, a esse acontecimento pertence o ato de verdade como comportamento que provém da atitude de veracidade, comportamento condicionado e em última instância opaco, mas exitoso no ato de criar (*Schaffen*):

> Verdade não é, por conseguinte, algo que existiria aí e poderia ser encontrado e descoberto, mas sim algo *a ser criado* e que dá nome a um *processo*, mais ainda, a uma vontade de subjugar que, em si, não tem fim: insinuar a verdade como um *processus in infinitum*, um *determinar ativo*, *não* um tomar-cons-

---

* Típicas do interesse romântico pela evocação de humores e momentos singulares, as *Charakterstücke* são peças musicais (normalmente pianísticas) baseadas em uma única ideia ou em um único programa [N.T.].

> ciência de algo <que> seria 'em si' fixo e determinado. Eis um lema (*Wort*) para a "vontade de poder" (KGW VIII, 9 [91]).

A verdade constitui assim uma possibilidade extrema de liberdade (condicionada), a saber, a vontade de entrever as condições de vida ocultadas a cada instante, de superá-las e de, por meio disso, criar para si liberdade (nova, mais fortemente condicionada a partir de si e, portanto, condicionante):

> O critério de verdade reside na intensificação do sentimento de poder (WM 534, cf. KGW VII, 40 [15], VIII 9 [91]).

Com essa determinação, o primeiro critério da verdade judicativa, a correspondência com a coisa (*Sache*), retorna em um nível superior: o ato de verdade como momento da vida é verdadeiro se corresponde à sua determinação fundamental de ser vontade de poder, intensificação. Mas mesmo essa verdade ainda sabe de si como interpretação condicionada (JGB 22, KGW VII, 8 [24]). "Toda filosofia" também "tem permissão para ser considerada como meio de cura e de auxílio da vida ascendente e da vida decadente" (NW, *Nós antípodas*), o ato de verdade da filosofia, quando contraria suas condições de vida, também pode decair na autoilusão (JGB 230). Acima de tudo, "a verdade última acerca do fluxo das coisas não é tolerada pela *incorporação*, nossos *órgãos* (para *viver*) estão instalados sobre o erro" (KGW V, 11 [62]). E, por outro lado, o ato de verdade, mesmo com plena consciência de sua necessária autoilusão como sua condição, não pode renunciar ao "pensável" ("*Denkbarkeit*") e à linguagem (Za II, *Nas ilhas bem-aventuradas*; KGW VIII, 5 [22]). Ainda que tenha entrevisto a lógica e a linguagem tal como elas resultaram historicamente, como meio de cálculo, alívio, reificação e falseamento da vida (KGW VIII, 9 [97], 18 [13], VII 38 [4], VIII 14 [153], 9 [91]), o ato de verdade permanece, ao querer de todo modo "insinuar verdade" nas coisas (*Dinge*), aprisionado ao pensamento "na forma linguística" (KGW VIII, 5 [22]).

C) A nova determinação de Nietzsche da verdade

Se não se quer, mais uma vez, fazer da lógica o fundamento de determinação último da verdade, então não se pode defini-la de modo cogente.

Nós não vamos além de um deslocamento das "linhas de horizonte de nosso conhecimento" (KGW VIII, 6 [3]) e de "fortes contraconceitos" (KGW VIII, 23 [3]). Podemos tão só explicitar o conceito de verdade, explicitar no sentido de Kant, ao oferecer "apenas algumas características" "suficientes para distinguir", de modo que "o conceito [...] jamais está entre limites seguros" e "pode conter muitas representações obscuras" (KrV A 727s.).

Eu o explicito segundo seis critérios, a fim de, seguindo o fragmento póstumo citado no início, distingui-lo do conceito de verdade da metafísica a partir de sua superação, dada segundo os conceitos desenvolvidos de vida, si-mesmo, liberdade, corporalidade, perspectividade e intensificação. Em primeiro lugar, verdade sempre quer dizer aqui o ato de verdade e só em segundo plano *érgon*, *insights*, juízos. Os critérios não se ordenam para uma "fenomenologia da verdade", para uma superação progressiva e coerente de determinações que estão pressupostas como verdadeiras, mas se demonstram como falsas, de modo a ser revelada uma verdade última da verdade. Os critérios liberam perspectivas que se entrelaçam umas com as outras. Segundo os três primeiros critérios, as determinações tradicionais são negadas; segundo os critérios restantes, elas são preservadas juntamente com sua negação. A preservação da negatividade, do "caráter de oposição", é o pensamento fundamental da nova determinação de Nietzsche da verdade, a prontidão para entender "o *avesso das coisas* como necessário" (KGW VIII, 10 [111]).

(1) O ato de verdade *não é incondicionado, mas sim condicionado – vida*. Ele se compreende como condicionante e condicionado a partir da articulação de condições da vida:

> um em-si, um incondicionado [...] não pode ser conhecido: senão ele *não* seria justamente incondicionado! [...] Conhecer significa "pôr-se em certa condição com relação a algo": sentir-se condicionado por algo [...] – conhecer é, portanto, sob toda circunstância, um *fixar*, um *designar*, um *tornar consciente de condições* (*não* uma *sondagem dos fundamentos* de essência, coisas [*Dinge*], "em-si") (KGW VIII, 2 [154]).

Na filosofia contemporânea, a compreensão do ser-condicionado-condicionante como momento do ato de verdade impôs-se, sobretudo, no debate com Kant. Se Kant ainda se ateve ao ato de verdade transcendental *a priori* sob as condições da sensibilidade, hoje, no falsificacionismo de Popper e na filosofia analítica, sobretudo na de Quine, o ato de verdade é reconhecido como condicionado. Nesse meio tempo, mas decerto sem invocar Nietzsche, Putnam chegou ao ponto de tornar todas as "nossas medidas de aceitabilidade racional, de justificação e, por fim, de verdade dependentes de *standards* de similitude, que são evidentemente um produto de nossa herança biológica e cultural"[19]. Também na concepção antropológica de razão como compensação da abertura de mundo, na teoria do conhecimento evolucionária, no teorema hermenêutico da história dos efeitos, na verdade existencial como consumação da existência individual e na abordagem da teoria crítica, o ato de verdade aparece continuamente como condicionado em princípio - ainda que a partir de diferentes facetas. "A filosofia tornou-se antiapriorística. [Ela] reconheceu [...], que a maioria do que vale para nós como verdade *a priori* tem caráter relativo e dependente de contexto"[20].

(2) O ato de verdade *não é imóvel, mas sim histórico - si-mesmo.*

Em seu ser-condicionado-condicionante o ato de verdade se vê exposto a condições de vida mutáveis, à história. Portanto, ele não procura fixar a verdade como imóvel; ao contrário, ele sempre a reflete de uma nova maneira, a partir das respectivas condições de vida, expondo-a assim ao movimento do si-mesmo em seu mundo. Especialmente a filosofia hermenêutica e o existencialismo tomam a historicidade como inescapável e, sob uma sombra de tragicidade, fazem dela sua coisa mais própria[21]. Nietzsche

---

19 PUTNAM, H. *Vernunft, Wahrheit und Geschichte* (1981). Trad. de J. Schulte. Frankfurt am Main 1982, p. 141.

20 PUTNAM. Op. cit., p. 118. Contra Quine, todavia, Putnam ("Zwei Dogmen des Empirismus" [1951]. *Von einem logischen Standpunkt* – Neun logisch-philosophische Essays. Trad. de P. Bosch. Frankfurt am Main/Berlim/Viena, 1979, p. 27-50) faz valer como *a priori* proposições evidentemente irrefutáveis como "nem todo enunciado é verdadeiro", sem observar que também a "racionalidade" de tais refutações e de suas condições de aceitação podem mudar (p. 115), como defendem Quine (op. cit., p. 47-50) e ele mesmo em seu prefácio (p. 10s.).

21 A investigação de Johann Figl intitulada "Nietzsche und die philosophische Hermeneutik des 20.

mesmo *quer* a mobilidade do ato de verdade, procura conscientemente, quase prazerosamente, a pluralidade de suas condições:

> Quando eu quis ter *prazer na verdade, inventei a mentira* e *a aparência* – o próximo e o distante, o passado e o futuro, o perspectivo. Então coloquei em mim mesmo a escuridão e a fraude e fiz de mim uma ilusão de mim mesmo (KGW VII, 5 [1] 244).

Com Kuhn, a historicidade da verdade finalmente se impõe também na filosofia da ciência relativa às ciências naturais. Para Nietzsche, porém, os *paradigmata* "da ciência normal" já decaem em autoilusão, toda espécie de crença e convicção já suprime a movimentação do si-mesmo e o aliena de si:

> Toda espécie de crença é ela mesma uma expressão da perda de si, de autoalienação" (AC 54), e, nesse sentido, as "convicções" são " [...] inimigas da verdade mais perigosas que as mentiras" (MA I 483; cf. AC 55). "Em lugar da crença, que não nos é mais possível, colocamos uma vontade forte acima de nós, que mantém como princípio heurístico uma série provisória de avaliações fundamentais: para ver *quão longe* se pode chegar com isso" (KGW VII, 25 [307]).

Não apenas não se pode esperar de tais hipóteses que elas se deixem confirmar de maneira definitiva ou mesmo somente aproximativa – como

---

Jahrhunderts – Mit besonderer Berücksichtigung Diltheys, Heideggers und Gadamers" (*Nietzsche-Studien*, 10/11, 1981/1982, p. 408-430) chega, entretanto, à conclusão "de que a hermenêutica de Gadamer, fundada ontológica e linguisticamente, não é assinalada por aquela radicalidade e amplidão que é característica do pensamento tardio de Nietzsche" (p. 429). Konrad Hilpert ("Die Überwindung der objektiven Gültigkeit – Ein Versuch zur Rekonstruktion des Denkansatzes Nietzsches". *Nietzsche-Studien*, 9, 1980, p. 91-121) estreita ainda mais a abordagem de Nietzsche ao acentuar o momento da condicionalidade histórica do ato de verdade no "método histórico-psicológico" (p. 107), orientando-se especialmente em MA. De forma semelhante, Jochen Kirchhoff ("Zum Problem der Erkenntnis bei Nietzsche". *Nietzsche-Studien*, 6, 1977, p. 16-44) vê a solução da "contradição nuclear" entre objetividade e mobilidade do conhecimento na metódica introspecção do conhecimento do mundo como conhecimento de si, aduzindo também importantes passagens (p. ex.: MA I 292; KGW VII, 2 [146]; JGB 20). Contudo, se Nietzsche exorta a dar à "própria vida o valor de um instrumento e de um meio para o conhecimento" (MA I 292), com isso ele não fixa o movimento do ato de verdade sobre um método específico, mas exorta a pôr a própria vida em risco e a sempre desenvolver métodos tão só a partir da experiência da coisa (*Sache*), em tentativas. Algumas verdades querem pacientemente ser colocadas a descoberto, outras "de especial timidez e melindre" é preciso "*surpreender* ou deixar de lado" (FW 381): "nós estamos no *estágio preliminar*. O aguçamento das exigências metódicas deverá vir mais tarde" (KGW VII, 35 [29]).

sugere Popper –, sua verdade – a despeito de todo rigor da pesquisa[22] – não se mede simplesmente por sua comprovação em fatos da experiência, mas, sobretudo, também pelas possibilidades de conhecimento e de ação que elas abrem sob as condições experimentadas a cada vez – às quais também pertencem os "fatos". Desse modo, para rechaçar um conceito metafísico de verdade, Nietzsche não apenas defende um conceito pragmático de verdade,

> Como "verdade" irá impor-se sempre aquilo que corresponde às necessárias condições de vida da época, do grupo: com o passar do tempo, a *soma de opiniões* da humanidade estará *incorporada*, [opiniões] nas quais ela tem aquilo que lhe é mais útil, isto é, a possibilidade da mais longa duração (KGW V, 11 [262]) –,

mas ainda o ultrapassa decididamente. Ele não se detém no critério da utilidade (KGW VIII, 9 [38]), que aliás, para ele, também admitiria convicções (úteis), mas avança para o critério que

> "[corre] através de meus escritos", a saber, "que cada *elevação do homem* traz consigo a superação de interpretações mais estreitas, que cada fortalecimento e ampliação de poder alcançada abre novas perspectivas e incita a crer em novos horizontes" (KGW VIII, 2 [108])[23].

(3) Ato de verdade, portanto, significa essencialmente pôr-se em *liberdade* e, uma vez que com isso são criadas novas condições de vida, significa reinterpretar, "transvalorar". Na liberdade do ato de verdade, a verdade

---

22 Apesar de toda condicionalidade e historicidade, Nietzsche não concede qualquer arbitrariedade à interpretação, mas, ao contrário, exige uma rigorosa "filologia". Para um tratamento pormenorizado desse ponto, cf. GRANIER. Op. cit., p. 321-325.

23 Se A.C. Danto (*Nietzsche as philosopher* (Nova York, 1965) e "Friedrich Nietzsche" (In: HOERSTER, N. (org.). *Klassiker des philosophischen Denkens*. Vol. 2. Munique, 1982, p. 230-273)) faz de Nietzsche um defensor de "uma teoria pragmática da verdade" ("Friedrich Nietzsche", p. 233) e um "consequente convencionalista" (p. 234), é porque não separa na argumentação de Nietzsche "le niveau du pragmatisme perspective et le niveau de la problématique ontologique radicale" (GRANIER. Op. cit., p. 325; cf. p. 487-492; literatura secundária, p. 482-484, nota 2). O convencionalismo só tem a medida de sua utilidade na vontade de poder como vontade de verdade.

não é dada originariamente, mas sim criada, ou: não o que é dado, mas o que é criado é verdadeiro.

O homem tornou-se consciente de que ele mesmo decide sobre as medidas da verdade nas margens de manobra criadas por ele:

> A nova coragem – nenhuma verdade *a priori* [...], mas sim *livre* subordinação a um pensamento dominante que tem seu tempo (KGW VII, 25 [211]).

O caráter de decisão da verdade, que não tem nada que ver com arbitrariedade, confirmou-se não apenas na filosofia, mas também amplamente nas ciências, na matemática e na física, após sua crise de fundamentos nos séculos XIX e XX[24].

Com isso está dissolvido o caráter absoluto do verdadeiro como o que é incondicionado, imóvel e originariamente dado; em contrapartida, Nietzsche preserva as determinações tradicionais do verdadeiro como o que é consciente, universal e livre de contradição – juntamente com a negação delas.

(4) O ato de verdade é *simultaneamente consciente e corporal – corporalidade.*

Se a "grande razão do corpo" é ela mesma um ato de verdade, que descerra não apenas muito mais, mas também, sob o aspecto da conveniência para a vida, com muito mais segurança do que a consciência, de modo que a consciência tem de ficar "protegida e fechada" justamente "diante da multiplicidade incontável nas vivências [...]" (KGW VII, 37 [4]), então o ato de verdade, na medida em que quer conscientemente libertar-se de tais imunizações e tornar-se "soberano", está em um duplo movimento: por um lado, ele torna o corporal consciente e assim decompõe seus instintos e hábitos para poder configurá-lo a partir de si; e, por outro lado, ele incor-

---

24 Cf. QUINE, W.O. "Was es gibt" [*Acerca do que existe*] (1948). In: *Von einem logischen Standpunkt*. Op. cit., p. 25. • ULMER, K. (org.). *Die Wissenschaften und die Wahrheit* – Ein Rechenschaftsbericht der Forschung. Stuttgart/Berlim/Colônia/Mainz, 1966. Cf. tb. o artigo de Ulmer: "Die Vielfalt der Wahrheit in den Wissenschaften und ihre Einheit", p. 7-24. Ulmer conclui com a compreensão de que "a verdade e a relação do homem com ela recebe um caráter totalmente novo. Para traduzir em uma fórmula: o que cabe hoje ao homem em sua relação com a verdade, como nunca antes em sua história, é a extraordinária medida de liberdade e de responsabilidade" (p. 23).

pora tais orientações que foram tornadas conscientes para chegar a novos hábitos seguros de seus instintos. "Sob a influência do conhecimento crescente", um "hábito herdado" cede lugar a um "novo hábito" (MA I 107): isso significa levar adiante o esclarecimento (M 197), mas também escapar à "ridícula superestimação e desconhecimento da consciência", e, portanto, significa a "*tarefa de incorporar a si o saber* e torná-lo instintivo" (FW 11). Nietzsche quer mais do que a antropologia de *Gehlen*, ele não quer apenas ver a consciência livre de sobrecarga para mantê-la apta à vida em sua abertura ao mundo, mas sim faz com que "se forme um corpo mais elevado" (KGW VII, 24 [16]), um "indivíduo soberano", para o qual o "saber altivo do privilégio extraordinário da *responsabilidade* [...] "se depositou na mais íntima profundeza [...]" (GM II 2).

(5) A consciência, que cresce a partir da razão de seu corpo e, com ela, abre as condições e possibilidades da totalidade da vida, mas a cada vez perspectivamente. A *perspectividade* constitui o mundo como mundo a cada vez individual: "a cada alma pertence um outro mundo; para cada alma, toda outra alma é um mundo por detrás (*Hinterwelt*)" (Za III, *O convalescente* 2). A (grande com a pequena) razão tem diante de si uma totalidade experienciável empiricamente – individual e historicamente – com uma rede de ordenações e valores largamente incorporada, em grande parte não explícita e não explicitável plenamente. Essa totalidade permite em si obscuridades e contradições e, em sua ordenação, não pode nem precisa ser derivada lógica e sistematicamente de um princípio. A razão não é somente a razão desde sempre universal, perfeitamente transparente a si mesma, nem a razão científica que determina logicamente o mundo: na verdade de totalidades a cada vez individuais e heterogêneas, o mundo é simultaneamente projetado por uma razão a cada vez individual, em si heterogênea e não transparente a si mesma[25].

---

25 Karl Ulmer fez desse *insight* o eixo de sua *Philosophie der modernen Lebenswelt* (Tübingen, 1972) e diferencia a razão com o olhar voltado para o saber a cada vez originário e total, individual, pedagógico, político e científico acerca do mundo. Ele relaciona o conceito de "mundo da vida" (p. 106) ao "entrelaçamento" a cada vez diferente "do mundo com o homem" e com isso o distingue do conceito de Husserl. Como mostra Werner Marx em dois lúcidos artigos ("Vernunft und Lebenswelt"

A perspectividade não exclui, contudo, coincidir e ser uma só com a comunicação e o consenso: ela admite *ao mesmo tempo verdades universais e individuais.*

Verdade universal torna-se possível através da mediação de perspectivas individuais sob interesses comuns (para Nietzsche desde sempre morais) ou através do reconhecimento (mais uma vez moralmente condicionado) das fixações de outras perspectivas. Nietzsche manifesta a "suposição [...] de que a consciência em geral se desenvolveu apenas sob a pressão da necessidade de comunicação". Mas, por isso, "*não* a razão, mas tão só o tornar-se-consciente da razão sempre trará à consciência apenas e precisamente o não individual (no indivíduo) [...], sua 'mediocridade'" ('*Durchschnittliches*'), "apenas um mundo de superfícies e signos [...], um mundo generalizado e vulgarizado" (FW 354)[26]. Porém, uma vez estabelecido, esse "gênio da espécie", de sua parte, descerra o mundo de modo peculiar e autônomo em sua(nossa) lógica e pode se desenvolver em "preconceito dominante" de uma "ontologia moral" (KGW VIII, 7 [4]), cuja evidência faz esquecer sua origem e caráter. Apesar de toda a crítica à herdada autonomia do universal, Nietzsche é veementemente contra fazer doravante do indivíduo um ponto de partida originário. Não apenas o próprio indivíduo já está desde sempre condicionado por seu mundo individual, como este

---

e "Lebenswelt und Lebenswelten", ambos em: *Vernunft und Welt* – Zwischen Tradition und anderem Anfang. Den Haag, 1970, p. 45-62, 63-77), Husserl "combateu até o fim pelo domínio universal da razão" (p. 45ss.); sua filosofia tornou-se com isso "a configuração da consumação do filosofar tradicional a partir da razão e do espírito" (p. 50). Assim, para Husserl, diferentemente de Nietzsche e Ulmer, ao homem permanece continuamente a possibilidade de, através de um deslocamento transcendental-fenomenológico, extrair-se das validades do mundo da vida ligadas a interesses, as quais ele não concebe como individualmente diferentes e estruturadas a cada vez de modo peculiar, mas sim como "subsistência essencial-universal" (*Krisis...*, p. 383) do "domínio" pré-científico "da vida no mundo (*Weltlebens*) intuitiva, cotidiana, universal" (MARX, p. 70s.). Para a literatura acerca do conceito husserliano de mundo da vida, cf. DÜSING, K. "Teleologie und natürlicher Weltbegriff". *Neue Hefte für Philosophie*, 20, 1981, p. 39ss., nota 16. • STRÖKER, E. (org.). *Lebenswelt und Wissenschaft in der Philosophie Edmund Husserls*. Frankfurt am Main, 1979. • AGUIRRE, A.F. "Die Phänomenologie Husserls im Licht ihrer gegenwärtigen Interpretation und Kritik". *Erträge der Forschung*. Vol. 175. Darmstadt, 1982, p. 86-149.

26 Nesse caso, como mostra Granier (op. cit., p. 483ss. (nota)), a verdade generalizada não pode ser equiparada com a verdade do cotidiano em *Ser e tempo* de Heidegger, como pretende Erika Emmerich: *Wahrheit und Wahrhaftigkeit in der Philosophie Nietzsches*. Diss. Bonn, 1933.

mundo, e com ele o próprio indivíduo, já está fixado e interpretado por um universal conceitual, o indivíduo é um universal:

> "Na verdade não há quaisquer *verdades individuais*, mas sim meros *erros* individuais - o *indivíduo* mesmo é um *erro* [...], uma 'unidade' que não se sustenta" (KGW V, 11 [7], cf. VIII 11 [73]). "O conceito 'indivíduo' é falso" (KGW VII, 34 [123]).

Portanto, não se pode fundamentar uma primazia nem em favor do universal nem do individual. Eles se encontram num entrelaçamento múltiplo que a filosofia (e também o próprio Nietzsche) ainda não esclareceu o suficiente. No quadro da filosofia da ciência das ciências naturais, Popper mostrou a condicionalidade recíproca entre projeto teórico e observação; para as ciências da sociedade e da história, Dilthey foi o primeiro a mostrar que, ontologicamente, todo universal deve ser apreendido como individual e que, na compreensão, todo individual deve ser apreendido de modo universalmente válido. Nesse aspecto a filosofia da linguagem talvez tenha sido a que mais avançou, uma vez que

> é preciso partir do "fato fundamental da capacidade humana de linguagem", do fato de que, na comunicação, a identidade universal do significado tem de ser pressuposta, quer dizer, assumida como verdadeira; no entanto, ao mesmo tempo "com o pressuposto contrário de que também se deveria partir de uma possível 'compreensão diferente' do outro, sem que se pudesse delimitar *a priori*, em contrapartida, um 'domínio' ou mesmo um 'núcleo' de compreensão idêntica"[27].

(6) Com sua condicionalidade individual e sua viva mobilidade, o ato de verdade universal, fixado segundo as regras da lógica e da linguagem

---

27 SIMON, J. *Wahrheit als Freiheit* – Zur Entwicklung der Wahrheitsfrage in der neueren Philosophie. Berlim/Nova York, 1978, p. 26ss. "A liberdade consiste no fato de que o indivíduo, ao aceitar 'algo' como verdadeiro *de um modo em si mesmo não mais universalmente determinável*, encontra uma possibilidade de orientar-se na efetividade. Com isso, esta assume uma configuração para ele, que só é capaz de viver nela enquanto não surgir eventualmente uma instabilidade. Encontrar e, respectivamente, admitir como dita uma língua na qual se pode dizer 'algo' e na qual, portanto, somente então se pode fazer referência a 'algo', é reconhecido como mais originário que a ideia de um método por meio do qual se está *eo ipso* dirigido para o verdadeiro" (p. 70).

relativas à *não contradição*, incorre necessariamente em *contradição*. O ato de verdade só pode superar essa contradição "existencial" ao *intensificar-se* em uma nova medida, a *justiça*.

Como momento da vida, o próprio ato de verdade procura intensificação; ele é, como vontade de verdade, vontade de poder. Assim, ele se torna ambíguo. Por um lado, quer obter estabilidade, sendo o "senso de verdade (*Sinn für Wahrheit*), no fundo, o senso de segurança (*Sinn für Sicherheit*)" (M 26), um sintoma de fraqueza e, portanto, uma contradição em relação à essência do vivente entendida como ampliação de poder; o ato de verdade decai no "cego confiar na razão", a qual quer descerrar para si um mundo verdadeiro, incondicionado, sem contradição, essencial (*seiend*):

> Este mundo é aparente – *portanto* há um mundo verdadeiro.
> Este mundo é condicionado – *portanto* há um mundo incondicionado.
> Este mundo é cheio de contradição – *portanto* há um mundo sem contradição.
> Este mundo está em devir – *portanto* há um mundo essencial (KGW VIII, 8 [2]).

Por outro lado, a vontade de verdade quer superar a estabilidade da autoilusão habituada, e, portanto, a "verdade" tem um "caráter negativo" – "enquanto eliminação de um erro, de uma ilusão" (VII 25 [165]). Mas também para essa superação que conserva a vivacidade,

> o mundo [...] não é nenhum conjunto de fatos, porém [...] uma falsidade que se desloca continuamente, que nunca se aproxima da verdade: pois – não há nenhuma "verdade" (KGW VIII, 2 [108]).

Como superação, o ato de verdade também permanece em contradição. O superar da estabilidade como a verdade da vontade de verdade sempre pressupõe também uma estabilidade – não verdadeira – a ser superada, e, desse modo, temos de "admitir a inverdade como condição de vida" (JGB 4, cf. KGW VII, 34 [253]), "toda a vida humana está profundamente imersa na inverdade" (MA I 34. cf. KGW V, 11 [162]).

> Verdade não designa o oposto do erro, porém, a colocação de certos erros diante de outros erros, por exemplo, porque eles são mais velhos e profundamente incorporados, porque não sabemos viver sem eles e por coisas assim (KGW VII, 34 [247]).

> Essa crença na verdade penetra em nós até sua última consequência – vós sabeis o que ela anuncia: – que, se absolutamente há algo para ser adorado, é a aparência que tem de ser adorada, que a mentira – e *não* a verdade – é divina...? (KGW VIII, 6 [25]).

Na articulação das condições de vida, que se modifica continuamente, "ter" a verdade, prender-se a ela, já significa negar seu caráter condicionado, uma inversão de sua estrutura, que a faz ser em movimento, não um objeto[28]. Cada um que fala, cada um que escreve, mas em especial o filósofo escritor, que quer perseguir tudo o que apreende em sua condicionalidade plural, sem poder jamais resumi-la, conhece o tormento da falsificação que envolve inevitavelmente sua fixação. A verdade desafia, ao menos no caso do filósofo "criador" (JGB 211), a estar de prontidão para seu movimento, para a destruição da ilusão de poder fixá-la, tê-la.

O ato de verdade tem de mover-se junto à coisa (*Sache*): como interpretar condicionado, ele não tem sua medida na coisa, porém, como interpretar da coisa, também não a tem em si mesmo, mas sim no superar de sua interpretação a partir do sempre novo e imprevisível experimentar da coisa, no abrir de perspectivas[29]. Com isso, ele não escapa de seu caráter condicional e aparente –

---

28 Até que ponto o pensamento de Nietzsche é dialético – no sentido da dialética de Platão ou de Hegel – é algo que ainda teria de ser analisado de forma minuciosa. R.F. Beerling ("Hegel und Nietzsche". *Hegel-Studien*, 1, 1961, p. 231-233) fala de um "parentesco dialético": segundo ele, Nietzsche pensa frequentemente de maneira dialética no sentido de Hegel, mas não se deixa prender a um "método dialético". De forma semelhante se expressa Alfred Schmidt ("Zur Frage der Dialektik in Nietzsches Erkenntnistheorie", 1963). In: SALAQUARDA, J. (org.). *Nietzsche*. Op. cit., p. 124-140, Granier (op. cit., p. 41-53), e Friedrich Kaulbach (*Nietzsches Idee einer Experimentalphilosophie*. Colônia/Viena, 1980, p. 187), enquanto Gilles Deleuze (*Nietzsche und die Philosophie*, 1962. Trad. do francês por B. Schwibs. Munique, 1976, passim) toma Nietzsche por antidialético, e *Kaufmann* (op. cit., p. 98, 195) faz dele um dialético no sentido de Platão, um "dialético mais consequente" do que Hegel. Heinz Röttges (*Nietzsche und die Dialektik der Aufklärung*. Berlim/Nova York, 1972) e Fritz Wandel (*Bewusstsein und Wille, Dialektik als Movens für Nietzsche*. Bonn, 1972), procuram reconstruir de modo dialético o pensamento de Nietzsche independentemente de Hegel, mesmo quando o fazem com a ajuda de conceitos hegelianos.

29 Por isso, a tese de Ruediger Hermann ("Grimm". In: *Nietzsche's Theory of Knowledge*. Berlim/Nova York, 1977) me parece ir longe demais: "Nietzsche's criterion for truth is not concerned at all

> tu deverias aprender a compreender a *necessária* injustiça em todo pró e contra, a injustiça como inseparável da vida, e a vida mesma como *condicionada* pela perspectividade e por sua injustiça (MA, pref. 6) –,

mas se intensifica até o "grau de aparência" a cada vez mais bem justificado (JGB 34), até a justiça no sentido de Nietzsche, uma justiça que, ao julgar, sempre liberta de novo do juízo, ao mesmo tempo na pluralidade de perspectivas superadas e superadoras, a experiência da coisa[30]. Justiça, adequação da coisa em relação à – também sempre inconsciente – totalidade de sua ótica de perspectivas – conscientemente movimentada –, é a objetividade que ainda nos é possível, é o limite extremo da nova determinação de Nietzsche da verdade.

Mas aqui também é alcançado o ponto em que a filosofia ultrapassa as condições da vida cotidiana e da pesquisa científica, na medida em que tais condições se colocam em função das exigências do dia e visam à utilidade pessoal ou social, ao ganho de conhecimento ou material, aliás, é alcançado o ponto em que a própria filosofia chega à margem de seu campo peculiar. A filosofia de Nietzsche alcança aqui sua mais extrema radicalidade:

> Minha filosofia – arrancar o homem da *aparência* apesar de *todo* perigo! Também nenhum medo diante do perecer da vida" (KGW V, 13 [12]).

Não "ter" a verdade nem querer fixá-la sequer provisoriamente, isso só pode ser concedido, falando realisticamente, por uma reflexão

---

with the logical content of the proposition. The content, in fact, is largely irrelevant" (p. 19). Seguramente, "there exists no ultimate, immutable, eternal standard for truth", a verdade para Nietzsche é "self-referentially consistent", verdadeira para aqueles que, em seu movimento, são aptos a ela (p. 27), no entanto, como condições da coisa (*Sache*), a experiência da coisa e sua comunicabilidade – em uma tentativa de diálogo ou de imposição pela força – também penetram nela.

30 Cf. a já citada determinação da "Vérité originaire" de Granier. Op. cit., nota 5. Em "Nietzsche and Heidegger on Justice and Truth" (In: *Nietzsche-Studien*, 9, 1980, p. 224-238) Jeffrey Stevens refere-se aos limites da interpretação de Heidegger acerca da justiça em Nietzsche. A interpretação de Friedrich Kaulbach (op. cit., p. 186-228) do conceito de justiça de Nietzsche, feita a partir da analogia – em larga medida elucidativa – com o modelo do tribunal da razão de Kant, supõe por fim um juiz que decide pura e soberanamente sobre a justificativa das perspectivas; mas, para o próprio Nietzsche, quem perfaz o ato de verdade encontra-se sob certa disposição: em seu ato de verdade, suas condições de vida e as condições da coisa decidem sobre ele; assim como ele mesmo decide sobre elas, ele mesmo é, ao julgar, condenado por elas.

que está dispensada da preocupação com o próximo e que também já deixou para trás a tarefa filosófica de desenvolver uma orientação de mundo e uma ética. Nietzsche também reconhece isso: "quem olhou profundamente para o mundo, decerto advinha quanta sabedoria reside no fato de que os homens são superficiais", de que eles têm "*medo* da verdade" (JGB 59). A filosofia que, como a "mais veraz de todas as ciências", não tem permissão para começar a "acreditar em si mesma" (JGB 9) e almeja à crítica impiedosa e ao abandono sem reservas dos preconceitos, pode e tem de, a partir dessas condições de vida particulares, de modo incondicional ainda que não incondicionado, atrever-se a escancarar uma aporia que não pode resolver, mas tem de suportar, pode e tem de atrever-se, em sua vontade de verdade, a denegar a si mesma a verdade como meta. Pois, antes transformada em ideal, em ideia regulativa, só depois a verdade se dissimula como objeto: os

> últimos idealistas do conhecimento, únicos nos quais a consciência (*Gewissen*) intelectual hoje mora e tomou corpo – [...] Esses ainda estão longe de ser espíritos *livres*: *pois ainda acreditam na verdade*... (GM III 24).

A ciência tem de assegurar-se nessa "crença metafísica" "de um valor *em si da verdade*" e, através disso, ela se distingue por princípio da filosofia (GM III 24). A ciência, porém, não tem permissão para prender-se, sequer por uma única vez, à sua "convicção" de *não* ter a verdade citada no início, pois, como convicção, ela já seria falsa, seria resignação. Caso renuncie à sua convicção, então a ciência deve saber, em contrapartida,

> que a destruição de uma ilusão ainda não dá como resultado nenhuma verdade, mas sim apenas *mais* um *pedaço de ignorância*, uma ampliação de nosso "espaço vazio", um aumento do nosso "ermo" (KGW VII, 35 [47]).

Conclusão final

> No devir, conhecimento em si [é] impossível; como é possível, portanto, conhecimento? Como erro sobre si mesmo, como vontade de poder, como vontade de ilusão (KGW VIII, 7 [54]).

Ainda que essa conclusão exclua um progresso em direção a uma meta determinada *a priori*, ela não tem permissão para desencorajar um "espírito positivo" a pôr, a "prometer" metas (GM II 1), "pondo o mais provável no lugar do mais improvável, [pondo], sob certas circunstâncias, um erro no lugar do outro" (GM, Prólogo 4). A ambiguidade nociva e paralisante em todo ato de verdade filosófico que tem de destruir o ideal – inclusive o ideal de que ela necessita para poder destruir o ideal – se reflete por toda parte nas atuais correntes da filosofia, embora em formas amenas e toleráveis, que possuem seus dogmas e sedativos, sua doutrina[31]. É um mérito de Nietzsche não apenas ter posto em aberto, com uma radicalidade não sobrepujada, a contradição no ato de verdade filosófico, mas ao mesmo tempo tê-la iluminado, a partir da superação da metafísica, como insuperável.

---

31 Hilary Putnam, que em obra citada acima apresentou o mais novo ensaio de longo alcance sobre "razão, verdade e história", pretende, com os métodos da filosofia analítica, demonstrar como falsas ou insuficientes todas as teorias que afirmam uma inequívoca referência teórica aos fatos ou uma inequívoca verificabilidade (ou falsificabilidade) teórica nos fatos, portanto, ele pretende destruir o mito da verdade científica na própria filosofia analítica, e revela como, mais além do reservatório de conceitos e dos critérios de relevância, os fatos estão originária e indissoluvelmente entrelaçados com valores. No entanto, frente a um "relativismo" sem barreiras, ele procura salvar a razão e a verdade, agora denominadas por ele de racionalidade e aceitabilidade racional, ao ancorar o sentido e a fixidez de suas medidas no "*interior* de nossa tradição" (p. 284), que teria de ser sempre reinterpretada no conhecimento científico, ou seja, criticada e ampliada (p. 268). Seria possível, para obter verdade científica, apoiar-se no ideal de método do início da época moderna, o qual pressupõe que "já se tem previamente um conceito de racionalidade" (p. 258). A Nietzsche, em contrapartida, ele atribui apenas o "erro" de ter tido "uma moral 'melhor' que toda a tradição" (p. 284). A própria meta de Putnam, "desenvolver uma *concepção* da racionalidade mais racional e, respectivamente, uma melhor *concepção* da moral" (p. 284), permanece apenas um programa.

2 A crítica de Nietzsche da razão da sua vida

Para uma interpretação de *O Anticristo* e *Ecce homo**

A nova edição Colli e Montinari das obras de Nietzsche não apenas confirmou quão arbitrária fora a compilação feita pela irmã e o companheiro da suposta "obra principal" de Nietzsche, a *Vontade de poder*, mas Montinari demonstrou, para além disso e convincentemente, que Nietzsche tinha, no final, desistido completamente do plano de uma tal obra[1]. Com isso, o olhar se libertou para aquelas que foram realmente as últimas obras de Nietzsche, sobretudo os escritos *O Anticristo* e *Ecce homo* que surgiram no lugar da planejada obra principal. Enquanto se tinha visto na *Vontade de poder* um resumo do conteúdo filosófico da obra completa de Nietzsche, *O Anticristo* e *Ecce homo* foram tidos como meros testemunhos pessoais de um ódio desmesurado contra o cristianismo, bem como uma delirante valorização exagerada de si mesmo. Conforme o correto questionamento de

---

* STEGMAIER, W. "Nietzsches Kritik der Vernunft seines Lebens: zur Deutung von *Der Antichrist* und *Ecce homo*". *Nietzsche-Studien*, 21, 1992, p. 163-183. Tradução de Jorge Luiz Viesenteiner. Revisão de Marta Faustino.

1 MONTINARI, M. "Nietzsches Nachlass von 1885 bis 1888 oder Textkritik und Wille zur Macht". *Jahrbuch für Internationale Germanistik*. Reihe A (Kongressberichte: Akten des V. Internationalen Germanisten-Kongress Cambridge 1975), 2.1, 1976, p. 36-58 [Reimpresso em SALAQUARDA, J. (org.). *Nietzsche*. Darmstadt, 1980, p. 323-348 (Wege der Forschung, Bd. 521)].

Montinari, dever-se-ia então perguntar se precisamente esses dois escritos não fariam parte do conteúdo filosófico-sistemático que fora previamente pensado à *Vontade de poder* e, além disso, se esse conteúdo apenas resumiria o substrato da sua obra de até então ou se ele o ultrapassaria. A propósito disso, ou seja, de que ambos os escritos têm um significado filosófico-sistemático, fala já o fato desses não serem apresentados na forma aforismática, mas sim de modo sistemático como poucas obras de Nietzsche; além disto, que tais escritos não resumem a sua obra de até então, é algo evidente. Assim, permanece ainda por demonstrar que *O Anticristo* e *Ecce homo* possuem um significado sistemático e continuado na obra filosófica de Nietzsche. Nós defenderemos a tese de que, nesses dois textos, Nietzsche tenta uma crítica da razão da sua vida. Essa fórmula surge do próprio Nietzsche: inicialmente, ele tinha considerado como título de *Ecce homo* "*O espelho*: tentativa de uma autoavaliação", e depois como "Da razão da minha vida"[2].

Como se sabe, a 'crítica da razão' em Nietzsche não significa 'teoria do conhecimento'. Para ele todo conhecimento está, por um lado, condicionado por alguém que conhece e, por outro lado, por aquilo que ele conhece; o conhecimento é condicionado, pois, de uma maneira não conhecida e incomensurável, e, como tal, uma *teoria* do conhecimento só seria possível caso se abstraísse precisamente dessa incomensurabilidade. *A* razão é sempre a razão de uma vida individual; ela pode perscrutar-se a si mesma apenas como um 'ídolo', ela não é capaz de 'pureza' (*Reinheit*), mas sim apenas de 'sutileza' (*Feinheit*). Para ambos os casos, em que o conhecimento é condicionado sutilmente e não de maneira pura, Nietzsche emprega o conceito de Compreensão (*Verstehen*); com os conceitos de Compreender (*Verstehen*) e Ser-compreendido (*Verstanden-Werden*), ou ainda de 'compreensibilidade' como ele diz, Nietzsche se afasta da teoria do conhecimento do século XIX. Eles convergem no conceito de interpretação, com o qual o Nietzsche tardio passa a traduzir frequentemente seu conceito de vontade de poder[3]; ao se perguntar pelas condições de possibilidade da interpreta-

2 KGW VIII 24 [5], [8].

3 Cf. FIGL, J. *Interpretation als philosophisches Prinzip*: Friedrich Nietzsches universale Theorie der Auslegung im späten Nachlass. Berlim/Nova York, 1982 (Monographien und Texte zur Nietzsche-

ção, pergunta-se então até que ponto, sob condições individuais, pode-se entender alguma coisa ou alguém de modo diverso, ou ainda ser diversamente entendido por ele[4]. As condições individuais são sempre condições diferentes; sob condições individuais, compreendemo-nos até a nós próprios de modo diferente. Por isso, em sua crítica da razão, Nietzsche suspende não apenas a universalidade (*Allgemeinheit*), mas também a reflexividade do conhecimento; a possibilidade da compreensão de si mesmo não é um primeiro princípio, mas sim o primeiro problema da sua filosofia[5]. *Ecce homo* é sua última e, ao mesmo tempo, primeira tentativa sistemática de compreender a si mesmo. Ele pressupõe que a compreensão de si mesmo converteu a ele mais uma vez como um novo problema[6]. *O Anticristo*

Forschung, Bd. 7). • ABEL, G. *Nietzsche*: Die Dynamik der Willen zur Macht und die ewige Wiederkehr. Berlim/Nova York, 1984 (Monographien und Texte zur Nietzsche-Forschung, Bd. 15), ambos os textos em ligação com Wolfgang Müller-Lauter: "Nietzsches Lehre vom Willen zur Macht". *Nietzsche-Studien*, 3, 1974, p. 1-60 e reimpresso numa versão abreviada em SALAQUARDA, J. (org.). Nietzsche. Op. cit., p. 234-287, cujo artigo remonta a Karl Jaspers: *Nietzsche*: Einführung in das Verständnis seines Philosophierens (1936). Berlim, 1947, p. 290-299.

4 Günter Abel começou a desenvolver, a partir daqui, um "Interpretacionismo" (cf. NIETZSCHE. Op. cit.; "Realismus, Pragmatismus, Interpretationismus, Neuere Entwicklungen in der Analytischen Philosophie". *Allgemeine Zeitschrift für Philosophie*, 13.3, 1988, p. 51-67. • "Interpretationsphilosophie – Eine Antwort auf Hans Lenk". *Allgemeine Zeitschrift für Philosophie*, 13.3, 1988, p. 79-86). Abel permanece, porém, no âmbito da Compreensão/Interpretação de *algo*; ele não leva em consideração o compreender e ser-compreendido *interpessoais*, que para Nietzsche surge de modo cada vez mais forte e, na sua fase tardia, emerge por completo em primeiro plano. Para uma interpretação mais direta em Nietzsche, mas também em Dilthey do conceito de compreensão e interpretação, uma compreensão e interpretação sob condições de vida que incessantemente se modificam, bem como em relação a outras pessoas, confira o texto da minha habilitação intitulada *Philosophie der Fluktuanz, Dilthey und Nietzsche* que em breve será publicada. • A referida "habilitação" do autor é STEGMAIER, W. *Philosophie der Fluktuanz*: Dilthey und Nietzsche. Göttingen: Vandenhoeck & Ruprecht, 1992 [N.T.]. Ali há também pormenores sobre a dissertação existente como um todo.

5 Karl Löwith já tinha se referido a isso em sua dissertação intitulada *Auslegung von Nietzsches Selbst-Interpretation und von Nietzsches Interpretationen* (Munique, 1923) que, porém, nunca foi publicada. Mesmo na edição dos seus *Sämtlichen Schriften* foi publicado somente um resumo sobre o tema (Bd. 6: *Nietzsche*. Stuttgart, 1987, p. 535-538).

6 Em cartas que Nietzsche escreveu um ano antes do surgimento de *O Anticristo* e *Ecce homo*, por ocasião da nova edição de seus escritos de até então, inclusive com novos prefácios (cf. KSB 8. 11, 15, 29), mostram a dificuldade que o próprio Nietzsche tinha em compreender a si mesmo e a sua "literatura" como um todo. Como filósofo, Nietzsche tem que lutar duramente para poder ver sua "necessidade" (*Noth*), bem como a coragem e o sentido para manter isso vivo – enquanto o "erudito" quer ser não um indivíduo, mas apenas espelho, instrumento de uma teoria, apenas um ser "objetivo" relativamente às coisas que ele quer ver (JGB 207).

surgiu na imediata vizinhança de *Ecce homo*, de modo que também poderia, pois, pertencer ao processo de uma nova compreensão de si mesmo. Nossa tese é a de que, em *O Anticristo*, Nietzsche questiona sua doutrina central da vontade de poder. Com sua 'teoria do tipo Jesus', ele esboça uma vida sem vontade de poder; na medida em que uma tal vida foi possível, isso parece ter despertado em Nietzsche a suspeita de que a sua doutrina da vontade de poder pudesse ser propriamente apenas algo de 'desejável', cuja origem remontaria à sua própria vontade de poder. Nietzsche não desiste, porém, do pensamento da vontade de poder, e nem o deixa em contradição, mas sim – tal como é sua metodologia em tais casos – ele o 'refina' (*verfeinert*) através de um caminho no qual se encontram boas referências nos fragmentos póstumos e nas cartas. Nietzsche refina a teoria da vontade de poder com a experiência do 'tipo Jesus' até o 'conceito de Dioniso', através do qual ele finaliza, no *Ecce homo*, a crítica da razão da sua vida.

1) A questão da dignidade filosófica dos últimos escritos de Nietzsche

Por muito tempo Nietzsche pareceu apenas querer provocar com seus últimos escritos a declaração de uma "grande guerra" (EH, JGB 1), sem ter filosoficamente nada de novo a dizer. Já os títulos *O Anticristo* e *Ecce homo* pareciam indicar isso, por conta da contraposição de Nietzsche a Cristo, por um lado, e sua identificação com a figura de Jesus de Nazaré, por outro, e então sua autodivinização no conceito de Dioniso. Colli ainda avaliou os últimos momentos do pensamento de Nietzsche como um tempo de mera reivindicação, por trás da qual se ocultaria um ódio vazio, uma busca desesperada por novas intuições, uma repetição estéril de pensamentos da juventude, bem como o esgotamento da força sistemática, ou seja, um tempo de "declínio" no qual Nietzsche teria se refugiado por fim em uma narrativa autobiográfica[7]. No entanto, na "penetração do pensamento e da pessoa", Colli não conseguiu ver nenhum pensamento, mas apenas a ruptura da sua demasiada pessoalidade, o "ponto no qual Nietzsche perde o contato com a realidade". Seu pensamento se tornara

7 Posfácio aos vols. 6, 12 e 13 da KSA, apud KSA 6, p. 456.

então místico, alucinado e patológico. Colli considerou esse estado em Nietzsche não apenas para os primeiros dias de janeiro de 1889, mas para todo o outono de 1888 em Turim, quando já "não estava mais em posse das suas faculdades mentais"[8].

A partir disso, uma interpretação filosófica dos últimos escritos seria questionável se não fosse mesmo supérflua. A avaliação de Colli, porém, deve ser posta em dúvida, pois ele imaginava que o fastio de Nietzsche com pensamentos que tinham se tornado estéreis deveria tê-lo conduzido a uma profunda depressão. No entanto, Nietzsche escreve em 6 de novembro de 1888 a seu editor, para dizer que nas últimas semanas estivera "inspirado da maneira mais feliz", "graças a um bem-estar incomparável, o único que existiu na minha vida" (KSB 8, p. 464). Portanto, Colli deveria também concordar que o "retrocesso teórico" teria até mesmo conduzido Nietzsche a uma nova "profundidade" (KSA 13, p. 665), "que ainda não foi pesquisada em sua verdadeira dimensão". Karl Löwith já tinha objetado contra Erich Podach, que *Ecce homo* seria bem pouco uma obra do 'colapso', mas que, pelo contrário, Nietzsche teria retirado dela, "com grande clareza e decisão", "as mais extremas consequências dos seus escritos precedentes"[9]. Löwith nos parece ter muito mais razão do que Colli, que desconsiderou totalmente o escrito de *O Anticristo*, cuja disposição sistemática dá provas de rigorosa concentração e tensão de pensamento. Qualificar como loucura o tempo em que Nietzsche escreveu significa simplesmente, tal como

---

8 KSA 6, p. 452, 453 e 456. Assim também considerou o teólogo Julius Kaftan, que, em agosto de 1888, havia passado três semanas em intensa conversação com Nietzsche, reagiu em 1896 com sua conferência intitulada *Das Christentum und Nietzsches Herrenmoral*, escrevendo uma das primeiras palestras públicas sobre a obra tardia de Nietzsche (cf. JANZ, C.P. *Friedrich Nietzsche*. Biographie. 3 Bde. Munique/Viena, 1978-1979, vol. II, p. 622). Janz, por sua vez, não considera ainda o texto de *O Anticristo* como elo de um movimento de pensamento consequente, mas sim como dissertação que, a partir da conversa com Kaftan, "havia precisamente se apresentado" como um "problema em especial", o problema em que Nietzsche "jogou uma partida que o atrai para sua tarefa" (p. 626-629). Para Kaftan, tal obra é apenas uma "maldição sobre o cristianismo" – o tipo Jesus não ocorre mais em sua interpretação (p. 650-657).

9 PODACH, E.F. *Nietzsches Zusammenbruch*. Heildelberg, 1930. • LÖWITH, K. "Nietzsches antichristliche Bergpredigt" (1962). *Sämtliche Schriften*. Bd. 6. Stuttgart, 1987, p. 473. Cf. tb. SIMON, J. "Welt auf Zeit, Nietzsches Denken in der Spannung zwischen der Absolutheit des Individuums und dem kategorialen Schema der Metaphysik". In: ABEL, G. & SALAQUARDA, J. (orgs.). *Krisis der Metaphysik, Wolfgang Müller-Lauter zum 65. Geburtstag*. Berlim/Nova York, 1989, p. 109-133.

aprendemos de Foucault, não poder ou não querer mais entendê-lo a partir de um determinado "ponto"[10].

A "consequência" dos últimos escritos de Nietzsche nos parece ser a seguinte. Em *Para além de bem e mal* e *Para a genealogia da moral*, Nietzsche encontrou seu oponente na moral ocidental de incondicional justificação. Ele interpretou o 'probo ateísmo' (*redlichen Atheismus*) das ciências como apogeu do desenvolvimento dessa moral, a partir do qual ela própria se suprime: seu poder sucumbe quando não se acredita mais irrestritamente na sua incondicionalidade. Ora, precisamente a incondicionalidade da moral é posta em dúvida quando se mostra que ela foi criada por indivíduos a partir de seu respectivo condicionalismo (*Bedingtheit*). O que Nietzsche tinha anteriormente testado relativamente ao cristianismo, em doutrinas filosóficas isoladas, sobretudo em *Para além de bem e mal*, e também já em *Aurora*, ele completa agora na "ontologia moral" do Ocidente como um todo: Nietzsche a interpreta a partir das condições de vida de seus dois primeiros mestres, isto é, de Sócrates, que no *Crepúsculo dos ídolos* fundou essa ontologia moral na forma de ciência, e de Paulo, que em *O Anticristo* a propagou na forma de religião. Para poder em geral ser ouvido, Nietzsche conscientemente os simplifica e embrutece, visto que, mais tarde, estudos mais aprofundados quiseram especificar essa diferença. Mas a probidade científica de Nietzsche exige também que, como autor de um contramovimento em relação à 'ontologia moral', interrogue e explique sob tais condições de vida sua própria pessoa e, nisso, ele também é "filho do seu tempo" (WA, Prefácio). Isso significa, porém, que se Nietzsche fala por fim de sua "divindade"[11], podendo até soar inconveniente, trata-se de compreender que aquilo que Sócrates e

---

10 Que Nietzsche tenha enlouquecido não significa que ele já estava louco quando ainda escrevia. Karl Jarspers (op. cit., p. 91-110, esp. p. 109), que pode ajuizar ao mesmo tempo como filósofo e psiquiatra, comungou dessa conclusão, e essa pesquisa foi amplamente perseguida por ele.

11 Em um de seus últimos adendos ao manuscrito enviado à impressão do *Ecce homo*, EH, sábio 3. Só Montinari acrescentou este trecho novamente no texto de *Ecce homo* (cf. KSA 14, p. 459-463). Em um fragmento póstumo de sete anos antes (KGW V 15 [17] do outono de 1881), Nietzsche narra sobre o "advento" de quatro fundadores de religião e dois filósofos que criaram um novo conceito de Deus, bem como dois republicanos revolucionários: "Zaratustra, Moisés, Maomé, Jesus, Platão, Brutus, Spinoza, Mirabeau". Nietzsche também já viveria as consequências daquilo que eles movimentaram.

Paulo tinham conferido a uma divindade deve-se agora prescrever apenas a si mesmo e às suas condições de vida. Dessa forma ele chega, a propósito das consequências extremas de seu pensamento, ao experimento de uma crítica da razão da sua própria vida[12] e, assim, é possível ver em seu *Ecce homo* tanto um gesto de arrogância quanto igualmente um gesto de modéstia[13].

Assim, o texto não aparece mais como uma narrativa autobiográfica, como Colli imaginou; não se trata do "senhor Nietzsche" (FW, Prefácio 2). A referida carta ao editor prova isso claramente. Ele teria resolvido, assim Nietzsche escreve ali, "*a mais extrema e pesada* tarefa de narrar a mim mesmo, meus livros, minhas opiniões", portanto, de algum modo, uma genealogia de suas teorias, e só "fragmentariamente – o quanto se fosse exigido para isso – falar da *minha vida*". O que ele narra são as condições de vida do seu pensamento. As condições que o capacitaram para sua "sabedoria" ele atribui primeiramente à sua ascendência cristã, que fez crescer nele uma "secreta e perfeita sensibilidade" contra tudo o que é desonesto; depois, atribui ao cristianismo mendaz e sufocante da sua mãe e sua irmã que instilou nele "uma crueldade inexprimível"; e, por fim, atribui ainda à grave doença herdada do seu pai, a qual o colocou, pela primeira vez,

---

12 *Ecce homo* é também um experimento exterior: Nietzsche quer ver o que a imprensa livre alemã já está disposta a conceder-lhe; antes de publicar *O Anticristo*, Nietzsche quer verificar se a curiosidade em relação a ele não omitirá, "no fundo, conceitos racionais" do que se permitia ali, além de também querer saber se poderia se estabelecer publicamente (Carta a Köselitz, de 30 de outubro de 1888/KSB 8, p. 462). Contudo, segundo Nietzsche, tal crítica da razão da sua vida não é necessária e nem interessante para *todo* filósofo, tal como não o é para Kant. Não haveria ali "nenhum romance, nenhuma crise, catástrofes, horas supremas para se imaginar", e o pensamento de Kant não seria "ao mesmo tempo, a biografia involuntária de uma alma" (M 481). Para Nietzsche, isso também faz de Kant um pensador de segunda categoria em comparação com Platão, Spinoza, Pascal, Rousseau e Goethe; Kant deu pouquíssima ocasião à sua vida para questionar suas próprias doutrinas. Porém, em pensadores que muito vivenciaram "como em Platão, Spinoza e Goethe, o espírito aparece apenas *frouxamente ligado* ao caráter e ao temperamento [...], como um ser alado que facilmente se separa deles e pode se elevar muito acima deles" (M 497). Em tais gênios uma vida pulsante muito mais *liberta* o pensamento do que o *prende*. Neles, porém, o pensamento não pode e nem deve de alguma maneira *ter sua razão de ser* em suas vidas. A crítica da razão de uma vida, no sentido nietzscheano, explica apenas as condições de um pensamento a partir das quais podem ser "imaginadas" mudanças nesse pensamento, mas elas não esclarecem, porém, o pensamento mesmo.

13 Sobre a dificuldade em se ver aqui modéstia, confira Za II, Dos famosos sábios (KSA 4, p. 134): "Na verdade, não conheceis o orgulho do espírito! Mas suportaríeis ainda muito menos a modéstia do espírito, caso ela quisesse falar alguma vez".

diante do "problema global [...] da vida". A doença o teria "coagido à razão, à reflexão sobre a razão na realidade"[14]. Ele se tornou "inteligente", pois teve de aprender a fazer do flagelo da sua doença um estimulante à "grande saúde", especialmente através da escolha correta da alimentação, do clima e da convalescença. Ele considera seus livros como consequência dessas condições de vida e não como algo que intencionalmente quis; Nietzsche "nunca teve uma escolha". Mesmo quando sua vida revela uma forte força de vontade, Nietzsche não fala sobre sua própria vontade, através da qual ele a teria conduzido e dominado. *Seu* destino foi aquele de que a razão da sua vida se tornou um "destino" da moral[15].

2) A inversão de Nietzsche do problema da compreensão

A linguagem dura, rude e belicosa dos seus últimos escritos, porém, revela, ao mesmo tempo, a vontade decisiva de Nietzsche de fazer prevalecer o que ele conheceu, ou sua vontade de constituir doutrina. Mas querer estabelecer doutrinas significa querer ser compreendido por todos, e ser compreendido universalmente é precisamente o que Nietzsche não considera possível e, além disso, também não o queria. Nessa aporia, ensinar e, no entanto, não querer ser entendido por todos, impulsiona-o a uma crítica da razão da sua vida, partindo da análise das suas condições de vida até a crítica das condições sob as quais pensamentos tais como os seus podem ser entendidos, ou ainda, a uma crítica do compreender e do ser-compreendido.

É evidente que Nietzsche quer ser compreendido tal como todo aquele que escreve. Já nas *Miscelâneas de opiniões e sentenças* (n. 346) ele quer "fundamentalmente superar" por completo todo o "ser-mal-entendido". Mas no *Zaratustra* Nietzsche recusa ao seu próprio personagem o ensinamento do eterno retorno e, no livro V de *A gaia ciência* (n. 381), ele responde defensivamente à "questão da compreensibilidade": "não se quer

---

14 EH, sábio 8; EH, sábio 3; EH, sábio 1; EH, inteligente 2.

15 EH, Za 3; EH, Wagner 4. Notória é a oscilação de Nietzsche entre a expressão "eu carrego o destino da humanidade sobre os ombros", que ele enviou à publicação, e a expressão rejeitada "eu tenho o destino da humanidade nas mãos". Ele aqui acrescentou ao manuscrito provisório de impressão: "pelo menos frequentemente me sinto aí maldoso o suficiente, e daí em diante só vejo minhas mãos..." (KSA 14, p. 505; cf. a carta a Köselitz de 30 de outubro de 1888/KSB 8, p. 461ss.).

apenas ser compreendido quando se escreve, mas igualmente e de certa forma *não* ser compreendido". Que todos devessem e também pudessem compreender tudo, se assim o quisessem e fosse a eles elucidado de maneira satisfatória, parece ser para Nietzsche apenas um preconceito moral mantido por muitos anos que se impõe contra toda experiência contrária[16]. Verdades que já não sejam preconceitos morais, mas "verdades de uma especial timidez e melindre" podem "*surpreender*" apenas a poucos, apenas a "espíritos livres" e ainda em poucos momentos de felicidade. Quem quiser entender o pensamento de outro deve fazê-lo à sua maneira, deve compreendê-lo individualmente e, para compreendê-lo individualmente, deve partilhar suas "vivências internas" tal como Nietzsche diz no aforismo 268 de *Para além de bem e mal*: "deve-se por fim ter sua experiência *em comum* com outro". Com isso, não há mais lugar para uma compreensão universal e para uma teoria sobre uma tal compreensão.

Mas também compreendê-lo individualmente é o que Nietzsche não concede mais a ninguém, nem mesmo aos 'amigos' e 'irmãos' contra quem ele se queixou com tanta frequência: "as vivências, avaliações e anseios internos são diferentes em mim" (KGW VII 34 [86]), assim ele registra em um fragmento preparatório ao aforismo acima citado. Sua experiência fundamental, continuamente expressa, é aquela na qual seus pensamentos *não* são compreendidos, a expectativa de que eles também não poderão ser compreendidos nos próximos dez ou talvez cem anos. A partir daí Nietzsche retira uma consequência surpreendente: ele inverte radicalmente a "questão da compreensibilidade". Se não se pode partir da premissa de ser universalmente compreendido, então é preciso partir dessa outra hipótese, a de não ser compreendido por ninguém. Não se é mais ou menos compreendido, mas sim apenas mais ou menos mal-compreendido (*missverstanden*).

---

16 Cf. o credo de Kant em "Von einem neuerdings erhobenen vornehmen Ton in der Philosophie", AA VIII 402: "A voz da razão (*dictamen rationis*) fala claramente para todo homem e é capaz de um conhecimento científico [...]. Devemos, porém, ser capazes de entrever *a priori* qual princípio poderia e tornaria os homens melhores, caso o fosse trazido de forma clara e contínua às suas almas e fosse dada atenção à forte impressão que ele causa".

Caso não se *pressuponha* que exista algo que liga *a priori* os indivíduos, então a questão da compreensibilidade é menos paradoxal do que se pode parecer num primeiro momento. *Não* pressupor isso significa uma nova radicalização da crítica da razão. Ela nos é tão estranha, pois também a razão viola alguns de nossos preconceitos morais: nós *queremos* nos entender entre si e, com isso, omitimos de boa vontade que, ao fazê-lo, também nos mal-compreendemos entre si[17]. Nosso ser-compreendido é um dever-ser-compreendido; é um pressuposto moral que Nietzsche só se tornou consciente após a inversão do problema da compreensão como tal.

Nesse meio-tempo Nietzsche escreve em um fragmento póstumo (KGW VIII 1 [182]) que se tornaria famoso: "Deve-se conceder a seus amigos uma ampla margem de manobra[18] para mal-entendido (*Missverständniss*). Parece-me melhor ser mal-compreendido do que ser incompreendido: há algo de ofensivo em ser compreendido". Todos os conceitos usuais da compreensão aparecem aqui na inversão. Ofensivo é o ser-compreendido se, com isso, fosse pretendido que se partilhasse com as palavras também as vivências e experiências; é reivindicado por um outro o que apenas pode ser vivido por si mesmo. Na medida, porém, em que não se queira rejeitar todo ser-compreendido, então, deve-se estar disposto a ser mal-compreendido; amigos que queiram partilhar certas vivências mostram nisso mais disposição do que outros. Isso significa, no entanto, que apenas se amplia a 'margem de manobra [concedida] para um mal-entendido' (*Missverständnisses*) e, nisso, precisamente os 'bons' amigos se iludem. 'Bons' amigos assumem que compreendem 'bem' os outros, bem como que têm em comum com eles o essencial de seus conceitos. Mas Nietzsche se denomina em *Ecce homo* uma "nuance"[19]. Uma nuance é um desvio; pode-se compreendê-la apenas através de um conceito, do qual ela se desvia e, porém, só a teremos compreendido se não a compreendermos tal como o conceito do qual ela se

17 Sobre o tema do mal-entendido sobre a compreensão entre Derrida e Gadamer, cf. SIMON, J. "Der gute Wille zum Verstehen und der Wille zur Macht, Bemerkungen zu einer unwahrscheinlichen Debatte'". *Allgemeine Zeitschrift für Philosophie*, 12.3, 1987, p. 79-90.

18 Sobre esse fundamental conceito, consultar nota 7 da apresentação [N.Orgs.].

19 EH, Wagner, 4: "eu sou uma nuance".

desvia. Portanto, ter-se-á 'mal'-compreendido essa nuance precisamente se se acredita tê-la 'bem'-compreendido, ou seja, conforme conceitos comuns e também já compreensíveis.

Um conceito para a nuance é também "*pathos da distância*"[20]. A distância em relação a outros, a "margem de manobra para um mal-entendido" não é um conceito, mas sim *pathos*, pois ela não é propriamente compreendida, não pode ser compreendida; o *pathos* da distância é aquilo que distingue a nuance do conceito. Nietzsche também caracteriza essa diferença ainda com os conceitos de esotérico e exotérico[21]; neles, a viragem em relação ao problema do mal-entendido se torna reconhecível ao próprio Nietzsche. Ele primeiramente diferencia a oposição exotérico-esotérico em um sentido usual, ou seja, se uma doutrina pode ser entendida por poucos ou por muitos e, então, fala conscientemente se opondo ao pensamento moral de uma "diferença de valor entre homem e homem". "O mais essencial" a Nietzsche, porém, é a diferença na "altura da alma", a partir da qual aquele que compreende entende a si mesmo, ou seja, se ele pode se apropriar de suas experiências apenas "de baixo para cima" - num estreito ângulo de visão -, ou se ele, a partir de um horizonte mais amplo, pode vislumbrar suas experiências "de cima", de modo que elas possam ser surpreendidas e justificadas, a dizer, se este é capaz de "uma contínua ampliação de distâncias no interior da própria alma"[22]. Isso porque também de si mesmo não se pode dizer nada; compreender-se-ia adequadamente a si mesmo, se não se quer pressupor,

---

20 JGB 257. Cf. GM I 2, AC 43, AC 57, KGW VIII 11 [377].

21 JGB 30. Sobre isso confira Kurt Weisshaupt: "Maske und Gehalt, Stufen des Esoterischen bei Nietzsche". In: HOLZHEY, H. & ZIMMERLI, W. (orgs.). *Esoterik und Exoterik der Philosophie* – Beiträge zu Geschichte und Sinn philosophischer Selbstbestimmung. Basel/Stuttgart, 1977, p. 191-205. • SCHMID, H. *Nietzsches Gedanke der tragischen Erkenntnis*. Würzburg, 1984, p. 55-71.

22 JGB 30, 257. Cf. KGW VIII 9 [16]: "Convicção absoluta: que os sentimentos de valor são *diferentes* acima e abaixo; que *faltam* aos que estão abaixo inúmeras *experiências*; que de baixo para cima o mal-entendido é *necessário*". COLLI, G. *Nach Nietzsche* (1976) – do italiano por R. Klein, Frankfurt am Main, 1980, p. 33 – vê também na noção de *pathos* da distância de Nietzsche uma estratégia para se esquivar dos grandes filósofos: "quem quiser olhar de cima para baixo não pode se esquivar de um contato direto com os 'tiranos do espírito'". Colli está correto na medida em que Nietzsche leu, de fato, muito pouco os grandes filósofos. Porém, por todas as razões que Nietzsche tinha para *não* os ler, interpretar o *pathos* da distância como um esquivar-se, significa provavelmente interpretá-lo de um ponto de vista demasiadamente moral.

com isso, uma identidade *a priori* do Si-mesmo. A crença em uma adequada compreensão de si já é, segundo Nietzsche, o primeiro e, portanto, mais habitual mal-entendido[23].

3) O 'tipo Jesus' contra a 'vontade de poder'

A crítica de Nietzsche da razão de sua vida, por seu turno, parece estar construída sobre o pensamento da vontade de poder, que parece ser a sua fundamental autocompreensão filosófica. É possível também legitimar a partir dele o fato de que toda compreensão (*Verstehen*) deve ser fundamentalmente um mal-entendido (*Missverstehen*). Pois se também a compreensão, como todo o resto, é uma forma do jogo da vontade de poder, e, como tal, segue em princípio suas próprias condições de conservação e crescimento, então a compreensão não pode ser nenhuma compreensão imparcial segundo conceitos tradicionais, mas sim deve ser forçosamente um mal-entendido. Ela pode surgir de modo grosseiro, por exemplo, como desejo sexual, ou sutilmente, por exemplo, como conhecimento científico; as margens de manobra para um necessário mal-entendido não podem abandoná-la. Sempre resta uma supremacia no interesse das próprias condições de vida[24].

Nietzsche apresenta em *O Anticristo* o cristianismo como o maior exemplo histórico de um "grosseiro e sempre progressivo mal-entendido", como um "mal-entendido histórico-universal", através do qual uma boa-nova foi cunhada em seu contrário (AC 37, 29). Nietzsche tenta revelar esse mal-entendido e, com isso, descobre aquilo que denomina como "tipo

---

23 Nietzsche relata sobre si mesmo, em 1888, o fato de que ele teria novamente "esquecido" o *Zaratustra*, depois que o havia escrito, e igualmente a mera existência de *A genealogia da moral*, e então teria relembrado maravilhado o "estado do verão do ano anterior, a partir do qual [tais textos] surgiram". (Cf. o fragmento preparatório a EH, Za 5/KSA 14, p. 497; carta a Meta von Salis, de 22 de agosto de 1888 [KSB 8.396s.].) Mas uma tal recordação, por sua vez, permite um momento especial: "Até mesmo o próprio homem se compreende de maneira falsa, se ele, retrospectivamente, olha para épocas mais elevadas a partir de uma visão inferior" (KGW VIII 1 [100]).

24 A compreensão não é apenas uma vontade de poder e, como tal, uma causa; a vontade de poder é igualmente a única forma de causa que compreendemos: "A vontade de se apoderar de uma coisa ou defender-se contra seu poder e o repelir – *isso* 'nós compreendemos': isso seria uma interpretação que precisaríamos". Um "*acontecimento* [...] *sem intenções*" é para nós, pelo contrário, inimaginável (KGW VIII 2 [83]).

Jesus"[25]. Essa descoberta pressupõe vivências comuns; ela toca Nietzsche profundamente e também afeta sua autocompreensão filosófica: tal descoberta põe em xeque sua doutrina da vontade de poder.

A "maldição sobre o cristianismo" é, tal como algumas teologias frequentemente reconheceram[26], apenas o timbre mais alto e polêmico de *O Anticristo*; um outro timbre que soa de longe mais polêmico e muito mais alto quando Nietzsche examina os evangelhos refere-se a que tipo de homem Jesus mesmo poderia ter sido. Nietzsche não rejeita o cristianismo por completo; trata-se para ele também aqui de uma crítica no sentido simultaneamente destrutivo e construtivo de Kant. O subtítulo de *O Anticristo* primeiramente rezava: "Tentativa de uma crítica do cristianismo". Nietzsche se serve totalmente para isso de uma pesquisa histórico-crítica da Bíblia de seu tempo[27]. Para Nietzsche, contudo, não se trata da verdade histórica sobre Jesus de Nazaré, que já naquela época dificilmente alguma se mantinha válida[28], mas sim de perceber o "tipo" homem Jesus, que Nietzsche procura "adivinhar" segundo o método de sua psicologia, a partir dos precários "signos" e "interrogações" das fontes (AC 29, 36). Ele inverte os resultados da pesquisa sobre a vida de Jesus contra aqueles de intenções próprias e teológicas: Nietzsche quer resgatar Jesus não mais dos dogmas transmitidos a favor da crença, mas também da própria crença, a favor do seu pensamento.

---

25 Nietzsche oscila entre a fórmula "tipo Jesus" (ou "Typus Jesu") nos fragmentos preparatórios iniciais (KGW VIII 11 [368], [369]) e "tipo do redentor", no texto. Uma vez que a segunda fórmula já sugere a interpretação 'cristã', que Nietzsche ataca (cf. AC 24), utilizamos a primeira. – A imagem nietzscheana de Jesus é bem complexa. Abordamos aqui apenas a intensificação que Nietzsche lhe dá em *O Anticristo*.

26 Cf. a história da influência teológica sobre o catolicismo em WILLERS, U. "'Aut Zarathustra aut Christus', Die Jesus-Deutung Nietzsche im Spiegel ihrer Interpretationsgeschichte: Tendenzen und Entwicklungen von 1900-1980" (*Theologie und Philosophie*, 60 (1985), p. 239-256 e 418-442) e a influência teológica sobre o protestantismo em KÖSTER, P. "Nietzsche-Kritik und Nietzsche-Rezeption in der Theologie des 20. Jahrhunderts" (*Nietzsche-Studien*, 10/11, 1981/1982, p. 615-685).

27 Cf. AC 28 e KGW VIII 11 [302].

28 Sobre o resultado da pesquisa histórico-teológica sobre Jesus, cf. CONZELMANN, H. "Jesus Christus". *Die Religion in Geschichte und Gegenwart*: Handwörterbuch für Theologie und Religionswissenschaft, 3. Aufl. Tübingen, 1959, Bd. 3, p. 651: ("o único ponto fixo histórico é, na verdade, o puro fato de Jesus ter existido"). • LEROY, H. *Jesus*: Überlieferung und Deutung, 2, unveränd. Aufl. Darmstadt, 1989 [Erträge der Forschung, Bd. 95].

O mal-entendido sobre Jesus já começou logo em seguida com seus discípulos. Eles puderam compreendê-lo apenas 'de baixo para cima', ou seja, a partir de um limitado ponto de vista. Em sua simplória credulidade, seu amor fanático para com ele, sua capacidade limitada para segui-lo, seu temor e desespero diante da ultrajante morte de Jesus e, por último, à sua conflituosa missão de levar a mensagem do "pregador da montanha, do lago e do prado" tanto aos povos de cultura mais elevada quanto aos bárbaros, mostra que eles tinham necessariamente que converter a mensagem de Jesus em "propaganda"[29]. A consequência foi então o "conceito de igreja" e de domínio do sacerdote, precisamente aquilo "que o 'mensageiro da boa-nova' sentiu como *abaixo* de si, como *atrás* de si" (AC 36).

Nietzsche contrasta em sua própria "*teoria do tipo Jesus*"[30] a imagem de um homem que não queria dominar, prevalecer e nem produzir qualquer resistência, mas sim que queria entender a todos, cuja "possibilidade *última* de vida" era o amor[31]. Conforme a interpretação tardia de Nietzsche, Jesus contesta "a realidade de tudo o que é pessoal e histórico", não produz nenhuma sentença, não julga e dissolve todas as diferenças e ordenações, não no sentido de que ele as nega, mas sim que ele apenas as entende como signos (*Zeichen*). "A *negação* é da mesma forma completamente impossível a ele", mas sua questão "é apenas o esclarecer, o prosseguir, o sutilizar, o transfigurar o antigo... o abreviar"[32]. Toda realidade se torna signo ao tipo Jesus, ele é "antirrealista", "um símbolo psicológico redimido do conceito de tempo". Ele também suprime a diferença entre Deus e homem. Jesus

29 AC 31; fragmento preparatório ao AC 34, KGW VIII 11 [370]. Os fragmentos preparatórios fornecem elucidações úteis, mas nenhuma perspectiva fundamentalmente diferente da que consta no texto publicado.

30 KGW VIII 11 [378]. Nietzsche enfatiza expressamente que se trata de *sua* teoria.

31 AC 30. Ainda em JGB 269, Nietzsche descreve Jesus e seu amor de maneira diferente, quer dizer, como um homem que, "com dureza, com loucura, com um terrível ímpeto contra aqueles que a ele rejeitavam amor, *exigiu* amor, ser amado e nada além", e que em seu "martírio", por um lado, "teve que inventar o inferno" àqueles que "não *queriam* amá-lo" e, por outro lado, inventar um deus que é "completamente amor, totalmente *poder* amar".

32 AC 32; fragmento preparatório ao AC 34, KGW VIII 11 [354]; fragmento preparatório ao AC 32, KGW VIII 11 [369]. Nas interpretações iniciais, ao contrário, Nietzsche coloca o juiz e negador da moral, bem como toda ordenação existente em primeiro plano. Cf. KGW VII 3 [1] 67 e VII 25 [156].

promete a "bem-aventurança" não para um reino de Deus ainda vindouro, mas seu Deus é o próprio sentimento de amor, "sem desconto ou exceção, sem distância". Tornar-se filho de Deus significa, pois, juntar-se à bem-aventurança, "ao sentimento global de transfiguração de todas as coisas" de Jesus. Segundo Nietzsche, essa é sua forma de "redenção", e não a redenção do pecado, uma realidade que Jesus "aboliu". Cada um deveria poder ser um filho de Deus e "ainda hoje", escreve Nietzsche, uma tal vida será possível[33].

Segundo essa imagem, a vida de Jesus é uma vida sem vontade de poder. Mas, com isso, Jesus também não poderia ter vontade de fazer da sua vida objeto de uma doutrina, bem como lutar por ela. Uma vida que não quer prevalecer sobre outra e nem oferecer-lhe resistência, mas sim que se dilui em signos, não vive à custa de uma doutrina. Tal vida não "se formula", "defende-se de fórmulas", e é, segundo Nietzsche, "uma outra *existência*", "uma existência totalmente imersa em símbolos e incompreensibilidades" – "nada *quer*..."[34] Se Jesus expôs uma doutrina, não poderia reconhecer quaisquer conceitos e fundamentos a fim de fazê-los prevalecer sobre outras doutrinas. Nietzsche duvida que "uma tal natureza *pode* saber algo sobre oposição e resistência para com sua doutrina", duvida que Jesus pudesse também sequer "imaginar" um "poder querer e valorar de modo diferente". Sua mensagem poderia ser apenas uma "prática" e bem longe de todos os dogmas[35].

Aqui parece que a autocompreensão filosófica de Nietzsche é tocada. Em relação à prática evangélica de Jesus, a doutrina da vontade de poder também aparece como uma doutrina através da qual a vida deveria ser compreendida de maneira mais profunda e livre como nunca antes e, através da qual, porém, a "essência da vida" deveria ser novamente formulada em uma "teoria" universal (GM II 12); avaliado de acordo com a vida do tipo Jesus, o pensamento da vontade de poder se converte propriamente em um dogma que quer poder; ele próprio poderia sim ter origem apenas na vontade

---

33 AC 29, 32-34, 39.

34 AC 32, 39, 31; KGW VIII 11 [365] (Fragmento preparatório a AC 39).

35 Fragmento preparatório ao AC 32, KGW VIII 11 [369]; AC 33.

de doutrina (*Wille zur Lehre*)[36]. Um fragmento póstumo da primavera de 1887 (KGW VIII 7 [62]) já havia se referido a isso. Ali Nietzsche desenvolve novamente sua crítica da moral, do "ponto de vista do *desejável*", a fim de questionar então se "o 'curso das coisas' [não poderia talvez ser] igualmente o 'caminho do aqui! o caminho da realidade!', a eterna insatisfação": "a desejabilidade (*Wünschbarkeit*) não é propriamente a força propulsora? Não seria ela – deus?" Se isso for correto, então o mero querer seria já um 'querer o caminho da realidade', e todo compreender, ser-compreendido e constituir doutrina um 'querer o caminho' da realidade do necessário mal-entendido e, portanto, a doutrina da vontade de poder também seria ainda uma desejabilidade moral que o próprio Nietzsche, em vistas a uma realidade mais profunda – o "simbolismo" do tipo de Jesus (AC 37) –, teria dissimulado. Essa realidade profunda seria uma compreensão sem vontade de poder e, nessa medida, sem nenhum mal-entendido.

4) A autocompreensão anticristã de Nietzsche

Nietzsche sabe naturalmente que, com sua 'teoria' do 'tipo' Jesus, também ele pode apenas mal-compreender, mesmo que talvez de uma forma mais sábia e inteligente; seus conceitos de 'teoria' e 'tipo' já indicam isso. Nietzsche sabe de longe que, como filósofo, mas diferente de Jesus, ele deve ser o mestre de determinadas doutrinas e que, com isso, também acaba por se movimentar nas margens de manobra para mal-entendido. Nietzsche não apenas não desiste do pensamento da vontade de poder em *O Anticristo*, como também questiona o próprio tipo Jesus com esse pensamento. "Para compreender esse tipo", torna claro o seu "pressuposto fisiológico", tal como diz retrospectivamente sobre o seu Zaratustra. O pressuposto fisiológico de Zaratustra é sua "*grande saúde*". O "estímulo comovente" do tipo Jesus é, para Nietzsche, ao contrário, a "lógica última" de uma "sensibilidade doentia", de um "hedonismo de condições inteiramente

---

36 Aqui se coloca, com sua crítica a Nietzsche, Gerd-Günter Grau: *Ideologie und Wille zur Macht*: Zeitgemässe Betrachtungen über Nietzsche. Berlim/Nova York, 1984 (Monographien und Texte zur Nietzsche-Forschung, Bd. 13). Ele sustenta que a experiência de Nietzsche do tipo Jesus não é forte o suficiente, ao ponto de que ela pudesse sacudir de vez sua "reivindicação absoluta" e sua própria vontade de domínio (p. 199-201 e 317-321).

mórbidas", do "padecimento nervoso e idiotismo 'infantil'", da "degenerescência" com a consequência de um "retardamento da puberdade e sua má formação no organismo", no geral, portanto, de uma extrema "décadence"[37]. A força de atração de Jesus é proveniente da mais extrema fraqueza, e seu simbolismo é "pura insensatez": todas as diferenças e ordenações não o confundem apenas porque ele as 'transfigura', mas sim porque ele, em geral, não as conhece. Tal como a pesquisa sobre a vida de Jesus averiguou, ele está "para além de toda religião, de todos os conceitos de culto, de toda história, toda ciência natural, toda experiência do mundo, todos os conhecimentos, toda política, toda psicologia, todos os livros, de toda arte" – "a *cultura* não lhe é conhecida através de um ouvir-dizer" (AC 32).

Nietzsche parece estar, pois, diante da escolha de ou *negar* sua doutrina da vontade de poder através da teoria do tipo Jesus – a primeira opção debatida – ou, porém – segundo a opção que agora se esboça –, *afirmá-la*, na medida em que ele subsume a vida de Jesus sob a doutrina da vontade de poder enquanto aquela da mais extrema fraqueza. Mas Nietzsche ainda tem uma terceira opção: 'sutilizar' sua doutrina da vontade de poder através da experiência do tipo Jesus ou, tal como prefere dizer relativamente a si próprio, *refiná-la*. As três opções ressoam em seu conceito de Anticristo. Nietzsche nomeia a si mesmo como "o Anticristo" não apenas em *Ecce homo* e em sua "maldição contra o cristianismo", que deveria ser impresso como apêndice a *O Anticristo*, mas já havia dessa forma se referido a si mesmo em cartas de 1883[38]. Ele recebe o nome aqui através da "linguagem eclesiástica" (*Kirchensprache*) e, como anticristo da linguagem eclesiástica, coloca-se contra o domínio dos sacerdotes que pregam um futuro retorno de Cristo, com isso tornando a vida atual vazia de sentido. Nos últimos escritos, contudo, o conceito 'Anticristo' não é mais direcionado apenas 'contra'[39] algo, mas sim

37 EH, Za 2; AC 29-32. Sobre a particularidade dessa décadence segundo Nietzsche, cf. MÜLLER-LAUTER, Wolfgang. *Nietzsche, Seine Philosophie der Gegensätze und die Gegensätze seiner Philosophie*. Berlim/Nova York, 1971, p. 87-91.

38 Carta a Malwida von Meysenburg de 3/4 de abril de 1883 (KSB 6, p. 357) e a Heinrich Köselitz de 26 de agosto de 1883 (KSB 6, p. 435).

39 Cf. a rigorosa investigação sobre seu sentido "positivo" em SALAQUARDA, J. "Der Antichrist". *Nietzsche-Studien*, 2, 1973, p. 91-136.

adquire todos os significados do vocábulo grego 'anti'. "Eu sou em grego, e não apenas em grego, o *Anticristo*...", escreve agora Nietzsche, e no fragmento preparatório falta propriamente o excerto 'e não apenas em grego'[40]. Além dos significados de oposição e confrontação, 'anti' significa também representação e equiparação e, finalmente, sobrepujamento (tal como se pode dizer em alemão 'alegria, mais alegria' [*Freude über Freude*]). Dessa forma, como oponente da *espera* de Cristo em um Além, Nietzsche é ao mesmo tempo o defensor e representante de Jesus, cujo reino já pode ser vivido sobre a terra: 'contra o crucificado' significa, pois, a opção 'pela prática evangélica' tanto no *O Anticristo* como no *Ecce homo*. Mas Nietzsche também vê na crítica da razão de sua vida um sobrepujamento de Jesus, na medida em que ele recuperou um tal tipo depois de dois mil anos em uma autossupressão do cristianismo. Em um fragmento preparatório a *Ecce homo* ele registra: "o Anticristo é propriamente a lógica necessária no desenvolvimento de um Cristo genuíno, em mim se supera o próprio cristianismo"[41]. Apesar disso tudo, porém, o termo 'anti' mantém também o sentido de oposição – não apenas contra o cristianismo, mas também contra o tipo Jesus: 'anticristo' significa também 'antijesus'. Nesse sentido, Nietzsche denomina anticristão todo aquele que, como Jesus, não se encontra 'para além da experiência do mundo', nomeadamente os estadistas, filólogos, médicos, artistas[42]. Não apenas uma, mas todas as quatro significações de 'anti' conduzem ao 'conceito [nietzscheano] de Dioniso' em *Ecce homo*.

O caminho de Nietzsche em direção ao refinamento do seu pensamento da vontade de poder através da experiência do tipo Jesus não é perseguido cronologicamente; nisso os últimos escritos estão muito próximos entre si. Nós podemos apenas reconstruir seus passos. O primeiro deles é a experiência de uma vivência em comum com o tipo Jesus. Nietzsche parece ter se tornado consciente repentinamente do quanto ele teria uma "típica vivência" em comum com seu tipo Jesus. Ele escreve sobre isso em um fragmento da primavera de 1888, que depois modifica em uma carta a Brandes, e o utiliza

40 EH, livros 2; Fragmento preparatório KSA 14, p. 483.

41 Fragmento preparatório a EH, sábio 7, KSA 14, p. 474.

42 AC 38, 47; KGW VIII 17 [3] 2.

novamente em *Ecce homo*, outra vez modificado[43]. A passagem de *Ecce homo* encontra-se no contexto já mencionado, segundo o qual Nietzsche descobre que tudo o que ele chegou a realizar não teria sido 'desejado' e 'querido' por ele, mas sim que teria simplesmente 'crescido nele':

> Falta em minha lembrança que eu tivesse alguma vez me esforçado – não há nenhum traço demonstrável de *luta* em minha vida, eu sou o contrário de uma natureza heroica. "Querer" algo, "ansiar" por algo, ter diante dos olhos uma "finalidade", um "desejo" – não conheço nada disso por experiência própria. Ainda neste instante olho para meu futuro – um *amplo* futuro! – como que para um mar liso: nenhuma exigência o enruga. Não quero de forma alguma que algo se torne diferente do que é; eu mesmo não quero me tornar diferente. Mas assim vivi sempre. Eu não tive nenhum desejo.

Nietzsche caracteriza, na seção seguinte, aquilo de que aqui se torna consciente com o conceito de *amor fati*. Amor é também o conceito com o qual ele se une mais fortemente com Jesus. Nietzsche atribui a sua capacidade de nada querer ter diferente à sua doença, que o ensinou, conforme os casos, a permanecer completamente em sossego, a não reagir, a não se permitir qualquer sentimento de vingança: "tomar a si mesmo como um *fatum*, não querer ser 'diferente' – em tais casos isso é a *grande razão* mesma" (EH, Sábio 6). Em um fragmento póstumo ele se refere também imediatamente a Jesus, que, por seu turno, teria proibido a si mesmo inclusive "a preocupação com o dia seguinte, com o amanhã", e o denomina ali como "um santo epicurista". Nietzsche parece estar inteiramente de acordo com Jesus, fazendo apenas uma pequena exceção: "[...] este é meu único artifício: eu sei hoje o que deve acontecer amanhã". A versão da carta mostra então que aqui há uma diferença enorme. Pensar de hoje para amanhã e "nenhum dia além" é descrito por Nietzsche como "não racional, não prático, e talvez também *não cristão*", porém, é algo bem "filosófico no mais alto grau". Nada desejar, nada querer ter diferente não pode significar para um filósofo se desligar do mundo e do tempo. Nesse sentido Nietzsche nega a

---

43 KGW VIII 16 [44]; Carta a Georg Brandes de 23 de maio de 1888/KSB 8.317-319; EH, inteligente, 9.

práxis de Jesus. Como filósofo, porém, ele deve se prender o menos possível no mundo e, para isso, ele precisa do seu 'artifício', a saber, ligar-se sempre apenas de hoje para amanhã, portanto no tempo e no menor tempo possível. Uma vida no tempo e, para um filósofo, também uma doutrina no tempo, permite a ele experimentar de tal modo o mundo e suas ligações, que estas não o prendem no mundo: a vida o desprende continuamente através deles, a vida o torna livre para a multiplicidade de suas perspectivas. Dessa forma, Nietzsche também afirma a prática de Jesus e, através dela, refina sua doutrina da vontade de poder; inversamente, uma vontade de poder também se intensifica quando se torna temporal: se ele não apenas conserva seu poder, mas é capaz de sempre o colocar à prova de uma nova maneira; se ele se torna, portanto, mais rico e sempre mais mutável; em resumo, se ele se torna capaz de um "*grande desprendimento*" (3), tal como Nietzsche diz no prefácio tardio a *Humano, demasiado humano*, e a partir daí, "aprende" a "desengatar e engatar novamente" as suas perspectivas (6).

5) O conceito de Dioniso

Enrolemos mais um pouco o fio dos conceitos, a fim de ligá-los, por fim, com o "conceito de Dioniso" (EH, Za 6). Entendida como uma forma de vontade de poder, a compreensão passa a ser um mal-entendido, que, de boa vontade, entendemos erroneamente como compreensão. Os indivíduos se compreendem entre si sempre de maneira diversa e, assim, só farão justiça uns aos outros enquanto vontades de poder ou nuances incompreensíveis. Mas aqui encontramos o tipo Jesus, que podemos entender como alguém que viveu sem vontade de poder e, por isso, não teve qualquer mal-entendido sobre bem e mal, mas sim que tudo compreendeu na medida em que tomou contato com os indivíduos através do amor. Como teoria sobre a vida elaborada e apresentada sem que tenha extraído dela as suas últimas consequências, a teoria da vontade de poder, no exemplo de Jesus, aparece apenas como mera teoria. Mas na medida em que ele não quis as realidades da vida, ele também não quis a vida; Jesus foi puro, o mais puro ingênuo que tinha que morrer sob suas condições de vida. Uma filosofia contrária a isso, que quer justificar a vida dos indivíduos, também deve querer a diferenciação dos indivíduos através de conceitos ou do universal. Mas então uma tal filosofia quer de tal modo esse universal, que os indivíduos não são determinados por ele *definitivamente*, mas permanecem sempre livres e abertos na medida em que eles se determinam uns aos outros *em um tempo o mais breve possível* através desse universal e sempre voltam a se desligar dele novamente – e é isso que faz com que eles possam facilmente dispor de perspectivas. Isso se desdobra, pois, no conceito de Dioniso ou o inclui já em si mesmo.

Nietzsche recepciona o conceito de Dioniso através do seu primeiro grande escrito, *O nascimento da tragédia*, a fim de celebrar em seu último escrito, o *Ecce homo*, precisamente o meio da sua obra, vale dizer, *Zaratustra*, como o "*mais elevado ato*" do dionisíaco. Causa estranheza o conceito e o *pathos* com os quais Nietzsche envolve o dionisíaco; contudo, o conceito de Dioniso encerra e reúne em si uma série consequente de conceitos, com os quais Nietzsche explicou a crítica da razão da sua vida. O dionisíaco também inclui expressamente o conceito nietzscheano de além-do-homem, de justiça, bem como seu pensamento do eterno retorno que, porém, teremos que deixar de lado nesse texto.

O conceito 'conceito de Dioniso' provoca o entendimento usual do conceito de conceito. Estranhamente contraditório, ele é o conceito de um indivíduo, o conceito de um deus estranho e dificilmente compreensível, um deus que viveu e morreu não apenas uma vez, mas inúmeras vezes, que continuamente despertou novas forças nos homens, colocando-os em êxtase e enfurecendo-os de tal modo que acabaram por destroçá-lo. Se Nietzsche traz a "novidade de que Dioniso é um filósofo e que, portanto, também os deuses filosofam" – uma novidade, como ele acrescenta ainda, "que não é inofensiva e provavelmente provocaria suspeita justamente entre filósofos" (JGB 295) –, então, não é mais lícito procurar novamente em Dioniso os conceitos tradicionais da filosofia e propriamente de conceito, mas se deve inversamente procurar, a partir do conceito de Dioniso, entendê-los de uma nova maneira.

Primeiramente, Nietzsche pode introduzir o conceito de Dioniso somente na crítica da razão da sua vida, *porque* o associa a um indivíduo. Inicialmente não era esse o caso, visto que em *O nascimento da tragédia*

Nietzsche anunciava Wagner como o novo Dioniso. Mais tarde, porém, ele vê nisso "a mais estranha 'objetividade' que pode existir: a absoluta certeza sobre o que eu *sou* se projetou sobre alguma realidade fortuita". Em *Para além de bem e mal* ele se denomina como "o último discípulo e iniciado do deus Dioniso"; em *Crepúsculos dos ídolos* Nietzsche "batiza" a crença de Goethe, "a maior dentre todas possíveis", "sob o nome de *Dioniso*". Somente em *Ecce homo* ele enfatiza seu "tipo Zaratustra" e, com isso, refere-se a si mesmo como o ultrapassador de Goethe, como a encarnação "*do conceito de Dioniso mesmo*"[44]. Da mesma forma que Nietzsche, como Zaratustra, é um profeta, enquanto Dioniso, ele é um deus.

Mas então esse deus não pode mais ser o tradicional deus dos filósofos. Na verdade, Nietzsche recebe algumas de suas usuais caracterizações quando nomeia Dioniso como "*a mais elevada forma de existência*" e o "define" como a alma "mais profunda", "mais ampla", "a mais necessária", "existente", "a mais sábia" e a que "mais ama a si mesma". Mas ao mesmo tempo Nietzsche acrescenta a estas caracterizações seus contrários – ou seja, Dioniso pode igualmente assumir as máscaras mais superficiais, pode "errar e vaguear", "precipitar-se com prazer no acaso", pode "*querer* no querer e no desejar", "fugir de si mesmo" e deixar-se "da maneira mais doce persuadir por tolices". Nietzsche deixa coexistir essas contraposições e não tenta superá-las em um caminho dialeticamente necessário, a fim de chegar a um conceito esclarecido de deus e, com isso, propriamente de conceito[45]. Também aqui pode haver unicamente um refinamento das contraposições uma para com as outras. Tão logo o conceito de deus é determinado, então as contraposições de alguma forma permanecem subsistindo; mas deus de-

---

44 EH, GT 4; JGB 295; CI, Incursões de um Extemporâneo 49; EH, Za 6.

45 O conceito nietzscheano de Dioniso pode ser representado tanto sob a rubrica de felicidade quanto de sofrimento. Cf. SCHNEIDER, U. *Grundzüge einer Philosophie des Glücks bei Nietzsche*. Berlim/Nova York, 1983 (Monographien und Texte zur Nietzsche-Forschung, Bd. 11). KNODT, R. *Friedrich Nietzsche*: Die ewige Wiederkehr des Leidens. Bonn, 1987. Sobre a relação do conceito de Dioniso inicial e tardio, cf. DJURIĆ, M. *Nietzsche und die Metaphysik*. Berlim/Nova York, 1985 (Monographien und Texte zur Nietzsche-Forschung, Bd. 16), p. 264-269. O seu conceito tardio de Dioniso tinha muito mais que ver com a "própria compreensão de si" de Nietzsche do que com uma "renovação do mito antigo". Mas Djurić vai mais longe quando afirma que o "Dioniso transformado" de Nietzsche não teria "nada que ver com o deus grego de mesmo nome".

veria ser aquele que, enquanto indivíduo, as unifica, por assim dizer, numa união pessoal. Elas não devem ser suprimidas em apenas *um* conceito, pois, contra todo conceito sob o qual deus deve ser entendido, outros tantos também podem ser válidos, sob os quais também nesse caso deus pode ser diversamente entendido. Como deus, ele é portanto algo diferente em relação a *cada* conceito: ele é a 'nuance' de *cada* conceito. Precisamente por isso ele é um indivíduo, mas também por isso será sempre 'mal'-compreendido, quando dever ser 'bem'-compreendido.

Nietzsche também se refere a isso com o conceito de poder. Ele se "distancia" do conceito de deus como "o bem supremo" e "sabedoria suprema", determinando-o apenas como "*o poder supremo*" (KGW VIII 10 [90]). Daí se segue que seu deus só tem razão de ser na relação com outro poder e continuamente com outro poder e, como tal, também ele próprio tem continuamente de se tornar diferente. Nietzsche também o coloca sob as condições incomensuráveis do jogo de vontade de poder e, então, escreve que "inumeráveis formas de poder-ser-diferente, e mesmo de poder-ser-deus" se tornam possíveis (KGW VIII 9 [42]). Os deuses podem, pois, viver e morrer. Os poderes com os quais eles têm algo a ver são, porém, as formas com as quais eles são compreendidos ou mal-compreendidos. Em *O Anticristo* Nietzsche fornece uma curta genealogia da tradicional concepção de deus da filosofia ocidental. De acordo com essa breve genealogia, as condições de um deus são as condições de um povo que o "cria", isto é, sua "força criadora de deus". Um povo venera no seu deus "as condições através das quais ele se eleva", e o poder de tal povo se identifica nesse deus. Esse é o tempo no qual sua margem de manobra para mal-entendidos é mais estreito. No entanto, se o povo perde o poder, então ele não compreende mais seu deus. Esse deus passa a ser bom, sábio e universal tal como a tradição da filosofia ocidental o transmitiu. Ele se torna, segundo Nietzsche, uma palavra "pálida" que não é "mais nem sequer um conceito". Como conceito, no sentido nietzscheano, isto é, como conceito de um indivíduo, ele deveria permanecer a "pessoa sintética do povo inteiro" que "a razão" nunca esteve em "condições de definir"[46].

---

46 AC 16-19; Fragmento preparatório a AC 47, KSA 14, p. 445; KGW VIII 9 [18], 11 [346]. Aqui é bem característico como Nietzsche diferencia Spinoza de si. No verão de 1881 Nietzsche o desco-

Como indivíduos sob condições incomensuráveis de vida, os deuses se tornaram iguais aos homens e não se diferenciam mais fundamentalmente deles. "No geral", escreve Nietzsche, "há bons motivos para presumir que em algumas coisas os deuses poderiam nos acompanhar à escola" (JGB 295). Enquanto indivíduos iguais aos homens, porém, os deuses são e criam unidades que não são apenas conceituais, mas também estéticas – algo que já havia sido frequentemente discutido em relação a Kant[47]. Mas então que diferença faz o divino? Para Nietzsche, o divino é um homem que, tal como o próprio Nietzsche, quando escreveu sobre seu *Zaratustra*, oferece-se a tudo "como a mais próxima, mais correta e a mais simples expressão", de modo que isso tudo pareceria ocorrer "da maneira mais involuntária que existe", "mas como que em uma torrente de sentimento de liberdade, de incondicionalidade, de poder, de divindade" (EH, Za 3). Nietzsche continua a ligar a incondicionalidade à divindade como nunca antes. A incondicionalidade, contudo, não é mais oriunda de uma demonstração segundo conceitos universais, mas sim de um indivíduo que dispõe de tais conceitos, que foram, todavia, recebidos de modo tão evidente (*selbstverständlich*) que sua condicionalidade (*Beding-*

---

briu, "completamente admirado e arrebatado", "esse mais extraordinário e solitário pensador" como um "*antecessor*", cuja "tendência geral [é] igual à sua" (Carta a Overbeck de 30 de julho de 1881, KSB 6, p. 111). Nietzsche aprecia em particular a ligação de Spinoza de todos os conceitos da metafísica à ética, cujos conceitos ele teria igualmente de-moralizado (*entmoralisiere*) decisivamente – seu "ousado fatalismo sem revolta" (GM II 15). Nisso Nietzsche aproxima Spinoza de Jesus: "*seu* grande acontecimento é que tenha podido *vivenciar* novamente algo do *amor dei* de Spinoza" (KGW VII 26 [416]; cf. KGW V 15 [17]). Tal como o próprio Nietzsche, Spinoza viveu posteriormente, no nível intelectual da filosofia, a possibilidade do tipo Jesus, "um *amor dei*, bem-aventurado, a partir do entendimento" (KGW VII 28 [49]). Ao mesmo tempo, mas de modo diferente de Nietzsche, porém, Spinoza partilhou a tradicional "irritação e rancor dos filósofos contra a sensualidade" (GM III 7). Spinoza queria providenciar para o pensamento, para o "impulso", para o conhecimento, um espaço, o mais imperturbável possível, a fim de encontrar nele a sua felicidade (KGW VIII 7 [4] entre outros), razão pela qual limitou a vontade de poder de todo existente a um anseio por autoconservação, que apenas a razão realizaria totalmente (JGB 13 entre outros), permanecendo, portanto, no curso do ideal ascético (GM III 7), cujo "Deus *bom*" se "transfigurou" em algo ainda "mais fino e pálido" (AC 17). Embora apenas em um fragmento póstumo, Nietzsche atribui isto a ainda um último ressentimento de Spinoza – o "*ódio* à *lei* judaica" – da mesma forma como se deu com Paulo, mas não com Jesus (e também não com o próprio Nietzsche) (KGW VII 7 [35]; cf. VII 28 [49]). – Sobre as referências da relação de Nietzsche com Spinoza e a literatura sobre o tema, cf. SCHNEIDER, U. Op. cit., p. 3-5, 52, 70. Além disso, AINOUCHE, M.-P.C. *Nietzsche lecteur de Spinoza*. Paris, 1979.

47 Cf., entre outros, as contribuições em DJURIĆ, M. & SIMON, J. (orgs.). *Kunst und Wissenschaft bei Nietzsche*. Würzburg, 1986.

theit) é esquecida através do indivíduo. Em suma: a incondicionalidade decorre de um indivíduo que cria a evidência (*Selbstverständlichkeit*) e, com isso, cria toda demonstração. A divindade corresponde, pois, ao poder de um indivíduo para criar uma linguagem e uma forma de vida, na qual e através da qual inúmeras outras podem conviver por muito tempo: ela se torna, como consequência da crítica de Nietzsche da razão da sua vida, facilidade de comunicabilidade entre indivíduos. Quem cria a necessidade, na medida em que consegue "poetizar e compor em uma unidade o que é fragmento, enigma e cruel acaso", quem portanto "primeiro *cria* a verdade", este é, segundo Nietzsche, "um espírito *que rege o mundo*, um destino" e, nesse caso, é divino (EH, Za 6, 3, 8).

No conceito de Dioniso, por fim, também retorna a autocompreensão anticristã de Nietzsche. Sobre Zaratustra-Dioniso, Nietzsche fala que ele andaria "com mãos delicadas inclusive com seus oponentes, os sacerdotes", e sofreria "com eles e por eles"; "o problema psicológico no tipo do Zaratustra", "como aquele que, com voz inaudita, diz não, *faz* não a tudo o que até aqui se disse sim, mas que, apesar disso, pode ser o contrário de um espírito negador", era também o problema psicológico do tipo Jesus (EH, Za 6). Dioniso não é "redimido do conceito de tempo" tal como o tipo Jesus, mas é precisamente o tempo que Dioniso conserva. Em *Para além de bem e mal* (295) Nietzsche pensa de tal modo sobre o deus-Dioniso, que ele é o "grande ambíguo e tentador" que já está sempre muito além de todas as tentativas de determinação universal dos indivíduos, bem como está "sempre muitos passos à frente" de seus discípulos. Como alguém que caminha juntamente no tempo, mas que se coloca sabiamente à frente desse respectivo tempo, Dioniso é o deus da crítica nietzscheana, o deus que mostra que toda determinação é um mal-entendido, tão logo ela pareça ser 'bem'-compreendida. Dioniso torna a vida então justificada, na medida em que ele sempre abre novas condições de vida e de compreensão, não se ligando a nenhuma delas em definitivo. Ele é, por isso, o deus do indivíduo que se encontrou no tempo, o deus que sempre possibilita uma nova comunicabilidade.

É possível questionar se a 'crítica' de Nietzsche da razão da sua vida precisava dessa sobre-elevação através do conceito de um tal deus[48]. Esperamos, porém, ter tornado claro que também seu conceito de Dioniso é um conceito que pertence àquela 'crítica', e um fragmento póstumo do outubro de 1888 (KGW VIII 23 [13]) confirma isso. Ali Nietzsche ensaia títulos para *Ecce homo* e, ao final, chega ao título "*Dionysos philosophos*". Esse título, porém, brota de outros dois, sendo que o primeiro é registrado como "*O espírito livre*", que deveria indicar a "crítica da filosofia como movimento niilista", e o outro recebe o título de "*O imoralista*", que indicaria a "crítica da moral como a mais perigosa forma de ignorância". É com esses dois conceitos de 'espírito livre' e de 'imoralista', e não com aquele outro de Dioniso, que Nietzsche representa a si mesmo em *O Anticristo* (13), bem como no capítulo final de *Ecce homo*. Ambos são conceitos antidogmáticos, conceitos contra tais conceitos que deveriam ser mais do que conceitos no tempo. Como tais, eles são conceitos da 'crítica' e, se o conceito de "*Dionysos philosophos*" incorpora em si os dois outros conceitos, então, ele ainda é um conceito que pertence à crítica da razão da sua vida e, como tal, parece-nos, deve ser compreendido como um gesto de modéstia e não de presunção.

48 Neste ponto a pesquisa ainda não está finalizada. Com sua monografia *Ontologie und Gottesbegriffe bei Nietzsche: Zur Frage einer 'Neuentdeckung Gottes' im Spätwerk*, Meisenheim am Glan, 1978, Reinhard Margreiter contribui bem pouco para esclarecer essa questão, pois ele reconstrói de tal modo a filosofia de Nietzsche a partir de pressupostos muito particulares a si – tais como uma "posição ontológica da 'pura' transcendentalidade", uma "nova metafísica" da vontade de poder, uma "mitologia delirante" e uma "ontologia do acontecimento" (p. 99) –, que uma "função ontológica" de um deus se torna aí supérflua e errônea (p. 140). A genealogia do deus ocidental em AC o supera completamente. Segundo Ferrucio Masini ("Die 'zweite Unschuld'". *Nietzsche-Studien*, 17, 1988, p. 91-107), ao contrário disso, em toda a filosofia de Nietzsche deus possui um sentido, vale dizer, o sentido da inocência reconquistada do caos, do "*excesso de caos* mesmo" (p. 100). Todavia, permanece aqui não sabível por que o caos deve ser pensado como divino.

3 Filosofar como forma de evitar uma doutrina

Orientação interindividual em Sócrates, Platão, Nietzsche e Derrida*

As filosofias da interpretação e do signo, tal como hoje se nos apresentam, não pretendem oferecer qualquer *doutrina* da interpretação ou do signo, mas, pelo contrário, compreendem-se a elas mesmas como interpretação ou signos. A pretensão de elevar uma doutrina contradiria o seu filosofar. No entanto, não podem deixar de se apresentar sob a forma de tratados, nos quais se presumem e dos quais são esperadas doutrinas. Tal coloca-as no perigo constante de serem fundamentalmente mal-compreendidas.

O problema de evitar uma doutrina colocou-se à filosofia desde o início e ocupa-a até hoje. Sócrates não escreveu, apenas conduziu conversas com indivíduos particulares. Platão pôs diálogos por escrito; no entanto, na sua crítica à escrita chamou a atenção para o facto de não dever ser esperada dele nenhuma doutrina. Kant queria que não fosse ensinada filosofia, mas sim o acto de filosofar, isto é, nenhuma doutrina geral, mas o uso próprio da razão. Nietzsche escreveu aforismos, relativamente aos quais qualquer tenta-

---

* STEGMAIER, W. "Philosophieren als Vermeiden einer Lehre – Inter-individuelle Orientierung bei Sokrates und Platon, Nietzsche und Derrida". In: SIMON, J. (org.). *Distanz im Verstehen* – Zeichen und Interpretation II. Frankfurt am Main, 1995, p. 214-239. Tradução de Marta Faustino. Revisão de Jorge Luiz Viesenteiner. • Optamos por deixar as traduções feitas por Marta Faustino, que é portuguesa, na estilística do português de Portugal, usual dela [N.Orgs.].

tiva de atribuição de uma doutrina deverá fracassar. Derrida fez do fracasso da doutrina no texto escrito o tema e o método do seu filosofar.

O tema deste artigo[1] serão as formas de filosofar, através das quais Sócrates e Platão, Nietzsche e Derrida procuraram evitar uma doutrina. No seu decurso deverá ser mostrado que estas formas de filosofar encerram em si uma decisão fundamental acerca do pensamento do pensamento, do conceito do conceito. A tese é a de que, apesar do muito que distingue essas filosofias, há uma concordância no objectivo visado, a saber, uma orientação interindividual.

Orientação interindividual significa que todo o conteúdo geral comunicado pelos indivíduos permanece geral, sendo que estes têm que assumir a responsabilidade por aquilo que é comunicado. O geral não é elevado a nada que subsista de forma autónoma ou independente ao discurso do indivíduo. É simplesmente pensado como um meio através do qual um indivíduo interpreta outro, ou como um signo que este fornece a outro indivíduo. Com isso se reconhece que o outro indivíduo *enquanto* outro indivíduo necessariamente compreende os signos de outra maneira. O mesmo se aplica à compreensão da própria alteridade: também aqui não pode existir um geral supraindividual, que funcionasse como critério para a alteridade da compreensão. Que os indivíduos se orientem uns pelos outros significa, numa perspectiva teórica, que se envolvem no compreender-de-modo-diferente [*Andersverstehen*] e que conseguem aí encontrar um suporte suficiente. Ao mesmo tempo reconhece-se, numa perspectiva prática, que os indivíduos fazem, de facto, uso constante do geral e que podem através dele

---

1 O artigo desenvolve pensamentos que foram inicialmente explorados em "Platon und Nietzsche: Dialog und Aphorismus – Über Medien des Philosophierens und ihre Bedeutung für die Inhalte des Philosophierens" (em língua servo-croata. Trad. de B. Arsić, com resumo em alemão). In: *Filozofski Godisnjak* (Beograd) [*Philosophisches Jahrbuch* (Belgrad)] 6, 1993, p. 45-59 [1994]. Sobre o tema, cf. do mesmo autor: "Nietzsches Kritik der Vernunft seines Lebens – Zur Deutung von *Der Antichrist* und *Ecce homo*". *Nietzsche-Studien*, 21, 1992, p. 163-183 [Publicado neste livro sob o título *A crítica de Nietzsche da razão da sua vida – Para uma interpretação de O Anticristo e Ecce homo*]. • *Philosophie der Fluktuanz* – Dilthey und Nietzsche. Göttingen, 1992. • "Wahrheit und Orientierung – Zur Idee des Wissens". In: GERHARDT, V. & HEROLD, N. (orgs.). *Perspektiven des Perspektivismus* – Gedenkschrift zum Tode Friedrich Kaulbachs. Würzburg, 1992, p. 287-307. • "Weltabkürzungskunst – Orientierung durch Zeichen". In: SIMON, J. (org.). *Zeichen und Interpretation*. Frankfurt am Main, 1994, p. 119-141 (Suhrkamp stw 1158). • *Nietzsches Genealogie der Moral* – Werkinterpretation. Darmstadt, 1994.

justificar-se, mas que, em última análise, têm que responsabilizar-se por todo o geral de que fazem uso e através do qual se justificam.

A reivindicação da filosofia como ciência é, assim, circunscrita aos indivíduos que a praticam. Estritamente falando, tal aplica-se também a todas as outras ciências, e os paradigmas da investigação puseram-no em evidência. A filosofia tem apenas uma maior liberdade, mas também, igualmente, uma maior obrigação de o admitir. O objecto de uma ciência, no sentido de uma doutrina rigorosa, de validade universal, só poderia ser um geral supraindividual, que pudesse ser adoptado por cada indivíduo, sem qualquer interpretação ou versão dos signos. Uma tal doutrina é, segundo Kant, apenas possível na matemática. Apenas a matemática consegue, diz-se na introdução da *Lógica* de Kant, "devido à sua evidência, ser, por assim dizer, conservada enquanto doutrina *exacta* e *duradoura*"[2]. Uma filosofia que se confunda com a matemática é metafísica, no sentido criticado por Kant. Este partiu, portanto, do estatuto da matemática naquela época. Depois da crise dos princípios fundamentais da matemática e da demonstração do teorema da incompletude de Gödel, porém, a própria matemática deixou de ser exemplo de uma doutrina rigorosa, de validade universal.

No que se segue, trataremos, numa primeira parte, as formas de filosofar através das quais Platão e Nietzsche procuraram evitar uma doutrina. Numa segunda parte, um pouco menor, relacionaremos, introduzindo Sócrates e Derrida, a questão da doutrina com a questão do evitar e da recuperação do texto escrito.

1) Filosofar como forma de evitar uma doutrina: Platão e Nietzsche

Compreender a filosofia como interpretação do mundo ou como elucidação de signos através de signos significa deixar conscientemente em aberto que outros possam constantemente compreender aquilo que eu interpretei desta e daquela maneira, isto é, os signos que utilizei de outra maneira. Segue-se daqui que entre indivíduos nada está estabelecido, mas

2 KANT, I. *Logik*, AA IX 26.

que o que quer que deva ser estabelecido terá de ser determinado apenas entre indivíduos. Através do reconhecimento da alteridade da compreensão ou, numa palavra, do compreender-de-modo-diferente [*Andersverstehen*][3], o indivíduo preferirá o conceito de que esteja dependente para este ou aqueloutro fim. É levado a sério enquanto indivíduo. Ele próprio é pressuposto como incomensurável, apesar de ser tornado comensurável por outros e, por sua vez, tornar outros e outras compreensões comensuráveis para si mesmo. As filosofias da interpretação e do signo são filosofias da individualidade.

A incomensurabilidade do indivíduo aplica-se também àquele que filosofa. Se estiver consciente disso, guardar-se-á de erigir uma doutrina. Isto porque o pressuposto de uma doutrina é o de que os significados podem *salva veritate* ser comunicados e, portanto, que não são influenciados pelos indivíduos que os comunicam e experienciam ou que a comunicação não altera nada ao que é comunicado. Uma doutrina pressupõe que os seus conceitos são independentes em relação aos indivíduos. Exige uma supraindividualidade, um para além dos indivíduos ou, para utilizar o termo clássico, uma metafísica. Para determinados fins, por exemplo, os do direito ou os da ciência, tal poderá ser inevitável. A filosofia tem que recuar.

Se uma filosofia for confrontada com a ideia de que abdica de si enquanto ciência quando renuncia a uma doutrina, pode então referir-se que as filosofias que conscientemente evitaram uma doutrina pertencem às mais influentes e declarativamente mais fortes da história. Uma delas é seguramente a filosofia de Platão, que marcou decisivamente todo o pensamento ocidental, e uma outra, a filosofia de Nietzsche, que deu ao pensamento, na passagem para o século XX, uma nova viragem fundamental. Se lhes forem apresentados critérios de cientificidade, que elas não satisfazem, mais facilmente se estará inclinado a pôr em causa estes critérios do que aquelas filosofias.

Platão apresentou permanentemente a sua filosofia, apesar de em diferentes expressões, em forma de diálogos entre indivíduos, e Nietzsche, na forma de um filosofar em máscaras. O facto de ambos terem, desta forma, procurado evitar uma doutrina não inviabiliza o facto de terem apesar dis-

---

3 Sobre o conceito de *Andersverstehen* cf. SIMON, J. *Philosophie des Zeichens*. Berlim/Nova York, 1989, p. 152.

so surtido efeito, precisamente, por lhes terem sido atribuídas doutrinas e, na verdade, doutrinas maciças. A natureza interindividual da sua filosofia precisava, antes de mais, de ser novamente trabalhada contra tais atribuições. A iniciativa mais forte nesse sentido foi dada pela filosofia francesa contemporânea, e aqui, uma vez mais, por Jacques Derrida. Este voltou a deixar nitidamente claro que Platão não introduziu Sócrates nos seus diálogos como defensor de uma doutrina, mas sim como indivíduo que, enquanto indivíduo, permanece incomensurável, e que Nietzsche, que se apresenta a si próprio na sua obra como o indivíduo Friedrich Nietzsche, na multiplicidade das suas máscaras, nunca se torna comensurável. O tipo Sócrates é, porém, ao mesmo tempo, o mais importante ponto de referência de Nietzsche, uma vez que é com este que se confronta de forma mais persistente, e Derrida refere-se novamente a Sócrates através de Nietzsche.

a) Platão

Em geral, lemos os diálogos de Platão, muito naturalmente, na perspectiva de Sócrates. Com efeito, tendemos a identificar-nos imediatamente com Sócrates e, assim, a introduzir-nos na posição de domínio, que Platão geralmente lhe confere nas conversas. Consideramo-nos assim, inevitavelmente, na posse de um saber superior, apesar de o próprio Sócrates platónico ter negado persistentemente a posse de um tal saber. Atribuímo-lo à sua ironia: Sócrates pode ter que falar dessa forma, mas, ainda assim, podemos estar seguros do que no seu discurso é ou não válido, do que ele diz a sério ou ironicamente[4]. Ao decidirmos assim, soberanamente, acerca da seriedade ou da ironia de Sócrates, transpomo-nos, inadvertidamente, para o seu interior. A investigação em Platão argumenta até hoje, quase sem excepção, a partir dessa posição privilegiada.

---

4 Cf. VLASTOS, G. *Socrates* – Ironist and Moral Philosopher. Ithaca/Nova York, 1991, segundo o qual, fundamentalmente, Sócrates não engana o seu interlocutor, uma vez que tal não seria compatível com a sua exigência moral. Segundo o autor, a ironia, na medida em que deixa os outros na incerteza acerca daquilo que se quer dizer, corresponde a um engano; no entanto, para o autor a ironia significa em Sócrates, na verdade, dizer o contrário daquilo que se quer dizer, e Sócrates anuncia constantemente a sua ironia enquanto tal, de tal forma que se torna sempre claro o que este quer dizer.

No interior do Sócrates platónico crê-se, porém, ao mesmo tempo, poder ver-se a verdadeira opinião de Platão, de tal forma que acabamos por, através de Sócrates e do seu interior, nos identificarmos com o próprio Platão. Apesar de toda a ironia socrática, que Platão tão engenhosamente encenou, acredita-se poder dizer com certeza o que Platão e o seu Sócrates realmente quiseram dizer. E o que realmente quiseram dizer é a sua doutrina.

No entanto, Platão não apenas fez o seu Sócrates negar que tivesse uma doutrina a comunicar, como também, em nome próprio, em nenhum lugar da sua obra defende uma doutrina[5]. Através das cartas, cuja autenticidade constantemente foi contestada, observamos que de forma alguma falou em nome próprio. Deixa, exclusivamente, outros indivíduos conversarem uns com os outros, ficando invariavelmente a conclusão em aberto. Ele próprio nunca aparece nas suas encenações. Na verdade, faz através delas uma aproximação quase directa à sua pessoa, ao dar aos seus irmãos e conhecidos papéis significativos, mas fá-lo manifestamente apenas para lembrar que ele próprio permanece ausente nos seus diálogos. No único local em que introduz o seu nome, no início do *Fédon*, deixa Fédon enumerar todos os nativos e estrangeiros que estiveram presentes na morte de Sócrates e, em relação a si próprio, conjecturar – apenas conjecturar – que se encontrava doente.

Platão poderia, desse modo, ter-se precavido contra identificações com ele próprio. E previne-se também de identificações com Sócrates. Na verdade, deixa por vezes o próprio Sócrates relatar as conversas, o que convida à entrada na sua perspectiva. No entanto, introduz sucessivamente Sócrates na conversa com significativa pompa encenatória, deixa-o entrar na cena como uma personagem no teatro – personagem que se tem como outro relativamente a si próprio e que, portanto, se observa a partir da sua própria perspectiva. Para além disso, Platão varia os papéis que atribui a Sócrates e substitui constantemente os seus parceiros de conversa. Apresenta-o sempre como um outro, em situações de conversa sempre diferentes. Ninguém, nos diálogos de Platão, se familiariza com ele, ninguém pode afirmar conhecê-lo verdadeiramente. Platão concedeu sempre, tanto aos seus interlocutores

5 Cf. WIELAND, W. *Platon und die Formen des Wissens*. Göttingen, 1982, p. 11s.

como a nós, e talvez até mesmo a si próprio, apenas o exterior, nunca o interior de Sócrates, o qual não é acessível a ninguém. Recusa qualquer acesso privilegiado àquilo que Sócrates "realmente quer dizer" e, assim, também qualquer acesso àquilo que ele próprio "realmente quer dizer".

Somos portanto obrigados, à semelhança de espectadores no teatro e como que a partir do balcão, a construir nós próprios a nossa própria opinião acerca do que Platão deixa as suas figuras dizer. Os interlocutores de Sócrates podem, pelo menos, tal como Platão os apresenta, forçá-lo a uma clarificação, colocar-lhe perguntas, levantar objecções. O leitor dos diálogos está aqui em desvantagem: fica sozinho com o seu juízo. Nunca se senta alguém ao lado dele no balcão, com quem pudesse comparar o seu juízo. E é precisamente este facto que facilmente o seduzirá a absolutizar a sua opinião e a identificá-la imediatamente com a de Sócrates-Platão.

É possível que nós, modernos, tenhamos necessidades e hábitos de identificação diferentes, mais fortes que os antigos, que Platão não podia prever. Talvez tivesse então erigido cercas mais elevadas contra tais hábitos e necessidades. Na Academia, Aristóteles teria sido chamado "o leitor"[6]; comportar-se como leitor – em vez de ouvinte ou espectador – devia, por conseguinte, surpreendentemente, ser uma excepção. Hoje tornámo-nos sobretudo leitores e, ao lermos, tendemos a considerar-nos senhores dos nossos juízos acerca dos textos que lemos, tal como consideramos os seus autores senhores do seu processo de escrita, quando os escrevem[7]. Enquanto que os interlocutores estão directamente expostos um ao outro, correndo o perigo constante de "perderem a face" perante o outro, os leitores ajuízam o que foi lido a partir de uma distância segura e, assim, não correndo perigo algum. Platão deixou claro na sua crítica à escrita o quão consciente estava do perigo desta distância sem perigos.

No entanto, quando pôs por escrito diálogos (que, enquanto tal, se destinavam apenas a ouvintes) para leitores, não terá com isso – como se tende a

6 Cf. DÜRING, I. *Aristoteles* – Darstellung und Interpretation seines Denkens. Heidelberg, 1966, p. 8.

7 Cf. BORSCHE, T. "Wer spricht, wenn wir sprechen? – Überlegungen zum Problem der Autorschaft". *Allgemeine Zeitschrift für Philosophie*, 13/3, 1988, p. 37-50.

assumir – sucumbido à tentação de transmitir a sua filosofia – o que então significaria: a sua doutrina – e, assim, sido inconsequente e infiel à sua crítica à escrita? No entanto, poderá ter acontecido que, ao consentir leitores, a sua intenção não tenha sido, nem conceder-lhes uma autoridade última relativamente ao juízo, nem, por outro lado, impingir-lhes uma doutrina. Pelo contrário, poderá tê-los colocado numa posição que lhes permitiria chegar a um juízo sem dúvida mais distanciado, mas ainda assim próprio, ou, com uma expressão platónica, mais prudente, sobre o que é dito nos diálogos.

Platão incorporou um grande número de argumentações duvidosas nos seus diálogos. Deixa Sócrates constantemente argumentar, de forma manifesta, de um modo equívoco, imperfeito e pouco sério, fazer desvios engenhosos e voltar a utilizar argumentos já refutados, deixa-o rapidamente tomar em consideração pessoal os seus interlocutores, abandonar-se ao entusiasmo dos pensamentos etc., deixando o seu ouvinte directo apenas raramente perceber tudo isto. Se não se quiser ver aqui insuficiência de argumentação e apontá-la como defeito a Platão, poder-se-á presumi-lo como pistas para que os leitores construam os seus próprios juízos[8]. Os leitores podem seguir e testar as argumentações a partir de uma visão global do diálogo, avaliar estratégias de argumentação de acordo com o seu consequente sucesso ou fracasso, reconhecer deslocações de sentido de conceitos, que devem servir como premissas para conclusões etc., mas, acima de tudo, estão menos expostos ao carisma de Sócrates e podem, como tal, *observar* mais livremente.

Essa é a vantagem do leitor em relação aos ouvintes, apesar de tal não constituir o privilégio de poder aceder ao interior de Sócrates. Com efeito, apesar das suas possibilidades ampliadas de descobrir nos diálogos erros, precipitações e credulidades, mesmo os leitores não têm qualquer garantia de não estarem, eles próprios, também sujeitos a eles. No entanto, pode ser válido para os leitores o exemplo dos interlocutores, tanto os orientados como os desorientados por Sócrates, que se mantêm alerta até mesmo em

8 Cf. HEITSCH, E. "Theaetet 203, c4-205e8". *Wege zu Platon – Beiträge zum Verständnis seines Argumentierens*. Göttingen, 1992, p. 29-38. • MARGARET, M.M. "Paradox in Plato's 'Phaedrus'" (*Proceedings of the Cambridge Philological Society*, 208, 1982, p. 65-76), que coloca o diálogo dialéctico directamente na relação entre Platão e os seus leitores.

relação aos seus próprios juízos e em distância relativamente às suas próprias interpretações e signos.

Platão deixa aos leitores dos seus diálogos a decisão de compor ou não uma doutrina a partir das conversas e, assim, tal como aos ouvintes directos do Sócrates platónico (e, por vezes, a ele próprio), de fazer ou não má figura. Se Nietzsche construiu conscientemente os seus aforismos de forma a que os seus leitores se demonstrassem, através deles, como bons ou maus leitores, o mesmo se poderá reconhecer já em Platão. Dificilmente almejou portanto Platão, com o seu filosofar em diálogos, apenas uma forma própria de filosofar. Para tal não teria precisado construir *toda* a sua obra filosófica em diálogos e, principalmente nos diálogos mais tardios, torna-se notoriamente difícil para Platão manter o carácter das conversas. Se apesar de tudo o fez, somos obrigados a supor que atribuiu directamente à forma do seu filosofar significado também para o seu conteúdo, isto é, que esta também é significativa para os próprios temas tratados.

Para um filosofar interindividual, que, enquanto tal, se deixa conscientemente em aberto, o critério último não pode ser uma verdade supraindividual, mas apenas o uso individual de argumentos. Wolfgang Wieland acentuou o *uso* como conceito condutor da filosofia de Platão e, a partir dele, interpretou de tal forma a "teoria das ideias", que esta perde o carácter de teoria[9]. O uso é, porém, algo que só de forma muito limitada se pode ensinar; a única coisa que se pode fazer é mostrá-lo, tendo depois cada um por si próprio de procurar e ver como lidar com as situações. No uso, mostra-se a habilidade do indivíduo e, assim, o indivíduo *como* indivíduo.

Platão apresenta Sócrates como aquele que sabe, de forma superior à maioria, como usar argumentos. Deixa-o, simultaneamente, mostrar a outros como se utilizam argumentos com sucesso. No entanto, deixa-o proceder, uma vez mais, não de acordo com regras gerais, transmissíveis e ensináveis (as quais muito menos deixa formular), mas, pelo contrário, fá-lo sobressair como um indivíduo altamente característico, com uma série de capacidades extraordinárias, que emprega de forma sempre surpreendente – também no seu uso de argumentos, Sócrates nunca se torna previsível, nunca comensurável. E Pla-

9 Cf. WIELAND. *Platon und die Formen des Wissens*, passim.

tão também não o deixa sempre triunfar: por fim, submete-o a Parménides, deixando-o então, gradualmente, retroceder enquanto figura principal.

Se não se procurar nos diálogos uma doutrina, mas antes os seguir na habilidade e prudência no uso de conceitos e argumentos, também estes não surgirão como aporéticos. Procurarei, brevemente, torná-lo claro nos diálogos *Lísis* e *Cármides*, nos quais o saber prático é expressamente tematizado, aspecto que raramente foi notado.

No *Lísis*, onde se trata da questão de como alcançar o afecto de um amigo, Platão começa por apresentar uma conversa de Sócrates com o jovem Lísis, que chega à conclusão nada aporética de que aquele que sabe utilizar (*chrâesthai*) as coisas (*chráemata*) da maneira correcta é, ele próprio, útil (*chráesimos*), e que por isso as pessoas se afeiçoam a ele e lhe confiam de boa vontade as suas coisas (207d-210d). Na parte principal, Sócrates mostra então ao infeliz Hipótales, apaixonado por Lísis, como é que, através de um uso apropriado de argumentos, se pode tornar amigo de tal jovem. Naturalmente, Hipótales falha, uma vez que não consegue acompanhar Sócrates. Tal como é mostrado, o saber prático de Sócrates não é, sem mais, transmissível. No fim permanece portanto em aberto, como de costume, o que é a amizade; no entanto, Sócrates conseguiu aquilo que Hipótales, apesar de todas as lições, não foi capaz de alcançar: torna-se amigo de Lísis. E isso lhe parece aqui ser suficiente.

A prudência é o tema do *Cármides*, um dos diálogos mais sofisticados de Platão. Também a prudência é algo que só se pode mostrar. Platão mostra-a primeiro no próprio Cármides, que é considerado o mais prudente entre os jovens e que, de facto, quando Sócrates o desafia a *dizer* o que é a prudência, não diz *nada*, apenas cora. No decurso complexo da argumentação, muitas vezes só com bastante esforço é que Sócrates consegue satisfazer as objecções do seu parceiro, mas, precisamente com isso, Platão *mostra-o* – novamente, tal não é *dito* – cada vez mais prudente. Por fim, a prudência acaba por ser determinada como saber do saber e, quando esta definição não se sustenta, expressamente como saber do uso correcto do saber, o qual não se deixa sistematizar através de regras. Na verdade, Sócrates destrói no fim todas as determinações novamente. No entanto, a determinação como saber prático confirma-se também aqui no resultado pragmático de Sócrates ter conseguido que o belo Cármides quisesse continuar a conversar com ele sobre a prudência.

Podemos utilizar argumentos com o objectivo de chegar a uma doutrina. Uma doutrina surge quando os argumentos se tornam independentes do uso individual, e tal acontece quando estes se encontram de tal forma combinados, que todos se encontram completamente determinados na sua relação com todos os outros ou, em poucas palavras, quando estão sistematicamente ligados e, como tal, já não se encontram à disposição do indivíduo. Se já não se encontram à disposição do indivíduo, são, sem prejuízo, transmissíveis e, portanto, ensináveis. Ora, como o mostra o exemplo do *Cármides*, Platão deixa Sócrates notoriamente reunir todos os argumentos para uma doutrina, mas no fim – para desespero dos intérpretes, em particular, no que diz respeito à "teoria das ideias" – impede a sua constituição final, definitiva. Quem estiver à procura de teorias completas, experimentá-lo-á, necessariamente, como aporia. Se, porém, se olhar para o uso dos argumentos como tal, perceber-se-á, pelo contrário, que o indivíduo pode constantemente impor-se contra uma teoria que parecia já ter sido estabelecida – o que, em todo o caso, é o que faz Sócrates. Platão parece querer mostrar que é o indivíduo, e não a teoria, que detém a preponderância[10].

---

10 ERLER, M. *Der Sinn der Aporien in den Dialogen Platons* – Übungsstücke zur Anleitung im philosophischen Denken (Berlim/Nova York, 1987 [BÜHLER, W.; HERRMANN, P. & ZWIERLEIN, O. *Untersuchungen zur antiken Literatur und Geschichte*, vol. 25]) procura, tal como já o procurara Schleiermacher (cf. o relatório da investigação sobre o tema, p. 1-18), dar às aporias dos primeiros diálogos um sentido didáctico, fundando-o na crítica à escrita de Platão. Nesse sentido, os diálogos devem servir como "auxiliares de memória para aqueles que já sabem" (p. 16), nomeadamente como princípios de discussão para uma reflexão sempre renovada sobre as questões levantadas (p. 81ss.). Mas poderão precisamente as aporias ser um material de aprendizagem útil, ou mesmo um meio de publicidade para a academia, como defendeu Konrad Gaiser? (*Protreptik und Paränese bei Platon* – Untersuchungen zur Form des platonischen Dialogs. Stuttgart, 1959). Thomas A. Szlezák (*Platon und die Schriftlichkeit der Philosophie* – Interpretationen zu den frühen und mittleren Dialogen. Berlim/Nova York, 1985) sentiu aqui antes "frustração" (p. 117 – em relação ao *Lísis*). Para além disso, "aqueles que já sabem" são, no sentido platónico, precisamente não aprendizes. Está constantemente ligado ao ponto de vista didáctico a ideia de que o sentido das aporias é serem teoricamente resolvidas e, assim, transportadas para uma doutrina – o que, tal como Erler sabiamente mostra, apesar de doutrina, significa para Platão, ao contrário do que atribuíra aos sofistas, não simplesmente uma "transmissão de saber", mas antes o tomar constantemente em consideração a situação dos indivíduos no diálogo (p. 60-77). O ponto de vista pragmático, no qual se encontram à disposição dos indivíduos teorias enquanto tais, não é tomado em consideração.

Assim se obtém, em lugar da aparente aporia, ou do geralmente apontado como defeito, um bom sentido, nomeadamente, a demonstração dos limites de teorias gerais no uso individual de argumentos. Ao deixar o seu Sócrates rejeitar insistentemente teorias e, assim, evitar uma doutrina, Platão relega consequentemente o filosofar para as fronteiras das relações interindividuais.

No entanto, o Sócrates platónico produziu um tal efeito, que deu à filosofia ocidental precisamente a verdade como objecto dominante e a doutrina como forma obrigatória. Também isto foi construído por Platão. Sócrates procura constantemente, nos diálogos de Platão, convencer o seu interlocutor da possibilidade de um saber verdadeiro e ensinável e, assim, supraindividual. Apesar de ser apresentado como um indivíduo tão característico, Sócrates não filosofa *como* indivíduo, não em nome próprio, mas em nome da verdade desse possível saber e, por fim, sacrifica-se a si próprio por ela, ao aceitar a sua execução. Mesmo não querendo ensinar, Sócrates filosofa em nome de uma doutrina possível, aspecto que Platão salienta constantemente. Surge assim a verdade e a sua doutrina como paradoxo na filosofia, isto é, como o seu objectivo supremo, mas que, ao mesmo tempo, ela constantemente recusa.

Talvez tenha sido precisamente esse paradoxo que ocupou a filosofia ocidental e a manteve viva desde então. Não conseguiu resolver o paradoxo, apenas deslocá-lo sucessivamente. Tal não constitui, no entanto, necessariamente um defeito: talvez seja precisamente isso que está em causa nas fronteiras das relações interindividuais. Já o Sócrates platónico sabia, com efeito, que nada sabia, mas, ao mesmo tempo, sabia muito bem quais eram os critérios para um saber verdadeiro e ensinável, no caso de existir um saber verdadeiro. Começa, assim, a entrar no metanível. Os critérios do saber no metanível são evidentemente tais, que de modo algum o mundo quotidiano os pode satisfazer[11]. Assim, quando Sócrates apesar de tudo quer apoiar-se num saber, recorre a, ou inventa ele próprio, um saber místico, o

11 Cf. HEITSCH, E. "Erkennbarkeit der realen Welt". *Wege zu Platon*. Op. cit., 127-149. O conceito socrático de saber tem, de acordo com Heitsch, a consequência "monstruosa" de, por exemplo, não se poder *saber* que os atenienses perderam a guerra do Peloponeso, ou que a cada verão se segue um inverno (p. 137).

qual, de acordo com os seus critérios, obviamente não pode constituir nenhum saber. E no que a si próprio diz respeito, recorre a um oráculo (que ninguém seria mais sábio do que ele) que, no entanto, não aceita, tal como um oráculo mereceria, mas contra o qual, tal como Édipo, procura lutar, na medida em que testa continuamente a sua validade de acordo com os seus próprios critérios de um saber verdadeiro[12].

Sócrates comporta-se, como sabemos (sem que, porém, o tenhamos levado completamente a sério), de uma forma irónica em relação a tudo com o qual se relaciona: aos seus interlocutores, ao saber, ao mito e ao oráculo. A ironia socrática é um paradoxo vivido. Isso porque, ao contrário do que inicialmente se tende a pensar, ela não significa simplesmente que seja válido o contrário do que se diz – pois nesse caso saber-se-ia sempre o que era válido. Em relação ao Sócrates platónico, trata-se antes de ironia precisamente quando não se sabe se se trata de ironia, isto é, quando não se sabe se o que é dito é válido, mas também não se sabe se não é válido, quando, portanto, os critérios de validade enquanto tais são postos em suspenso. Tal como escreve Kierkegaard na sua dissertação sobre a ironia de Sócrates, este deixa aos ouvintes, bem como aos leitores, apenas "o agora fugaz, mas inefável da compreensão, que imediatamente é suprimido pelo medo da má compreensão"[13].

Apesar de todo o esforço do Sócrates platónico no sentido de uma verdade supraindividual, a sua ironia acaba por reconduzir, assim, à sua individualidade. A ironia distancia e isola o indivíduo, uma vez que lembra constantemente que os outros não podem saber o que este quer dizer. Ela bloqueia o acesso ao interior[14]. Dessa forma, mantém-se também, porém, a possibilidade da verdade, a favor da qual Sócrates tão incansavelmente argumenta, em suspenso. Isso porque também ela é defendida nos diálogos, os quais, através da ironia, se mantêm protegidos de serem tomados por verdadeiros.

---

12 Isto ocupa-o, segundo Platão, de tal maneira, que não consegue preocupar-se com mais nada (cf. *Fedro*, 229e-230a).

13 KIERKEGAARD, S. *Über den Begriff der Ironie mit ständiger Rücksicht auf Sokrates* (1841). Trad. de H.H. Schrader. Munique/Berlim, 1929, p. 39.

14 *Über den Begriff der Ironie* (Op. cit., p. 132ss.) vai ao ponto de compreender mesmo o *daimon* de Sócrates sob o conceito de ironia. Uma vez que este só fala para ele, interrompe a comunicação com outros, que aqui não podem ouvir nem discutir em conjunto.

Resulta, assim, algo como uma ironia platónica em relação a Sócrates. Os diálogos são, no fundo, para o próprio Platão, um meio de, simultaneamente, se identificar com Sócrates e se distanciar dele – sem que se possa, em particular, distinguir onde é que ele faz uma ou outra coisa[15]. Podemos compreender o conjunto dos diálogos platónicos como uma apresentação da ironia: uma ironia que recusa a inequivocidade da compreensão entre indivíduos não pode, ela própria, ser inequivocamente *compreendida*, mas apenas *mostrada*, entre indivíduos. Os diálogos platónicos são, por isso, diálogos em sentido estrito: comunicações interindividuais, nas quais, entre os indivíduos, nada está determinado à partida. Se afirmam a possibilidade de um saber *a priori*, verdadeiro e ensinável, então têm primeiro de o fazer prevalecer em comunicações interindividuais. O significado da forma do filosofar de Platão poderia portanto ser que os diálogos, em vez de comunicarem uma doutrina, mostram condições individuais, sob as quais, conforme o caso, poderá surgir uma doutrina supraindividual. A mais significativa dessas condições é a de um indivíduo que se compreende como superior no uso de conceitos e argumentos.

b) Nietzsche

Chegamos assim directamente a Nietzsche, e em Nietzsche podemos agora deter-nos mais brevemente.

Em Nietzsche surge, a partir da ironia, o *pathos* da distância. Depois de uma exigência de dois mil anos de compreender-do-mesmo-modo [*Gleichverstehen*], Nietzsche parte radicalmente do compreender-de-modo-diferente [*Andersverstehen*], o que para ele significa, necessariamente, mal-compreender [*Missverstehen*]. Nietzsche vira-se contra a crença, segundo a qual cada um pode compreender "bem" qualquer outro, desde que se esforce. Poder compreender "bem" um outro torna-se, para ele, uma insolência. Quem acredita poder compreender "bem" um outro passa por cima da sua alteridade, "coloca-se" a si próprio "dentro" dele, insere-se, por mera boa vontade,

15 Jacques Derrida (*Die Postkarte von Sokrates bis Freud und jenseits* – I. Lieferung. Berlim, 1982 [Original francês: Paris, 1980], p. 180ss.) supõe um ressentimento de Platão em relação a Sócrates. *Die Postkarte* trata essencialmente da relação entre Sócrates e Platão, cuja indeterminabilidade é paradigmática para Derrida. Voltaremos a esta questão.

no seu interior. Segundo Nietzsche, há "algo de ofensivo no ser-se compreendido"[16]. Assim se interdita qualquer doutrina e qualquer expectativa de uma doutrina na filosofia[17].

Não obstante, são conhecidas doutrinas fortes e memoráveis de Nietzsche – ainda mais fortes e memoráveis que as do Sócrates platónico –, principalmente as do "sobrehumano" (*Übermensch*), da vontade de poder e do eterno retorno do mesmo. No entanto, se as tomarmos realmente como doutrinas, corremos um risco ainda maior do que com o Sócrates platónico de nos comprometermos e, enquanto doutrinas, foram também, tal como hoje julgamos ver, maciçamente mal-entendidas. Se Sócrates sabe que nada sabe, Nietzsche ensina que não ensina.

Nietzsche evita cada doutrina em nome próprio através de uma filosofia em máscaras, das quais a mais conhecida é Zaratustra. Assim como Platão, tal como Nietzsche escreve no *Ecce homo*, "se serve de Sócrates como uma semiótica para Platão"[18], Nietzsche ensina na semiótica de Zaratustra. Comunica as "suas" doutrinas exclusivamente no *Assim falava Zaratustra*: a doutrina do "sobrehumano" na primeira parte, a da vontade de poder na segunda e a do eterno retorno do mesmo na terceira. Também Zaratustra não escreve, ensinando apenas oralmente, apesar de já não tanto em diálogos. A partir de Platão podemos ler o *Assim falava Zaratustra* como um diálogo que vai gradualmente fracassando, até se tornar num monólogo. Na primeira parte Zaratustra tenta falar ao povo, que se

---

16 NIETZSCHE. "Nachlass Herbst" 1885. Frühjahr 1886, KGW VIII_I, 1 [182] (KSA 12.51). Cf. o debate entre Gadamer e Derrida, documentado em FORGET, P. (org.). *Text und Interpretation*. Munique, 1984. Cf. tb. o relato da sua continuação no final de 1993 por Dieter Thomä em *Frankfurter Allgemeine Zeitung*, 08/12/1993.

17 Cf. o ensaio de juventude de Nietzsche: *A filosofia na era trágica dos gregos* [*Die Philosophie im tragischen Zeitalter der Griechen*] (KSA 1, p. 799-872), no qual apresenta os pré-socráticos como personalidades que filosofam no próprio nome e sob a sua própria responsabilidade. Aí pretende "salientar apenas o ponto de cada sistema que corresponda a um pedaço de *personalidade* e que pertença a essa irrefutabilidade e indiscutibilidade, que a história tem que conservar". Escolhe para tal apenas as doutrinas "nas quais ressoa mais fortemente o carácter pessoal de um filósofo, enquanto que uma enumeração completa de todas as possíveis teses transmitidas, como é costume nos manuais, conduz invariavelmente a um total emudecimento do carácter pessoal".

18 EH, UB (KSA 6, p. 320). Nietzsche escreve-o em relação às suas *Considerações extemporâneas*, nas quais ele próprio fala de Schopenhauer e Wagner para "no fundo apenas falar de [si]".

ri dele e o afugenta. Na segunda parte junta então à sua volta seguidores, não obtendo porém deles qualquer resposta; manda-os embora. Na terceira parte, escapa-se por completo dos homens e fala apenas para os seus animais; ainda assim, estes fazem apenas uma "lenga-lenga" do seu pensamento do eterno retorno, um pensamento que ele próprio não volta a pronunciar, mas que guarda para si, no seu interior, tal como Nietzsche o encena, de uma forma dolorosa. Por fim, na quarta parte, que Nietzsche manda imprimir apenas para os amigos mais próximos, chegam "homens superiores" à caverna de Zaratustra, aqueles que, com a maior probabilidade, estariam em condições de o compreender. Lá, porém, estes adoram um burro[19].

Zaratustra fracassa na sua tentativa de ensinar porque não encontra ninguém que o pudesse compreender, e Nietzsche mostra esse fracasso (talvez seja mesmo esse o verdadeiro tema do *Zaratustra*). Nas obras que se seguem, que Nietzsche escreve em nome próprio, já não defende as doutrinas de Zaratustra[20]. Torna-se portanto óbvia a suposição de que Nietzsche, tal como Platão, utilizou a forma poética para comunicar doutrinas sem ter, porém, de as defender como doutrinas. Já no decurso do próprio *Zaratustra*, ele se vai distanciando cada vez mais das doutrinas ao

19 Nietzsche esperava receber uma resposta, pelo menos dos seus amigos. Desiludiu-se. Numa carta a Overbeck, o amigo mais próximo, chama ao seu *Zaratustra*, por fim, "um livro *incompreensível*", com o fundamento de que "ele remonta a puras vivências, que não partilho com ninguém" (Carta a Franz Overbeck de 5 de agosto de 1888, KSB 8, p. 223).

20 A doutrina do "sobrehumano" é mais tarde mencionada por Nietzsche apenas indirectamente, em citações dos seus críticos e amigos, pelos quais se viu incompreendido (GD, Incursões, 37. • EH, Por que escrevo livros tão bons, 2) e no seu próprio olhar retrospectivo em *Ecce homo* (EH, Za, 6; EH, Por que sou um destino, 5). Aparece apenas mais uma vez em *O Anticristo* (4). Aqui, contudo, na expressão cuidadosamente retraída "um tipo de 'sobrehumano'". A doutrina da vontade de poder surge no *Assim falava Zaratustra* quase casualmente, como se já fosse conhecida (Za I, Dos mil e um fins). Em *Para além de bem e mal* (n. 36) e na *Genealogia da moral* (II, 12) Nietzsche recupera-a de novo expressamente numa "hipótese", que pretende apenas arriscar uma forma experimental. Finalmente, a doutrina do eterno retorno do mesmo continua, de facto, a ocupar Nietzsche de uma forma intensa, como se percebe a partir do espólio; na obra publicada, porém, não volta a aparecer, com excepção, uma vez mais, para o *Ecce homo*. Com efeito, nesta obra Nietzsche chama-lhe "a concepção fundamental" de *Assim falava Zaratustra* (EH, Za, I) e vê nela fundamentada a sua grande afinidade com o filósofo que, até ao fim, sem reservas, reconheceu como único percursor: Heráclito (EH, GT, 3). Heráclito poderia, por sua vez, ter sido historicamente influenciado por Zaratustra. Cf. RÖD, W. *Geschichte der Philosophie* – Vol. I: Die Philosophie der Antike von Thales bis Demokrit. Munique, 1976, p. 86 e 208.

multiplicar as máscaras. Deixa Zaratustra, em nome próprio, comunicar apenas a primeira doutrina, a do "sobrehumano". A segunda, a doutrina da vontade de poder como autossuperação, é a "própria vida"[21], uma alegoria, que comunica; e a terceira, a do eterno retorno do mesmo, é comunicada pelos animais de Zaratustra, que são apenas signos - signos da alegoria da vida[22]. Uma vez que os animais, porém, comunicam o eterno retorno como uma "lenga-lenga", devemos recear que já mesmo eles não o tivessem compreendido[23].

Nietzsche leva tão longe a distância à doutrina que à frente da máscara de Zaratustra ainda coloca a de Sócrates, silenciando aquela através desta. Deixa Zaratustra aplicar o veredicto de Sócrates contra os poetas na *República* de Platão - "Os poetas mentem demasiado"[24] - a si mesmo: "Mas também Zaratustra é um poeta [...] *nós* mentimos demasiado", para o deixar então acrescentar: "Em verdade, somos sempre levados para cima - nomeadamente para o reino das nuvens; sobre elas colocamos as nossas peles multicolores e, depois, chamamos-lhes deuses e 'sobrehumanos'"[25].

Nos livros de aforismos e nos escritos polémicos, Nietzsche tira as máscaras e fala em nome próprio como "Senhor Nietzsche"[26]. No entanto, em nome próprio Nietzsche continua com o seu jogo de máscaras, apenas de forma mais discreta e impenetrável - não sem chamar expressamente a atenção para isso mesmo. "Todo o espírito profundo", escreve em *Para além de bem e mal* (n. 40), "precisa de uma máscara: mais ainda, à volta de todo o espírito profundo cresce continuamente uma máscara, graças às interpretações permanentemente falsas, quer dizer, *superficiais*, de cada uma das suas palavras, de cada um dos seus passos, de cada um dos seus sinais de vida".

---

21 NIETZSCHE, Za, II. Da vitória sobre si próprio.

22 NIETZSCHE, Za, III. O convalescente.

23 De forma semelhante, segundo Nietzsche, aos seguidores do Evangelho de Jesus. Cf. *O Anticristo*, esp. p. 36-41.

24 NIETZSCHE, Za, II. Nas ilhas afortunadas.

25 NIETZSCHE, Za, II. Dos poetas.

26 NIETZSCHE. *A gaia ciência*. Prólogo, 2.

Nietzsche reconhece dar "sinais de vida" e, para não os expor a uma vulnerabilidade ilimitada, mascara-os de escritos polémicos – expressamente no *Nascimento da tragédia* e nas *Considerações extemporâneas*, no início da sua obra, e na *Genealogia da moral*, no *Caso Wagner* e no *Anticristo*, no fim. Nietzsche utiliza a forma do escrito polémico para, através dos ataques mais grosseiros, de padronizações extremas e de provocações morais direccionadas, afugentar e romper com os antigos hábitos de compreensão; ele próprio, tal como confirmam todos os seus contemporâneos, era gentil e cuidadoso em relação a toda a gente[27].

Por último, o aforismo – a principal forma do filosofar de Nietzsche no período intermédio – acolhe ainda em si o carácter polémico; é, aparentemente, a forma mais inofensiva da sua filosofia, mas, na verdade, a mais esotérica e a que mais exige dos leitores[28]. O tema já foi muito discutido[29], pelo que podemos tratá-lo aqui muito brevemente.

O aforismo de Nietzsche não ensina nada, dá apenas que pensar. É tão curto, denso e complexo que exige do leitor uma verdadeira "arte da interpretação"[30]. É tão rico em pontos de vista, que de todos os lados abre perspectivas para outros aforismos, exigindo a relação com eles; coloca o

27 A sua "prática de guerra" é portanto também, se olharmos para lá da superfície, profundamente cautelosa. Ele próprio a apresenta da seguinte maneira (EH, Por que sou tão sábio, 7): "Primeiro: só ataco causas que sejam vitoriosas – e espero, em certos casos, até que o sejam. Segundo: só ataco causas em que não encontre aliados, em que fique só – onde me comprometa somente a mim... Nunca dei um passo publicamente que não me comprometesse: é esse o *meu* critério de procedimento correcto. Terceiro: nunca ataco pessoas, sirvo-me da pessoa apenas como de uma potente lupa, com a qual se pode tornar visível um mal geral, mas sub-reptício e pouco apreensível. [...] Quarto: só ataco coisas em que esteja excluída qualquer divergência pessoal, em que não haja qualquer experiência negativa como pano de fundo".

28 As formas do aforismo, do escrito polémico e do jogo aberto de máscaras entrelaçam-se, em Nietzsche, umas nas outras. Os aforismos do quinto livro de *A gaia ciência* e do *Para além de bem e mal* tendem para "ensaios polêmicos" (Nachlass Herbst 1887, VIII 9 [90], KSA 12.382), o *Crepúsculo dos ídolos* combina o escrito polémico, aforismos e sentenças, o escrito polémico *Genealogia da moral* divide-se, por sua vez, em três "ensaios", dos quais cada um começa conscientemente de novo, não construindo nenhum raciocínio em linha recta. A forma de um torna-se, portanto, função de outro: o escrito polémico torna-se disfarce militante, o jogo aberto de máscaras encenação da polémica e o aforismo pode, no seu perspectivismo, adoptar todas as funções.

29 Cf. BORSCHE, T. "System and Aphorismus". DJURIĆ, M. & SIMON, J. (orgs.). *Nietzsche und Hegel*. Würzburg, 1992, p. 48-64.

30 NIETZSCHE, GM, Prefácio, 8.

leitor num labirinto - Nietzsche queria ser um labirinto, um interior intransitável -, no qual é obrigado a procurar sozinho os seus próprios caminhos, nos quais em algum momento acabará, por fim, por se perder. O aforismo é polémico, ataca determinações estabelecidas sem estabelecer novas; o leitor tem, ele próprio, de reflectir sobre elas. É, numa palavra, experimental, convida a aventuras do pensamento, que em parte alguma estão seguras e que invariavelmente acabam na incerteza.

Nietzsche não exigiu apenas dos leitores a coragem para um filosofar pessoal; ele próprio teve, até hoje, a maior força para tal. A maior prova disso mesmo, ainda e sempre provocadora, é o seu *Ecce homo*. Tal como constantemente demonstrou o condicionalismo pessoal das filosofias de outros, Nietzsche procura aqui o seu próprio condicionalismo. No entanto, este é, uma vez mais, um metanível que, juntamente com a honestidade intelectual da autocrítica pretendida, abre inadvertidamente espaço para os novos paradoxos da autoprotecção e da autoilusão. O filosofar pessoal de Nietzsche expressa-se directamente no seu estilo. Nietzsche convence fundamentalmente através do seu estilo; não apenas hábil em conceitos e argumentos, a sua influência deveu-se particularmente ao facto de escrever tão bem. Se o filosofar nietzscheano em máscaras corresponde ao filosofar socrático-platónico em diálogos, o estilo de Nietzsche corresponde à ironia de Sócrates-Platão: o estilo enquanto tal, enquanto o que há de individual na argumentação, que não se deixa sistematizar em conceitos gerais, é, em sentido socrático estrito, irónico[31].

Nietzsche chega, portanto, aspecto que não precisa ser aqui mais desenvolvido, a uma filosofia da interpretação e do signo que, uma vez mais, podemos compreender como filosofia do *uso* de signos. Não obstante, apesar destas fortes consequências reais, as tentativas de filosofar em diálogos ou em máscaras ainda nos surgem como formas extravagantes e inautênticas de filosofar, que não podemos deixar de reconduzir à forma da teoria e do sistema. Ainda assim, é notável que estas apareçam nas margens históricas da metafísica. Se virarmos, a partir delas, o olhar, salienta-se então

---

31 Alexander Nehamas falou correctamente da "presença estilística constante" de Nietzsche (*Nietzsche* – Leben als Literatur. Göttingen: Flickinger, 1991, p. 57).

por contraste a metafísica como aspiração a uma desindividualização da argumentação, como exigência de uma doutrina supraindividual. Historicamente, a metafísica deixa-se portanto compreender como a época da doutrina, à qual precedeu e se seguiu a época da procura de a evitar.

Nessas épocas, conta-se com os indivíduos: Platão com Sócrates (tal como este o estilizou), Nietzsche consigo próprio (tal como se estilizou a si próprio), mas ambos com um filosofar interindividual com o leitor. O leitor encontra-se, por sua vez, simultaneamente presente e ausente: presente na medida em que foi para ele que se escreveu, ausente na medida em que permanece desconhecido e imprevisível. Platão e Nietzsche deixam ao critério do indivíduo e ao tempo o que se irá passar com o seu filosofar; deixam-no aos outros para orientação.

O conceito de orientação torna-se aqui óbvio. Isto porque a noção de orientação "por" outro ou "por" algo conta já sempre com o par presença/ausência – e o par presença/ausência é apenas uma outra fórmula, temporal, para a individualidade. Orientamo-nos por alguém ou por algo quando levamos em consideração os seus signos e, no entanto, seguimos o nosso próprio caminho. Da mesma forma, quando tentamos dar orientação a outro, não o queremos instruir, subjugá-lo a um saber estabelecido, mas apenas dar-lhe pontos de referência, de modo a que possa seguir o seu próprio caminho e construir a sua própria opinião. Orientação *é* comunicação interindividual: intermedeia a relação dos indivíduos uns com os outros, sem que haja obrigação de uns perante os outros[32].

2) O evitar e a recuperação da escrita: Sócrates e Derrida

a) Derrida, Nietzsche e Sócrates

Jacques Derrida associou a pergunta pela metafísica ao tema não da doutrina, mas da escrita, e, neste sentido, juntou Nietzsche e Sócrates – com o famoso mote do primeiro capítulo da sua *Gramatologia*, em que cita Nietzsche: "Sócrates, aquele que não escreve" (*Socrate, celui qui n'écrit pas*).

32 Na dimensão ética, a orientação interindividual transforma-se em conselho. Cf. STEGMAIER, W. & FÜRST, G. (orgs.). *Der Rat als Quelle des Ethischen* – Zur Praxis des Dialogs. Stuttgart, 1993.

Tanto quanto consigo ver, a passagem é isolada em Nietzsche. Provém do espólio de juventude, da preparação de Nietzsche para um seminário sobre Platão em Basileia[33]. Reza assim: "Sócrates como o 'não escritor': ele não quer comunicar nada, apenas questionar". "Não escritor" está entre aspas: Nietzsche cita aqui, por sua vez, e de uma forma espirituosa, Aristóteles[34]. Assim, Sócrates não escreveu porque acreditava não ter qualquer doutrina que se pudesse comunicar em geral. Parece, segundo a opinião manifestamente unânime de Aristóteles e Nietzsche, ter compreendido o texto tal como também nós o compreendemos até Derrida, nomeadamente, como o único *medium* capaz de conservar imutavelmente o saber geral, ensinável e comunicável[35].

Nietzsche não se dá, porém, por satisfeito com isso. Anota imediatamente antes: "Sócrates é o 'indiscreto' ideal: uma expressão que tem que ser compreendida com a necessária delicadeza". A "delicadeza" ou, como mais tarde Nietzsche gosta de dizer, a "subtileza da interpretação", é, por sua vez,

---

33 NIETZSCHE. "Nachlass Herbst", 1869. KGW III_1, 1 [24] (KSA 7, p. 17).

34 Nietzsche refere-se evidentemente a Aristóteles. *Soph. El.*, cap. 34, 183b7: "Sookrátaes aeróota all'ouk apekrínato" ("Sócrates cuidou apenas de perguntar e não respondeu").

35 Derrida volta a jogar com o seu mote – "Sócrates, aquele que não escreve" (aqui, a tradução) – em *Die Postkarte*, 1. Lieferung, op. cit., p. 28, e acrescenta: Nietzsche "não percebeu nada da catástrofe inicial, pelo menos não desta, pois no que diz respeito às outras, essas compreendeu-as. Acreditou, como o mundo inteiro, que Sócrates não escreveu, que veio antes de Platão, que escreveu mais ou menos sob o seu ditado e que, portanto, o deixou escrever completamente sozinho, tal como o disse algures". No entanto, segundo Derrida, Platão descobriu-se antes do seu Sócrates (cf. p. 50, 78): "Platão, o mestre, em erecção por detrás do discípulo Sócrates" (p. 30). Derrida simboliza-os como casal que dorme junto, "deitados um por cima do outro e quando possível inversamente. Não se veem, não se conhecem, nenhuma relação entre S. e P. Simplesmente diálogos, o diálogo de P., que um ou o outro escreve sob ditado – do outro, que permanece para este absolutamente invisível, inacessível, intocável. Nenhuma relação [...] apenas *de dos*. Há apenas *dos, vu de dos*, na qual o que se escreve é a última palavra. Tudo se passa *in retro* e *a tergo*" (p. 63) – *au dos* se encontra também sempre aquele que envia postais (65). "Mas quem são eles? S [Sócrates] *est* p [Platão], a minha equação com dois desconhecidos", possivelmente "as maiores moedas falsas da história [...], cúmplices que prepararam uma emissão, com a qual ainda e sempre lidamos, na medida em que extraímos dela cheques e letras ilimitados" (p. 31). E finalmente: "([...] S terá sido muito diferente, mas se ele tivesse sido *apenas* muito diferente, realmente muito diferente, então não se teria passado nada entre eles e nós não estaríamos aqui, para nos devolvermos os seus nomes e fantasmas, como bolas de pingue-pongue), pp, Ps, Sp, SS, o predicado especula *pour s'envoyer le sujet*" (p. 40). Este predicado especula, segundo Derrida, também ainda com o próprio Derrida: "Eu especulo, especulo, mas também sou o objecto de especulação de Sp" (p. 163).

algo de individual. Trata-se para Nietzsche, evidentemente, da individualidade do filosofar de Sócrates – não, como sugere o mote de Derrida, da escrita. O não escrever de Sócrates é, para ele, apenas a consequência da individualidade do seu filosofar.

b) Derrida e Platão

Enquanto que para Nietzsche a escrita não foi um problema, para Platão foi-o. Se Sócrates sabe que nada sabe e Nietzsche ensina que não ensina, Platão escreve que não escreve. Não precisamos discutir aqui novamente a sua crítica à escrita, que apresenta na *Carta sétima* – no caso de ser autêntica, em nome próprio[36] – e que deixa Sócrates, de uma forma diferente, comunicar no *Fedro*: vejamos apenas aquilo que diz a respeito do nosso contexto. Platão partilha, por um lado, da opinião socrática sobre a escrita, aproximando-se, por outro lado, da de Derrida. Também para ele o texto terá sido o único *medium* possível da doutrina, uma vez que, tal como uma possível doutrina, é inalterável (*ametakínaeton*)[37]. Mas precisamente por o texto ser inalterável, não lhe pode ser confiada nenhuma possível doutrina, uma vez que pode cair em mãos incompetentes, não tendo então qualquer meio de impedir ser compreendido por alguém de outra forma[38]. O texto torna-se precisamente, *enquanto inalterável*, ambíguo; a sua virtude prova-se o seu *handicap*.

Platão vê a questão como Derrida, apenas a avalia de forma diferente. Desvaloriza a escrita relativamente ao discurso e exclui-a para uma possível doutrina própria[39] – com o resultado de que escreve diálogos, nos quais

---

36 Relativamente ao problema da autenticidade das cartas cf. DERRIDA. *Die Postkarte*, 1. Lieferung, op. cit., p. 105ss. e 108ss., esp. p. 111: "O fantasma de Platão tem que rejubilar perante o zelo destes guardiões", que julgam poder distinguir o Platão do não Platão segundo critérios seguros. Cf. tb. p. 161: "No corpus são sempre as cartas, a seguir Parménides e os [textos] mais suspeitos no que diz respeito à autenticidade, que mais me entusiasmam. Pois é no que é mais apócrifo que reconheço o meu Platão".

37 PLATÃO. *Carta sétima*, 343a.

38 PLATÃO, *Fedro*, 275e.

39 Platão deixa o texto escrito valer apenas de uma forma metafórica. O discurso "genuíno" (*gnáesios*), diz no *Fedro* (276a), é aquele "que é escrito [!], com conhecimento, na alma do aprendiz (*lógos, hòs met' epistáemaes gráphetai en tâe$_i$ toû manthánontos psychâe$_i$*), perfeitamente capaz de se defender a si mesmo e que sabe perfeitamente quando convém falar e quando convém ficar calado".

deixa outros conversar inutilmente sobre a possibilidade de uma verdade ensinável. Ainda assim, recuperou o texto para a filosofia (que Sócrates havia excluído dela), apesar de não para uma possível doutrina. A doutrina surge com o "escritor" Aristóteles, que tornou óbvia a ideia da filosofia como doutrina escrita e, simultaneamente, ensinou uma nova filosofia da escrita, segundo a qual o texto reproduz a doutrina sem qualquer prejuízo, na medida em que preserva fielmente a sua forma[40].

Derrida presume como origem da metafísica a crença óbvia no carácter inócuo do texto relativamente à doutrina[41]. Porque o texto apenas vale como uma mera imagem dos pensamentos, confiou-se na voz, o único *medium* – também para Platão – que consegue apresentar puramente os pensamentos à memória. Na voz, porém, faz-se desaparecer o próprio *medium*: quando os sons se dissipam parecem simplesmente abandonar os sentidos que articulam. Derrida, pelo contrário, faz valer a persistência dos signos. No texto, torna-se claro que cada *medium* – também a voz – articula o sentido à sua própria maneira e, portanto, temos sentido apenas e sempre em média persistentes. A persistência dos média surte efeito precisamente – e isso é claro no caso da voz – por ser esquecida na articulação do sentido: pervade-o imperceptivelmente. Os média da compreensão, no seu todo, impedem que possa haver um sentido puro e inalterável, e estes, por sua vez, também não podem ser trazidos a um conceito puro e inalterável.

Se a filosofia se tornar atenta à persistência dos média do sentido, já não precisa excluir nenhum *medium*, mas pode, pelo contrário, envolver-se – criticamente – com todos eles. O primeiro passo para tal foi dado por Platão, ao recuperar, contra Sócrates, a escrita para a filosofia. Derrida extrai daí a última consequência, na medida em que é através da própria escrita que filosofa sobre a escrita. Serve-se para tal de um novo procedimento: a desconstrução. No entanto, tal como Sócrates sabe que nada sabe, Platão escreve que não escreve e Nietzsche ensina que não ensina, Derrida

---

40 ARISTÓTELES. *De interpret.*, 16a. Cf. tb. SIMON, J. "Das Absolute als Auslegung – Auszulegende Schrift und auslegendes Wort". *Archivio di Filosofia*, 60, 1992, p. 91.

41 DERRIDA, J. *Grammatologie*. Trad. de H.-J. Rheinberger e H. Zischler. Frankfurt am Main, 1983 (Original francês: *De la grammatologie*. Paris, 1967).

desconstrói que desconstrói. Não fornece qualquer doutrina ou conceito da desconstrução. O que ela é, depende daquilo a que é aplicada. Derrida filosofa constantemente a partir de outros, dos textos, dos escritos de outros, filosofa ao longo deles, para a partir deles seguir o seu próprio caminho. Podemos dizer que apresenta, no texto, um filosofar individual dialogicamente mascarado, que conta sistematicamente com deslocações de sentido (*différances*), e que, como tal, nunca resulta numa teoria ou num sistema, mas apenas demole, como um diálogo platónico, sem um resultado extraível e ensinável.

Para um tal filosofar individual, o perigo do texto torna-se novamente uma virtude. Precisamente pelo facto de os seus signos permanecerem inalterados, permite que em tempos diferentes possa sempre ser compreendido de outra forma; não deixa a sua peculiaridade identificar-se com nenhum sentido, mas, pelo contrário, deixa-a em aberto para sempre novos sentidos. Se metafisicamente pode ser decepcionante, para a orientação interindividual tem um efeito libertador: dá ao leitor, na sua distância, pontos de referência para interpretações próprias, que este pode pôr à prova, sem se comprometer. É, assim, um meio de orientação *par excellence*.

c) Derrida e Sócrates

Derrida torna aqui a tradição judaica do pensamento novamente fecunda. Todo o pensamento judaico se funda no texto escrito, o texto da Torá, o qual dá azo a sempre novas interpretações – a sempre nova interpretação do texto é o verdadeiro serviço religioso judaico[42]. Ao contrário do que acontece na tradição greco-cristã, Deus não deve ser definido, nem o seu sentido definitivamente fixado: Deus é aquele que, sendo ele próprio impensável, põe através do seu texto novamente em movimento tudo o que é pensado, que obriga todas as coisas, mas principalmente os homens, a pensar sempre de novo de outra forma e a superar novamente qualquer definição dele, por mais inevitável que essa possa ser.

---

42 Cf. em especial LÉVINAS, E. *Schwierige Freiheit* – Versuch über das Judentum. Frankfurt am Main, 1992 (Original francês: *Difficile Liberté* – Essais sur le judaisme. Paris, 1963 e 1976). • *Vier Talmund-Lesungen*. Frankfurt am Main, 1993 (Original francês: *Quatre lectures talmudiques*. Paris, 1968).

O pensamento de Derrida reconduz, no entanto, também a Sócrates, do qual, segundo Nietzsche, a metafísica decisivamente proveio. Considerada correctamente, a desconstrução é já o procedimento de Sócrates. Com efeito, o procedimento constante de Sócrates é pedir ao seu interlocutor conceitos, estabelecê-los, e depois, no decurso da conversa, demonstrar finalmente que estes são insustentáveis. Estes só se tornam insustentáveis, porém, através da conversa, das deslocações de sentido, que o próprio Sócrates provoca no decorrer da argumentação. Assim, no mesmo movimento com que Sócrates insiste numa verdade supraindividual, destrói-a simultaneamente e, com isso, a possibilidade de uma metafísica. A sua ironia, poderíamos dizer a partir de Derrida, opera como desconstrução da metafísica.

Assim, apenas se teria deslocado o ponto de partida da desconstrução. Em Sócrates a desconstrução aplica-se ao saber pragmático, mantido em suspenso, com o objectivo de estabelecer uma metafísica (ou aquilo que, mais tarde, assim foi chamado) firme e duradoura. Para Derrida, ela aplica-se a uma metafísica que se tornou demasiado firme, em nome do saber pragmático da vida e da sua renovação.

Numa nota de Nietzsche, igualmente de juventude, lê-se: "*Sócrates*, só para o confessar, é-me tão próximo, que quase sempre travo uma luta com ele"[43]. Apesar de ter atacado Sócrates de forma cada vez mais aguda, pelo facto de, com a sua insistência num geral supraindividual, ter conduzido o pensamento ocidental numa direcção desastrosa, viu sempre em Sócrates, porém, um "verdadeiro pensador" e seguiu a sua ironia com uma "sensação deliciosa". "Mas ainda é mais agradável", escreve Nietzsche no espólio tardio, "descobrir que tudo isto é um primeiro plano e que, no fundo, ele quer outra coisa e de uma forma muito arrojada. Julgo que a magia de Sócrates foi a seguinte: ele tinha uma alma, e por trás dela uma outra, e por trás dessa ainda outra. Na primeira estava Xenófones deitado a dormir, na segunda, Platão, e na terceira, uma vez mais Platão, mas Platão com a sua própria segunda alma. O próprio Platão é um homem com muitos primeiros planos e recantos escondidos"[44].

---

43 NIETZSCHE. Nachlass Sommer (?), 1875, KGW IV, 6 [3] (KSA 8, p. 97).

44 NIETZSCHE. Nachlass April-Juni 1875, KGW VII, 34 [66] (KSA 11, p. 440).

4 A temporalização do pensamento em Nietzsche*

No centro de seu polêmico escrito *Para a genealogia da moral*, particularmente no parágrafo 12 da 2ª dissertação, Nietzsche se detém a fim de apresentar o seu conceito dos conceitos[1]. Trata-se de expor o conceito de sentido fluido e contrapô-lo ao conceito aristotélico de essência (οὐσία), forma (εἶδος) e finalidade (τέλος), ou seja, ao conceito dos conceitos no âmbito da metafísica. O modo como Nietzsche chega ao conceito de sentido fluido corresponde ao próprio conceito: ele desloca passo a passo o conceito metafísico de essência através dos conceitos de sinal, de signo e de tempo. No último terço do parágrafo, Nietzsche desdobra seu conceito de sentido fluido juntamente com o "ponto de vista capital da metódica histórica", com sua "teoria da *vontade de poder* desenrolando-se em todo acontecer"[2]. Mas esse acontecimento determina, como Nietzsche explicita nos fragmentos postumamente publicados, o próprio pensamento que crê

* STEGMAIER, W. "Nietzsches Verzeitlichung des Denkens". *Kodikas/Code – Ars semiotica*. Vol. 19, n. 1-2. Tübingen: Gunter Narr Verlag, 1996. Tradução de Anna Hartmann Cavalcanti. Revisão de Antonio Edmilson Paschoal.

1 Neste artigo retomo parte de minha interpretação da obra *A genealogia da moral*, de Nietzsche, interpretação esta publicada em 1994 pela Editora Wissentchaflichen Buchgesellschaft. Darmstadt.

2 As citações foram feitas segundo NIETZSCHE, F. *Sämtliche Werke* (KSA). Org. por G. Colli e M. Montinari. Munique: Walter de Gruyter, 1980. Os fragmentos postumamente publicados serão citados conforme os seguintes dados: o número do volume da KSA, o número da pasta do manuscrito e – entre colchetes – o número do fragmento. Todas as citações que não foram acompanhadas de referência provêm do parágrafo 12 da segunda dissertação de *A genealogia da moral*.

pensar as coisas. Também processos de pensamento são, desse modo, processos de poder e de signos, as coisas são apenas signos temporários.

1) Ao longo da elaboração de sua genealogia da 'culpa' e da 'má consciência', Nietzsche depara-se com o surpreendente deslocamento de sentido da justiça do castigo e do castigo na história do direito penal, partindo de tal circunstância para estabelecer conceitualmente a diferença entre origem e finalidade das "instituições de direito" em geral. A análise desdobra-se rapidamente e passa a abarcar, também, o deslocamento de sentido de "um órgão fisiológico", "de uma instituição legal, um costume social, um uso político, uma forma nas artes ou no culto religioso" e, enfim, o deslocamento de sentido "de uma coisa, uma forma, um dispositivo" em geral[3]. Tal consideração leva Nietzsche à mais precisa formulação de sua "teoria" da interpretação, do signo e do sentido – de seu conceito dos conceitos.

2) Os "genealogistas da moral até agora", assim abre Nietzsche seu excurso, "ao descobrir alguma 'finalidade' no castigo", põem "ingenuamente" essa finalidade no início, como causa, nesse caso, do surgimento do castigo. Mas como "todo tipo de história" mostrou, de modo suficientemente claro, "a causa do surgimento de uma coisa e sua utilidade final, seu emprego e ordenação de fato em um sistema de fins" estão, em vez disso, inteiramente separados um do outro.

Estabelecer a unidade de origem e finalidade de uma coisa é um elemento fundamental da ontologia de Aristóteles. Tal ontologia determinou nosso modo de pensar o devir e de lidar com o seu incessante fluxo do tempo, dominando até hoje nosso pensamento. Nós pensamos o devir no tempo como transformação das *coisas*, de coisas que *se* transformam. Coisas que *se* transformam não estão mais expostas ao devir e ao tempo, mas têm o devir e o tempo em seu domínio, em seu poder; são autônomas em *seu* devir.

---

3 Para os parágrafos 12 e 13 da segunda dissertação de *A genealogia da moral* foi utilizada a seguinte tradução: NIETZSCHE, F. *Obras incompletas*. Coleção "Os Pensadores". Tradução de Rubens Rodrigues Torres Filho. 3. ed. São Paulo: Abril Cultural, 1983. Utilizaremos a abreviatura CP, seguida do número da página [N.T.].

Para pensar sua autonomia no tempo, distinguimos nas coisas, desde Aristóteles, uma 'essência', uma 'substância' (οὐσία) e qualidades que mudam nessa essência e que são, por conseguinte, não essenciais. Desse modo, na essência das coisas é pensada sua identidade permanente e nas qualidades não essenciais [é pensada] sua mudança. A própria essência não muda; a mudança foi desvinculada dela. Tal é o sentido do conceito de essência, *que* ele não se transforma, que através dele a coisa, ao longo de todas as suas mudanças, pode conservar sua identidade.

Uma coisa é passível de mudança não apenas no que diz respeito às qualidades exteriores, como cores ou invólucros, mas também, como por exemplo no caso dos seres vivos, no que diz respeito à matéria (ὕλη) da qual é composta. O que *então* permanece como sua essência é, segundo Aristóteles, sua 'forma' (μορφή). Mas tal 'forma' não deve ser, como a matéria, apreendida pelos sentidos. Ela é o que o pensamento apreende; o pensamento é, segundo Aristóteles, determinado justamente para esse fim, o de apreender a 'forma' das coisas na constante mudança de sua matéria. A essência como 'forma' é, portanto, o conceito (εἶδος τί ἦν εἶναι) da coisa; imutável, não perceptível, a 'forma' da matéria, apreensível somente pelo pensamento, é o conceito dos conceitos de Aristóteles.

O conceito dos conceitos de Aristóteles não foi, por acaso, constituído a partir dos seres vivos. Por trás de tal conceito está a experiência grega da natureza como um crescimento a partir de si próprio (φύσις), de uma natureza que, apesar de agir de modo indiferente e cruel no âmbito particular, se apresenta, em geral e como um todo, bem e belamente ordenada, conservando eternamente esta ordem (κόσμος). O objetivo do conhecimento é descobrir e investigar essa ordem o mais extensamente possível. Na terra, "sob a lua", esta ordem se revela, sobretudo, nas espécies de vida. 'Espécie' (εἶδος) possui, para Aristóteles, um sentido ao mesmo tempo biológico e lógico, sendo que o sentido lógico encontra sua precisão e plausibilidade no sentido biológico. O que pertence a uma 'espécie' biológica mostra-se naquilo que a 'forma' engendra segundo a semelhança (um homem testemunha outro homem). Essa 'forma', que um indivíduo transmite ao outro, diferencia-se de outras 'formas', transmitidas a outros indivíduos, através de características e a partir de tais características podem então se formar gêneros superiores à espécie. 'Espécies' formam, desse modo, conceitos inferiores e superiores em uma pirâmide conceitual lógica, cujo topo é composto por conceitos mais pobres em características, mais gerais e abrangentes, e cuja base é formada por conceitos mais ricos em características, mais concretos e determinados.

Mas o que constitui a 'forma' de uma 'espécie', mostra-se somente nos seres vivos *individuais*. Em geral, os seres vivos individuais mudam sua 'forma' consideravelmente ao longo de suas vidas; basta pensar, com relação a esse aspecto, nas rãs e borboletas. Com isso o tempo, o sempre tornar-se outro, do qual Aristóteles havia se apoderado por meio do conceito de 'essência' estável, surge de novo como problema. O tempo força-o a determinar seu conceito de 'essência' através de um outro conceito, a partir do qual é possível dar conta, também, da mudança da 'forma' na vida dos seres vivos individuais. Trata-se do conceito de 'finalidade'. Aristóteles constata (ou estabelece) que a 'forma' de um ser vivo mostra-se somente em um determinado momento de seu devir, a saber, quando este alcançou o seu estado de florescimento e maturidade. Mas esse é o momento em que ele é capaz de se reproduzir, ou seja, de transmitir sua 'forma' a outra matéria, formando novos indivíduos da mesma 'espécie'. A 'forma' converte-se em 'finalidade': ela não pode ser reconhecível nos seres vivos individuais em qualquer tempo, mas alcança sua completude em um tempo determinado – o conceito de 'finalidade' apodera-se do tempo de formação da 'forma' nos seres vivos individuais. Tal fenômeno é denominado por Aristóteles de '*enteléchei*a', uma essência que possui sua finalidade 'em' si.

Mas se a essência possui sua 'finalidade' 'em' si, isso significa que possui tal finalidade desde o início 'em' si como a 'meta' de seu crescimento. Assim, sua 'finalidade' já é também sua 'origem'. O princípio de Aristóteles de uma 'essência' que *se* modifica, que se mantém a mesma em toda mudança, tem como consequência postular uma unidade entre 'finalidade' e 'origem'. Isso vale não apenas para os seres vivos como um todo, mas também para os 'órgãos' que pertencem a eles de forma isolada. Assim, o olho aparece, para evocar o exemplo de Nietzsche, como feito desde o início para ver, a mão feita para pegar. O conceito aristotélico para 'origem' é ἀρχή. Ele o extraiu de seus antecessores; ἀρχή é um conceito fundamental do pensamento grego em geral. Em comparação a seus antecessores, Aristóteles identifica o mérito de sua obra como o de ter pensado a ἀρχή de tal modo que o devir pode ser por meio dela inteiramente apreendido e o tempo suprimido. Ἀρχή abarca em seu sentido literal 'origem', 'essência' e 'domínio'. Aristóteles distingue nela quatro significados: 'matéria', 'forma', 'finalidade' e causa, sendo que esta última, que é sempre contígua ao devir, não será aqui abordada. Esses [significados] não podem, como foi mostrado, ser pensados um sem o outro. Ἀρχή é a 'matéria' com a qual um ser vivo é constituído, a 'forma' que governa seu desenvolvimento e a 'finalidade' na qual ele se completa e aperfeiçoa. Assim, 'origem' e 'finalidade' coincidem nele. Só podemos, até hoje, pensar o desenvolvimento de um ser vivo através do conceito de finalidade; pensamos, como afirma Kant, *como se* esse ser desde o início tivesse uma finalidade, nós *subordinamos* seu desenvolvimento a uma tal finalidade.

3) O combate de Nietzsche ao estabelecimento de uma identidade entre 'origem' e 'finalidade' dirige-se à supressão do tempo, por ela visado, como o que no devir não pode ser dominado (*unbeherrschbar*). O caráter de indeterminação (*Unbeherrschbarkeit*)[4] do devir não deve mais ser encerrado em conceitos que o tornam invisível. Nietzsche quer reconhecer o caráter de indeterminação do devir e quer encontrar conceitos que permitam compreendê-lo, até que seja possível pensar de modo novo o conceito dos conceitos.

Ele parte novamente do 'mundo orgânico'. O impulso decisivo, de não mais suprimir o tempo por meio do conceito de uma 'essência' imutável, porém, de pensar a própria 'essência' como inserida no tempo, veio da biologia, da teoria da evolução de Darwin. A suposição aristotélica do caráter imutável da 'essência' teve como consequência a imutabilidade das espécies. O pensamento da evolução em um sentido moderno estava, nesse contexto, inteiramente descartado, tornando-se definitivamente impensá-

4 Stegmaier utiliza o termo *Unbeherrschbarkeit*, que significa algo que não pode ser dominado ou uma situação na qual não se tem autodomínio. No contexto em que aqui é utilizado traduzimos por "caráter de indeterminação", sendo importante enfatizar que o termo guarda, também, o sentido de algo que não dominamos [N.T.].

vel. Após séculos de novas pesquisas biológicas, cada vez mais sólidas, os princípios de ordenação do mundo orgânico tornaram-se cada vez mais instáveis e discutíveis e o modo de sua articulação cada vez mais problemático. Darwin pode compreender a articulação do mundo orgânico de um modo imprevisto e decisivamente novo, ao considerar não mais as espécies, mas os indivíduos, não mais sua igualdade, mas sua diferença. A diferença trouxe aos indivíduos vantagens e desvantagens na 'luta pela vida', a partir da diferença pode ter início também a seleção. A seleção contínua de outros indivíduos, sob outras condições de vida, tornou a mudança das espécies pensável, possibilitando esclarecer também a articulação das espécies entre si, o que não permitiu mais uma articulação lógico-sistemática, exigindo, antes, uma articulação temporal-genealógica. Tal articulação não podia mais ser investigada *sem* consideração do tempo, por meio de uma classificação em conceitos superiores e inferiores definitivamente estabelecidos, mas somente *a partir do* tempo, por meio de um gradativo recuo às proveniências possíveis, e porque permanecia tão hipotética, ela também só podia se constituir numa articulação dada no tempo. Através da teoria da evolução de Darwin a relação do mundo orgânico é pensada *a partir do* tempo (*aus der Zeit*) e *temporariamente* (*auf Zeit*). No interior desse pensamento *a partir do* tempo e *no* tempo, essa teoria se articula e prepara a *Genealogia* de Nietzsche.

A biologia da evolução não pode, contudo, renunciar ao conceito de 'espécie'. Ela ordena, como antes, o mundo orgânico segundo espécies, mas as compreende como inseridas no tempo, definidas em função da formação de "comunidades de procriação", ou seja, composta por indivíduos que formam uma comunidade tão duradoura quanto possam se reproduzir entre si[5]. Assim como o pensamento evolucionista não pode renunciar ao conceito de 'espécie', também nosso pensamento não pode renunciar, em geral, ao conceito de 'essência'. Nosso pensamento, e isso pertence às suas próprias condições genealógicas, foi orientado, através de Aristóteles, segundo a 'essência', não podendo ser ele próprio pensado sem seu objeto, a 'essência'. Nietzsche tinha consciência desse aspecto e o levou em consideração. Em um famoso

5 Mayr, 1984, p. 219.

fragmento póstumo, referiu-se ao "esquema" segundo o qual pensamos e do qual não podemos simplesmente "nos livrar". Poderíamos, entretanto, ver aqui "um limite dos limites"[6]. Nietzsche tenta pensar esse limite a partir do tempo, retomando e transformando filosoficamente a questão da 'essência' como inserida no tempo. Pensa a 'essência' sob a perspectiva do tempo, perspectivando-a através do tempo.

4) A 'essência' foi o conceito empregado por Aristóteles para pensar a identidade e pensar a identidade significou retirá-la do tempo. Ele a retira do tempo na medida em que pensa a 'essência' como poder sobre o devir, como domínio sobre *sua* mudança. A fim de pensar a identidade como inserida no tempo, Nietzsche remonta do conceito de essência ao próprio conceito de poder. Contudo, ele não compreende mais o 'poder' a partir da 'essência' – e esse foi o passo decisivo na elaboração de seu novo conceito dos conceitos, passo este que foi desconsiderado durante muito tempo. Poder é para Nietzsche poder em relação a outro poder, um poder em jogo com outros poderes. Eis a diferença: por meio do conceito de essência, a identidade é pensada como independente, por meio do conceito de poder, ao contrário, é pensada como dependente do outro. Mas na dependência em relação ao outro a própria essência torna-se mutável; no jogo dos poderes não está fixada, podendo ser sempre determinada de uma nova forma. Poder no sentido de Nietzsche é poder para tais determinações, o poder de organizar, no mundo orgânico em geral, o outro em sentido próprio e, visto que estão em jogo homens, pensamentos e conceitos humanos, de criar ordem por meio dos conceitos. Através do conceito de poder torna-se pensável o que no parágrafo 12 da segunda dissertação foi assim descrito: "algo de existente, algo que de algum modo se instituiu, é sempre interpretado outra vez por um poder que lhe é superior para novos propósitos, requisitado de modo novo, transformado e transposto para uma nova utilidade" (CP, p. 307).

Poder é um conceito situado *antes* da diferença entre vida e pensamento e que engloba ambos. Nietzsche conscientemente não os separa,

---

6 Fragmento do verão de 1886 a outono de 1887. KSA 12, 5 [22].

mas, de acordo com seu princípio, inclui o pensamento na vida, interpreta o pensamento a partir da vida e a vida a partir do pensamento. "*A lógica de nosso pensamento consciente*", anota em seus cadernos, "*é apenas uma forma rudimentar e atenuada daquele pensamento que foi imposto por nosso organismo e por cada um de seus órgãos isolados*"[7]. Se, por essa razão, "todo acontecer no mundo orgânico é sempre um *sobrepujar*, um *tornar-se senhor*", então, "por sua vez, todo sobrepujar e tornar-se senhor é um interpretar de modo novo" e em cada interpretar de modo novo ou "ajustamento" por meio de um novo poder, o "'sentido' e 'finalidade' que se tem até agora tem que ser necessariamente obscurecidos ou inteiramente extintos".

Isso significa no mundo orgânico que as funções dos órgãos podem mudar incessantemente. A possibilidade de mudança das funções é uma condição fundamental para a sobrevivência sob condições de vida em constante alteração. Um órgão que se desenvolveu por acaso e que se tornou provisoriamente desnecessário, constituindo talvez até mesmo um obstáculo e que parece desse modo 'anômalo', pode, sob outras condições de vida, adquirir de súbito uma função que assegura a continuidade da sobrevivência[8]. Mas se a vida, sob condições que se transformam constantemente, é orientada segundo uma mudança de funções, então não se pode, "por mais incômodo e desagradável que isso possa soar a ouvidos mais velhos", de uma função posterior deduzir uma anterior e vice-versa. Isso vale não apenas para o mundo orgânico, mas igualmente e talvez ainda mais para o mundo cultural, muito mais rápido e movimentado, e assim uma finalidade, a utilidade de qualquer coisa, "de algum órgão fisiológico, de uma instituição legal, de um costume social, de um uso político, de uma forma nas artes ou no culto religioso", torna-se algo transitório e fluido, "*sinais* de que uma vontade de poder se tornou senhora de algo menos poderoso e, a partir de si, imprimiu-lhe o sentido de uma função".

---

7 Fragmento de abril-junho de 1885, 11, 34 [22]. Cf. Fragmento de maio, julho de 1885. KSA 11, 35 [50].

8 Nietzsche baseia-se, aqui, em Semper, 1880. Nietzsche sublinhou duas vezes em seu exemplar da obra de Semper a frase deste último "formulada de um modo abstrato [...] e paradoxal": "de cada órgão vivo individual, em virtude das características que o constituem através de suas células vivas, pode surgir um outro órgão" (I, p. 18ss.). As fontes foram detalhadamente indicadas por Orsucci, 1993.

5) Nessa passagem Nietzsche dá, de modo quase imperceptível, um passo considerável, indo do conceito de poder ao de signo. Esse passo tornou-se altamente significativo para a recente interpretação de Nietzsche. Só se prestou atenção a essa questão quando a filosofia, um século após Nietzsche e em muitos aspectos totalmente independente dele, passou a se movimentar a partir de uma corrente nova e fundamental em direção uma filosofia dos signos[9]. Processos de vida que incluem processos de pensamento tornam-se, segundo Nietzsche, processos de signos. Compreender processos de significado, de vida e de pensamento como processos de poder, renunciando à unidade de 'origem' e 'finalidade' na unidade de uma '*arché*', nos leva a compreender processos de poder como processos de signos, renunciando aos recentes conceitos de unidade e de origem e contando com a radical temporalidade de todo sentido.

O conceito de 'sinal' que Nietzsche primeiramente utiliza parece ainda remeter a algo que não é da ordem do signo, à 'vontade de poder'. Uma vontade de poder não parece ser ela própria um signo, mas sim, dado que imprime ao outro "a partir de si o sentido de uma função", a origem do signo e, por conseguinte, um novo tipo de *arché*. A fórmula 'vontade de poder' de Nietzsche foi, durante muito tempo, compreendida dessa forma[10]. Nietzsche, entretanto, não separa a 'vontade de poder' – seu sentido é por ele tratado somente na passagem seguinte e procuraremos segui-lo nesse trajeto – dos processos de signos. Vontades de poder podem estabelecer signos, tornando-se reconhecíveis umas para as outras a partir de tais signos. Mas são reconhecíveis umas para as outras sempre *somente* em signos e não somente uma para a outra, mas também para si própria[11]. Também elas são apenas signos. Isso constitui o próprio conceito de poder tal como Nietzsche

9 Cf. esp. a *Grammatologie* de Jacques Derrida e a *Philosophie des Zeichens*, de Josef Simon. Para a exposição da filosofia do signo do próprio Nietzsche, cf. Fietz, 1992, e Stingelin, 1993.

10 Particularmente por Heidegger, 1961, que fez escola a partir de sua interpretação, até Granier, 1966, e Müller-Lauter, 1971, que revelaram o mal-entendido. A mais recente pesquisa sobre Nietzsche parte, desde então, do jogo de vontades de poder como jogo de interpretações que não possui como fundamento nenhum texto originário e unitário, mas se constitui *somente* como um jogo de interpretações.

11 Cf. Wittgenstein, 1960, primeira parte, § 504: "Mas quando se fala: 'como posso saber o que ele quer dizer, vejo apenas os seus signos', então digo: 'como pode *ele* saber o que ele quer dizer, também ele dispõe apenas de seus signos'".

o entende, posto que, se o poder se constitui como poder somente em jogo com outros poderes, jamais pode estabelecer o que é em si, mas somente o que ele é na relação com outros poderes. Porém, o que esse outro poder é, ele só pode estabelecer em relação a si mesmo e, assim, ele jamais alcança um fundamento, nem em si próprio nem em um outro ou ainda em um terceiro. O que algo é, permanece no jogo de processos de signos que não se detém em lugar algum. 'Vontades de poder' não somente não foram separadas de tais processos, como seu conceito deve justamente expressá-los.

Que elas não possam estabelecer definitivamente o que são e significam, não quer dizer, porém, que não possam se comunicar entre si, ao contrário. Elas *somente* podem se comunicar entre si por meio de signos e estes não possuem nenhum significado fixo. Pois os signos teriam significados fixos, que permaneceriam o mesmo para todas as coisas e para sempre, se também as condições de comunicação pudessem ser estabelecidas para todas as coisas e para sempre. Significados estabelecidos pressupõem condições de comunicação estabelecidas, mudando o contexto, muda também o sentido. Ora, se são sempre outros a se comunicarem entre si, também são outras as condições de comunicação. Os signos empregados para comunicação devem, em compensação, ser limitados quando são utilizados por muitos ao mesmo tempo. Os mesmos signos devem, por conseguinte, sob as condições de nossa vida cotidiana, poder ser sempre compreendidos de modo diferente. Para tornar possível uma vida comum, o sentido dos signos por meio dos quais nos comunicamos deve ser tão pouco fixo quanto as funções dos órgãos que possibilitam a sobrevivência. Assim como a mudança de função é, no mundo orgânico, uma necessidade vital, a mudança de sentido é, no mundo cultural, uma necessidade vital. "Interpretação de sentido", anota Nietzsche em seus cadernos, "– [é] na maioria dos casos uma nova interpretação sobre uma antiga que se tornou incompreensível e que agora é apenas signo"[12].

6) Desse modo, a 'essência' é pensada no tempo. A 'coisa', a partir da qual a ontologia aristotélica estipulou a 'essência' estável que em todas as

12 Fragmento póstumo do outono de 1885 a outono de 1886. KSA 12, 2 [82].

suas mudanças permanece imutável, torna-se, sob condições de comunicação sempre diferentes, a "história de uma coisa", cujo sentido é continuamente modificado. "Os conceitos", anota Nietzsche já durante a elaboração de *Para além de bem e mal*, "são algo vivo, portanto algo que ora se expande, ora se contrai: também conceitos morreram de uma morte infeliz. Eles poderiam ser descritos alegoricamente como células com um núcleo envolto por um corpo que não está fixo e [...]"[13]. Mesmo "o conceito 'indivíduo' é falso", no caso em que o indivíduo é observado como uma 'essência' fixa para si mesmo e para os outros. "Tais essências não existem isoladas: o centro de gravidade é algo mutável"[14].

Em *A genealogia da moral*, Nietzsche associa a temporalidade da 'essência' aos conceitos de poder e de signo. As passagens analisadas a seguir tornaram-se passagens-chave da mais recente interpretação de Nietzsche. Se compreendermos processos de vida e de pensamento como processos de poder e processos de poder como processos de signo, então uma 'coisa' torna-se, o que sempre teria sido, "uma continuada série de signos de sempre novas interpretações e ajustamentos [...], cujas causas mesmas não precisam estar em conexão entre si, mas, antes, em certas circunstâncias, se seguem e se revezam de um modo meramente contingente" (CP, p. 308). Ao compreendermos dessa forma a temporalidade da 'essência', deixa de ser possível apoderar-se dela e anulá-la através do conceito de "'desenvolvimento'". 'Desenvolvimento' é o conceito moderno a partir do qual o crescimento de uma 'coisa' é subordinado em sua 'origem' a uma 'finalidade'. Ele se dissolve, uma vez considerados os pressupostos da ontologia aristotélica como pressupostos, em uma "sucessão de processos mais ou menos profundos, mais ou menos independentes um do outro, de subjugamento, que se desenrolam nela, e inclusive as resistências aplicadas a cada vez contra elas, as transmutações de forma ensaiadas para fins de defesa e reação, e também os resultados de ações reativas bem-sucedidas"[15]. A nova formula-

---

13 Cf. Fragmento póstumo de agosto-setembro de 1885 a outono de 1886. KSA 11, 40 [51].

14 Fragmento póstumo de abril a junho de 1885. KSA 11, 34 [123]. Cf. Fragmento póstumo de outono de 1887. KSA 12, 9 [98].

15 Niklas Luhmann, que retomou em muitos aspectos pensamentos fundamentais de Nietzsche em

ção de Nietzsche para o conceito dos conceitos consiste, pois, simplesmente: "A forma é fluida, mas o 'sentido' é ainda mais..."

7) Nietzsche não seria, sem dúvida, Nietzsche se a formulação acima fosse uma simples tese. Ele próprio dá sinais para que tenhamos cautela a esse respeito. Caso se tratasse de uma mera refutação da tese de Aristóteles, seria suficiente dizer: 'A forma é fluida'. Mas Nietzsche coloca ao lado da 'forma' fluida um 'sentido' ainda mais fluido, acrescentando também aspas a "sentido" e concluindo com três pontinhos indeterminados e significativos... Vamos tentar interpretar esses signos.

É possível estabelecer que 'forma' é, no contexto de Nietzsche, a 'forma' aristotélica, mesmo não sendo mais apenas a configuração de organismos e órgãos, mas também de signos de comunicação, 'sentido' em sua função de sobrevivência sob sempre novas condições de vida, assim como de comunicação sob sempre novas condições de comunicação. Segundo Aristóteles, configuração e função coincidem na *arché* e, assim, estão nela estabelecidas sob qualquer condição. Ao separá-las, Nietzsche torna pensável sua renovação sob novas condições. Como lhe fora ensinado por suas fontes biológico-evolucionistas, uma nova função pode com o tempo produzir uma nova configuração e uma nova configuração por sua vez possibilitar novas funções, e, assim, uma cria para a outra margem de manobra[16] para se renovar segundo novas condições. Assim como em Aristóteles configuração e função fixam-se uma na outra, em Nietzsche renovam-se uma a partir da outra. Mas elas se renovam em diferentes velocidades. A configuração, a 'forma' é o portador dos órgãos e dos signos, ela só pode, na

---

uma direção e com uma radicalidade semelhantes e lhes imprimiu a imponente forma de uma abrangente teoria do sistema social, que refletia também sua própria possibilidade, mas que sempre evitou fazer referência a Nietzsche, assim formulou a tese: "Comunicação é, por conseguinte, um processo inteiramente independente, autônomo, autorreferenciado e fechado de processamento de seleções que jamais perdem seu caráter de seleções; um processo de mudança contínua da forma dos materiais dos sentidos, de conversão da liberdade em liberdade sob alternância de condicionamentos, no qual, pressupondo que o meio é suficientemente complexo e não está ordenado de qualquer maneira, acumulam-se sucessivamente práticas de verificação que são retomadas no processo" (LUHMANN, 1984, p. 205ss.)

16 Sobre esse fundamental conceito, cf. nota 7 da apresentação [N.Orgs.].

maior parte das vezes – que se pense no paradigma de Nietzsche de uma instituição legal, de um costume social etc. – se modificar lentamente, enquanto sua função pode mudar de súbito. Esse aspecto tem, por sua vez, significado para o conceito dos conceitos em geral. Como mera refutação da tese 'a forma fixa', de Aristóteles, a tese 'a forma é fluida' seria uma tese igualmente metafísica; a oposição 'atemporal-temporal' é uma oposição metafísica. Ao estabelecer, entretanto, uma oposição entre 'a forma fluida' e o 'sentido fluido', Nietzsche as insere no tempo, retirando-as da oposição metafísica.

Que Nietzsche em sua fórmula central coloque o 'sentido' entre aspas, mas não a 'forma', pode passar quase sem ser notado. É sabido que Nietzsche lança mão de aspas; aspas são um de seus mais importantes meios de expressão e uma das táticas usadas com maior frequência em sua Genealogia. Não se deve procurar subordinar novamente sua política das aspas, que foi muito debatida[17], a um sentido único. Mas é, de qualquer forma, necessário supor: ao citar com aspas uma palavra, uma frase, um texto é retirado de seu contexto e transportado para um outro. Elas parecem apenas reproduzi-lo, mas acabam por modificar nesse processo o seu sentido; o sentido citado não é mais o original. Colocado entre aspas um conceito pode continuar a ser usado mesmo quando perdeu seu sentido anterior, e é possível indicar por meio das aspas *que* ele perdeu seu sentido anterior. Mas quando já se fez tal indicação, então se pode, em certas condições, continuar a usar o conceito mesmo sem as aspas. Desse modo, colocar ou retirar as aspas são, segundo cada caso, signos de deslocamento de sentido. Nietzsche aplica esse método também na fórmula de seu conceito dos conceitos. No texto do parágrafo até aqui comentado, aparecem entre aspas "'finalidade'", "'sentido'", "'coisa'" e "'desenvolvimento'", enquanto 'finalidade', 'sentido' e 'coisa' aparecem novamente, mas sem aspas, 'forma' por sua vez aparece sempre sem aspas e, posteriormente, a "essência da vida" é mencionada inteiramente sem aspas. Não se deve concluir daí, se descrevemos corretamente a política das aspas de Nietzsche, que ele teria justamente empregado os conceitos centrais da ontologia aristotélica, 'forma' e 'essência', sem se dar conta, gerando a partir daí uma contradição,

17 Derrida (1973, p. 153) a elevou a um "império epocal das aspas para todos os conceitos".

mas se deve antes supor que não se trata desse sentido nessa passagem. Seu deslocamento de sentido já está compreendido no deslocamento de sentido dos conceitos 'coisa', 'finalidade' e 'desenvolvimento'. Por conseguinte, quando Nietzsche em sua fórmula do conceito dos conceitos coloca aspas justamente em "'sentido'" só pode se tratar, tanto nessa fórmula quanto em *A genealogia da moral* como um todo, do sentido de 'sentido', do deslocamento de sentido de 'sentido'.

8) Nesse ponto, Nietzsche retorna do conceito de sentido ao de poder com a intenção de apresentar sua "teoria da *vontade de poder* desenrolando-se em todo acontecer" como o "ponto de vista capital da metódica histórica". Chegamos aqui às consequências que Nietzsche tira, nos fragmentos póstumos, de seu conceito dos conceitos no que diz respeito ao conceito de pensamento. Assim como a 'essência' metafísica, Nietzsche perspectiva também o 'pensamento' metafísico através do tempo.

Do conceito de sentido fluido decorre, imediatamente, que não há mais como definir conceitos de 'coisas' se entendermos 'definir' como o estabelecimento definitivo do que algo é. "Todos os conceitos", escreve Nietzsche no parágrafo seguinte da segunda dissertação, "nos quais se colige semioticamente um processo inteiro, esquivam-se à definição: definível é somente aquilo que não tem história" (CP, p. 309). Apesar disso, falamos ainda de 'coisas', lidamos com elas e somos por isso levados a verificar o que elas são e como se comportam; o mundo técnico moderno vive de tal circunstância, de que o comportamento da 'coisa' pode ser avaliado e aproveitado de modo cada vez mais preciso e coerente. Pensar deve poder ser um pensar que verifica.

Mas é necessário que não seja uma verificação da 'essência' atemporal, de significados que estão estabelecidos para sempre e para todas as coisas. Um pensamento de uma tal 'essência', no sentido de um significado já estabelecido, é o pensamento da matemática e da lógica. Aqui são possíveis definições definitivas, iguais para todas as coisas e todos os tempos e, por essa razão, o conceito de pensamento foi, desde Aristóteles, orientado segundo a lógica e a matemática. Mas as definições definitivas da lógica e da matemática só são possíveis por tornarem o pensamento independente da vida e do tempo, subtraindo conscientemente o pensamento das condições de vida nas quais este deve verificar e avaliar as 'coisas'. A lógica trata do pensamento 'puro', do pensamento sem referência ao objeto, a matemática dos sinais 'puros', dos sinais sem qualquer significado além de si próprios, e a partir desse pensamento 'puro' da lógica e desses sinais 'puros' da matemática a metafísica tentou pensar então objetos 'puros', objetos independentes de sua factualidade (*Gegebenheit*), de sua factualidade para indivíduos sempre diferentes e em condições que mudam constantemente, [tentou pensar] a 'essência' ou objetos 'em si'[18].

Ao mesmo tempo em que Nietzsche pensa dessa forma o pensamento, de um tal modo que este se realiza como processo semiótico, ele tenta pensá-lo no fluxo da vida e do tempo e, assim, em conexão com as orientações da vida cotidiana que abarcam o contato técnico com as 'coisas'. Por conseguinte, o pensamento é, como pressuposto pela lógica, matemática e mecânica tradicionais, somente um determinado tipo de "interpretação e de ajustamento do mundo" (JGB 14), um ajuste do qual não se pode saber se algo no mundo lhe corresponde. O pensamento é, por isso, para aguçar a polêmica, uma "transformação falsificadora" do mundo[19], uma tentativa sempre renovada de chegar, como afirma Nietzsche no parágrafo aqui em questão de *A genealogia da moral*, a "um *progressus* lógico e curtíssimo, alcançado com o mínimo de dispêndio de força e custos". O pensamento

---

18 Até que ponto a metafísica nesse aspecto pode ser relacionada a Aristóteles, até que ponto ele foi a esse respeito compreendido adequadamente, deve ficar aqui em aberto. A lógica não era, para Aristóteles, como foi suposto frequentemente, o pressuposto da metafísica, mas a metafísica o pressuposto da lógica. A lógica é, para ele, uma ciência especial, uma ciência [que está] já sob um pressuposto, o pressuposto de um pensamento 'puro' e independente do tempo. No princípio de contradição, no primeiro postulado fundamental da lógica segundo Aristóteles, o tempo não é levado em consideração; se duas determinações opostas não podem ser atribuídas *ao mesmo tempo* a um objeto, elas podem ser a ele atribuídas sucessivamente. O postulado fundamental da lógica não é, portanto, o postulado fundamental da metafísica; ela problematiza, ao contrário, as dificuldades que nascem quando se deve pensar, a partir de tal pressuposto, o devir no tempo. Aristóteles tentou ainda menos pensar a metafísica a partir da matemática, o pensamento filosófico a partir do matemático. Isso ocorre de modo decisivo e rico de consequências somente na época moderna, sobretudo através de Descartes. Kant é o primeiro a separar novamente, de modo agudo, o pensamento filosófico do matemático. Ele rompe, no que diz respeito a essa questão, também com a representação de uma coisa 'pura', uma coisa em si como fim e critério do conhecimento.

19 Fragmento póstumo de abril a junho de 1885. KSA 11, 34 [253].

lógico admite univocidade e consequência nas coisas porque estabelece univocidade e consequência nas coisas. Até onde é possível observar o trabalho do pensamento, ocorre segundo Nietzsche mais ou menos o seguinte:

> O pensamento é, sob a forma em que se apresenta, um signo com vários sentidos e que necessita de interpretação, mais precisamente, necessita de uma restrição e delimitação para que finalmente se torne unívoco. Ele surge em mim – de onde? através do quê? eu o ignoro. Ele vem independentemente de minha vontade, habitualmente envolto e obscurecido por uma multidão de sentimentos, desejos, aversões, igualmente por outros pensamentos, muitas vezes por um 'querer' ou um 'sentir' que mal se pode diferenciar. Ele é retirado da multidão, depurado, colocado de pé, percebe-se sua atitude, seu andar, tudo em um surpreendente presto e, no entanto, sem qualquer sentimento de pressa: *quem* faz tudo isso, eu o ignoro e sou, certamente, mais espectador do que autor de um tal processo. Então ele é colocado diante de um tribunal e interrogado: "O que significa? O que pode significar? Tem razão ou está errado?" – procura-se recorrer a outros pensamentos como ajuda, os quais são comparados a ele. Pensar assemelha-se, desse modo, quase a um exercício e a um ato de justiça, no qual existe um juiz, um partido adversário e até mesmo um interrogatório de testemunhas, ao qual me é permitido escutar um pouco – somente um pouco: a maior parte, ao que parece, escapa-me. Que cada pensamento se apresente, a princípio, polissêmico e fluido, que seja em si somente uma ocasião para tentativas de interpretação ou determinação arbitrária, que em todo pensamento uma multiplicidade de pessoas pareçam tomar parte: isso não é nada fácil de observar, fomos afinal ensinados a fazer o oposto, ou seja, não pensar no pensamento quando estamos pensando. A origem do pensamento permanece oculta; é bastante verossímil que ele seja apenas um sintoma de um estado muito mais vasto; que justamente *ele* venha e não outro, que ele venha justamente com nitidez maior ou menor, às vezes certo e imperioso, às vezes fraco e necessitado de apoio, em geral sempre excitante,

> interrogativo – para a consciência cada pensamento age justamente como um estimulante: nele expressa-se algo de nosso estado geral em signos[20].

Os próprios processos de pensamento são já processos de poder que chegam à nossa consciência em signos e que podemos justamente distinguir como tais. Os signos não são, desse modo, *meio* do pensamento, este não *dispõe* de seus signos. Processos de pensamento *são* sempre já processos de signos e processos de signos 'interpretações', 'fixações' e, sobretudo, abreviações de processos de poder, cuja complexidade ultrapassa enormemente nossas possibilidades de observação e de cálculo. Somente tais abreviações em signos tornam, em geral, possível a observação e o cálculo. Se, entretanto, no processo de abreviação uma "multidão de sentimentos, desejos, aversões" tomam parte no jogo sempre de forma concomitante, isso significa que a moral se instalou no pensamento desde o início, antes que este possa em geral tomar consciência, e o que chamamos pensamento exterioriza-se na consciência como um dever, como um comando:

> Nossa lógica, nosso sentido de tempo, de espaço são extraordinárias capacidades de abreviação com o fim de comandar. Um conceito é uma invenção que não corresponde *completamente* a nada, mas um pouco a muito: [...] A redução das experiências a *signos* e a quantidade sempre maior de coisas que podem assim ser apreendidas: é sua *força suprema*. Espiritualidade como capacidade de se tornar senhor, por meio de signos, de uma massa enorme de fatos[21].

O pensamento, que em seu fundo se perde em um ilimitado jogo de processos de poder impregnado pela moral, transforma-se em seu topo, através de uma rígida abreviação por meio de signos inventados, em *um* poder. A própria abreviação não segue uma lógica no sentido da lógica tradicional, mas é uma arte, uma "*arte da abreviação*". Ela é a arte de uma infinitamente complexa efetividade que, no próprio momento em que tentamos pensá-la com os mais finos conceitos, já é sempre outra e, como

---

20 Fragmento póstumo de junho a julho de 1885. KSA 11, 38 [1].

21 Fragmento póstumo de abril a junho de 1885. KSA 11, 34 [131].

Nietzsche tem o cuidado de dizer, é "indizivelmente complicada, de uma maneira diferente", com o fim de simplificar, de 'ajustar', de modo que possamos nos orientar a partir dela:

> Lógica e mecânica só são aplicáveis ao *mais superficial*: a bem dizer, apenas uma arte de esquematização e abreviação, um domínio da multiplicidade através de uma arte da expressão – não um 'compreender', mas um designar com o fim de *comunicação*. Pensar o mundo reduzido à superfície significa, em primeiro lugar, torná-lo 'inteligível'[22].

9) Falar do 'conhecimento' das 'coisas' como se 'coisas' no mundo fossem dadas e o pensamento pudesse representá-las como são, tornou-se uma "mitologia" "que teve seu tempo"[23]. O "pensamento lógico", tal como Nietzsche aprendeu a considerá-lo, é "o modelo de uma completa *ficção*" e a "lógica", como pensamento lógico do pensamento lógico, é por isso uma ficção da ficção. No pensamento das 'coisas', simplificamos a efetividade em um esquema e a "*filtramos*", por assim dizer, por meio de um "aparato de simplificação" para, em seguida, quando recorremos à lógica, aplicarmos de novo esse "aparato de simplificação" ao pensamento e o esquematizarmos como uma 'coisa'. Desse modo, o pensamento torna-se uma coisa que pensa coisas. Contudo é somente assim, e nesse aspecto Nietzsche faz justiça à lógica tradicional, que nosso pensamento torna-se em geral compreensível. Somente quando o tornamos "compreensível, perceptível, comunicável", por meio de signos, "o convertemos em uma *escrita de signos* (*Zeichenschrift*) de *caráter comunicável* e *discernível* dos processos lógicos". "Portanto: observar o acontecimento espiritual como se ele correspondesse realmente àquele esquema regulativo de um pensamento fictício, eis a obra-prima da falsificação através da qual existe algo como 'conhecimento' e 'experiência'"[24].

Não podemos nos livrar da arte da falsificação no pensamento e no pensamento dos pensamentos. Vivemos dela e devemos viver com ela. Jus-

22 Fragmento póstumo do verão de 1886 ao outono de 1887. KSA 12, 5 [16].

23 Fragmento póstumo de junho a julho de 1885. KSA 11, 38 [14].

24 Fragmento póstumo de abril a junho de 1885. KSA 11, 34 [249] e junho a julho de 1885. KSA 11, 38 [2].

tamente agora podemos conhecer a falsificação como falsificação. Somente irá experimentá-la como ruptura, perda, crise aquele que se mantém fiel ao antigo conceito de verdade. "Me posiciono de modo diferente", escreve Nietzsche, "face à ignorância e à incerteza. Não me preocupo se algo permanece desconhecido; ao contrário, fico contente que *possa* haver uma forma de conhecimento e me admiro com a complexidade de tal possibilidade"[25]. "Não está em nosso alcance", anota ele por fim, "mudar nosso modo de expressão: é possível compreender em que medida ele é uma simples semiótica"[26].

Referências

DERRIDA, J. (1973). *Sporen* - Die Stile Nietzsches [edição francesa: *Éperons* - Les styles de Nietzsche, 1973]. Tradução do francês de R. Schwaderer e W. Hamacher (orgs.). *Nietzsche aus Frankreich*. Frankfurt am Main/ Berlim, 1986, p. 129-168.

______ (1967). *Grammatologie* [edição francesa: Paris, 1967]. Tradução de H.J. Rheinberger e H. Zischler. Frankfurt am Main, 1983.

FIETZ, R. (1992). *Medienphilosophie* - Musik, Sprache und Schrift bei Friedrich Nietzsche. Würzburg.

GRANIER, J. (1966). *Le problème de la vérité dans la philosophie de Nietzsche* (1966). Paris, 1969.

HEIDEGGER, M. (1961). *Nietzsche*. 2 Bde. Pfullingen.

LUHMANN, N. (1984). *Soziale Systeme*: Grundriss einer allgemeinen Theorie. Frankfurt am Main.

MAYR, E. (1984). *Die Entwicklung der biologischen Gedankenwelt* - Vielfalt, Evolution und Vererbung. Tradução do inglês de K. de Sousa Ferreira. Berlim/Heidelberg/Nova York/Tóquio.

25 Fragmento póstumo de abril a junho de 1885. KSA 11, 34 [249].

26 Fragmento póstumo da primavera de 1888. KSA 13, 14 [122]. Cf. FW 58.

MÜLLER-LAUTER, W. (1971). *Nietzsche* – Seine Philosophie der Gegensätze und die Gegensätze seiner Philosophie. Berlim/Nova York.

ORSUCCI, A. (1993). "Beiträge zur Quellenforschung". *Nietzsche-Studien*, 22, 1993, p. 371-388.

SEMPER, K. (1880). *Die natürlichen Existenzbedingungen der Thiere.* 2 Bde. Leipzig.

SIMON, J. (1989). *Philosophie des Zeichens.* Berlim/Nova York.

STINGELIN, M. (1993). Historie als "Versuch das Heraklitische Werden [...] in Zeichen abzukürzen" – Zeichen und Geschichte in Nietzsches Spätwerk. *Nietzsche-Studien*, 22, 1991, p. 28-41.

WITTGENSTEIN, L. (1960). *Philosophische Untersuchungen.* In: L.W. Schriften. Bd. 1. Frankfurt am Main.

5 Signos de Nietzsche*

Quem em sua caverna tornou-se [...] um urso covil ou um caçador de tesouro [...]: seus conceitos contêm por fim uma cor lusco-fusca própria, [um] cheiro tanto de profundeza quanto de mofo, algo incomunicável e repugnante que atiça com sopro frio toda curiosidade: – e uma filosofia de eremita (Einsiedler-Philosophie), *se ela mesma fosse escrita com garras de leão* (Löwenklaue), *pareceria, entretanto, sempre como uma filosofia [entre] "aspas"* (Gänsefüsschen)[1] (Fragmento póstumo de junho-julho de 1885, KSA 11, 37 [5]).

Mesmo depois de Nietzsche ter se tornado um clássico da filosofia, ele permaneceu muito contestado. Grande parte dos especialistas continua a rejeitá-lo, acima de tudo, como desmesurado, confuso e politicamente perigoso. Aqueles que acolhem [sua filosofia], distinguem de algum modo para si próprios um Nietzsche "utilizável" de um "inutilizável", e quem tam-

* STEGMAIER, W. "Nietzsches Zeichen". In. *Nietzsche-Studien*. Band 29, 2000, p. 41-69. Tradução de André Luis Muniz Garcia. Revisão de Oswaldo Giacoia Junior. • Para esclarecer algumas passagens do original, bem como importantes palavras, conceitos ou expressões cunhadas pelo autor, dois critérios serão adotados: *parêntese*, utilizado para também incluir palavras, conceitos ou expressões do original, e a *chave*, utilizada, quando necessário, para dar fluência à leitura em português, uma vez que a estrutura da língua alemã possui particularidades sintáticas e semânticas intraduzíveis ou que, no mínimo, dariam margem, quando transposta para nossa língua, a ambiguidades [N.T.].

1 Há aqui um jogo com a palavra alemã *Gänsefüsschen*, que quer dizer, literalmente, "patinhas de ganso", mas que, em seu uso corrente, equivale à palavra *aspas* [N.T.].

bém tenta tomar a sério a filosofia de Nietzsche como um todo faz isso, no mais das vezes, com a advertência de que ela seria contraditória ou, no mínimo, ambivalente. A contradição e ambivalência tornaram-se signos distintivos do clássico Nietzsche. De acordo com essa interpretação, Nietzsche apresenta, *essencialmente*, afirmações filosoficamente opostas ou, todavia, algumas sobre as quais, *em princípio*, não se pode, decisivamente, opinar.

O próprio Nietzsche, no entanto, deparava-se com contradições e ambivalências desse tipo em seu filosofar, apesar de ele ter refletido, ter elevado a probidade intelectual à virtude filosófica por excelência. Outros, como Kant, visavam meticulosamente à coesão lógica do filosofar, incansavelmente [procurando apresentar e desfazer] as contradições. Nietzsche estaria também aqui em contradição consigo mesmo? Ou, mesmo ainda depois de cem anos, estaria ele em contradição com seus intérpretes? É um antigo preceito hermenêutico [que], antes de atribuí-las aos textos, [deve-se] procurar incoerências na interpretação, para que não sejam lançadas neles. Apesar das asperezas com que Nietzsche trata textos de terceiros, dever-se-ia tomar isso a seu favor. Seria necessário então procurar por um ponto de vista de acordo com o qual contradições e ambivalências na obra de Nietzsche possam ser esclarecidas e assim se dissolver. Esse ponto de vista, e esta é a tese da contribuição ora apresentada, poderia ser aquele dos signos[2].

---

2 No início da pesquisa sobre a filosofia de Nietzsche não se contava de modo algum com sua coerência. Martin Heidegger primeiramente conseguiu dar a ela unidade, a um preço, todavia, de que ela aparecesse apenas como filosofia de uma vontade de poder que quer a si mesma, e, dessa forma, como acabamento da metafísica (HEIDEGGER, M. *Nietzsche*. 2 Bde. Pfullingen, 1961. Passim, em especial Bd. 1, p. 46 e 480). Essa interpretação não pode se amparar nos textos, como Wolfgang Müller-Lauter mostrou por meio de leituras mais acuradas (In: *Nietzsche* – Seine Philosophie der Gegensätze und die Gegensätze seiner Philosophie. Berlim/Nova York, 1971). Ele destruiu a interpretação metafísica de Heidegger, indicando a oposição insolúvel de *múltiplas* vontades de poder *umas com as outras*. As oposições, a partir das quais Nietzsche entendeu o acontecer (*das Geschehen*), foram, na sequência, cada vez mais atribuídas ao seu filosofar, cuja unidade de modo algum se tornou mais visível. Elas foram utilizadas como licença para interpretá-lo, conscientemente, em perspectivas unilaterais. Por meio disso, a pesquisa-Nietzsche (*Nietzsche-Forschung*) foi extraordinariamente enriquecida, a custo, entretanto, da resignação consciente ante a pergunta pela coerência de sua filosofia como um todo: sua unidade devia residir em que ela não pode ser compreendida. Isso levou, em ligação a Mazzino Montinari, o editor dos primeiros textos dignos de confiança, em especial das anotações póstumas, a uma reforçada guinada para os próprios textos, incluindo a pesquisa das fontes de Nietzsche, de informação sobre seu pano de fundo biográfico, da análise de seu estilo, da elaboração de vertentes de recepção e, por fim, retratação correta de seu processo de escrita. Desse modo, encontramo-nos, então, diante de seus signos.

Ele deixa-se inferir a partir do próprio Nietzsche. De acordo com as experiências que ele fez com seus primeiros leitores, não esperava que tão cedo fosse "entendido", e via nisso uma "originalidade" da sua escrita. Em *Ecce homo* ele escreve:

> Isso é por fim minha experiência mais geral e, se se quer, a *originalidade* da minha experiência. Quem acreditava ter entendido algo de mim, arranjou (*zurecht gemacht*) para si algo de mim, de acordo com sua imagem – não raro o oposto de mim, por exemplo um "idealista"; quem nada entendeu de mim, negava que eu, em geral, fosse levado em consideração (EH, Por que escrevo tão bons livros, 1).

Com efeito, ele padece, visivelmente, com esse não ser entendido (*Nicht-Verstanden-Werden*) e parecia esperar que a qualquer momento e de alguma maneira fosse entendido. Não obstante, ele, *em princípio*, considerava improvável, não apenas em seu caso, ser entendido. Ele partira não do entender, mas sim do não entender (*Nicht-Verstehen*): indivíduos não poderiam se entender uns aos outros *como* indivíduos[3]. Apesar disso, alguma espécie de entendimento era para ele, manifestamente, possível, e esse deveria, por sua vez, poder ser elucidado. Nietzsche esclareceu as condições do entender, como as compreendeu, em uma anotação dos fragmentos póstumos do outono de 1885-primavera de 1886, que, por sua vez, causa uma impressão irritantemente contraditória. Dela partiremos na sequência.

> É difícil ser entendido. Já para a boa vontade em alguma *sutileza* de interpretação deve-se ser grato de coração: em bons dias não mais se exige de forma alguma interpretação. Deve-se conceder aos seus amigos uma ampla margem de manobra (*Spielraum*) para o mal-entendimento. Parece-me que é melhor ser mal-entendido do que não ser entendido: há algo que ofende nisso, a saber, ser entendido. Ser entendido? Vocês não sabem o que isso significa? – *Comprendre c'est égaler*[4].

3 Cf. em especial *A gaia ciência*, 381; *Para além de bem e mal*, 290; *Para a genealogia da moral*, prefácio 1; *Ecce homo*, prefácio 1.

4 Em francês, no original: *Compreender é se igualar* [N.T.].

> Lisonjeia mais ser mal-entendido do que não ser entendido: contra aquilo que não se entende, permanece-se frio, e frieza ofende (KSA 12, 1 [182])[5].

Nietzsche utilizou essa anotação logo depois, em *Para além de bem e mal*. Lá, ele causa ainda mais irritação. No aforismo 27, ele escreve.

> É difícil ser entendido: em especial, quando se pensa e se vive *gangasrotogati*, entre homens raros, que vivem e pensam de modo diferente (*anders*), ou seja, *kurmagati*, ou no melhor dos casos "conforme o andar das rãs", *mandeikagati* - faço eu tudo para me tornar dificilmente entendido? - e deve-se ser, de coração, reconhecidamente grato só pela boa vontade em alguma sutileza de interpretação. Que [isso], porém, diz respeito "aos bons amigos", que estão sempre em [situação] cômoda e, justamente por serem amigos, acreditam ter direito a tal comodidade: ora, é bom que se conceda a eles de imediato uma margem de manobra e um espaço de recreação para o mal-entendimento: - assim se há de rir ainda; - ou, absolutamente, [há] de se repelir esses bons amigos, e assim também rir!

A anotação e o aforismo publicado colocam ambos a dificuldade de ser entendido. A anotação, todavia, fala de um sofrer por isso e se dirige para uma solução ética: "deve-se (*man soll*) conceder aos seus amigos uma margem de manobra[6] para o mal-entendimento". O aforismo, ao contrário, é por sua vez formulado de modo ofensivo, e a solução ética aparece apenas de passagem, como concessão desdenhosa[7].

---

5 Em relação à interpretação, cf. SIMON, J. "Der gewollte Schein. Zu Nietzsches Begriff der Interpretation". In DJURIĆ, M. & SIMON, J. (orgs.). *Kunst und Wissenschaft bei Nietzsche*. Würzburg, 1986, p. 68-70. Cf. STEGMAIER, W. *Philosophie der Fluktuanz* – Dilthey und Nietzsche. Göttingen: Vandenhoeck & Ruprecht, 1992, p. 346ss. • FIETZ, R. *Medienphilosphie* – Musik, Sprache und Schrift bei Friedrich Nietzsche. Würzburg, 1992, p. 219ss. O livro de Fietz proporciona fontes valiosas também para o presente artigo.

6 Sobre esse fundamental conceito, consultar nota 7 da apresentação [N.Orgs.].

7 A transformação da anotação em um aforismo transcorre de maneira diversa daquela que Eckart Heftrich mostrou, tomando *A vontade de poder*, 1067 (KSA 11, 38 [12]) como sendo o texto de *Para além de bem e mal*, 36 (In: *Nietzsche Philosophie* – Identität von Welt und Nichts. Frankfurt am Main, 1962, p. 68ss.). Cf. sobre isso, do ponto de vista [dos termos] "exotérico" e "esotérico",

Ser entendido, de acordo com a anotação, tem, segundo o autor, "algo de ofensivo". Este é, então, o caso, se o leitor julga entender os pensamentos do autor pelo fato de que ele os compara com os seus próprios. Com efeito, o leitor se mostra estar de acordo com ele, e isso "lisonjeia" o autor. No entanto, ele o ofende, ao mesmo tempo, por meio dessa equiparação. Nietzsche, enquanto autor, arvora-se rigorosamente sobre a característica diferencial (*Andersheit*) de suas "experiências", de suas "vivências", de seus "estados" e de suas "ações"[8], e isso significa para ele também, por fim, [se arvorar] sobre a individualidade de seu pensar[9].

SCHMID, H. *Nietzsches Gedanke der tragischen Erkenntnis*. Würzburg, 1984, p. 56ss. Não [se trata de um] tom metafísico-dogmático para um hipotético, mas sim de um irônico para um polêmico. – A transformação de anotações póstumas em textos publicados abre, para além da crítica histórico-filológica, um vasto e promissor campo também para a pesquisa filosófica. Aqui pode-se também esclarecer se e em que se distinguem, *tematicamente falando*, as anotações póstumas das obras publicadas; isto é, se Nietzsche reteve determinados temas nas anotações (isso é o caso, por exemplo, da assim chamada demonstração científico-natural do pensamento do eterno retorno do mesmo) e quais razões ele tinha para isso. O esclarecimento para essa pergunta, desde Martin Heidegger, encontra-se na seguinte suposição: "O que o próprio Nietzsche publicou durante seu tempo de criação é sempre fachada" (In: HEIDEGGER, M. *Nietzsche*. Edição citada. Bde. 1, p. 17). [Ele] se ampara, essencialmente, sobre a "obra capital", *A vontade de poder*, compilada dos fragmentos póstumos por Elisabeth Förster-Nietzsche e Peter Gast – e isso, mesmo Heidegger tendo clareza sobre as graves intervenções dos editores (cf., da mesma obra de Heidegger, Bde. 1, p. 481, e Bde. 2, p. 42ss.). Em contrapartida, Karl Schlechta objetava, afirmando que em tal obra fundamental não "existe nada de novo. [...] Nada que pudesse surpreender quem conhece tudo aquilo que Nietzsche publicou ou que preparou para publicação" (In: Philologischer Nachbericht zu Friedrich Nietzsche. *Werke in drei Bänden*. Munique, 1954. Bd 3, p. 1.403). Cf. no mesmo sentido LAMM, A. "Nietzsche und seine nachgelassenen "Lehren". In: *Süddeutsche Monatshefte* (setembro, 1906), p. 255-278. • HOFFMANN, D.M. *Zur Geschichte des Nietzsche-Archivs [...]. Chronik, Studien und Dokumente*. Berlim/Nova York, 1991 [Suplemmenta Nietzscheana 2], p. 68ss. • FIGL, J. *Interpretation als philosophisches Prinzip* – Friedrich Nietzsches universale Theorie der Auslegung im späten Nachlass. Berlim/Nova York, 1982 [Monographien und Texten zur Nietzsche-Forschung 7], que pela primeira vez apresentou uma investigação dedicada particularmente aos fragmentos póstumos, sem, entretanto, estabelecer aí uma relação com as obras publicadas.

8 Cf. aqui anotação do outono de 1880. KSA 9, 6 [182]: "O mais penoso para mim é precisar me defender. A esse respeito, inteiro-me de que, primeiramente, eu teria que comparar minha maneira de ser com a dos outros, e que eu teria que atribuir a ela *motivos compreensíveis*: não habituado a isso, eu sei que não consigo. Sim, toda apresentação da minha imagem por meio de outra pessoa me deixa confuso [:] 'isso eu não sou, por certo!' é minha sensação; quando eu queria agradecer, eu aparecia para mim mesmo *desonesto*". Cf. tb. KSA 9, 11 [297]; KSA 11, 36 [17]; KSA 12, 1 [14] ("Toda ação de que um homem não é capaz é mal-entendida por ele. É um elemento distintivo ser sempre mal-entendido com suas ações. É assim também necessário e não há motivos para amargura".)

9 Cf. fragmento póstumo de 1888. KSA 13, 22 [29]: "Um sentimento de distância que, por fim, gostaria de existir fisiologicamente, eu jamais me livrei da mais próxima de toda proximidade [-]: eu

No aforismo publicado, chama atenção de modo drástico para isso: ele utiliza palavras que para a maioria das pessoas são incompreensíveis (*gangasrotogati*...)[10]. O aforismo não se torna, por esse fato, de todo incompreensível; pelo contrário, torna-se até mesmo "interessante". Pode-se entender o aforismo de modo razoavelmente suficiente; fica-se até curioso, mas só não se está completamente certo se o entendeu bem. Existem pontos de partida, todavia, não se chegará a um fim, não se chegará a um significado "verdadeiro" do aforismo. O entender – ou não entender – inicia-se a partir da condição de "que nós não temos a verdade"[11]. A verdade seria aquilo *em que* poderíamos nos compreender mutuamente, um terceiro termo *por meio do qual* poderíamos nos relacionar mutuamente. Se esse terceiro termo não é pressuposto, cada um permanece com seu próprio entendimento, cada um é, em sentido radical, indivíduo que desde o princípio nada tem em comum com os outros, mas tem antes que incorporar toda comunidade. Sob tal condição, os indivíduos têm que se comunicar. De outro modo, poderiam colocar em risco um ao outro, poderiam se mostrar "frios" um para o outro, e com isso também poderiam "ofender".

Ofender alguém significa aqui causar desgosto, uma vez que é ofendido em seu respeito próprio (*Selbstachtung*). Ofende-se também em seu respeito próprio quando se permanece "incompreensível" diante de uma pessoa, excluindo-a, desse modo, da comunicação[12]. Na comunicação en-

---

sinto a distância ser diferente em cada entendimento (*Verstande*), e, do mesmo modo, inconfundível, [como que] estando acima quando comparada a cada turvo elemento".

10 Cf. fragmento póstumo, início de 1886-primavera de 1886. KSA 12, 3 [18]: "*Gangasrotogati* 'como fluxo do Ganges, que vai fluindo adiante (*dahinfliessend*)' = *presto*/*kurmagati* 'do modo de andar das tartarugas' = lento/'do modo de andar das rãs' = *staccato*".

11 Fragmento póstumo, primavera de 1880. KSA 9, 3 [19]. Cf. sobre isso STEGMAIER, W. "Nietzsches Neubestimmung der Wahrheit". In: *Nietzsche-Studien*. Bde. 14, 1985, p. 69-95 [Publicado neste livro sob o título *A nova determinação de Nietzsche da verdade*].

12 Hegel (Jenenser Realphilosophie I: Preleções de 1803/1804. A partir dos manuscritos editados por Johannes Hoffmeister. Leipzig, 1932, p. 226ss.) denomina isso de "ultraje absoluto" (*absolute Beleidigung*): na medida em que "o particular" compreende o mundo em sua "consciência" e aí ele é a totalidade, exclui inevitavelmente o outro "da total *extensão* de sua particularidade", sem poder comunicar isso a ele. "Isso ninguém pode demonstrar ao outro por palavras, garantias, ameaças ou promessa", isso *se mostra* apenas aí e pode apenas nisto se mostrar, a saber, que "eu perturbo o outro em seu ser aparente": "*Assim, eles têm que se ofender mutuamente*". • Sobre a proximidade do jovem

tre indivíduos arrisca-se continuamente ofender um ao outro, *tanto* se eles conseguem se entender *quanto* se não. Nietzsche escreve levando em conta esse ponto de vista. Seu modo de escrever em filosofia é apresentado na forma da comunicação com leitores, com leitores que são indivíduos, e ele entende essa comunicação a partir desse causar desgosto; por um lado, desgosto é causado quando se é entendido (*verstanden*) e por outro quando se permanece incompreendido (*unverstanden*). Logicamente, isso é uma aporia, e, como lógico, Nietzsche deveria se calar[13]. Mas, ao invés disso, ele se pronuncia eticamente: "deve-se... (*man soll...*)". *Deve-se*, já "para a boa vontade em alguma *sutileza* de interpretação, ser grato de coração", deve-se "conceder aos seus amigos uma ampla margem de manobra para o mal-entendimento".

Nietzsche inicia a anotação dirigindo-se ao leitor. Deve-se ser grato pela "*sutileza* de interpretação" – não se pode pressupô-la sem mais junto ao leitor, sem uma "boa vontade" para isso. "Sutileza" tem, primeiramente, um sentido intelectual, mas também um sentido ético: do ponto de vista intelectual, ela é a capacidade para diferenciação, para atenciosa observação de sutis características distintivas; ético, enquanto capacidade para respeitar tais características no outro, [ou seja, é] o "refinado tino" no tratamento com elas. De modo sutil evita-se a ofensa ao outro. Pressupor só essa sutileza ou apenas a boa vontade por parte do leitor como sendo evidente por si, isso seria outra vez uma falta de sutileza. A perspectiva ética é invertida. Não se pode simplesmente pressupor a sutileza; por tal motivo, deve-se, porquanto se quer experimentar algo disso, ser "grato de coração (*von Herzen dankbar*)", e mais ainda, como Nietzsche escreve no aforismo publicado, deve-se ser, "de coração, reconhecido (*von Herzen erkenntlich*)". Reconhecido (*erkenntlich*) se verifica quando se responde com a mesma sutileza; de coração (*von Herzen*) acontece quando o convencional é aqui transposto, e somos tocados como indivíduos. Então, não mais se "exige de forma alguma interpretação".

Hegel com o Nietzsche maduro, cf. BUSCHE, H. "Religiöse Religionskritik beim frühen Hegel und beim späten Nietzsche". In: DJURIĆ, M. & SIMON, J. (orgs.) *Nietzsche und Hegel*. Würzburg, 1992, p. 90-109.

13 Tal como isso recomenda o jovem Wittgenstein (cf. *Tractatus logico-philosophicus*, n. 6.52 até n. 7), que, entretanto, não *pôde* calar.

Todavia, disso se é capaz apenas "em dias bons", isto é: sob condições especiais, das quais não se dispõe normalmente. Caso contrário, "exige-se" sempre mais "sutileza", e fica-se irritado, sofre, se não a experimenta. Necessita-se assim, por seu lado, de boa vontade para conservar a comunicação. Entre "amigos" isso é mais fácil, entre homens cujo "bom consentimento (*gutes Einverständnis*)" ocorre frequentemente de modo que se tenha uma "boa esperança" na continuidade desse entendimento[14]. "Boa" aqui significa "boa para a conservação da comunicação". Não se torna assim "frio" para com o outro, não se ofenderá um ao outro por meio da incompreensão.

Eis aqui a polêmica mudança operada pelo aforismo publicado. "Bons" amigos acreditam poder entender uns aos outros "de modo cômodo". Eles extraem de um consentimento adquirido gradualmente um "direito" ao consentimento que ocorre regularmente, e isso, inquestionavelmente, "de boa-fé". Não se quer ofendê-los, enquanto se resiste a isso. Concederá a eles, então, "de imediato", uma "margem de manobra" ou ainda mais drasticamente: "um espaço de recreação para o mal-entendimento".

"Conceder" significa aceitar algo que por si mesmo não seria considerado correto. Um "mal-entendimento" encontra-se aí, a saber, em compreender o incompreendido. "Margem de manobra" é um conceito ou imagem para regulamentação da validade de regras. Uma "margem de manobra" é um espaço, no qual alguém ou alguma coisa pode se comportar de acordo com "regras de atuação" (*Spielregeln*) próprias; espaço que, não obstante, é limitado por meio de regras ou dados de fato (*Gegebenheiten*), sobre os quais nem um nem outro, nesse espaço, pode, "recreando", impor-se. Os limites da margem de manobra na comunicação entre indivíduos são determinados pelos indivíduos que dela participam, voluntária ou involuntariamente. Esses limites se situam na respectiva força daqueles indivíduos de acolher mesmo a incompreensão como compreensão, e, por seu turno, de esforçar-se por condescender a outros por meio de compreensibilidade, para não "ofendê-los"[15].

---

14 Cf. *Humano, demasiado humano* II, *O andarilho e sua sombra*, prelúdio (KSA 2, 538): "Bons amigos dão uns aos outros aqui e acolá uma obscura palavra como signo de concordância, que, para um terceiro, deve ser um enigma. E nós somos bons amigos".

15 Na tradição hermenêutica essa condescendência (*Entgegenkommen*) foi tratada sob o conceito de equidade, e agora sob o conceito de "principle of charity" (cf. SCHOLZ, O.R. *Verstehen und Ratio-*

No aforismo publicado, Nietzsche mostra o limite dessa anuência, *seu* limite para condescender aos "bons amigos" por meio da compreensibilidade (*Verständlichkeit*). Sendo esse limite atingido, ele *deve* ofendê-los. Ele assim o faz, enquanto deixa claro que [há] de rir deles ou [há] de se, "absolutamente, repeli-los", e então "também rir". Eis aqui novamente um riso que causa desgosto, como a maioria do rir em Nietzsche, ele força visivelmente a isso. Ele aqui procede, novamente, valendo de um ponto de vista ético, a saber, de uma exigência por probidade. De acordo com Nietzsche, probidade deve ser o limite de toda concessão ao mal-entendimento. O *limite* é, desse modo, atingido quando se *esquece* que na comunicação entre indivíduos aquilo que se compreende permanece, em último caso, incompreendido, que de modo algum um consentimento bem-firmado é, por assim dizer, algo compreendido de modo "verdadeiro". No entanto, justo esse limite foi permanentemente ultrapassado no *pathos* da "verdade". Tendo alguém ultrapassado, sequer uma vez, esse limite, ele, então, vive em "boa-fé", acreditando em um "bom consentimento". Pode-se apenas fazer tal pessoa se atinar para isso, quando ela é "ofendida"[16].

A margem de manobra do mal-entendimento, que tem seu limite na exigência de probidade, é a margem de manobra na qual Nietzsche escreve. Na medida em que se atenta para isso, não se esperará mais entender seus escritos de maneira unívoca ou de modo universalmente válido. A possibilidade de um entender unívoco ou válido universalmente[17] é, porém, o

---

nalität – Untersuchungen zu den Grundlagen von Hermeneutik und Sprachphilosophie. Frankfurt am Main, 1999). Aqui o não entender e o mal-entender são considerados, entretanto, como fenômenos periféricos de um entender sempre possível, tomado como núcleo. Diferentemente pensa Niklas Luhmann: "Entender é, em sentido prático, sempre um mal-entender (*Missverstehen*) sem compreender (*Verstehen*) o mal (*Miss*)" (In: *Die Realität der Massenmedien*. Opladen, 1996, p. 173). Apesar de uma proximidade com Nietzsche, Luhmnan evita sempre que possível fazer referência a ele. Cf. STEGMAIER, W. "Niklas Luhmanns Systemtheorie und die Ethik". In: *Ethica*. Bde 6.1, 1998, p. 60.

16 De modo constrangedor isso foi representado no "improvável debate" entre Gadamer e Derrida, que está documentado em FORGET, P. (org.). *Text und Interpretation*. Munique, 1984. Gadamer perseverava na possibilidade do entender, Derrida "ofendia-o" sempre por meio do não entender, para desespero de Gadamer, que queria entender também isso.

17 Essa possibilidade se tornou, desde o Sócrates (platônico), a exigência fundamental da filosofia europeia. Para o próprio Sócrates ela jamais foi suprida. Mesmo os diálogos platônicos sustentam

pressuposto para se constatar contradições ou equivocidades. A definição de conceitos, o desenvolvimento de uma lógica para ligação de conceitos e, no caso ideal, a inferência de um sistema de conceitos são as condições dessa possibilidade. Fossem elas totalmente cumpridas no discurso filosófico, a filosofia poderia ser ensinada tal qual a matemática[18]. No que tange ao seu fundamento, Nietzsche coloca em questão a possibilidade dessa univocidade no entender e retorna às precondições, assim como às condições fundamentais da comunicação [pensada aqui] enquanto comunicação entre indivíduos (se quisermos, a Sócrates, por detrás do socratismo). Ele assim o faz não na forma de uma doutrina – que, de fato, seria contraditoriamente uma doutrina da impossibilidade de uma doutrina –, mas sim o faz por meio da forma de sua escrita filosófica. Ele apresenta seus escritos, conscienciosamente, não mais como uma compreensão unitária e válida universalmente, mas como compreensão múltipla e, consequentemente, como compreensão individual. Ele escreve para indivíduos, a fim de chamar a atenção para a individualidade do seu pensar:

> Minha moral seria a de tomar sempre mais do homem seu caráter geral e de especializá-lo até um grau em que se torna o mais incompreensível para os outros (e assim tornando [isso] objeto da vivência, do espanto, da instrução para eles) (Fragmento póstumo de 1880. KSA 9, 6 [158]).

Ele alcança isso por meio do uso dos signos enquanto signos. Signos tomados *como signos* concedem margens de manobra para interpretação, margens de manobra para o mal-entendimento. Essas margens de mano-

---

unicamente uma "boa vontade" para com o uso unívoco dos conceitos, e isso, novamente, apenas entre "amigos", entre homens que por "Eros" são colocados em diálogo. Platão substitui os interlocutores, via de regra, se suas "margens de manobra para o mal-entendimento" são exauridas. Cf. STEGMAIER, W. "Philosophieren als Vermeiden einer Lehre – Inter-individuelle Orientierung bei Sokrates und Platon, Nietzsche und Derrida". In: SIMON, J. *Distanz im Verstehen* – Zeichen und Interpretation II. Frankfurt am Main, 1995, p. 214-239. [Publicado neste livro sob o título Filosofar como forma de evitar uma doutrina – Orientação interindividual em Sócrates, Platão, Nietzsche e Derrida.]

18 Que tais condições no discurso filosófico não foram preenchidas e nem precisam ser, já havia mostrado Kant (In: *Crítica da razão pura*, II. Doutrina transcendental do método, Seção I: A disciplina da razão pura).

bra para interpretação podem, se limitadas sistematicamente, ser "definidas" [como] signos, a fim de que sejam utilizadas de modo unívoco e por uma doutrina de valor universal. No entanto, esse não é seu primeiro ou mesmo seu único e significativo uso. Seu primeiro uso é o uso na comunicação entre indivíduos, uso que pode *e deve* ser de múltiplas formas e, com isso, também ambíguo, assim como o são os indivíduos. Os signos devem ter para isso "amplas" margens de manobra para interpretação, no interior das quais cada um pode entender aqueles a seu modo e, assim, de modo diferente dos outros. Que aí uns aos outros possam se mal-entender, isso lhes é "concedido". Decisivo aqui é que signos, vistos desse ângulo, tornam possível uma comunicação individual entre indivíduos. Pois, se indivíduos, de imediato, não possuem nada em comum, têm que tornar algo cognoscível na comunicação, e eles o fazem mesmo porque usam signos comuns de um modo individual. Por meio desse uso individual, ou seja, por causa das margens de manobra para interpretação dos signos, os indivíduos se colocam uns em relação aos outros como indivíduos. Dependendo das margens de manobra que possam conceder uns aos outros para o mal-entendimento, eles conservarão ou não a comunicação. O uso individual dos signos atua assim "cultivando", tal como Nietzsche disse do seu pensamento do eterno retorno: ele seleciona, ele interpreta os indivíduos enquanto tais. Nietzsche escreve, de acordo com o fio condutor dos signos, de modo consciente, "cultivando".

Com suas célebres "doutrinas", pouco se chamou atenção até agora para o fato de que Nietzsche sempre se expressou sobre os signos como signos[19]. Na perspectiva dos signos, dissolve-se não apenas o dogma da contradição e da ambivalência do filosofar nietzscheano, mas também ajusta-se em unidade sua crítica da moral, da metafísica e da lógica com a forma de sua escrita filosófica e, como já se sugeriu, com a ética; e nela também suas doutrinas recebem, ou aquilo que se toma como tal, os pensamentos da vontade de poder, do além-do-homem e do eterno retorno do mesmo, um sentido coerente.

---

19 Referências importantes são dadas por SIMON, J. *Philosophie des Zeichens*. Berlim/Nova York, 1989, p. 131-133 ("Nietzsches Ablösung der Ontologie"). Uma primeira tentativa de síntese é feita por STINGELIN, M. "Historie als 'Versuch das Heraklitische Werden [...] in Zeichen abzukürzen'" *Nietzsche-Studien*, 22, 1993, p. 28-41. Stingelin oferece também uma ligação temática entre Derrida, Foucault e a filosofia do signo de Nietzsche.

Como tais, os signos, já no fim do século XVIII, eram tematizados segundo uma "conjuntura geral"[20]. No século XX a atenção para seu sentido na comunicação interindividual cresceu, acima de tudo, com as *Investigações filosóficas* de Wittgenstein, com a tardia e forte influência de Peirce, com a obra de Derrida, digna de atenção, e a esclarecedora obra de Josef Simon, *A filosofia do signo*[21]. A partir deles pode-se tornar ainda mais claro também a filosofia dos signos de Nietzsche.

Nietzsche refletiu a fundo acerca do ponto de vista dos signos. Em um grupo de sentenças, preparadas para o IV livro de *Assim falou Zaratustra*, anotou no inverno de 1884-1885.

> – falar por meio de figuras, danças, tons e silêncios: e para que existiria o mundo todo, se o mundo todo não fosse signo e alegoria! (KSA 11, 31 [51]).

Todavia, o ponto de vista dos signos não está presente na obra de Nietzsche desde o início. Na obra de juventude, figuras, metáforas e símbolos estão em primeiro plano: a partir dos quais surgem conceitos, e estes passam a substituir aquelas. Como a pesquisa [sobre o tema] já bem explanou, Nietzsche orienta-se aqui fortemente em ligação com Schopenhauer, e uma série de outras fontes, pela expressão musical[22]. Figura, metáfora, sím-

---

20 Cf. MEIER-OESER, S. *Die Spur des Zeichens* – Das Zeichen und seine Funktion in der Philosophie des Mittelalters und der frühen Neuzeit. Berlim/Nova York, 1997, p. 424.

21 SIMON, J. *Philosophie des Zeichens*... Simon estimulou, anteriormente, a interpretação da filosofia de Nietzsche a partir desse entendimento da linguagem. Sua contribuição foi dada no *Nietzsche-Studien*: "Grammatik und Wahrheit – Über das Verhältnis Nietzsches zur spekulativen Satzgrammatik der metaphysischen Tradition". *Nietzsche-Studien*, Bde. 1, 1972, p. 1-26.

22 Cf. os trabalhos iniciais de KOFMAN, S. *Nietzsche et la métaphore*. Paris, 1972. • LACOUE-LABARTHE, P. *Der Umweg* [título original em francês *Le détour*, 1971]. In: HAMACHER, W. (org.). *Nietzsche aus Frankreich*. Frankfurt am Main/Berlim, 1986, p. 75-110. A estes completa MAN, P. "Rhetoric of Tropes (Nietzsche)" (*Allegories of Reading*. New Haven/Londres, 1976. Assim também a monografia de CRAWFORD, C. *The beginnings of Nietzsche's theory of language*. Berlim/Nova York, 1988 (In: Monographien und Texte zur Nietzsche-Forschung, 19). • BÖNING, T. *Metaphysik, Kunst und Sprache beim frühen Nietzsche*. Berlim/Nova York, 1981. Concluindo, as contribuições de Ernst Behler, Tilman Borsche, Diana Behler, Rudolf Fietz e Detlef Otto em BORSCHE, T.; GUERRATANA, F. & VENTURELLI, A. (orgs.). *Centauren-Geburten* – Wissenschaft, Kunst und Philosophie. Berlim/Nova York, 1994 (Monographien und Texte zur Nietzsche-Forschung 27). • DETLEF, O. "(Kon)Figurationen der Philosophie – Eine metaphorologische Lektüre von Nietzsches Darstellungen der vorplatonischen Philosophen". In: *Nietzsche-Studien*, 27, 1998, p. 119-152. Cada uma dessas referências remete a outros textos.

bolo e signo imbricam-se mutuamente. Em obras do período intermediário, retrocede ao conceito de símbolo[23], ligado estreitamente em Nietzsche com a metafísica schopenhaueriana da vontade – e, na transição para a obra tardia, emerge sempre mais fortemente, ao invés dele, o conceito de signo, que cada vez com mais intensidade vem à tona. Face ao "símbolo", que Nietzsche tinha pensado de modo "abrangente", como algo que "pode fazer pressentir todo um mundo de reflexiva profundidade, poder e beleza" (*UB* II, *HL* 6. KSA 1, p. 292), falta aos signos uma tal aura. Eles são "apenas" signos. Eles não substituem e em nada excedem aos conceitos, mas não podem se diferenciar deles. O sentido dos signos, segundo Nietzsche, remete a algo que permanece aberto e que novamente em signos pode ser apresentado. Dito brevemente: [tem o sentido de] abrir margens de manobra.

Nietzsche torna-se atento para os signos como ponto basilar de seu filosofar por volta do ano de 1880; entretanto, anos mais tarde os considera, no livro V de *A gaia ciência*, com o intuito de se concentrar, com esmero, neles, e daí até o período de composição de *O Anticristo* e *Ecce homo*, nos quais ele caracteriza a bem-aventurança do seu "tipo Jesus" como "ser outro" dos signos, [assim como caracteriza] sua própria "arte do estilo" como uso dionisíaco dos signos. Pretendemos mostrar na primeira parte deste texto como Nietzsche concebe, passo a passo, os signos como signos. Nas obras publicadas isso aparece, de modo comparativo, em poucos textos. Nas anotações póstumas, entretanto, persegue Nietzsche tal concepção continuamente. Ele configura aí um centro de gravidade temático especialmente importante: pensar o próprio pensar a partir dos signos. Na segunda parte, que é a mais curta, pretendemos esboçar o uso por Nietzsche dos signos em sua escrita filosófica, inclusivamente o uso de seu signo "Zaratustra" como de um doutrinador de doutrinas.

---

23 Cf. LACOUE-LABARTHE, P. "Der Umweg", já citado acima. Cf. tb. BEHLER, E. "Die Sprachtheorie des frühen Nietzsche". In: BORSCHE, T.; GUERRATANA, F. & VENTURELLI, A. Op. cit., p. 106-108.

A descoberta por Nietzsche dos signos

No outono de 1880, anota Nietzsche:

> O pensamento é, assim como a palavra, apenas um signo: uma congruência qualquer entre pensamento e efetividade não se pode falar. O efetivo (*Das Wirkliche*) é um certo movimento de impulso (*Triebbewegung*) (KSA 9, 6 [253]).
>
> O sentimento de sujeito (*Das Subjektgefühl*) cresce na medida em que nós construímos o mundo das coisas iguais com a memória e a fantasia (*Phantasie*). Nós ficcionamos (*dichten*) a nós mesmos como unidade, nesse mundo-de-imagens (*Bilderwelt*) criado, [ficcionamos] o permanente, que está sempre em mudança, como unidade. Mas isso é um erro. Nós comparamos signos e signos e estados e estados (KSA 9, 6 [349]).

Pensamentos, nos quais a efetividade é considerada, não são apenas designados pelos signos, mas também são eles próprios signos, signos de algo que, por sua vez, não é compreensível. Também o sujeito, que pensa o efetivo, é a unidade poetizada de um mundo-de-imagens criado por si próprio, no qual signos iguais valem como coisas iguais. Nietzsche revisa com isso o pensamento metafísico sobre os signos, fundado por Aristóteles[24].

De acordo com esse pensamento, signos (σύμβολα) da escrita são signos para sons de voz (τῶν ἐν τῇ φωνῇ), estes [são] signos para representações na alma (τῶν ἐν τῇ ψυχῇ), que, por sua vez, são cópias (ὁμοιώματα) das coisas (πράγματα). Os signos de escrita e de som são distintos para diferentes povos e, por esse fato, arbitrários. Contudo, isto *a partir do que* a escrita e o som são signos (σημεῖα) – as representações na alma e as coisas, das quais essas são cópias – é, de acordo com Aristóteles, o mesmo em todos os homens. Representações como cópias de coisas são pensamentos (νόημα) – pensamentos não são, portanto, arbitrários e, por causa disso, uniformes, inequívocos. Para Aristóteles eles são, portanto, o ponto de ancoragem de uma série. Aqui, no domínio do ente *pensado*, que é o mesmo para todos, pode a ciência se estabelecer. Na medida, porém, em

24 Cf. ARISTÓTELES. *De Interpretatione*. I, 16a 1-18.

que o ente é dado só empiricamente, nas impressões sensíveis dos indivíduos, o idêntico ente pensado é metafísico.

Quando Nietzsche anota que tanto o pensamento quanto a "palavra são apenas signos", ele passa de uma perspectiva ontológica para uma semiológica. Extrai com isso a consequência de que não se pode mais sustentar, pelo menos desde Kant, uma "congruência entre o pensamento e o efetivo" na forma de uma cópia unívoca. Disso extrai ainda uma outra, a saber, toma também o sujeito "transcendental", concebido por Kant como fundamento que dá unidade ao pensamento, apenas como signo, como signo ulterior de um mundo de signos, cujo fundamento – em conceitos kantianos – não é mais "a" razão, mas sim "a memória", a "imaginação" e o "sentimento", isto é, segundo Nietzsche, "[um] certo movimento de impulso", que escapa ao pensar, porque o pensar mesmo é apenas sua superfície semiológica (*zeichenhafte Oberfläche*). Pensamentos são signos de algo sem que se possa dizer para quê. Eles não são signos *para* algo que seria dado e cognoscível externamente aos signos, mas sim signos de algo, empregado aqui no sentido de mero "indicador", de um "signo indicativo", ou, como Nietzsche também diz, mais tarde, "sintoma"[25], que como tal é ambíguo[26].

A) Obras publicadas

a) A gaia ciência, *354*

Em 1886, no aforismo 354 do livro V de *A gaia ciência*, Nietzsche manifesta-se abertamente pela primeira vez em obras publicadas de modo abrangente sobre os signos. Anteriormente, havia concluído seu *Assim falou Zaratustra*, e nele dado ao signo uma posição destacada, ao intitular como "O signo" a última seção do quarto e derradeiro livro. Porém, aqui

25 Cf. JGB 32, KSA 11, 26 [92]; KSA 12, 1 [61], 7 [1].

26 Nietzsche usa o conceito signo, anteriormente, também dessa maneira. Cf. GT 14 ("Signo de uma dubiedade acerca dos limites da natureza lógica"); GT 23, DS 12 ("Signo de seu domínio"); HL 8, DW 3 ("Signo da verdade", "indicador" [*Anzeichen*]); DW 4 ("recorrente signo"); WB 8, WB 11 ("Signo da arte wagneriana"); MA 35, MA 45 ("Signo da bondade"); MA 236 ("Signo de desprezo"); MA 341 ("Signo de um respeito diminuto"); MA 348 ("Signo de poder"); MA II WS Prelúdio ("Signo de consentimento"); M 91 ("Toda espécie de signos ambíguos"); M 371 ("Signo do sofrer"); FW 83.

também ele ainda se dirige aos signos a partir de outras questões. Pela primeira vez essa temática se encontra, nas obras tardias, no centro.

Em *A gaia ciência* 354, Nietzsche propõe a "extravagante suposição" de que "o mundo, do qual podemos nos tornar conscientes, é apenas um mundo superficial e de signos". Ele tematiza os signos a partir da questão sobre a consciência. No livro I de *A gaia ciência* (aforismo 11), havia apresentado a tese segundo a qual a consciência, como ele mesmo diz, é, "no que há de essencial (*Hauptsache*), *supérflua*". De acordo com isso, e considerando que Leibniz também partira daqui, "ingressa na consciência" apenas a minoria do que é vivido e experimentado; a "grande razão do corpo", de que Nietzsche deixa Zaratustra falar, dirige, quanto ao principal, o comportamento do "si próprio" no mundo; o que há de essencial é regulado, no mundo, pelo modo de proceder consigo mesma da "grande razão do corpo", da qual Nietzsche havia autorizado Zaratustra falar[27]. O que vale como "razão", segundo Nietzsche, agora é apenas o "tornar-se consciente da razão"; "o pensar que se torna consciente", o pensar, que se expressa em palavras, é apenas "a pior parte, a parte mais superficial" disso. Dessa maneira, há de se questionar: "*para que* consciência em geral, se no que é essencial ela é supérflua?" E a resposta de Nietzsche é então: "*que a consciência em geral se desenvolveu apenas sob pressão de necessidade de comunicação*".

Ele passa aqui de uma perspectiva fisiológica para uma comunicativa. Pois palavras, nas quais "*ocorre* o pensar consciente", são "*signos de comunicação*", e é assim que "o desenvolvimento da linguagem e o desenvolvimento da consciência" tiveram, outrora, que caminhar de mãos dadas. Em proporção com a "*necessidade de comunicação*", teria também de ter crescido – e Nietzsche se mantém sempre em suposições – uma "*capacidade de comunicação*", e com essa capacidade de comunicação "a sutileza e força da consciência". Signos de comunicação não são, porém, somente as palavras, os signos da linguagem, mas também "o olhar, a expressão, o gesto"; também estes valem como "ponte entre os homens". Pelo menos esses últimos signos não se assentam na razão, mas pressu-

---

27 Cf. *Zaratustra* I, Dos desprezadores do corpo.

põem integralmente uma "força e arte" de signos elementar, pressupõem uma "capacidade" de "poder fixar impressões sensíveis em signos, e como que [um] poder colocá-los fora de nós"[28].

Ao invés da razão e da consciência o homem é determinado, por conseguinte, de acordo com Nietzsche, como "aquele que inventa signos", que "de modo cada vez mais apurado se torna", nessa invenção de signos, "consciente de si". Como "ponte entre os homens", os signos têm então, desde o início, um sentido não representativo, mas sim comunicativo, e em sua função comunicativa não podem ser signos de particulares (*Zeichen der Einzelnen*), mas signos da "espécie" (*Zeichen der Gattung*). Isso significa, por fim,

> que a consciência não pertence, propriamente, à existência individual do homem, mas antes àquilo que nela há de natureza comunitária e gregária; que ela, em consequência disso, é desenvolvida sutilmente apenas em relação à utilidade gregária e comunitária. Logo, que cada um de nós, com a melhor das intenções, para *entender* (*verstehen*) a si mesmo de modo individual tanto quanto possível, para "conhecer a si mesmo", traz à consciência somente o que, em si, é não individual (*Nicht-Individuell*), a saber, seu "elemento nivelador" (*sein Durchschnittliches*).

A consciência do particular não é individual, mas sim social, e os signos nos quais ela se articula desindividualizam (*entindividualisieren*) suas ações.

> Nossas ações são, no fundo, todas elas, de um modo incomparavelmente pessoais, únicas, individualmente ilimitadas,

---

28 Também de acordo com Kant, o "conhecimento do presente", o "apresentar-se das representações", é obtido pela "capacidade de designação" (*Bezeichnungsvermögen*). Cf. KANT, I. *Antropologia do ponto de vista pragmático*. Edição alemã pela Akademie-Ausgabe, VII, p. 191. Introduzir capacidades não é, como Nietzsche objeta, satiricamente, a Kant no aforismo 11 de *Para além de bem e mal*, "explicação" alguma, mas sim "apenas uma repetição da pergunta". Mais do que signos, tal como Nietzsche os entende, não é possível. Não se pode explicar seu fundamento, mas apenas mostrar sua questionabilidade. Cf. o texto preparatório para o aforismo 354 de *A gaia ciência*, anotação póstuma que conta da KSA 11, 30 [10], na qual Nietzsche responde para si mesmo à pergunta: "Como é a consciência possível?": "Eu estou longe de excogitar respostas para tal pergunta (isto é, palavras e nada mais!); no tempo certo, vem-me à cabeça o velho Kant [...]".

> disso não há dúvidas; porém, tão logo nós a trazemos à consciência, *não parecem mais ser assim*[29].

Isso é, prossegue Nietzsche, "o fenomenalismo e perspectivismo propriamente [ditos]": o fenomenalismo e perspectivismo dos signos. Ele

> considera que o mundo, do qual nós podemos tomar consciência, é apenas mundo de superfície e de signos, um mundo generalizado, um mundo tornado ordinariamente comum (*eine vergemeinerte Welt*) – que tudo que é tornado consciente é, com isso, raso, estreito, relativamente grosseiro, genérico, signo, marca distintiva de rebanho; que a todo tornar-consciente está ligado uma fundamental e grandiosa degeneração, falsificação, superficialização e generalização.

A "superficialização" do que é "individualmente ilimitado" em um "mundo de superfície e de signos", limitadamente generalizado, aparece, nesse contexto, como "degeneração". Logo na sequência Nietzsche reavalia o [termo] superfície. Ele é empregado no mesmo sentido de que se fala hoje em dia de "superfície" dos programas de computador. Na tela só se pode ver algo no momento em que, quem manuseia o computador, "vai abrindo" o programa; *como* se chega aí, permanece, para quem manuseia, via de regra, oculto, e isso também é algo que, para tal pessoa, não tem significado. Ele pode se comunicar em signos gerais que estão disponíveis na superfície virtual[30]. E assim ele pode aprender a utilizar programas cada vez mais complexos para uma comunicação cada vez mais particularizada.

b) Para além de bem e mal

O primeiro passo para a reconquista da individualidade na consciência é, de acordo com Nietzsche, a crítica dos conceitos-guias da metafísica tradicional e da moral. Em *Para além de bem e mal* (aforismo 21), ele os critica

29 Cf. anotação póstuma KSA 11, 36 [8]: "A gente se mantém firme consigo mesmo, se agarra a alguns signos exteriores e mesmo secundários, e não se tem qualquer sentimento de quão profundamente desconhecido e estranho nós somos para nós mesmos. E, no que concerne ao juízo sobre os outros: quão *rápido* e 'seguro' julga até o mais cauteloso e mais justo".

30 Cf., p. ex., EH, Por que sou tão inteligente, 9: "Consciência *é* uma superfície".

como simples signos, como "ficções convencionais para fins de designação, de compreensão (*Verständingung*), e não de explicação". Isso vale também, argumenta Nietzsche no aforismo 32, para os "propósitos" das ações, aos quais, na filosofia moral europeia, foi creditado imenso valor. Na perspectiva dos signos, esses propósitos são apenas a "superfície" tornada consciente das ações, sua "pele", "que, como toda pele, revela algo, mas que *esconde* ainda mais". Que essa superfície revela alguma coisa, isso torna-se para Nietzsche então algo sempre mais interessante: nesse sentido, mesmo um acontecimento imperscrutável é, por um lado, arranjado em signos, com elevado grau de simplificação. Por outro lado, porém, os signos, justamente por isso, têm que ser novamente interpretados. Justo porque o propósito que alguém apresenta para sua ação "é apenas um signo e sintoma; [...] para isso, um signo, que significa múltiplas coisas e, consequentemente, por si só quase nada significa", "carece" de "interpretação" (JGB 32), tanto para o indivíduo que age quanto para os outros que são afetados por sua ação, e assim se intensificando quanto mais significativo o signo for para eles.

Pergunta-se, então, pelos "signos" individuais "da vida [...]" (JGB 40). No entanto, também esses podem apenas ser interpretados em signos gerais, "constantemente falsos e mesmo rasos". Quem precisa "guardar algo frágil e vulnerável" pode esconder isso sob signos notadamente "rudes", pode usar a "rudeza" como "máscara" para sua "sutileza". Máscaras são signos usados ante a face, para não se deixar ver por qualquer um. Nesse sentido, todos os signos são máscaras na medida em que se é possível apresentar-se a si próprio por meio delas como se "precisa" e se "quer". Pode-se assim adquirir uma "sutileza" própria no uso dos signos, pode-se, como Nietzsche procede, utilizá-los de tal forma que os rudes a entendam rudemente e os sutis, sutilmente. E é nisso que reside a "astúcia" no trato com os signos, a qual não tem que ser necessariamente uma cavilação – "existe muita bondade na astúcia". Existe bondade aí, se um sutil uso dos signos resguarda a outrem daquilo que não poderiam suportar, quando não os "ofende"[31].

---

31 Cf. JGB 290.

A crítica moral aparentemente destrutiva de Nietzsche recebe aqui um sentido ético construtivo. Em JGB 187 ele toma a moral em relação ao conceito de uma "*linguagem semiológica dos afetos*"; em JGB 196 ele a considera uma "linguagem de signos e alegoria com a qual se pode muita coisa ocultar", mesmo diante de si mesmo. Moral, na medida em que é formulada em signos gerais, priva os indivíduos de tais signos e com isso também de sua responsabilidade; na medida, porém, em que signos gerais têm de ser reinterpretados individualmente, eles reconquistam uma margem de manobra de responsabilidade própria. Se parâmetros morais em geral devem (*sollen*) ser percebidos como sendo de responsabilidade própria, eles *podem* ser [nesse contexto] "apenas" signos[32].

Não simplesmente seguir normas gerais é, de acordo com Nietzsche, e visto pelo seu aspecto ético, exatamente o mais difícil. Nesse caso, universais signos morais têm grande força (JGB 268). Elas a possuem na medida em que estão ligadas ao surgimento da "comunidade" de homens. Nietzsche assim se posiciona, também em obras publicadas, quanto à revisão da ordem dos signos concebida por Aristóteles.

> Palavras são signos sonoros para conceitos; conceitos são, porém, mais ou menos signos imagéticos determinados para sensações que frequentemente retornam e, conjuntamente, se vão, para grupos de sensações (JGB 268).

Esses grupos de sensações têm então que existir em primeiro lugar, e não palavras e pensamentos, dos quais surge a comunidade. Ela surge porque, supõe Nietzsche em sintonia com o aforismo 354 de *A gaia ciência*, pode-se "indicar com signos semelhantes necessidades semelhantes, vivências semelhantes", surge da "simples comunicabilidade da necessidade" que, novamente, coloca em andamento aquele "natural, demasiadamente natural *progressus in simile*", [e provoca] "o aperfeiçoamento do homem naquilo que lhe é semelhante, habitual, nivelador, gregário – naquilo que lhe é comum!" (JGB 268). Segundo Nietzsche, então, esse processo teria sido, entre todas as violências, "a mais violentadora força que até agora dispôs o

---

32 Cf. isso tanto em relação a Kant quanto a Nietzsche: SIMON, J. "Philosophie des Zeichens und Ethik". In: *Algemeine Zeitschrift für Philosophie*, n. 20.1, 1995, p. 3-18.

homem", de modo que seria necessário "convocar uma contraforça descomunal" para poder arrestá-la.

c) Para a genealogia da moral

Nietzsche generaliza, em *A genealogia da moral* (Segunda dissertação, 12), a violência com a qual signos gerais se impõem na "necessidade" coletiva. Lá, ele vincula seu pensamento sobre os signos (*Zeichen-Gedanken*) ao pensamento da vontade de poder. Lá, o motivo norteador é a pergunta pela "origem e fim do castigo", tendo como meta tornar compreensível o propósito, a incessante movimentação, a fluidez do sentido do castigo. Para isso apresenta nessa obra seu pensamento sobre os signos. O sentido é sempre fluido, porque as margens de manobra para a elaboração e interpretação dos signos são utilizadas continuamente de modo novo. Isso quer dizer que o sentido de um signo pode ser completamente alterado com o tempo[33].

Acontece assim "no mundo orgânico", a saber, que "algo que existe, algo que de algum modo se realiza (*Zu-Stande-Gekommenes*) é continuamente interpretado, segundo um novo ponto de vista, por um poder (*Macht*) que pondera sobre ele, é então novamente monopolizado, tornando-[o] remodelado e redefinido para uma nova utilidade". Também aqui se trata de um "novo interpretar, de um arranjamento [...], no qual o 'sentido' e 'fim' anterior se obscurecem necessariamente ou devem ser totalmente extinguidos". Assim pode ser visto o pensamento sobre os signos enquanto acontecer universal da vontade de poder, e, sob esse aspecto, "a história completa de uma 'coisa', de um órgão, de um costume" também pode ser vista como "uma contínua cadeia de signos de sempre novas interpretações e arrajamentos".

O acontecer da vontade de poder, no entanto, revela, por sua vez, que as causas de sempre novas interpretações e arranjamentos "entre si não necessitam estar em conjunção, mas antes se desprendem e se seguem umas às outras de modo simplesmente casual". Com isso, não se trata de um acontecer mecânico, um acontecer linear de causa e efeito, mas sim é considera-

33 Cf. STEGMAIER, W. *Philosophie der Fluktuanz...*, p. 298-304. Nietzsche passa, em GM II, 12, gradualmente do conceito indicador (*Anzeichen*) para signo (*Zeichen*). Cf. STEGMAIER, W. *Nietzsches Genealogie der Moral* – Werkinterpretation. Darmstadt, 1994, p. 70-88.

do como um acontecer semiótico, isto é, acontecer que possui uma ordem mutável, acontecer interpretativo, enfim, como acontecer de signos (*Zeichen-Geschehen*). Nietzsche, visto por essa perspectiva, não concebe o acontecer da vontade de poder como fundamento ontológico do acontecer de signos, mas ele interpreta o pensamento sobre os signos por meio do pensamento da vontade de poder e, também inversamente, o pensamento da vontade de poder por meio do seu pensamento sobre os signos. Ambos são, eles próprios, apenas "signos": ele aqui introduz expressamente o "*querer-poder* que se realiza em todo acontecer" como teoria, e uma teoria, de acordo com o que foi dito acima, pode ser apenas uma elaboração segundo signos[34].

A "violência" (*Gewalt*) dos signos mais gerais não é experimentada, na maioria dos casos, como violência, mas como "poder" (*Macht*), o qual é bem-vindo, uma vez que ele poupa suas próprias "invenções"[35].

d) As últimas obras

Todavia, pode-se também opor a ela "forças contrárias". Isso é possível apenas por meio de um poder próprio, o poder dos próprios signos. Cada um dispõe dele em certa medida, a saber, em que cada um usa diversamente os signos universais em uma determinada margem de manobra, assim contribuindo para manter seu uso mais geral "fluido". Em particular, faz-se isso, e podem fazê-lo, todos aqueles que empregam novos usos dos signos e se impõem por meio deles, poderosos políticos (governante, legislador, pessoas da área econômica, jornalistas), e também escritor, artista, cientista e, finalmente, o filósofo e fundadores de religião. O poder deles é, acima de tudo, o poder de instituição de

---

34 "'Vontade'", escreve Nietzsche no período de composição de JGB, "uma falsa coisificação (*Verdinglichung*)" (KSA 12, 1 [62]). Cf. tb. o apontamento precedente, KSA 12, 1 [61]: "O efetivo acontecer em cadeia se realiza por debaixo de nossa consciência: as séries e sucessões de sentimentos, pensamentos etc. que se apresentam são sintomas do acontecer efetivo! – Sob cada pensamento esconde-se um afeto. *Todo pensamento*, todo sentimento, toda vontade [!] não nasceu de um determinado impulso, mas é um estado global (*Gesamtzustand*), plena superfície de toda a consciência, e resulta de uma consolidação de poder momentânea de todos os impulsos que nos constituem – assim tanto do impulso dominante quanto daqueles que obedecem e lhe opõem resistência. O próximo pensamento é um signo disso, a saber, a posição integral do poder que se deslocou".

35 Sobre a diferenciação de violência (*Gewalt*) e poder (*Macht*), cf. HEGEL, G.F.W. *Wissenschaft der Logik* – Theorie Werkausgabe. Bde. 6. Frankfurt am Main, 1969, p. 235 e 420ss.

signos, sendo que o maior poder têm aqueles que, dentre eles, determinam da maneira mais genérica e ampla o uso de signos. Por outro lado, é possível que esse poder não seja percebido tão facilmente. Acerca disso, Nietzsche tem diante dos olhos três exemplos: Horácio, Jesus de Nazaré e ele próprio.

A Horácio ele elogia em *Crepúsculo dos ídolos*[36] pela sua arte, que com um "*minimum* em quantidade e número de signos" alcançou "um *maximum* na energia dos signos". Essa energia causara em Nietzsche um "encantamento artisticamente" superior. Até onde se pode aqui *querer*, ele próprio quis segui-lo.

Exerce sobre ele, todavia, ainda mais força *o* Jesus que ele toma em *O Anticristo* para sua planejada e radical crítica ao cristianismo, a ele se opondo. Em seu esboço do "tipo Jesus", Nietzsche experimenta, em derradeira instância, o máximo de possibilidade dos signos. Com Jesus inicia-se a apoteose dos signos.

Ele entende (ou mal-entende, e isso pode ficar em aberto aqui) o próprio Jesus do Evangelho como signo. Ele busca "decifrá-lo" a partir de poucos critérios seguros que lhes são oferecidos, e que seriam possíveis nessas "coisas tão estranhas, tão tênues", apenas por meio de uma "neutralidade afetuosa e cautelosa" (AC 36). Ele o entende como signo disso, a saber, que todo elemento de violência na vontade de poder de todo vivente pode ser suprassumida numa vida em signos, a qual é desprovida de violência[37].

Ele lhe atribui um "ódio instintivo contra *toda* realidade", um ódio contra tudo que não é duradouro e resistente, seja em palavras, conceitos ou doutrinas, constatando nele uma "fuga para o inapreensível" (*Unfassliche*), para o "incompreensível" (*Unbegreifliche*).

> Estar em casa em um mundo no qual nenhum tipo de realidade mais afeta, em um mundo meramente "interno", um mundo "verdadeiro", um mundo "eterno"... (AC 29).

---

36 GD, O que eu devo aos antigos 1 (Texto preparatório em KSA 13, 24 [1] 7).

37 Cf. STEGMAIER, W. "Nietzsches Kritik der Vernunft seines Lebens – Zur Deutung von *Der Antichrist* und *Ecce homo*". In: *Nietzsche-Studien*, 21, 1992, p. 163-183 [Publicado neste livro sob o título A crítica de Nietzsche da razão da sua vida: para uma interpretação de *O Anticristo* e *Ecce homo*] e, do mesmo autor, *Philosophie der Fluktuanz...*, p. 352-365. Cf. tb. nesta obra outras referências.

Nietzsche interpreta esse mundo como um mundo repleto de signos, "um ser flutuando inteiramente em símbolos e coisas inapreensíveis" (AC 31). O "círculo de conceitos" que ele considera vigorar nesse meio não é "mais do que um discurso de signos, semiótica, um ensejo a alegorias":

> Que nenhuma palavra seja tomada ao pé da letra é, para esse antirrealista, a precondição para que, em geral, se possa falar (AC 32).

Nietzsche descobre nesse contexto uma "simbologia *par excellence*" (AC 32) que manifestamente o fascina, uma "bem-aventurança" na suprassunção da realidade em signos, um "sentimento de transfiguração integral de todas as coisas" em signos (AC 34). Ele contrapõe à caracterização de Renan do tipo [Jesus] como "herói" a caracterização de Dostoievski [de Jesus] como "o idiota"[38], não superficialmente, a dizer em seu sentido patológico, mas em relação à sua "moral"[39]. Essa moral teria sido não a moral da luta, porém uma moral da "incapacidade de resistência" (AC 29), uma moral sem *vontade* de moral (*Wille zur Moral*), que perpassou todo violento mal-entendimento e deslocamento, contra os quais Nietzsche dirige seu escrito. Na história da Europa e do mundo essa moral demonstrou ter exercido um poder e efeito extraordinários, e um "poder" apenas de signos:

---

38 Cf. Anotação póstuma de 1888. KSA 13, 15 [9]. Sobre a literatura que explora a relação de Nietzsche com Dostoievski, cf. SOMMER, A.U. *Friedrich Nietzsches "Der Antichrist"* – Ein philosophisch-historischer Kommentar. Basel, 2000 (Beiträge zu Friedrich Nietzsche), p. 288 e 317. Sobre a recepção de Nietzsche, na Rússia, via sua leitura de Dostoievski, cf. a contribuição de Boris Markow neste volume.

39 No romance de Dostoievski *O idiota* diz-se insistentemente que o Príncipe Michkin, inclusive ele diz isso de si mesmo, é um "idiota", uma pessoa com problemas mentais – ele regressa, no início do romance, de cinco anos de terapia. Seu aparecimento e o efeito que ele causa na sociedade de São Petersburgo coloca reiteradas vezes isso em questão, e vai se estendendo até que, devido aos desastrosos eventos que o circundam, ele se torna "idiota", embotado, e então regressa para o hospital. – Porquanto Nietzsche anteriormente ainda se forçava a rir do "tipo *Hölderlin* e *Leopardi*" – "eu sou suficientemente severo para rir daquelas coisas que perecem. [...] Alguma coisa no homem deve ser robusta e rude: senão ele, de um modo risível, perece diante de autênticas contradições com os fatos mais simples: pelo fato, por exemplo, de que um homem, de tempos em tempo, tem necessidade de uma mulher, como ele de tempos em tempos tem necessidade de uma refeição digna" (KSA 11, 26 [405]). Ele não mais "ri" do tipo do "Idiota".

> Hoje uma tal vida é possível ainda, [e] para *determinados* homens até mesmo necessária: o cristianismo genuíno, original será sempre possível... (AC 39)[40].

O poder de suprassumir toda violenta vontade de poder em signos Nietzsche também confia a si mesmo. Em *Ecce homo* ele o formula como "*arte do estilo*", de *seu* estilo:

> *Comunicar* um estado, uma tensão interna do *pathos* por meio de signos, calculando bem o tempo (*das tempo*) desses signos – eis aqui o sentido de todo estilo; e considerando que a multiplicidade de estados internos em mim é extraordinária, existem, assim, em mim, muitas possibilidades de estilo – a mais diversa arte do estilo em geral, da qual um homem já dispôs (EH, Por que escrevo tão bons livros 4).

A "mais diversa" arte do estilo é também a "mais sutil" arte do estilo, a arte soberana, que se aproveita de signos que desindividualizam (*die entindividualisierenden Zeichen*) para utilizá-los como signos que individualizam (*individualisierenden Zeichen*). Em *Ecce homo* Nietzsche os compreende como dionisíacos e os descreve se valendo do conceito religioso de "revelação" (EH, Za 3). Nela tudo torna-se involuntário, tudo torna-se signo, que não mais carece de qualquer interpretação, e fala por si mesmo.

> A involuntariedade da figura, da alegoria é o que há de mais notável; não há mais conceito algum, o que é imagem, o que é alegoria, tudo se oferece como sendo a expressão mais aproximada, mais acertada, mais simples. De fato, para lembrar uma palavra de Zaratustra, seria como se as coisas se aproximassem de si mesmas, se oferecessem à alegoria ("afagando, todas as coisas caminham, aqui, em direção ao teu discurso e te lisonjeiam: pois elas querem cavalgar no teu dorso. Em cada alegoria tu cavalgas aqui rumo à verdade. Aqui revelam-se a ti, como que de um salto, palavras de todo ser e [um] relicário da palavra. Todo

40 Cf. sobre o refinamento do Nietzsche tardio do conceito de cristianismo, consultar a anotação póstuma de juventude do verão-outono de 1873 (KSA 7, 29 [203]): "O cristianismo há que ser inteiramente relegado à história crítica".

ser quer aqui vir-a-ser palavra, todo vir-a-ser quer aprender contigo a falar")[41].

Nietzsche, com isso, reporta-se à sua obra de juventude *O nascimento da tragédia*. Levando em conta todas as diferenças, ele já havia lá interpretado o dionisíaco como "desagrilhoamento total (*Gesammtentfesselung*) de todas as forças simbólicas", como uma "elevação da autoexteriorização (*Selbstentäusserung*)" que seria "entendida apenas por seus iguais" (GT 2). Nessa obra ele utilizava ainda o conceito de símbolo, que ele novamente retomou em *O Anticristo*. Por isso, pode-se também ler a fórmula derradeira de *Ecce homo*: "Entenderam-me? – *Dioniso ante (gegen) o crucificado...?*" no contexto dos signos[42]. Pois Nietzsche concebe, em última instância, toda sua obra como "semiótica". Havia ele escrito, considera então agora, que desde cedo se serviu de Schopenhauer e Wagner como "de uma semiótica", de acordo com o exemplo de Platão que assim procedeu com Sócrates (EH UB 3). Seu Zaratustra e seu "*conceito de Dioniso*" (EH Za 6) representam, sem dúvida, signos do seu próprio filosofar[43]. Tampouco o "tipo Jesus", que ele *confronta* (*gegen... stellt*) expressamente com o "*Deus na cruz*", poderia deixar de ser pensado como uma semiótica da sua filosofia, porquanto esta seja uma filosofia do signo, um signo para uma força de deixar com que signo seja signo. O termo [alemão] *gegen* – do grego *anti* – usado na fórmula conclusiva "*Dioniso ante (gegen) o crucificado...*" não fala contra isso: ele é, por sua vez, um signo ambíguo, pode significar não apenas "oposição a", mas também "em substituição de", "para além de algo". De acordo com tudo aquilo que Nietzsche expôs sobre o entender e os signos, somos advertidos contra toda resposta demasiadamente simplista sobre a pergunta que sempre se repete: "Entenderam-me?"

---

41 O conceito signo não mais ocorre aqui. Cf., todavia, KSA 13, 14 [119]. ("Jamais se comunica pensamentos, comunica-se movimentos, signos miméticos que podem ser *re-lidos* por nós a partir dos pensamentos...") e KSA 13, 15 [12] ("Wagner não tem pensamentos, assim como V. Hugo: mas ele sabe nos aterrorizar de tal maneira com signos no lugar de um pensamento").

42 Cf. sobre o andamento do tema pesquisado: KORNBERGER, M. "Zur Genealogie des *Ecce homo*". In: *Nietzsche-Studien*, 27, 1998, p. 319-323.

43 Sobre o "lamento de Ariadne" enquanto "semiótica" e sobre o original sentido, na medicina, do conceito, cf. GRODDECK, W. *Friedrich Nietzsche*: Dyonisos-Dithyramben. Bde 2. Berlim/Nova York: Walter de Gruyter, 1991: "Die Dyonisos Dithyramben: Bedeutung und Entstehung von Nietzsches letzten Werk", p. 210ss.

B) Os escritos póstumos

Nos escritos póstumos, retoma Nietzsche o tema dos signos de modo ainda mais frequente do que em relação às obras publicadas. No outono de 1880 (KSA 9, 6 [253]) apresenta a tese fundamental segundo a qual o pensamento é "apenas signo", e o faz novamente em novembro de 1882 (KSA 10, 5 [1] 272). Tenta, a partir desse período, até 1885, ou seja, durante a composição dos textos preparatórios de *Assim falou Zaratustra*, bem como no ínterim das duas edições de *A gaia ciência*, refletir sobre o pensar por meio de signos. Ele trabalha, e isso de um modo extraordinário, em sua obra e sempre levando em conta novas abordagens, com vistas a uma análise fenomenológica do processo do pensar, uma vez que isso pode ser observado, com especial intensidade, a partir do verão de 1884, bem como durante o período de composição da quarta parte de *Assim falou Zaratustra*. Ele extrai daí também certas conclusões para a tarefa da filosofia[44].

Também no pensamento de Nietzsche acerca do pensar a partir de signos, o pensamento que elabora simplificando é o pensamento dirigente. De acordo com isso,

> todo o aparato do conhecimento [é] um aparato de abstração e simplificação – dirigido não para o conhecimento, mas sim para a apoderação das coisas (KSA 11, 26 [61]).

Nós "compreendemos" as coisas, a fim de "tomá-las nas mãos". Porém, segundo Nietzsche, o próprio pensar não é algo que se "tem nas mãos", como postulara a filosofia europeia, senão algo que, do modo mais amplo possí-

44 Cf. em especial KSA 11, 26 [61], 26 [92], 26 [114], 26 [227], 26 [407], 34 [46], 34 [131], 34 [249], 36 [8], 36 [27], 38 [1], 38 [2], 38 [13], 40 [27]. KSA 12, 1 [28], 1 [50], 1 [61], 1 [98], 2 [165], 3 [19], 5 [16], 6 [14], 7 [34]. KSA 13, 14 [122], 14 [153]. Que Nietzsche – e isso é extraordinariamente revelador – não publicara sua análise do processo do pensar, poderia residir no caráter dessa análise, que dificilmente seria incluída nas obras de maturidade, uma vez que estas, cada vez mais, tornaram-se escritos polêmicos. Pode ser até mesmo que resida também no pensamento sobre os signos (*Zeichen-Gedanken*), o qual ele, como mostrado, expunha, até a composição de AC e EH, apenas esporadicamente. O pensar do pensar a partir dos signos emerge apenas uma vez nas obras publicadas: GD, A "razão" na filosofia, 4. Aí de modo extremamente abreviado. Dito resumidamente, Nietzsche chama atenção nessa obra novamente para a moral como "inestimável semiótica", como "discurso de signos", como "sintomatologia" para "culturas e interioridades" (Os "melhoradores" da humanidade, 1). De resto, as anotações acerca do pensamento sobre o signo vão intensificando a partir de 1885 em suas obras.

vel, ocorre involuntariamente. Não dominamos nosso pensar, mas, tal como pondera no verão-outono de 1884, também aqui somos introduzidos num acontecer da vontade de poder, que apenas em signos torna-se patente.

> O involuntário no pensar
> O pensamento emerge, frequentemente se mistura e se obscurece através de uma aglomeração de pensamentos. Nós o destacamos daí, nós o depuramos, colocamo-los sobre seus pés e vemos como ele anda – tudo muito rápido! Colocamo-lo em julgamento: pensar é um tipo de exercício da justiça, pois existe aí também interrogatório. O que ele significa? Questionamos e trazemos aqui outros pensamentos: isso significa: o pensamento não é tomado como imediatamente certo, mas apenas como signo (*Zeichen*), como interrogação (*Fragezeichen*). Que todo pensamento é, antes de tudo, ambíguo e oscilante, em si apenas um ensejo a múltiplas interpretações e determinações arbitrárias, é uma constatação empírica de todo observador que não se detém na superfície. – A origem do pensamento nos é oculta; é de grande probabilidade que ele seja um sintoma de um estado bem amplo, igual a todo sentimento: que aí exatamente venha *ele* e não outro, que ele venha acompanhado de uma luminosidade maior ou menor, às vezes de modo seguro e com voz de comando, noutras sem qualquer segurança e carente de sustentação, em sua totalidade sempre [vem] inquietando e estimulando, perguntando – para a consciência todo pensamento é um estimulante – nisso tudo se expressa algo de um estado global em signos (KSA 11, 26 [92])[45].

Na simplificação do acontecer, que nós designamos "pensar", não se trata tanto de uma abstração no sentido de formar sempre conceitos cada vez mais "elevados" do que de uma elaboração em signos que vão se encurtando (*kürzeren Zeichen*); não tanto de um ordenamento hierárquico

---

45 Esse trecho é elaborado e se repete em junho-julho de 1885 (KSA 11, 38 [1]). Um semelhante processo ocorre, segundo Nietzsche, em KSA 11, 26 [94], na incorporação de vivências na memória: "Deve existir um processo interno que se comporta como formação de conceitos a partir de muitos casos particulares: o destacar e sempre novo sublinhar do esquema fundamental e o se livrar de traços aproximados". Aqui os pensamentos são "o que há de mais superficial" e são também "estimativas de valor que, sem saber como, vêm e aí ficam", eles são o que há de mais profundo, são dominantes. – Um pouco mais tarde (KSA 11, 26 [114]) Nietzsche reúne suas considerações sobre sentimento, pensamento e memória: em todos, tão logo eles se tornam conscientes, trata-se de "um *arranjar* (*Zurechtmachen*) totalmente **ativo**".

de conceitos, tal qual almejam os "sistemas" ontológicos, mas sim de uma facilitação e rápida aceleração da calculabilidade, enfim, trata-se de "abreviação (*Abkürzung*)":

> "Ciência" (tal como hoje se pratica) é a tentativa de criar para todos os fenômenos uma linguagem de signos comum, para fins de tornar a calculabilidade mais fácil e, consequentemente, para a dominação da natureza. Essa linguagem de signos, que traz consigo todas as "leis" observadas, não esclarece nada – é apenas um tipo da mais encurtada (da mais abreviada) descrição do acontecer (KSA 11, 26 [227])[46].

Eis aqui também uma primeira tarefa para filósofos, a tarefa [de]

> assenhorear-se do mundo presente ou passado, porquanto eles sintetizam o acontecer em signos: para eles [tal tarefa] reside em fazer claro, inteligível, compreensível, manejável – eles trabalham em favor da tarefa do homem, qual seja, servir-se das coisas para seu proveito[47].

Na medida em que aí é construído um "mundo de causas", tal efeito cria um "*falso*, apequenado, *logicizado* mundo", que não tem que corresponder ao mundo efetivo. Apesar disso, ele é "o mundo no qual nós podemos viver", um mundo que corresponde às "nossas necessidades" (KSA 11, 34 [46]), nele nós temos uma "visão-global" e podemos nos orientar. Que a "espiritualidade" (*Geistigkeit*) seja uma capacidade, a saber, aquela "de assenhorear-se, por meio de signos, de uma enorme quantidade de fatos, isso, em nosso consciente espírito, depende, acima de tudo, de um impulso que exclui, que repele", nem tanto da síntese de cada coisa que é dada, mas sim de um distanciamento dela. A possibilidade de acesso ao acontecer cresce na exata medida em que cresce seu distanciamento dele:

---

46 O substantivo "abreviação" Nietzsche utiliza pela primeira vez em KSA 11, 34 [249] e 38 [2].

47 KSA 11, 26 [407] = Escrito preparatório de JGB 211. Anotação do verão-outono 1884, retrabalhada em junho-julho de 1885. KSA 11, 38 [13]. Em JGB 211 Nietzsche não utiliza o conceito signo.

> Nossa lógica, nosso sentido do tempo, sentido de espaço são prodigiosas capacidades de abreviar, isso para fins de comando. Um conceito é uma invenção à qual nada corresponde inteiramente, mas a que muitos [correspondem] um pouco: uma tal sentença "duas coisas que são iguais a uma terceira são iguais entre si" pressupõe 1) coisas 2) igualdade; nenhuma das coisas existem. Todavia, com esse mundo de conceitos e números inventados de modo rígido, assim como com [os] signos, o homem adquire um meio para se apoderar de uma enorme quantidade de fatos, inscrevendo-os em sua memória. Esse aparato semiológico é sua forma de supremacia, exatamente pelo fato de que ele, tanto quanto possível, distancia-se dos fatos particulares. A redução da experiência em signos e a sempre maior quantidade de coisas que podem ser compreendidas: eis sua suprema força (KSA 11, 34 [131]).

A lógica científica leva essa abreviação a seu extremo: "todos os afetos, todo sentir e querer são banidos desse pensar", bem como é criada uma ordem própria em contraposição à "efetividade" (*Wirklichkeit*): "ela é, de todo, indescritivelmente complicada". A lógica é nesse contexto o "padrão de uma completa ficção" que, aliás, é profícua. Seu "aparato de simplificação" conduz isso a uma *escrita semiológica* (*Zeichenschrift*), a uma *comunicabilidade* e a uma "notabilidade dos eventos lógicos". Ela cria signos que podem ser fixados com significados iguais em um escrito e que por qualquer um pode ser comunicado, independente de condições individuais de vivências e experiências. Na medida em que, na ciência, tenta-se "estabelecer" tal ficção "como esquema", criando o "acontecer espiritual", ela se torna uma "ficção regulativa"[48].

48 KSA 11, 34 [249]; anotação de abril-junho de 1885, levemente retrabalhada e repetida em junho-julho de 1885, KSA 11, 38 [2]; continuada em agosto-setembro de 1885, KSA 11, 40 [27]; novamente verão de 1886-outono de 1887, KSA 12, 5 [16]. Nietzsche denomina aí a lógica e sua aplicação na mecânica de "arte de abreviação e esquematização, uma apoderação da multiplicadade por meio de uma arte da expressão – nenhum 'entender', mas um designar com fins de compreensão (*Verständigung*)". Sobre orientação através dos signos em geral, enquanto arte de abreviação do mundo, cf. STEGMAIER, W. "Weltabkürzungskunst – Orientierung durch Zeichen". In: SIMON, J (org.). *Zeichen und Interpretation*. Frankfurt am Main, 1994, p. 119-141.

Nietzsche não condena a ficção da lógica; pelo contrário, *enquanto* ficção ela tem sua razão de ser[49]. Se podemos elaborar o acontecer "apenas" em signos, isso vai depender da capacidade de fazê-lo, tanto quanto possível, efetivamente[50]. Também a filosofia não pode proceder de outra maneira a não ser abreviando[51]. Ela pode ou deveria saber que assim procede, que ela e toda ciência, e também todo [modo de] orientação cotidiana[52], são, em derradeira instância, arte de signos. Nessa arte dos signos, filósofos podem se sobressair, especialmente, como "artistas da abstração (*Abstraktions-Künstler*)". Por meio da invenção de "meios de abreviação", que servem integralmente à vida, eles podem voluntária ou involuntariamente se tornar "poderosos", "legisladores do futuro":

> A força inventiva, que poeticamente cria categorias, trabalhava a serviço da necessidade, a saber, da segurança, da mais rápida compreensibilidade (*schneller Verständlichkeit*), com base em signos e sons, meios de abreviação: não se trata de verdades metafísicas, [quando se fala] em "substância", "sujeito", "objeto", "ser", "vir-a-ser". – Foram os poderosos que tornaram lei os nomes das coisas: e, entre os poderosos, foram os maiores artistas da abstração os que criaram as categorias (KSA 12, 6 [11])[53].

Visto assim, a "verdade" não é impossível. Todavia, sua possibilidade é pensada não mais na relação dos signos com as coisas, mas na relação de signos com os signos. Ela pressupõe "'*abreviações de signos*' em oposição aos signos eles mesmos" e, nessa medida, ela, "no mundo inorgânico",

---

49 Cf. MIKLOWITZ, P.S. *Metaphysics to metafictions* – Hegel, Nietzsche and the End of Philosophy. Albânia, 1998.

50 KSA 11, 34 [249] ("Eu me coloco de modo diverso ante a ignorância e a incerteza") e KSA 12, 6 [14] ("Lógica e lógica aplicada [como matemática]" pertencem "ao artifício do poder que ordena, que subjuga, que simplifica, que abrevia [...] e que se chama vida"), e KSA 12, 7 [34] ("Lógica – não se revelou sua essência. Arte do *significado unívoco*?).

51 Cf. KSA 11, 36 [27]: "A filosofia, assim como eu a tomo, enquanto a forma mais universal da história, como tentativa de descrever, de algum modo, o vir-a-ser heraclitiano e de reduzi-lo em signos (de traduzi-lo, assim, em um tipo de ser aparente e de mumificá-lo)".

52 Nietzsche emprega o conceito de orientação apenas de modo periférico. Cf. KSA 12, 7 [1].

53 Sobre o conceito "legislador do futuro", cf. KSA 11, 26 [407] e JGB 211.

ainda não é pensável. Ora, pode-se aqui até mesmo "*compreender todos os movimentos [...] como gestos*, como um tipo de linguagem através da qual é possível entender as forças". Entretanto, falta ainda no domínio da verdade o "mal-entendimento, [pois] a comunicação parece ter sido completada". O mal-entendimento e, juntamente com ele, a margem de manobra para o "'falso'" e o "'verdadeiro'" se iniciam, em primeiro lugar, com a "construção de formas que *representem* muitos movimentos"; inicia-se com a "invenção de signos para espécies inteiras de signos" (KSA 12, 1 [28])[54]. Em relação àquelas coisas que estão para além dos signos, "*todo pensar*" pode ser dito, contrariamente, "' [a]-científico'" (KSA 12, 1 [50]).

Quanto mais se torna consciente disso, tanto mais, assegura Nietzsche, se "renunciará explicar" e "se deixará de lado o conceito 'causa e efeito'". O "modo de pensar mecânico-atomístico", supõe Nietzsche, "se encerrará" um dia "com a criação de um sistema de signos" (KSA 12, 2 [61]). Será possível, pergunta-se Nietzsche por fim, "compreender todos os movimentos como signos de um acontecer anímico", bem como "lidar com a ciência da natureza como sintomatologia"? (KSA 12, 2 [69]). Na perspectiva dos signos, parece a ele possível aquilo que exclui na perspectiva das coisas: um "sistema", uma ordem – conscientemente constituída – do todo. Em um longo fragmento sistemático sobre o "princípio da vida", ele anota por fim:

> PS: Todos **os movimentos** como **signos** de um acontecer **interno** – portanto, a enorme parte que predomina de todo acontecer **interno** é dada a nós como signos (KSA 12, 7 [9], p. 294).

A anotação de Nietzsche, segundo a qual nós pensaríamos por "*compulsão linguística*" e que o "*pensar racional*" é "*um interpretar de acordo com um esquema, o qual nós não podemos abdicar*" (KSA 12, 5 [22]), foi frequentemente mencionada[55]. Nietzsche voltou a trabalhá-la na primavera

---

54 Sobre isso cf. SIMON, J. *Philosophie des Zeichens*..., p. 131ss.

55 Assim como eu vejo, Heidegger tratou primeiramente da necessidade teórica e prática de "esquemas" (In: *Nietzsche*. Op. cit. Bd. 1, p. 551-577), mas antes J. Simon ("Grammatik und Wahrheit..." Op. cit., p. 1ss.) trouxe à tona o citado fragmento (Heidegger o cita segundo a obra *A vontade de poder*, 522).

de 1888 em relação aos signos. Nosso "esquema", nosso "meio de expressão", anota ele agora, é "semiótica":

> Não está na nossa vontade modificar nosso meio de expressão: é possível compreender em que medida isso é simples semiótica (KSA 13, 14 [122]).

Por fim, ele associa o conceito de signo àquele de esquema, e o de esquema ao de "mal-entender", do qual nós partimos.

> O propósito era se iludir de um modo útil: os meios para isso, a invenção de fórmulas e signos, com a ajuda dos quais a multiplicidade que causava perturbações foi reduzida a um esquema regular e manejável. [...] A sentença contraditória dava o esquema: o mundo verdadeiro, para o qual se procura um caminho, não se contradiz consigo, não pode ser mutável, não pode vir-a-ser, não tem origem nem fim. – Isso é o maior dos erros que foi cometido, é a fatalidade peculiar do erro na terra: acredita-se ter um critério da realidade nas formas da razão, na medida em que as possuímos, a fim de se assenhorear da realidade, a fim de mal-entender de uma maneira inteligente a realidade... (KSA 13, 14 [153]).

O uso por Nietzsche dos signos

O mundo dos signos, pondera Nietzsche em suas anotações tardias, e aqui se pode concordar com ele sobre isso, permite apenas "um modo de interpretação de valor astrológico" (KSA 12, 2 [165]): nós não podemos dizer se nosso pensar corresponde de alguma maneira às coisas, tal como as assumiu a filosofia europeia. Nós podemos apenas interpretar os signos que se apresentam a nós. Nisso não temos escolha. É nosso "destino, enquanto espectadores das coisas europeias, ficar aqui diante de um texto extremamente secreto e ilegível". Todavia, temos uma possibilidade: nós podemos ser "astutos intérpretes e esclarecedores de signos", de modo que o "texto" "se revele para nós cada vez mais" – "na verdade" nós jamais deixamos de ser isso (KSA 12, 3 [19]).

De acordo com o que foi argumentado acima, temos de partir disso, a saber, que um signo não é de modo algum um meio de representação, mas de comunicação, e a comunicação, o uso dos signos, é um acontecer da vontade de poder, um acontecer no qual desde o início nada se mantém fixo. Também

> comunicar-se é, então, originariamente, estender seu poder sobre o outro. [...] o signo é o gravar (frequentemente doloroso) de uma vontade sobre outra vontade [...] (KSA 10, 7 [173]).

Novamente, como desde o início sugerimos, isso significa que o comunicar-se entre homens é algo que lesa, e o entender de uma comunicação significa um deixar-se lesar:

> Assim, o entender é originalmente uma sensação de padecimento (*Leidempfindung*) e um reconhecer de um poder estranho.

Para aliviar a lesão sofrida, é de grande ajuda um entender sempre mais rápido e mais simples:

> Entender-se rápido e de modo simples é o mais aconselhável (para que se receba, possivelmente, menos golpes).
> O mais rápido entendimento recíproco é o entendimento menos doloroso de uma pessoa com outra: por isso ele é almejado. [...] (KSA 10, 7 [173]).

O que se "entende", o "sentido" é, por fim, enquanto resultado do acontecer da vontade de poder entre indivíduos, "sentido de relação" (*Beziehungs-Sinn*):

> Todo sentido é vontade de poder (todos os sentidos de relação podem ser dissolvidos nela) (KSA 12, 2 [77]).

Desde o início, uma relação entre indivíduos é cunhada não pela razão, mas por uma lesão, é, inevitavelmente, uma relação ética. Ela *se esforça pela* ética, *necessita* da ética. Ela necessita, todavia, não de uma ética na forma de uma fundamentação de normas universais, contra a qual Nietzsche dirige especialmente seus escritos, mas sim de uma ética da relação interindividual. Nietzsche não "formulou" essa ética, tal como seu "tipo Jesus" não formulou sua crença (AC 32)[56]. Ela é assim de difícil compreensão[57].

---

56 Cf. EH, Por que escrevo tão bons livros, 3. KSA 14, p. 484: ("a mais abreviada linguagem [...] da qual um filósofo já falou, – [ela é] a mais desprovida de fórmulas, a mais viva, a mais, em muitos sentidos, artística").

57 Entrementes, depois da obra de Kaufmann, nesse sentido pioneira, no entanto ainda marcada pelo existencialismo, firmou-se uma vasta pesquisa sobre a ética construtiva de Nietzsche: In: KAUFMANN, W. *Nietzsche* – Philosopher, Psychologist, Antichrist. Princeton, 1950. Cf. tb. STEGMAIER, W. *Nietzsches "Genealogie der Moral"*... p. 11-25. • BERKOWITZ, P. *Nietzsche*: Ethics of an Immoralist. Cambridge, 1995. • MURRAY, P.D. *Nietzsche's Affirmative Morality* – A Revalua-

Ela é, na perspectiva dos signos, uma ética do *uso* dos signos, e Nietzsche *mostra* esse uso, mostra-o exemplarmente em sua figura, em sua "semiótica": Zaratustra. Na poesia, na ficção *Assim falou Zaratustra*, ele exalta toda realidade em signos e apresenta as "falas" de Zaratustra aos indivíduos, apresenta às "almas" como "falar em signos":

> E para que toda natureza é criada se não para isto, a saber, que eu tenho signos com os quais eu posso falar para almas! (KSA 10, 22 [3], p. 627).

De uma maneira notável, ele concebe Zaratustra como figura que – de acordo com os exemplos de Sócrates e de Jesus de Nazaré – pode "entender" signos dos outros e os entende segundo seu sentido, pode lhes oferecer signos próprios, a partir dos quais os outros podem adquirir novas "leis", novos parâmetros para o pensar e agir[58]. Nietzsche rodeia Zaratustra com "amigos" que têm "a boa vontade em alguma sutileza de interpretação" dos signos dele. Eles podem também "mal-entender", o que faz com que Zaratustra aos poucos "se separe" deles. Ele permite que o próprio Zaratustra haja a partir de "signos", permite a ele aguardar pelo *seu* signo, que apenas ele, a seu modo, pode entender[59]. E ele permite Zaratustra ensinar "doutrinas", quais sejam, a doutrina da vontade de poder, do além-do-homem e do eterno retorno do mesmo.

---

tion Based in the Dionysian World-View. Berlim/Nova York, 1999 (Monographien und Texte zur Nietzsche-Forschung 42). • MAY, S. *Nietzsche's Ethics and his War on "Morality"*. Oxford, 1999. • STEIMANN, M. *Die Ethik Friedrich Nietzsches*. Berlim/Nova York, 2000 (Monographien und Texte zur Nietzsche-Forschung 43).

58 Cf. Za I. Dos novos ídolos ("Esse signo eu lhes dou..."). • Za II. A criança com o espelho ("Em verdade, dos sonhos eu entendo, demasiadamente bem, signo e advertência..."). • Za II. Dos sacerdotes ("E outrora oferecia Zaratustra aos seus discípulos um signo e falava essas palavras a eles..."). • Za II. Do país da instrução ("Em verdade, vós não podeis portar de modo algum melhor máscara, vós, homens do presente, do que a vossa própria face! Quem poderia a vós – *conhecer*! – Por completo escrito com signos do passado e também sobreposto, com pinceladas, por novos signos: assim vós vos escamoteastes ante os intérpretes de signos [*Zeichendeutern*] – exceto [ante] Zaratustra)". Sobre "o dar signos", cf. anteriormente M 96, M 341, M 348.

59 Cf. Za III. Da bem-aventurança malquista ("Portanto, tudo, em mim, clamava em signos de 'é tempo'!..."). • Za III. Das velhas e novas tábuas ("Isso eu aguardo agora: pois agora devem vir a mim os signos, que essa seja *minha* hora!..."). • Za IV. O signo ("Anseio à minha obra, ao meu dia: mas eles não entendem o que são os signos da minha manhã, meu escrito..." – "'O signo *estar por vir*'...").

Pode-se, sob esse aspecto, admitir-se que tais doutrinas sejam passíveis de ser entendidas mais facilmente a partir da perspectiva dos signos. Nós só podemos ainda indicar brevemente como isso seria possível[60]:

– A doutrina da vontade de poder teria o seguinte significado: todas as coisas e homens têm a vontade de exercer seu poder uns sobre os outros sem que um terceiro elemento, uma lei universal, delimite isso. Eles devem seguir tal vontade. A doutrina pode também, segundo a perspectiva dos signos, significar: "vontade de poder" é um signo para o "sentido de relação" dos signos, a qual resulta das margens de manobra interpretativas daqueles que utilizam os signos.

– A doutrina do além-do-homem pode significar: existe ou tem que existir uma espécie de homens que exerce um poder ilimitado sobre todos os demais. Na perspectiva dos signos, essa doutrina significa: "além-do-homem" é um signo para ir além de todo conceito desse gênero, que são feitos sobre as espécies de homem, para não normatizar os homens por meio de conceitos universais, definitivos, fixos, "últimos", mas que os deixem ser signos. O próprio Nietzsche parece ter entendido a "doutrina" do além-do-homem assim. Ele anota em junho – julho de 1883:

> Eu conheço a palavra e o signo do além-do-homem: porém, eu não a mostro, eu não a mostro nem a mim mesmo (KSA 10, 10 [44]), sutilmente modificado em 16 [2]).

– A doutrina do eterno retorno do mesmo pode significar: tudo que é, retorna assim como é, eternamente. Assim considerada, ela é uma doutrina metafísica, uma doutrina de todas as coisas, tais como elas são eternamente. Ela própria se conduz, vista por esse ângulo, a uma aporia (muito simples): pois se tudo retorna tal como é, não posso saber e por isso também não posso ensinar que tal coisa retorna. A doutrina suprime-se a si própria *como* doutrina – se ela é verdadeira, então não se pode doutriná-la[61]. O próprio Nietzsche parece tê-la entendido também na perspectiva

60 Sobre uma interpretação integral de *Assim falou Zaratustra*, cf. STEGMAIER, W. Also sprach Zarathustra. In: *Interpretationen* – Hauptwerke der Philosophie; Von Kant bis Nietzsche, unter Mitarbeit von Hartwig Frank. Stuttgart, 1997, p. 402-443.

61 Cf. MONGRÉ, P. [aliás HAUSDORFF, F.]. *Das Chaos in kosmischer Auslese* – Ein erkenntnis-

dos signos. Em um esboço ao quarto ato de um drama de Zaratustra de junho-julho de 1883, ele anota:

> Ele profetiza a eles: a doutrina do retorno é o signo. – Ele **se esquece** e ensina o retorno **a partir do** além-do-homem: o além-do-homem a toma para si e, com isso, a cultiva. – Regressando, após ter a visão, ele morre por isso (KSA 10, 10 [47]).

As margens de manobra para interpretação da passagem são grandes. Na perspectiva dos signos, elas poderiam significar: no ponto de partida, Zaratustra "se esquece" – ele perde todo conceito de si mesmo; ele ensina "a partir do além-do-homem" – de que ele pode renunciar a todo conceito, e pode deixar os signos ser inteiramente signos; ele ensina o retorno – que um tal tipo de doutrina se suprime como doutrina, e permanece apenas como signo, permitindo, novamente, que signos sejam somente signos; "regressando, após ter a visão, ele morre por isso" – no mundo, tal como ele é e como ele é entendido habitualmente, o tipo Zaratustra não será tolerado, tampouco como [foram] Sócrates e Jesus. Porque é difícil continuamente renunciar a uma determinação, em conceitos, de coisas e homens. Apenas alguns homens não carecem de tais determinações, e isso eles o fazem apenas "em bons dias". Nisso se distinguem os homens uns dos outros, e eles mesmos são, de tempos em tempos, "sempre de novo outros".

Justamente isso, no entanto, é resultado do relacionamento com as doutrinas de Zaratustra. Quem, em bons dias, tem mais sutileza para a interpretação, poderá se iniciar nela melhor do que um outro que está "em carência", e também influenciará os mesmos homens, em um outro tempo, de modo diferente. Ele não reconhece a si próprio, "não mais entende a si próprio". Vistas dessa maneira, as doutrinas de Zaratustra atuam "cultivando", ou seja, "selecionando", distinguindo, diferenciando: suas doutrinas distinguem aqueles que a entendem assim daqueles que a entendem de um outro modo. E isso é apenas possível por meio de signos e em margens de manobra interpretativa. Nietzsche permite, propositalmente, Zaratustra dirigir a palavra aos outros de modo diferente; permite-o, proposital-

---

kritischer Versuch. Leipzig, 1898, p. 53. • Tb. do mesmo autor: "Tod und Wiederkunft". In: *Neue Deutsche Rundschau* (Freie Bühne), 10 (1899), p. 1.277-1.289, esp. p. 1.281ss.

mente, se valer, para isso, de margens de manobra semiológicas, a fim de distinguir e selecionar seus ouvintes. Nele Nietzsche exibe a arte de utilizar signos que desindividualizam para criar uma comunicação individualizante. Assim está dito no fim da seção "Da redenção":

> "Mas por que discursa Zaratustra para nós de modo diferente [da forma como discursa] para seus discípulos?" - Zaratustra respondera: "Mas por que o espanto? Com corcundas é possível apenas falar corcovado!" – Bem, disse o corcunda; e com alunos é possível conversar da escola. – Mas por que Zaratustra fala, para seus alunos, de modo diferente [da forma como fala] para si mesmo?"

Com exceção de *Assim falou Zaratustra,* Nietzsche não "doutrina". Ele confia apenas nessa obra, de modo sempre mais consciente, em sua arte de uso dos signos para a interpretação de seu leitor. Ele parte disso, a saber, que a "moral e religião enquanto [domínios] de essencial interesse [...] são signos de [um] estado-de-necessidade (*Nothstands-Zeichen*)" (KSA 13, 14 [92]), e isso segundo sua elucidativa "práxis de guerra"[62], para incitar os leitores a notar, honestamente, tal "necessidade". É também para dar a eles, leitores, a possibilidade de rechaçar tal desafio, caso eles não possam suportá-la em seu estado de carência[63].

Por causa disso, em toda sua severidade, seu uso dos signos é cuidadoso. Ele oferece signos que podem ser entendidos, simultaneamente, de modo "grosseiro" ou "sutil", signos que, como sempre, atuam de modo revoltante sobre uns, de modo fortalecedor sobre outros, e sobre outros ainda promovendo distância. Revoltando aqueles que querem se firmar sobre antigos fundamentos das universais normas metafísicas e morais. Fortalecendo aqueles que anseiam livrar-se delas, e distanciando os que sabem que não se pode nem se firmar sobre elas e nem se livrar delas, vendo-as como "semiótica"; e esta em nada está presa, a ela não se pode, entretanto, abandonar sem mais. Assim, ele compromete seus leitores por meio de suas próprias leituras:

---

62 Cf. EH, Por que sou tão inteligente, 7.

63 Cf. JGB 290 e Za, segundo prefácio: Zaratustra para o santo que ainda louva Deus: "O que eu teria para lhe dar? Deixe-me partir ligeiro, para que não lhe tome nada!"

> Meus escritos são muito bem defendidos: quem recorre a eles, e se equivoca ao fazê-lo, como alguém que não tem direito a tais livros – ele o faz de modo risível –, um pequeno acesso de cólera o impele a pôr para fora o que há de mais interno e mais risível: e quem não saberia o que daí sempre vem! (KSA 12, 2 [79])[64].

Todos são livres para entender os escritos de Nietzsche de modo "grosseiro". Porém, estando "em bons dias", temos melhor "sutileza para interpretação" e reconhecemos nossa grosseria anterior. Aprendemos com isso a conhecer a nós mesmos, conhecemos a nós mesmos como leitores dos textos de Nietzsche. É para isso que Nietzsche quer prestar ajuda, para isso ele está pronto, a saber, para "comprometer" a si mesmo.

> Eu jamais dei um passo em público que não me comprometesse: esse é o meu critério do reto agir (EH, Por que sou tão inteligente, 7).

Atribuir contradições e ambiguidades ao uso, por Nietzsche, dos signos e com isso fazer da lógica "a arte da designação unívoca (*Kunst der eindeutigen Bezeichnung*)", que Nietzsche, em seus escritos, com suficiente clareza, restringira a uma margem de manobra bem estreita; fazer dela parâmetro de interpretação dos seus escritos, isso poderia ser uma forma de se comprometer com eles. Porém, seguramente, apenas uma forma entre muitas outras.

64 Cf. EH, Por que escrevo tão bons livros, 3. "Eu tenho em meus conhecidos diferentes cobaias, nas quais experimento as variadas, mui instrutivamente diferentes reações a meus escritos".

6 "Idealismo filosófico" e a "Música da vida": sobre o trato de Nietzsche com paradoxos

Uma interpretação contextual do aforismo 372 de *A gaia ciência**

Introdução ao tema e método

Também na pesquisa mais recente a filosofia de Nietzsche é tida como notoriamente ambivalente, contraditória, paradoxal. Isso faz parecer necessário torná-la unívoca por meio de interpretações apropriadas. Todavia, uma vez que as tentativas de torná-la unívoca se apartam consideravelmente umas das outras, então a filosofia de Nietzsche torna-se ainda mais equívoca e contraditória. Também o próprio Nietzsche não admitia "ambivalência", mas sempre que possível as detectava e atacava. Em sua própria filosofia ele parece não tê-la descoberto, e, onde a suspeitava, ele a submeteu a uma rigorosa "autocrítica"[1]. Já em 1950, Walter Kaufmann tinha

* STEGMAIER, W. "'Philosophischer Idealismus' und die 'Musik des Lebens'. Zu Nietzsches Umgang mit Paradoxien – Eine kontextuelle Interpretation des Aphorismus n. 372 der *Fröhlichen Wissenschaft*". In: *Nietsche-Studien.* Band 33, 2004, esp. p. 90-127. Tradução de Oswaldo Giacoia Junior. Revisão de André Luis Muniz Garcia.

1 Cf. esp. a "Tentativa de autocrítica" no prefácio à segunda edição de *O nascimento da tragédia*. De acordo com ela, Nietzsche "tomou pela primeira vez", assim ele vê, restrospectivamente, as coisas,

chamado a atenção para isso, então ainda voltada contra a lenda de Ernst Bertram acerca do "típico ambivalente", e contra a pressão de Karl Jaspers por "contradições", nas quais o pensamento iluminador da existência deveria "fracassar"[2]. Justamente na busca pelo "problemático na existência" e pela "preferência intelectual", portanto entre "os homens modernos e europeus" (GT, Tentativa de autocrítica 1. KSA 1, p. 12), Nietzsche queria ser, ele mesmo, "inequívoco". Consciente de que a compreensão entre indivíduos só é possível[3] numa "margem de manobra[4] e espaço de recreação para mal-entendidos" mais ou menos amplo, ele apreciava o "inequívoco", sim, honrava-o e se esforçava por isso permanentemente[5]. Ainda no tempo de suas polêmicas mais aguçadas, ele tinha em elevado apreço a "inequívoca e perfeitamente científica maneira de pensar" da Ilustração (*Aufklärung*),

---

"o problema da ciência [...] como problemático, como questionável" (GT, Tentativa de autocrítica 2. KSA 1, p. 13), [tomou-o] de maneira provisória, mas justamente por isso de modo não ambivalente. Crítica e autocrítica eram para Nietzsche um momento integral tanto da ciência como da religião cristã (cf. AC 21: "a casuística do pecado, a autocrítica, a inquisição de consciência"), ambos tendo cunhado sua "consciência moral".

2 KAUFMANN, W. *Nietzsche, Philosoph – Psycholog – Antichrist*. 4. ed. 1974. Traduzido do inglês por Jörg Salaquarda. Darmstadt, 1982, p. 13-17, 84-111. O "ambivalente" é, para o Nietzsche (maduro), como Kaufmann mostrou, sobretudo "o romântico" na figura de Richard Wagner. Em aliança com Elisabeth Förster-Nietzsche, que procurou minimizar a ruptura de Nietzsche com Wagner, Bertram (BERTRAM, E. *Nietzsche. Versuch einer Mythologie*. Berlim, 1918), com sua "mitologia" revelou a filosofia de Nietzsche aos nacional-socialistas. Em relação a Jaspers (JASPERS, K. *Nietzsche* – Einführung in das Verständnis seines Philosophierens. Berlim, 1936), cf. Kaufmann (Op. cit., p. 86ss.). Em relação às fontes da presumível ambivalência de Nietzsche, [consultar] a apresentação do espólio filosófico de Nietzsche por Förster-Nietzsche e Heinrich Köselitz em *Wille zur Macht* (Op. cit., p. 7).

3 *Para além de bem e mal*, 27. Cf. a preparação no fragmento póstumo de 1885/1886. KSA 12, 1 [182], p. 50s. • STEGMAIER, W. "Nietzsches Zeichen". *Nietzsche-Studien*, 29 (2000), p. 41-69 [Publicado neste livro sob o título "Signos de Nietzsche"].

4 Sobre esse fundamental conceito, consultar nota 7 da apresentação [N.Orgs.].

5 Cf. *A gaia ciência* 336, a respeito da inequívoca "bela visibilidade". • *Humano, demasiado humano*, II. Prefácio 3. KSA 2, p. 373, sobre a música romântica, "essa ambivalente e falastrã arte sufocante". • *Ecce homo, Por que sou tão inteligente* 8. KSA, 6, p. 291, sobre o mais "inequívoco" "instinto de *autodefesa*". • *Ecce homo, Por que eu escrevo livros tão bons, O nascimento da tragédia* 1 e 2. KSA 6, p. 309 e 311, para um "título mais inequívoco" do *Nascimento da tragédia* e a respeito da congênere "prova completamente inequívoca" do próprio "talento psicológico". • *A gaia ciência*, p. 334, a respeito da "maravilhosa cultura antiga dos provençais", que se destaca "de todas as culturas ambivalentes".

que foi alcançada "com prodigiosa coragem e autossuperação", e teria se bastado "sem desvios ocultos para o antigo 'ideal'"[6]. Inequivocidade era também o ideal de sua atividade filosófica de escritor. A "linguagem escrita" teria que ser, como ele anotava no tempo de *Humano, demasiado humano*, "mais abarcável com o olhar, mais curta, mais inequívoca" do que o discurso falado, ela teria que, escrevia ele, como a grande música e arte da construção, "tornar-se necessidade na forma: tornar-se lógica, simples, inequívoca, matemática; tornar-se lei", e se houvesse um "*proprium* de sua vida", então isto [pareceria ser o caso]: "comportar-se consigo mesmo inequivocamente", e observar a cada um, "se ele *suporta* a si próprio ou tem necessidade de um 'ideal'..."[7]

Nietzsche rejeita também paradoxos, em verdade não de modo tão inequívoco. Em *Humano, demasiado humano* ele denomina o "paradoxo lógico" "a mais horrorosa espécie degenerada" de "arrogantes sabichões e cabeças confusas". Algumas vezes, os paradoxos podem ter lugar quando, por exemplo, queira-se ganhar "pessoas espirituosas" para uma nova proposição[8]. Pode-se, como ensinava a antiga retórica e a Modernidade em sua aurora ainda o apreciava, por meio de paradoxos nos trilhos habituais do pensamento, irritar pessoas que podem pensar e assim criar margens de manobra para algo novo, que até agora não fora pensado[9]. Em tais paradoxos, separam-se então os leitores: alguns

---

6 *Ecce homo, Por que escrevo livros tão bons, O Caso Wagner* 2. KSA 6, p. 360.

7 Fragmento póstumo de 1876. KSA 8, 15 [27], p. 286. • Fragmento póstumo de 1888. KSA 13, 14 [61], p. 247. • Fragmento póstumo de 1888. KSA 13, 21 [8], p. 581s. (provavelmente pensado como complemento a *Ecce homo*).

8 Cf. *Humano, demasiado humano*, II: *O andarilho e sua sombra* 92. • *Humano, demasiado humano*, I, 307.

9 Cf. o brilhante artigo "Paradox, das Paradox(e), Paradoxie I", de P. Probst. In: *Historisches Wörterbuch der Philosophie*. Vol. 7. Basel/Darmstadt, 1989, p. 81-90. Lutero publicou em 1518 *Theologica paradoxa*, Sebastian Franck, o "pai do luteranismo ortodoxo", *Paradoxa Ducenta Octoginta – Das ist zweyhundert und achtzig Wunderreden*, e em 1652, para o teólogo inglês Venning, paradoxos puderam se tornar então (de modo paradoxal) *Ortodox Paradox*. Também nas ciências da natureza foi utilizado o paradoxo inovativo. Assim, o físico e químico Robert Boyle publicou em 1666 suas descobertas sob o título *Hydrostatical Paradoxes*. Cf. GEYER, P. & HAGENBÜCHLE, R. (orgs.). *Das Paradox* – Eine Herausforderung des abendländlichen Denkens. Tübingen, 1992, e nele: SIMON, J. "Das philosophische Paradoxon", p. 45-60.

os repudiam, porque eles os tomam apenas “no livro do autor”, para outros torna-se claro que eles surgem na própria “cabeça” deles – na medida em que eles não continuam a pensar com o autor (*Humano, demasiado humano,* I, 185). Em uma anotação, Nietzsche formula para si mesmo:

> Por tanto tempo quanto essas sentenças vos soem ainda paradoxais, vós ainda não as entendestes: elas têm que vos parecer supérfluas e demasiadamente claras. – Não se pode meditar de modo suficientemente claro sobre isso (Fragmento póstumo, 1880. KSA 9, 1 [37]).

Paradoxos tornam-se notados somente na medida em que se está habituado a novas possibilidades de pensamento[10]. Isso vale não só para paradoxos do discurso, mas também da vida. A própria filosofia surgiu primeiramente como paradoxo vivido, de acordo com Nietzsche numa anotação de 1881, a saber, com a exigência de que “uma vida consagrada ao conhecimento e ao *nil admirari*, mesmo sob as mais duras privações e desconfortos, seria *mais suportável* do que a vida dos felizes, ricos, saudáveis, cultivados, fruidores, admiradores, admirados”[11]. Mas também o “lugar próprio” de todo “psicólogo” é paradoxal: “ele oculta ainda o seu emudecer, ao concordar expressamente com alguma opinião de fachada” (*Para além de bem e mal,* 269). Com isso, ele só profissionaliza uma rotina de comunicação cotidiana. De acordo com Nietzsche, mesmo para a natureza isso foi uma “tarefa paradoxal”, a saber, aquela “que ela se colocou com respeito ao homem”: “Criar um animal que *pode prometer*” (*Para a genealogia da moral* II,1). “Horrível” era, porém, para Nietzsche, ainda sempre de novo, o “paradoxo de um Deus na cruz”. Para ele, nada se equiparou a esse paradoxo em “força atrativa, inebriante, entorpecente, corruptora”[12]. Aqui, via ele uma “ambivalência e fascinação” que cunha-

---

10 Cf. ARISTÓTELES. *Metafísica* A 2, 983a 10-22. Cf. NIETZSCHE. *A gaia ciência*, 94.

11 Fragmento póstumo de 1881. KSA 9, 15 [16], p. 642. Cf. Fragmento póstumo de 1880. KSA 9, 3 [20], p. 52.

12 *Para a genealogia da moral* I, 8. Cf., entre muitos outros, *Para além de bem e mal*, 46, 57. • *Para a genealogia da moral* II, 21. • *O Anticristo*, 40. • Fragmento póstumo de 1884. KSA 11, 25 [292] e [344], p. 86 e 102.

ram inteiramente o pensamento europeu e o homem europeu – as quais retrocediam ao "ideal" de Platão[13].

Para além de seu emprego retórico, o paradoxo é uma forma de contradição lógica, por meio da qual pode-se gerar propositadamente um irritante duplo sentido, a saber, que uma diferenciação é aplicada a si mesma. O modelo clássico para isso é o paradoxo do cretense; mas também aos paradoxos de Zenão fundamenta a autoaplicação de diferenciações[14]. Mas com a autoaplicação de uma diferenciação começou também Parmênides, o pai de todos os idealistas. Com sua "verdade esférica" (Frag. 1,29), qual seja, "o 'ser' é e o 'não ser' não é" (Frag. 2, 3-5), ele referiu o dizer do ser de tal modo a si mesmo, que um ser fora dele pareceu estar excluído, não mais pensável, e como ser permaneceu unicamente o ser *pensável*[15]. Como só Heráclito formulou seu contraprojeto de modo expressamente paradoxal – o dizer que tudo sempre é de outra maneira deve, então, ele mesmo, sempre ser de outra maneira, como Platão o aguçou no *Crátilo*[16] –, dessa forma pareceu também que só nele haveria paradoxo. Todavia, é a mesma autorreferência no pensar um ser enquanto é um ser para esse pensar que torna possível tomadas de posição contrárias, porém em igual medida

13 Cf. *O crepúsculo dos ídolos* – O que devo aos antigos, 2. KSA 6, p. 156.

14 Por exemplo, no paradoxo da localidade – tudo tem seu lugar, portanto também as localidades têm de ter um lugar –, ou no paradoxo do movimento – a flecha repousa, na medida em que se detém a observação de seu movimento, em toda localidade em que ela passa, e ela voa na medida em que a observação de seu movimento permanece, ela mesma, em movimento –, ou no paradoxo do tempo, como Aristóteles, então, o aguçou – se eu agora digo 'agora', então agora já passou. Cf., para os paradoxos de Zenão e sua resolução analítica, THIEL, C. "Paradoxien, zenonischen". In: *Enzyklopädie Philosophie und Wissenschaftstheorie*. Org. por Jürgen Mittelstrass. Vol. 3. Stuttgart: Weimar, 1995, p. 42-45. • RESCHER, N. *Paradoxes* – Their Roots, Range and Resolution. Chicago/La Salle, Ill., 2001.

15 Nas formulações de Nietzsche (*A filosofia na era trágica dos gregos* 11. KSA 1, p. 845): "Na filosofia de Parmênides preludia o tema da Ontologia. A experiência não lhe oferecia em lugar nenhum um ser, como ele o pensava, mas disso, de que ele podia pensá-lo, ele concluiu que ele teria de existir". Em *A filosofia na era trágica dos gregos*, 13, Nietzsche oferece contra isso argumentos *ad hominem*. Um pouco mais tarde, no fragmento póstumo de 1872/1873 (KSA 7, 19 [18], p. 421), anota ele: "A lógica eterna. Parmênides. A luta de palavra" e por fim ainda (Fragmento póstumo de 1888. KSA 13, 14 [148], p. 332) "Parmênides disse: 'não se pensa aquilo que não é'".

16 Cf. BORSCHE, T. *Was etwas ist* – Fragen nach der Wahrheit der Bedeutung bei Platon, Augustin, Nikolaus von Kues und Nietzsche. Munique, 1990, p. 37-59.

plausíveis – a parmenídia a favor, e a heraclitiana contra esse ser –, e assim ele surge em sempre novos paradoxos, à frente de todos no saber do próprio não saber de Sócrates, e no deitar por escrito, de Platão, daquilo que não se pode escrever[17]. Sócrates desparadoxaliza seus paradoxos ao mudar de posição da *sofia* para a *filosofia*, do saber dado para o saber buscado, da verdade para a pesquisa; Platão [o faz] ao deixar tal Sócrates, de maneira inconstante, falar das ideias permanentes como pontos de sustentação dessa pesquisa. Desde então, os paradoxos deles permaneceram tão provocativos quanto produtivos.

Sempre se notou que também Nietzsche, por meio de autoaplicação de diferenciações (como verdadeiro e falso, bom e mau, forte e fraco) produziu paradoxos propositais, para irritar diferenciações filosóficas estabilizadas e, por meio disso, conquistar novas margens de manobra para o pensamento. No entanto, pôde-se ver, como [percebeu] Georg Simmel, nas suas (e de Schopenhauer) "fulminantes antíteses e paradoxos, ornamentos que são amplamente lançados, ou ataques e defesas", que não tocavam "o mais íntimo centro das doutrinas"[18]. Aqui era tido já como pressuposto que as "doutrinas" de Nietzsche ensinam e mesmo se quis amarrá-las num "sistema". Esse pressuposto já se tornou dogma, como, na penúria do niilismo experienciada com as guerras mundiais, Karl Löwith e Martin Heidegger pretenderam, a partir de algumas poucas "doutrinas centrais", construir uma metafísica de Nietzsche, apoiados sobre a compilação póstuma de *A vontade de poder*[19]. Nietzsche, porém, em suas obras destinadas à publicação visivelmente evitou, ele mesmo, ensinar e, como Platão, criou uma figura, Zaratustra, que deixou ensinar em seu lugar[20]. Ao invés

17 Cf. PLATÃO. *Fedro*, 274b-278b (crítica da escrita no diálogo grego).

18 SIMMEL, G. "Schopenhauer und Nietzsche – Ein Vortragszyrklus" [1907]. *Gesamtausgabe*. Org. por Otthein Rammstedt. Vol. 10. Frankfurt sobre o Meno, 1995, p. 167-408, esp. p. 170.

19 Cf. STEGMAIER, W. "'Einen guten Theil Zufall, Unsinn nicht nur zugestehen, sondern lieben!' Nietzsche nach Löwith und Heidegger". In: GENTILI, C. (org.). *Metaphysik und Nihilismus* – Löwith und Heidegger interpretieren Nietzsche.

20 Cf. SIMON, J: "Das neue Nietzsches-Bild". *Nietzsche-Studien*, 21 (1992), p. 1-9. • SIMON, J. "Ein Text wie Nietzsches *Zarathustra*". In: GERHARDT, V. (org.). *Friedrich Nietzsche*: Also sprach Zarathustra. Klassiker Auslegen. Bd. 14. Berlim, 2000, p. 225-256. • STEGMAIER, W. "Philoso-

disso, do mesmo modo que Platão[21] - e, de novo, Walter Kaufmann persistiu nisso[22] - ele trabalhou para colocar experimentalmente sempre em questão justamente os pressupostos dos quais os sistemas científicos e filosóficos têm que se assegurar para que possam se manter como sistemas, e, por meio disso, irritar "sistematicamente" todo o pensamento filosófico tradicional (se pudermos formular isso novamente de modo paradoxal). E, para tanto, finalmente, ele elevou a "filósofo" "aquele grande ambivalente e tentador", o "deus *Dioniso*" (*Para além de bem e mal*, 295).

Ambivalências e contradições, que são tão facilmente observadas na obra de Nietzsche, poderiam ser assim originadas de paradoxizações propositais e inovadoras[23]. Mas ele não somente irritou de modo persis-

---

phieren als Vermeiden einer Lehre – Inter-individuelle Orientierung bei Sokrates und Platon, Nietzsche und Derrida". In: SIMON, J. *Distanz im Verstehen* – Zeichen und Interpretation. Frankfurt am Main, 1995, p. 214-239 [Publicado neste livro sob o título Filosofar como forma de evitar uma doutrina – Orientação interindividual em Sócrates, Platão, Nietzsche e Derrida]. • STEGMAIER, W. "Anti-Lehre: Szene und Lehre in Friedrich Nietzsches *Also sprach Zarathustra*". In: GERHARDT, V. (org.). *Friedrich Nietzsche*: Also sprach Zarathustra. Klassiker Auslegen. Bd. 14. Berlim, 2000, p. 191-224.

21 Cf. PLATÃO. *A República*, 510b-511b (linhas-parábola).

22 KAUFMANN. *Nietzsche*. Op. cit. p. 92-99. É necessário não mais partilhar a aproximação feita por Kaufmann entre Nietzsche e Hegel, por um lado, e Nietzsche e o pragmatismo, por outro, e sua inclusão no existencialismo, para concordar com ele também nisso.

23 Sobretudo, Niklas Luhmann encorajou para um trato produtivo com paradoxos. Ele transformou em virtude a clássica penúria com paradoxos, fez de bloqueios do pensamento lógico-analítico meios do pensar sistemático-teórico. De acordo com isso, paradoxos possibilitam novos começos no pensamento, com novas diferenciações, ao produzir oscilações e bloquear um pensar de acordo com diferenciações determinadas, por meio da autorreferência dessas diferenciações. Por meio do bloqueio, os novos começos são como que protegidos face a novos recursos, e podem ser assim começos de sistemas (chamaremos na sequência tais paradoxos de "paradoxos de partida"), sistemas, no entanto, apenas no sentido da teoria dos sistemas, ou seja, continuamente em diferença para com um respectivo mundo ambiente (*Umwelt*), que ela continua a irritar com diferenciações. Na medida em que aqui é edificado sobre oscilações, paradoxos permanecem sempre intranquilizadores. Por causa disso, para chegar a rotinas, os sistemas costumam, em regra geral, ocultá-los, "invisibilizá-los". Inversamente, a filosofia pode conseguir, e fazer sua a tarefa de trazê-los para fora, dessa maneira, estimulá-los para novas diferenciações. Cf. LUHMANN, N. *Ökologische Kommunikation* – Kann die moderne Gesellschaft sich auf ökologische Gefährdungen einstellen? Opladen, 1986, p. 54ss. • LUHMANN, N. "Sthenographie und Eurylistik". In: GUMBRECHT, H.U. & PFEIFFER, K.L. (org.). *Paradoxien, Dissonanzen, Zusammenbrüche* – Situationen offener Epistemologie. Frankfurt am Main, 1991, p. 58-82. • Cf. LUHMANN, N. "Die Paradoxie der Form". In: BAECKER, D. (org.). *Kalkül der Form*. Frankfurt am Main, 1993, p. 197-212. • LUHMANN, N. "Tautologie und Paradoxie in den Selbstbeschreibung der modernen Gesellschaft" (1987). *Protest* – System Theorie

tente, ele também se deixou irritar persistentemente a si mesmo. Particularmente, dois [personagens] deram-lhe trabalho, o Sócrates de Platão, contra quem travou combate ao longo de sua vida[24], e Espinosa, que ele tinha descoberto em julho de 1881 como "um *precursor*, e que precursor!"[25] – período em que, logo em seguida, ele mesmo (re)descobriu seu próprio pensamento do eterno retorno do mesmo. Os "idealismos" desses autores, para Nietzsche um forte sintoma de profunda ambivalência, são temas do aforismo 372 do livro V de *A gaia ciência*. Ele não se tornou proeminente na pesquisa sobre Nietzsche. Ele contém, por certo, asserções não habitualmente decisivas, que, todavia, são tão estranhas que não se gostaria de tomá-las como "doutrinas". Estranho é também seu arranjo: Platão se coloca em primeiro plano, embora só seja nomeado no final, Espinosa no centro, entra no jogo, porém, somente como exemplo, o tema é "todo idealismo filosófico", Kant e Hegel permanecem, porém, nos bastidores, e como origem de toda ambivalência idealista vem à luz algo verdadeiramente ambivalente até o desespero, contraditório, paradoxal, [a saber], "a música da vida". Desse modo, *A gaia ciência*, 372, poderia ser especialmente elucidativo para a filosofia de Nietzsche, tanto do ponto de vista do conteúdo quanto do método.

O aforismo se acrescenta a um livro no qual Nietzsche, depois de despachar seus "grossos erros e superestimativas", com os quais, no princípio, ele "se teria lançado, esperançoso, nesse mundo moderno" (*A gaia ciência*, 370), depois de um aprofundado exercício em livros de aforismos, depois de sua – a seus olhos, bem-sucedida, junto ao público, porém, sem resul-

---

und soziale Bewegungen. Org. e introd. de Kai-Uwe Hermann. Frankfurt am Main, 1996, p. 79-106. • LUHMANN, N. *Die Gesellschaft der Gesellschaft*. Frankfurt am Main, 1997, p. 55-59. Por fim, e com particular pregnância: LUHMANN, N. *Die Religion der Gesellschaft*. Org. por André Kieserling. Frankfurt am Main, 2000, p. 17ss., 74, 131ss. e 155ss. A experiência de Luhmann é: "topamos com uma ansiedade quase compulsiva diante de paradoxos que conduzem a que não se complete a lógica da autorreferência, isto é, do emprego do código sobre o próprio código" (*Die Religion der Gesellschaft*. Op. cit., p. 70ss.). Nietzsche não tinha essa ansiedade (mas Luhmann, de novo, evitou Nietzsche).

24 Cf. a célebre anotação do fragmento póstumo de 1875. KSA 8, 6 [3], p. 97.

25 Nietzsche a Franz Overbeck, 30 de julho de 1881. KSB (Kritische Studienausgabe der Briefe Nietzsches) 6, n. 135, p. 111.

tado – tentativa de poetização filosófico-doutrinária, e depois do concentrado esclarecimento de questões filosóficas fundamentais em *Para além de bem e mal*, deu respostas "aproximadas" às perguntas que o mantiveram nos trilhos, antes que ele, então, aguçasse polemicamente algumas delas, de modo sempre mais incisivo, em seus escritos polêmicos tardios.

Com o V livro de *A gaia ciência*, que Nietzsche só depois de algum vai e vem, em 1887, acrescentou[26] aos primeiros quatro livros, já publicados em 1882, conseguiu a mais madura, sóbria, meditada e jovial formulação dos problemas filosóficos que ele levantou[27]. Interpretarei *A gaia*

---

26 Para a história da publicação, cf. SCHABERG, W.H. *The Nietzsche Canon* – A Publication History and Bibliography. Chicago, Ill., 1995. Em alemão, com complementos e correções segundo a resenha de Jörg Salaquarda, em *Nietzsche-Studien*, 26 (1997), p. 593-601, sob o título: "Nietzsches Werke – Eine Publikationsgeschichte und kommentierte Bibliographie". Traduzido do inglês por Michael Leuenberger. Basileia, p. 171-192. Para a composição, cf. a extraordinariamente elucidativa contribuição de Wolfram Groddeck: "Die 'neue Ausgabe' der 'Fröhlichen Wisseschaft' – Überlegung zur Paratextualität und Werkkomposition in Nietzsches Schriften nach Zarathustra". *Nietzsche-Studien*, 26 (1997), p. 184-198.

27 Em *A gaia ciência*, em seu todo, foi dado comparativamente menos atenção; ao livro V ainda menos. Giorgio Colli (*Nachwort zur Fröhliche Wissenschaft*. KSA 3, p. 659-663), com seu refinado senso para nuances no tom e na composição, pensou os primeiros quatro livros com os mais elevados predicados: "Distância do convalescente, a falta de vitupérios"; "um mágico instante de equilíbrio" nos escritos de Nietzsche; "sua única experiência em perfeita 'saúde'"; "todos os extremos [...] ligados entre si de maneira distendida"; "a mais bem-sucedida tentativa por Nietzsche de participação filosófica"; "o soberano, totalmente leve permanecer pairando". No livro V, porém, viu somente ainda "acréscimos", e, com isso, seguramente o subestimou. Em 1995, *A gaia ciência* foi tornada por Jörg Salaquarda objeto de um congresso organizado pela Fundação Nietzsche-Haus em Sils-Maria, cujas contribuições foram publicadas (por Jörg Salaquarda, Wolfram Groddeck, Marco Brusotti, Gert Mattenklott e Renate Reschke) em *Nietzsche-Studien*, 26 (1997), p. 163-259. De Walter Kaufmann há uma tradução comentada com uma "Translators Introduction" (Nova York, 1974). De Renate Reschke há uma edição comentada com um detalhado posfácio (Leipzig, 1990). Nicolaas Helsloot (*Vrolijke Wetenschap* – Nietzsche als vriend. Dissertação. Rotterdam, 1999) ocupa-se mais com o sentido de uma gaia ciência no contexto biográfico de Nietzsche do que com a obra do mesmo nome. Kathleen Marie Higgins (*Comic Relief* – Nietzsche's Gay Science. Nova York/Oxford, 2000) oferece uma interpretação de conjunto de *A gaia ciência*, de acordo com seus conteúdos filosóficos, e mais ainda, de acordo com suas "estratégias literárias", em particular a paródia. Nisso tudo, porém, ao livro V não é dada qualquer atenção especial; muito fortemente dominaram *A gaia ciência* 125 ("*O homem louco*"), no livro III, e 341 ("*O maior dos pesos*"), no livro IV. Isso vale também para a "very short introduction" na filosofia de Nietzsche por Michael Tanner (*Nietzsche* – A Very Short Introduction [1987]. Oxford, 2000). Em alemão, *Nietzsche*. Traduzido do inglês por Andréa Bollinger (Friburgo/Basileia, 1999) (cf. a resenha de Andreas Urs Sommer em *Nietzsche Studien*, 33, 2004), que aprecia *A gaia ciência* por causa de seu gesto maduro e ainda pouco profético, e dá a ela comparativamente grande espaço (p. 57-69), porém ignora o livro V. Inversamente, ele desempenha um papel especial, especialmente o aforismo 354, em Lawrence Lampert (*Nietzsche and Modern Times* – A Study of

ciência, 372, sobretudo, em seu contexto. Como, de novo, já propôs Walter Kaufmann[28], o método mais próximo para evitar ambivalências e contradições a cargo de Nietzsche é observar seus contextos[29]. Isso acontece mais ou menos em toda interpretação de Nietzsche, mas aqui tem importância o "mais". Permanecerei tão próximo quanto possível do texto de *A gaia ciência*, 372, e, a cada vez, ampliarei passo a passo o contexto, tanto quanto isso auxilie o entendimento do mesmo; em alguns casos, o contexto tem que ser ampliado também para o todo da obra. Nesse procedimento, dou preferência aos textos que o próprio Nietzsche trabalhou para publicação, e não incluo como "autênticas" doutrinas as anotações do espólio, mas apenas como reflexões que Nietzsche não publicou do modo como se encontram[30]. A propósito, deve-se contar com que Nietzsche, também em contextos estreitos, propositadamente coloca em movimento o "sentido" dos conceitos utilizados, torna-os "fluidos", a fim de conquistar para estes novas significações[31].

Bacon, Descartes and Nietzsche. New Haven, Conn./Londres, 1990), para a fundação de um novo paradigma filosófico do saber depois do matemático em Platão e do físico em Bacon e Descartes.

28 KAUFMANN. *Nietzsche*. Op. cit., p. 15. Tanto mais infeliz parece-me ser seu conceito do estilo "monadológico" no "universo pluralista" dos livros de aforismos, na medida em que ele, com sua menção a Leibniz, pressupõe novamente uma (divina) visão global, de alguma maneira dada. Para a história da recepção de Kaufmann, cf. DAVID, P. "The Walter Kaufmann Myth: A Study in Academic Judgment". In: *Nietzsche-Studien*, 32 (2003), p. 226-258.

29 Sobre a impossibilidade de se compreender linguagem, em geral, sem contextos, cf. ABEL, G. "Denkformen – Sprachformen – Lebensform". In: BORSCHE, T. (org.). *Denkformen – Lebensform* – Tagung des Engeren Kreises der Algemeinen Gesellschaft für Philosophie in Deutschland. Hildesheim, 3-6 de outubro de 2000. Hildesheim, 2003, p. 33-51, esp. p. 36.

30 Cf. a observação final de Alfons Reckermann em seu excelente relatório sobre o estado da pesquisa: *Lesarten der Philosophie Nietzsches* – Ihre Rezeption und Diskussion in Frankreich, Italien und der angelsächsichen Welt 1960-2000. Berlim/Nova York, 2003 (Monographien und Texte zur Nietzsche-Forschung), p. 295.

31 Como ele o formulou programaticamente na metade de *Para a genealogia da moral* (II,12). Cf. a esse respeito: STEGMAIER, W. "Nietzsches Verzeitlichung des Denkens". In: KODIKAS/CODE. *Ars semeiotica* 19/1-2 (1996), p. 17-27. [Publicado neste livro sob o título A temporalização do pensamento em Nietzsche]. Na mencionada dissertação encontram-se elementos de uma contribuição anterior: do mesmo autor: "Wie idealistisch ist die alltägliche Orientierung? – Zur Wiederkehr des Idelismus nach Friedrich Nietzsche". In: ROSER, A.; MOHRS, T. & SALEHI, D. (orgs.). *Wiederkehr des Idealismus?* – Festschrift für Wilhelm Lütterfelds zum 60. Geburtstag. Frankfurt am Main, 2003, p. 75-92.

O título de *A gaia ciência*, 372, é "*Por que não somos idealistas*". Nietzsche remete o aforismo à "riquíssima e perigosa saúde" de Platão que teria tornado *seu* idealismo "necessário" *para ele*. Com isso, ele estabelece uma ligação com *A gaia ciência*, 370, no qual, sob o título "*O que é romantismo?*", Nietzsche diferenciou uma arte e uma filosofia a partir do "sofrimento" pelo "*empobrecimento da vida*", "pela fome", de uma arte e uma filosofia a partir do sofrimento pela "*exuberância da vida*", pelo "excesso". Para o filosofar a partir da "riqueza superlativa", Nietzsche não menciona lá nenhum nome; agora ele nomeia Platão. Espinosa, que ele coloca no centro de *A gaia ciência*, 372, ele tinha mencionado em *A gaia ciência*, 349, simplesmente como o "tísico Espinosa" e apresentado em ligação com "o ar poluído da superpopulação inglesa", o "cheiro de gente pequena, de penúria e estreitamento", que impregna o "darwinismo", quando, decerto, "na natureza [...], não domina o estado de indigência, mas o excesso, a prodigalidade, até o sem sentido". Agora, de modo igualmente não habitual, Nietzsche menciona Espinosa como exemplo de um idealista. Em *A gaia ciência*, 370, ele inclui, a título de verbete, "sensualistas", que ele aqui coloca *ao lado* de Hume, Kant e Condillac, sem dizer em quem, além deles, ele pensa com isso. Já em *A gaia ciência*, 372, Nietzsche conta a si mesmo entre os sensualistas. Entre ambos, ele inseriu um aforismo com o título "*Nós, incompreensíveis*" – com o indicativo de que "toda vida" seria "difícil de ser entendida" e, em correspondência com isso, tornar-se-ia "mal-entendida, desconhecida, confundida, caluniada, mal escutada, ouvida por alto". O [trecho], linguisticamente peculiar, "mal-escutada (*verhört*) e ouvida por auto (*überhört*)" é que permite ouvir, dar atenção, ouvindo, a "música da vida", da qual se fala em *A gaia ciência*, 372.

1 'Nós somos hoje, todos, sensualistas'

Em *A gaia ciência*, 372, Nietzsche parece tomar claramente posição. À pergunta-título: "*Por que não somos idealistas*", responde simplesmente:

> Nós somos hoje, todos, sensualistas, nós contemporâneos e futuros na filosofia [...].

De acordo com isso, a "era de Hume, Kant, Condillac e dos sensualistas", da qual se falava em *A gaia ciência*, 370, continuaria a durar no presente de Nietzsche e também futuro a dentro. O sensualismo seria, então, o que Nietzsche em *A gaia ciência*, 357, denomina "uma conquista do pensamento filosófico". Uma "conquista" é, em seu emprego da linguagem, algo que se "conquistou" "penosamente" e, sob certas circunstâncias, "com suprema ousadia", e por isso não se quer "abrir mão de novo", porém, "conservar" e também, segundo Nietzsche, deve-se fazê-lo. Uma conquista *filosófica* é então uma "vitória" sobre uma convicção ou a "autossuperação" de uma convicção, que até então dominou o pensamento[32], e, uma vez que o pensamento é dominado o mais fortemente por convicções *morais*, uma vitória sobre a consciência moral[33]. O sensualismo no sentido de Nietzsche pode, porém, manifestamente adotar diferentes figuras. Também quando Kant, como Nietzsche escreve em seu novo prefácio para M (aforismo 3), que provém do mesmo tempo que o livro V de FW, "acolheu em sua teoria do conhecimento uma boa parte de sensualismo", ele, todavia, assim fazendo, como que estabeleceu contra o sensualismo de cunhagem humeana um novo idealismo, e com isso abriu caminho para o "idealismo alemão". Sensualismo como designação de uma posição filosófica significa manifestamente aqui, portanto, unicamente tornar todo conhecimento dependente da percepção dos sentidos – e isso não exclui o emprego de ideias do pen-

32 Cf. a esse respeito GT 18. KSA 1, p. 118. • UB II 9. KSA 1, p. 317. • BA II. KSA 1, p. 691. • Fragmento póstumo de 1875. KSA 8, 9 [1], p. 164. • MA I 26. • MA I 248. • Fragmento póstumo de 1876/1877. KSA 8, 23 [46], p. 421. • Fragmento póstumo de 1880. KSA 9, 3 [122] e [161], p. 86 e 99. Nas obras publicadas, Nietzsche fala com destaque também de conquistas de indivíduos, entre elas também das suas próprias. Cf. Za II. *A canção do sepulcro*. KSA 4, p. 144. • GM II, 2. • GM III, 3. • GM III, 25. • Fragmento póstumo de 1884. KSA 11, 26 [239], p. 211. • EH, Prefácio 3. Para o "povo judeu", a autêntica conquista foi a "*derradeira* possibilidade, penosamente conquistada, de permanecer de resto" (AC 27. Cf. a preparação KSA 13, 11 [280], p. 107).

33 Em FW 357, Nietzsche emprega oito vezes o termo "consciência moral". • *Verto em português 'Gewissen' por consciência moral, testemunho íntimo (com)ciência do certo e do errado, do bem e do mal, do proibido e do permitido, para distinguir de 'Bewusstsein', consciência em sentido psicológico, uma qualidade de estados de consciência* [N.T.]. Ele atribui ali, um após o outro, a Leibniz, Kant, Hegel e Schopenhauer uma "vitória da consciência moral europeia finalmente alcançada com esforço".

samento[34]. Em JGB, que Nietzsche tinha justamente feito publicar, ele ainda falou de "eterno sensualismo folclórico" (aforismo 14) e fez dele propositadamente um paradoxo (aforismo 15): o sensualismo teria que "aferrar-se a que os órgãos dos sentidos *não* são aparências (*Erscheinungen*) no sentido da filosofia idealista", mas ao mesmo tempo teria que admitir que, por sua vez, como *objetos* dos sentidos, são de igual modo aparências, nesse sentido, parte da "obra de nossos órgãos" e, portanto, sua própria obra, de modo que eles – Nietzsche já alude aqui a Espinosa – seriam *causa sui*, causa de si mesmos, logo, "algo rigorosamente absurdo". Entretanto, poder-se-ia sustentar o sensualismo "pelo menos [...] como hipótese regulativa, para não dizer princípio heurístico", e isso seria, o que Nietzsche de novo não declara, novamente no sentido de Kant[35]. Se fazemos, pois, do sensualismo hipótese regulativa, ideias são também de novo necessárias como hipótese regulativa para condução da pesquisa empírica. Mais tarde, Nietzsche escreve, tendo em vista as ciências:

> Nós possuímos hoje exatamente tanta ciência quanto nos decidimos *aceitar* o testemunho de nossos sentidos, quanto nós ainda os aguçamos, armamos, ensinamo-los a pensar até o fim (GD, A 'razão' na filosofia, 3).

Os sentidos dão testemunho, mas eles só podem ser testemunhas, para Nietzsche como para Kant, que precisam ser inquiridas[36] pelo pensamento de conformidade com suas ideias; é o pensamento que, com seus conceitos e ideias, pensa "até o fim" a percepção sensível, e a faz universalmente comunicável, ensinável. Dessa maneira, uma estrita alternativa e decisão entre sensualismo e idealismo não é possível de modo algum, porém

34 Para Erich Schlimgen (*Nietzsches Theorie des Bewusstseins*. Berlim/Nova York, 1999 [Monographien und Texte zur Nietzsche-Forschung. Bd. 41]), que atribui a Nietzsche uma verdadeira "teoria" da consciência, vinculando Nietzsche, "de modo parecido [como o vincula] ao idealismo alemão", diretamente à filosofia transcendental de Kant, essa utilização do conceito "sensualismo" parece desviante (p. 90).

35 Cf. fragmento póstumo de 1885. KSA 11, 34 [116], p. 459 ("O que há de mais respeitável em Kant é que ele passa além da sedução leibniziana e mantém firme o melhor do século passado, o sensualismo"). Cf. tb. o fragmento póstumo de 1884. KSA 11 26 [326], p. 236.

36 Cf. KANT, I. *Crítica da razão pura*, B XIII.

ambos têm que permanecer em jogo. Mas eles podem receber um peso diferenciado e, com isso, adotar diferentes figuras, na dependência do que exigem diferentes necessidades. Nas ciências, é necessário então decidir-se por ignorar o paradoxo do sensualismo, que surge na dimensão filosófica.

A resposta decidida ("Nós hoje somos, todos, sensualistas") é, portanto, sedutoramente formulada de maneira simples. Nietzsche antepõe, então, uma irritante observação prévia e questão preliminar. Elas recordam as carências da vida como condições de todo pensar, também do filosofar como pensar do pensar:

> Outrora os filósofos tinham medo dos sentidos: desaprendemos nós – talvez esse medo em demasia?

O próprio filosofar poderia, no curso dos milênios, ter-se modificado por meio de processos de aprendizado que poderiam ter passado despercebidos – também despercebidos pelos filósofos. Nietzsche pospõe ainda uma outra observação irritante:

> *não* segundo a teoria, mas a práxis, a prática...

2 Sensualismo e idealismo como teoria, práxis e prática

Nós ainda somos, Nietzsche parece indicar, idealistas segundo a teoria, que porém foi abandonada pela práxis, e sensualistas segundo a práxis, para a qual, no entanto, ainda não foi encontrada teoria, talvez porque tal teoria tenha que ser paradoxal, mas talvez também porque essa práxis não precisa de nenhuma teoria. Sob esse aspecto, o autoposicionamento seria, em ambos os casos, um mal-entendido, e esse mal-entendido poderia incluir também a diferença entre teoria e práxis.

Para isso indica o terceiro conceito, que Nietzsche acrescenta, o conceito de "prática". Nietzsche o emprega aqui – como coletivo singular – pela primeira vez em seus escritos. "Prática" é o seu conceito para uma práxis sem teoria. Em AC ele falará da "prática evangélica" do "tipo Jesus" (AC 33): Cristo, como ele o desenha, não tinha nenhuma "fé" que se apoiasse sobre conceitos, Ele não *precisava* de nenhuma fé como essa, e podia não carecer dela. Sua prática era um "agir diferentemente", que se deixa orientar pelo preceito "não resistais ao mal" (Mt 5,39). Se alguém procura apreender conceitualmente esse preceito, cai-se novamente em paradoxos que não somente hoje, mas já irritavam em alto grau os "primeiros discípulos" de Jesus, como os evangelhos demonstram[37]. Mas porque os discípulos deviam partir e *ensinar* o Evangelho aos homens em todo mundo, eles *tinham que* - se não eles, então Paulo e a teologia e dogmática cristã mais tardia - tentar apreendê-lo conceitualmente, "pensar até o fim". Desse modo, eles "traduziram"

> um ser pairando inteiramente em símbolos e inapreensibilidades para a própria crueza, a fim de, em geral, entender alguma coisa disso... (AC 31).

Isso permaneceu assim, como Nietzsche (não como o primeiro, também não como o último[38]) o viu. Fascinava-o, na prática evangélica do tipo Jesus, que ela, por sobre milênios, "levou à flutuação" sempre de novo todos os conceitos e dogmas, com que se tentava apreendê-la[39]. Inversamente, o "tipo Jesus", segundo Nietzsche, deixou-a permanecer em signos[40].

Ver a realidade apenas como signo é, porém, também o acesso da arte a ela. Em JGB 188 Nietzsche tinha escrito, sem empregar já ali o conceito, a respeito da prática do artista, que ela obedece

> milhares de leis [...] que zombam de toda formulação por conceitos, justamente por causa de sua dureza e determinação (até o mais fixo conceito, contraposto a isso, tem algo de flutuante, múltiplo, equívoco) (JGB 188).

---

37 Cf. AC 29. KSA 6, p. 199ss.: "A incapacidade para a resistência torna-se aqui moral ('não resistais ao mal' a mais profunda palavra dos Evangelhos, sua chave em certo sentido)". Nessa interpretação Nietzsche chega muito perto da "resistência ética" de Emmanuel Lévinas. Cf. LÉVINAS, E. "'Etischer Widerstand': Zum anfang der Philosophie nach der Schoa". In: ABEL, G. (org.). *Französische Nachkriegsphilosophie* – Autoren und Positionen. Berlim, 2001 (Schriftenreihe des Frankreich-Zentrums der Technischen Universität Berlin. Vol. 2), p. 45-67.

38 Cf. HAVERMANN, D. *Der 'Apostel der Rache'* – Nietzsches Paulusdeutung. Berlim/Nova York, 2002 (Monographien und Texten zur Nietzsche-Forschung. Vol. 46).

39 Cf. SEGMAIER, W. "*Nietzsches Kritik der Vernunft seines Lebens* – Zur Deutung von 'Der Antichrist' und 'Ecce homo'". In: *Nietzsche-Studien*, 21 (1992), p. 163-183. [Publicado neste livro sob o título A crítica de Nietzsche da razão da sua vida – Para uma interpretação de *O Anticristo* e *Ecce homo*.]

40 AC 32. Para a discussão de AC 32, cf. SOMMER, A.U. *Friedrich Nietzsches Der Antichrist* – Ein philosophisch-historischer Kommentar. Basel, 2000 (Beiträge zu Friedrich Nietzsche), p. 317-324.

Uma prática, seja ela religiosa ou artística, pode ser, a seu modo, "mais dura", mais determinada, mais "unívoca" do que os "conceitos, os mais fixos" – os conceitos a tornam equívoca, não unívoca. A prática deveria, de acordo com isso, ser entendida como um agir, tornado tão evidente para o agente, tão "transposto em carne e sangue", que ele não pergunta de modo algum por razões para isso e, se fosse perguntado por outrem a esse respeito, ele se irritaria com isso, tornar-se-ia incompreensível para si próprio. Isso a prática divide novamente com a "cultura". Pois também a cultura – seja ela de um povo, de um tempo, de um domínio de atividade, de uma ciência – é aquilo que, para aqueles que a ela pertencem, tornou-se tão evidente que, a eles, a pergunta a respeito disso parece estranha; no sentido de Nietzsche, culturas são práticas.

Sob esse aspecto, com o conceito de prática, Nietzsche recua de alternativas conceituais como idealismo e sensualismo, teoria e prática, e, mal as formulara, já recua de novo. Prática sem conceito é aquilo que primeiramente deixa aflorar alternativas conceituais, e por isso delas se subtrai. Seu conceito é um contraconceito a todo conceito – e nessa medida paradoxal[41]. O (contra)conceito de Nietzsche a ela correspondente, que ele deixa seguir numa distância de algumas linhas, é "a música da vida". Música tem significado, diz algo *como* música, mas ela significa, expressa isso sem conceitos, e ela é mais facilmente compreensível do que toda linguagem conceitual. É essa linguagem sem conceito, e todavia tão facilmente compreensível, de acordo com a tese de Nietzsche em FW 372, que um "genuíno filósofo" não ouve mais – por meio do que ele consequentemente se torna idealista, um idealista dessa ou daquela espécie, e desse ou daquele grau. E seu idealismo poderia ser, de acordo com o introito do aforismo, expressão de um "medo" e com isso de uma "carência", de uma carência vital, logo, também teria que ser entendida a partir dela.

---

41 O conceito de prática (no singular) em Nietzsche fica flagrantemente próximo do conceito de hábito em Pierre Bourdieu, que reproduz práticas regulares, mas teoricamente não articuladas nem articuláveis (*pratiques*, no plural). Bourdieu, todavia (In: *Le sens pratique*. Paris, 1980. Em alemão: *Sozialer Sinn* – Kritik der theoretischen Vernunft. Trad. de Günter Seib. Frankfurt am Main, 1987, cap. 3: Strukturen, Habitusformen, Praktiken, p. 97-121) não recorre a ele. Já como Heidegger, a quem se vincula (cf. p. 108ss.), ele vê em Nietzsche apenas um "jogo com preferências invertidas" entre teoria e prática (p. 55), e, além disso, utiliza Nietzsche como fonte de sentenças.

3 Abreviação do 'pensamento filosófico' por meio de nomes

Nietzsche fixa essas carências vitais em pessoas, e com isso em nomes. Em FW 357, 370 e 372, aforismos nos quais trata-se, para ele, das "conquistas" da filosofia, ele então declina também muitos nomes. Nietzsche dispõe entre eles um sistema de remissivo pródigo em relações, um contexto próprio de nomes. Os nomes-filósofos que ele declina em FW 357 (Platão, Leibniz, Descartes, Kant, Hegel, Schopenhauer e, como discípulos desse último, Von Hartmann, Bahnsen e Mainländer), e em FW 370 (mais uma vez Kant e Schopenhauer, além de Hume, Condillac e Epicuro), ficam (mais ou menos) como peso gravitacional também de seu próprio filosofar, e assim, ao mesmo tempo, remetem retroativamente a ele. Agora aparecem os nomes de Espinosa e Platão. Em FW 373 ele menciona ainda o "pedante inglês Herbert Spencer", e então terminam inteiramente os nomes no livro V de FW.

Também no novo prefácio a FW, que surge no intercurso do livro V, Nietzsche não declina nome algum – além do seu próprio:

> Mas deixemos o Senhor Nietzsche: O que nos importa que o Senhor Nietzsche tenha se tornado saudável novamente? (FW, Prefácio 2).

Ele o nomeia para dizer que ele não deve ser nomeado, e com isso remete de novo a Platão, que deixa Fédon dizer, no diálogo do mesmo nome, que muitos estiveram presentes na conversação, não, porém, Platão. A respeito da razão, Platão deixa Fédon manifestar apenas uma suspeita: "Platão, porém, acredito eu, estava doente" (59b). Ambos, Platão e Nietzsche, retiram-se *expressis verbis* de seus escritos, ambos previnem contra identificá-los com os próprios escritos, ambos indicam para tanto motivos de saúde, um deles, o "riquíssimo e perigosamente sadio", que ele (supostamente) teria adoecido, o outro, o permanente sofredor, que ele (visivelmente) teria convalescido.

São empregados nomes próprios de filósofos quando é feita remissão ao todo de suas filosofias, mas seus filosofemas, porém, não devem ser designados em particular, nem colocados em discussão. Nomes abreviam filosofias, e com isso criam margens de manobra para ordenar a si coisas diversas. Com nomes, em geral, são feitas identificações, com as quais sempre se tem de novo o que fazer, e isso, portanto – de modo bem-vindo ou não – pode sempre de novo surpreender e irritar. Eles são meros signos de identificação e, diferentemente dos conceitos, não dizem o que algo é; eles deixam isso em aberto. Mas também conceitos, que definem o que algo é, são abreviações, também eles criam margens de manobra. Com eles faz-se abstração de tudo aquilo que "cai sob eles", e assim podem, do mesmo modo, ser "empregados" para coisas diversas; justamente por isso eles são "universais". Como diferentes espécies de abreviação, ambos, nomes e conceitos, desligam aquilo de que trata seu respectivo contexto, para permitir novas conexões. Mas as conexões são de novo de modalidades diversas, conceitos possibilitam conexões com outros conceitos, que, do mesmo modo, deixam-se desligar de "casos" variados, de maneira a tornar-se possível um gradual desprendimento de todos os contextos e uma "visão panorâmica universal". Nomes próprios, porém, permanecem vinculados a contextos, também e precisamente quando estão ligados com outros nomes próprios. Eles permitem descerrar sempre novos e cambiantes contextos para aquilo do que se trata; para além desses contextos, eles perdem seu sentido. Assim, nomes mantêm abertas margens de manobra para combinar indivíduos, que eles designam, sempre com alguma coisa nova, sem jamais fixar em conceitos o que eles são[42]. Fica próximo, desse modo, o recurso a nomes de filósofos, ao invés de conceitos de filosofemas, lá onde filosofias devem ser novamente descerradas de seus contextos. Como Nietzsche o apresentou em FW 357, isso torna possível[43] novos sopesamentos de filosofemas

42 Cf., sobre a discussão da pergunta em Platão, BORSCHE. *Was etwas ist...*, p. 83-97. Para o uso por Kant de "nomes" de conceitos com o intuito de "***pensar de outra maneira (Umdenken) no emprego* desses conceitos**", SIMON, J. *Kant* – Die fremde Vernunft und die Sprache der Philosophie. Berlim/Nova York, 2003, p. 15: "Sobre o solo da crítica, os nomes permanecem em face de toda circunscrição de sua significação que se autocompreende como definitiva, [permanecem] o ponto axial de sua reinterpretação (*Umdeutung*) no emprego feito a cada vez". Para a discussão de nomes na e com a filosofia analítica, cf. ABEL, G. *Sprache, Zeichen, Interpretation*. Frankfurt am Main, 1999, em muitas passagens, esp. p. 185 e 258.

43 Como "autênticas conquistas" de Leibniz, Nietzsche designa aí seu "incomparável discernimento de que a consciência é apenas um acidente da representação, *não* seu necessário e essencial atributo, que, portanto, aquilo que denominamos consciência é apenas um estado de nosso mundo espiritual e anímico (talvez um estado doentio), e nem de longe esse mesmo mundo"; como conquista de Kant, o "tremendo sinal de interrogação que ele inscreveu no conceito de 'causalidade'"; como conquista de Hegel, "a notável apreensão [...] de que os conceitos de espécies se desenvolvem *uns dos outros*: proposição com a qual, na Europa, os espíritos foram pré-formados para o último grande movimento científico, para o darwinismo – pois, sem Hegel não há Darwin".

no interior de uma filosofia, mas também, além disso, a transição para os contextos de vida dos filósofos, para suas necessidades e carências, como Nietzsche propôs em FW 370[44].

4 Ligação do idealismo com os nomes de Espinosa, Platão e (com os não mais mencionados nomes de) Kant e Hegel

4.1 Idealismo lânguido (alemão) e idealismo duro (grego)

A ligação do idealismo com Platão, que deu nome a ele, é bem de se esperar, não sem mais, porém, sua ligação com o nome de Espinosa. Habitualmente, Espinosa é vinculado ao racionalismo moderno, não ao idealismo. Desde Descartes, o conceito de ideia foi despotencializado em face de seu conceito platônico, e Espinosa tomou parte nisso. "Ideias" tinham apenas o sentido de representações, que surgem inadvertida e *desordenadamente* na consciência e, por causa disso, devem ser conduzidas pelo entendimento, pela *razão*, a uma determinada ordenação "racional" segundo critérios metódicos. Kant primeiramente trouxe de novo sua filosofia para o conceito de um "idealismo transcendental" e deu também às ideias, sob renovada conclamação a Platão[45], um novo e forte sentido como "ideias da razão", que então o idealismo alemão, especialmente Hegel, reforçou ainda mais, de modo que o conceito de idealismo no século XIX primeiramente e na maioria das vezes estava ligado ao nome de Hegel[46]. Ambos, Kant e Hegel, continuam presentes em FW 372, ago-

44 Em EH, Nietzsche investiga então os contextos que, entrementes, deixam-se vincular com seu próprio nome, e isso significa também: nos quais ele pode ser identificado e "confundido". A palavra "confundido" é atestada 180 vezes na obra de Nietzsche. Para a política com a nomeação e não nomeação de seu próprio nome, que se esboça em Nietzsche, cf. DERRIDA, J. *Otobiographies* – L'enseignement de Nietzsche et la politique du nom propre. Paris, 1984. Em tradução alemã, primeiramente por Friedrich Kittler, em *Fugen* – Deutsch-Französische Jahrbuch für Text-Analytik. Friburgo im Breisgau, 1980, p. 64-98, sob o título "Nietzsches Otobiographie – Oder Politik des Eigennamens". Reimpressão com o título "Otobiografien – Die Lehre Nietzsches und die Politik des Eigennamens". In: DERRIDA, J. & FRIEDRICH, K. *Nietzsche: Politik des Eigennamens* – Wie man abschafft, wovon man spricht. Berlim, 2000, p. 7-63. O texto de Derrida recorre a uma conferência pronunciada em 1976 na Universidade de Virgínia.

45 KANT. *Crítica da razão pura*, B 370s.

46 Cf. MEINHARDT, H.; JÜSSEN, G.; KNUDSEN, C.; WIELAND, G.; BECKMANN, J.P.; HALBFASS, W. & NEUMANN, K. "Idee". *Historisches Wörterbuch der Philosophie*. Vol. 4. Basel/

ra, porém, nos bastidores, não nomeados. Nietzsche mensura Espinosa não no idealismo deles, mas no de Platão[47]. Nietzsche descura aqui inteiramente de ser justo com o sentido moral do conceito de idealismo, como anseio, com os ideais morais altruístas depois que, em M, ele o tinha submetido a uma incisiva crítica, sob o título de "A formação alemã de outrora", e tinha incluído aí os idealistas alemães (ele nomeia ali Schiller, W. von Humboldt, Schleiermacher, Hegel e Schelling). Em sua "ânsia de, a todo custo, parecer moralmente estimulados" e em sua

> exigência de universalidades radiantes, desossadas, ao lado do propósito de querer-ver-de-modo-mais-belo em relação a tudo (caracteres, paixões, tempos, costumes), infelizmente "belo" de acordo com um nebuloso mau gosto, que nem por isso deixava de se vangloriar da procedência grega,

tinham criado um "idealismo lânguido, bondoso, prateado, berrante",

> que quer sobretudo ter gestos e voz disfarçados, uma coisa tão pretensiosa quanto inócua, animada da mais cordial má vontade contra a "fria" e "seca" efetividade, contra a anatomia, contra as paixões inteiras, contra toda espécie de abstinência filosófica e ceticismo, principalmente contra o conhecimento da natureza, na medida em que este não se deixa utilizar como uma simbologia religiosa (M 190).

O idealismo tinha se tornado aqui, como Nietzsche, por fim, o aguçou mais uma vez tendo a si mesmo em vista, mero "devaneio ilusório" ,

---

Darmstadt, 1976, p. 55-134. • ZELTNER, H. "Idealismus" ou "Absoluter Idealismus, deutscher Idealismus". In: Op. cit., p. 30-37.

47 Nos bastidores, a crítica das fontes é surpreendente e elucidativa: em "Como o 'verdadeiro mundo' tornou-se finalmente fábula", do *Crepúsculo dos ídolos*, onde se encontra: "a mais antiga forma de ideia, relativamente sábia, simples, convincente. Circunscrição da sentença 'eu, Platão, *sou* a verdade'", primeiramente se encontrava: "racional, simples, efetiva, *sub specie Spinozae*, circunscrição da sentença 'eu, Espinosa'" (KSA 14, p. 415). Espinosa era o modelo de Nietzsche para o idealismo de Platão! Mas esse modelo pode ser demonstrado, de novo, em Gustav Teichmüller, em seus *Studien zur Geschichte der Begriffe*, de 1874, e em sua sistemática obra capital *Die wahre und die scheinbare Welt* – Neubegründung der Metaphysik, de 1882, Nietzsche, como é comprovável, conhecia ambos. Cf. GAWOLL, H.-J. "Nietzsche und der Geist Espinosas: Die existentielle Umwandlung einer affirmativen Ontologie". *Nietzsche-Studien*, 30 (2001), p. 44-61, esp. p. 58, nota 27.

que desviava e devia desviar das realidades da vida[48]. Também Nietzsche teria sido por demasiado tempo infectado por ele:

> a ignorância *in physiologicis* – o maldito "idealismo" – é a autêntica fatalidade em minha vida, o supérfluo e estúpido nela. Algo de que nada de bom cresceu, para o que não existe nenhuma compensação, nenhuma contraprestação. A partir das consequências desse "idealismo", explico para mim todos os erros, todos os grandes desvirtuamentos dos instintos e "modéstias" alheias à *tarefa* de minha vida, como, por exemplo, que eu tenha me tornado filólogo – por que, pelo menos, não médico ou qualquer outra coisa que abre os olhos? (EH, Por que sou tão inteligente, 2).

O idealismo que Nietzsche vincula a Platão e Espinosa seria, de acordo com isso, ainda um idealismo "mais duro", que se coloca perante as realidades da vida, que luta com elas.

4.2 O abrandamento por Kant do idealismo duro e a de-sensorialização dos sentidos

Também o idealismo transcendental de Kant, Nietzsche o deixa ainda valer na medida em que se tratava aqui não de um ser transcendente das ideias, mas do idealismo de espaço e tempo, projetados para tornar pensáveis as condições de possibilidade do conhecimento objetivo nas ciências da natureza. Que também nesse idealismo tenha se dado uma (célebre desde K.L. Reinhold) "antinomia fundamental" em relação ao "em si das coisas", que deixa para trás apenas um "sentido altamente relativo para toda ciência e razão", não era para Nietzsche, mais uma vez, nenhuma objeção contra ele[49]. Medido pelo idealismo de Platão, Kant abrandou o idealismo ao ligá-lo ao

48 WA, epílogo. KSA 6, p. 50. "Devaneio ilusório" (*Hirngespinst*) é, de resto, um conceito frequentemente empregado também por Kant. Cf., entre outros, *Sonhos de um visionário*. Edição da Academia II, p. 320. • Carta a Marcus Herz, de 21 de fevereiro de 1772. Edição da Academia X, p. 131. • Prolegômenos, § 40. Edição da Academia IV, p. 327. Como Nietzsche, também Kant permanece desconfiado em relação "ao ideal", sobretudo quando este é vinculado ao amor. Cf. Espólio. Edição da Academia XXII, p. 76.

49 Cf. UB I DS. KSA 1, p. 191.

sensualismo de Hume[50]. Esse abrandamento[51] do idealismo poderia ter-se tornado possível porque, na Modernidade, a *necessidade* de um idealismo tornou-se diferente, já que as carências da vida eram outras – e por causa disso os filósofos tinham desaprendido o "medo perante os sentidos".

Com o desaparecimento do "medo" na existência, em geral, Nietzsche tinha aberto o livro V da FW. Na FW 343 ele começa com "nós" estaríamos notavelmente "sem cuidados e medo" diante daquilo que se teria dado com

> o maior e mais novo acontecimento, que "Deus está morto",

e sobretudo perante tudo aquilo que poderia resultar daí, uma

> longa pletora e série de ruptura, destruição, declínio, desmoronamento [...] uma escuridão e ensombrecimento do sol, cujo símile provavelmente ainda não se deu sobre a terra (FW 343).

Na FW 346 Nietzsche denomina "niilismo" o acontecimento e o perigo a ele ligado (pela primeira vez na obra publicada[52]). O niilismo é, porém, sobretudo, a frustração com o idealismo, com a crença no ser das ideias, que dão um sentido ao ser em seu todo, das quais a "suprema" é Deus; no niilismo, o ser das ideias torna-se aparência, e, com isso, "nada". Ele teria que se estender, como fica indicado (FW 347), de todo modo, ao "niilismo segundo o modelo de São Petersburgo (isto é, na *crença na descrença*, até o martírio por isso)", ansiedade e terror, e por isso Nietzsche *pergunta* a razão pela qual, de resto, isso não acontece, ou todavia acontece tão pouco.

A razão poderia ser, suspeita ele, que o sentido para o idealismo tenha se perdido. Onde falta o sentido para o idealismo, poderia faltar também o

---

50 Por meio de sua *Crítica da razão pura*, Kant queria cortar "a raiz mesma não só do *materialismo, fatalismo, ateísmo*, da descrença dos espíritos livres, da *exaltação* e da *superstição*, que podem se tornar universalmente danosos, mas também, por fim, do *idealismo* e do *ceticismo*, que são mais perigosos para as escolas e dificilmente podem transitar para o público" (*Crítica da razão pura*, B XXXIV).

51 Para o emprego desse conceito por Nietzsche, cf. seção 5.3.2.

52 Em GT 7 ele tinha falado incidentalmente de um "niilismo prático". Para a história do emprego por Nietzsche do conceito de niilismo, cf. MULLER-LAUTER, W. (juntamente com Goerdt, Wilhelm), artigo "Nihilismus". In: *Historisches Wörterbuch der Philosophie*. Basel/Darmstadt, 1884, p. 846-854. • KUHN, E. *Friedrich Nietzsches Philosophie des europäischen Nihilismus*. Berlim/Nova York, 1992 (Monographien und Texte zur Nietzsche-Forschung, vol. 25). • KUHN, E. Artigo "Nihilismus". In: Ottmann, H. (org.). *Nietzsche-Handbuch* – Leben – Werke – Wirkung. Stuttgart/Weimar, 2000, p. 292-298.

sentido para aquilo que o idealismo foi outrora. Na medida em que, aqui e ali ainda, mantemo-nos aferrados a ele, "de acordo com a teoria", justo por causa disso, ele se tornou vazio, portanto niilista, e transitou para seu contrário, para um sensualismo que, por sua vez, é sem "teoria", e esse sensualismo, a declarada confiança nos sentidos, poderia, por seu turno, ter-se tornado possível porque perdeu-se o sentido para aquilo que foi outrora o "medo perante os sentidos". Para indicar quão grande foi esse medo, Nietzsche recorda agora em FW 372 da célebre "aventura" de Ulisses, que ao passar pela ilha das sereias, "uma perigosa ilha meridional", fez com que os companheiros enchessem com cera os ouvidos, e fez atar a si mesmo firmemente ao mastro do navio, para poder se subtrair ao tão sedutor quanto perigoso canto das sereias[53]. Aquilo que para Ulisses era prevenção para seus companheiros, a oclusão temporária para a sedução pelos sentidos, tornou-se para os filósofos, segundo Nietzsche, duradouro afastamento deles em direção a um "frio domínio das ideias", para o qual deveria olhar aquele que conhece (*der Erkennende*), se ele fosse afetado pelos sentidos. Como Platão mostrou no destino de Sócrates, esse reino não era fácil de ser instituído, e se o fosse, como o mostrou então a crítica de Aristóteles a Platão, só com dificuldades poderia ser sustentado. Tanto mais fortes, suspeitava Nietzsche, tem que ter sido a violência da tentação: tem que ter-se tratado das mais fortes tentações sensuais, as eróticas, aquelas às quais Platão expôs seu Sócrates. Em GD, e Nietzsche profere sem floreios, Platão teria dito

> com uma inocência para a qual é necessário ser grego e não "cristão", que não haveria nenhuma filosofia platônica se não houvesse em Atenas tantos belos jovens: era a contemplação deles, em primeiro lugar, que lançava a alma dos filósofos numa vertigem erótica, e não lhe deixava nenhum sossego, até que ela tivesse destilado a seiva de todas as coisas elevadas num tão belo reino terrestre. [...] Filosofia, da espécie daquela de Platão, haveria de ser definida como um concurso erótico [...][54].

---

53 Cf. a esse respeito LÉVINAS, E. "La tentation de la tentation". *Quatre lectures talmudiques*. Paris, 1968, p. 67-109. Em alemão: "Die Versuchung der Versuchung". *Vier Talmud-Lesungen*. Traduzido do francês por Frank Miething. Frankfurt am Main, 1993, p. 57-95.

54 GD, Incursões de um extemporâneo, 23. KSA 6, p. 126. Cf. MA I, 259. Michel Foucault seguiu minuciosamente essas indicações em *História da sexualidade* – Vol. 2: O uso dos prazeres. Paris, 1984. Em alemão por RAULFF, U. & SEITTER, W. *Sexualität und Wahrheit* – Vol. 2: Der Gebrauch der Lüste. Frankfurt am Main, 1986.

Se podemos acreditar na tradição, o próprio Platão tinha sua "perigosa ilha meridional" – Sicília, onde ele experimentou suas "virtudes de filósofo" na política, e ao fazê-lo sucumbiu à paixão por Dion. Que em *A República* ele tenha querido saber excluída toda espécie de histórias de sereias da educação dos jovens para bons cidadãos de um estado ideal indica a medida do perigo que ele temia.

A indicação do sul por Nietzsche aponta para além de Platão. Antes, em FW 350, ele fala da

> meridional suspeita sobre a natureza do homem, que sempre foi falsamente entendida pelo norte: suspeita na qual o sul europeu recebeu a herança do oriente profundo, da primeva Ásia rica em segredos e de sua contemplação [...] (O norte sempre foi mais benevolente e superficial do que o sul) [...][55].

No sul e no norte da Europa, isso é evidente e, todavia, foi pouco considerado na filosofia[56], a sensibilidade é experienciada diferentemente, e com a transposição da filosofia para o norte, o que se consumou na Modernidade, também a apreciação dos sentidos teve que alterar-se. Isso se torna manifesto mais tarde em Kant, para quem os sentidos certamente "afetam" o ânimo (*das Gemüt*), no entanto, ainda somente com "*datis* sensíveis", com a "matéria bruta das impressões sensíveis", que o entendimento pode elaborar "o caminho seguro" para "um conhecimento dos objetos"[57]. Força erótica de sedução elas quase não têm mais, o que Nietzsche em "Como o 'verdadeiro mundo' tornou-se fábula" encerrará na célebre fórmula:

55 Sobre a diferença entre norte e sul no pensamento de Nietzsche, cf. primeiramente FW 358 e, num contexto mais amplo, MA II, VMS 97; FW 291: JGB 48, 255; WA 2.

56 Exceções são naturalmente Montesquieu e Herder. Nietzsche menciona por vezes Montesquieu, mas não em relação à influência do clima, que Montesquieu tinha feito valer para a configuração da organização estatal. De Herder, ele deu em MA II, WS 118 uma caracterização incisiva, na qual destaca o eternamente provisório de seu pensamento. Jürgen Brummack e Martin Bollacher, os editores e comentadores de *Johann Gottfried Herder: Werke in zehn Bänden*. Bd. 4: Schriften zur Philosophie, Literatur, Kunst und Altertum 1774-1787. Frankfurt am Main, 1998, p. 805, consideram essa caracterização de novo "totalmente não histórica" e mera "psicologia de desocultação" (*Entlarvungspsychologie*).

57 KANT. *Crítica da razão pura*, A 250, nota; A 107, B 1, B VII.

> No fundo, o antigo sol, mas através da névoa do ceticismo; a ideia tornada sublime, pálida, nórdica, königsbergiana.

Em FW 372 ele transita então também rapidamente para Kant, sem nomeá-lo:

> Agora gostaríamos hoje de estar inclinados a julgar precisamente de modo inverso (o que em si mesmo poderia ser ainda justamente tão falso): a saber que as *ideias* são ainda mais sedutoras do que os sentidos [...].

Com Kant o relacionamento se inverteu: agora são as ideias que podem enganar, seduzir, despertar ilusões, e agora é sobre a ilha dos sentidos que se pode e deve se salvar. Ela, não mais o "reino das ideias", é agora "a terra da verdade", e ela está, por seu lado, segundo Kant,

> cercada por um vasto e impetuoso oceano, a autêntica sede da aparência, onde alguns bancos de névoa e algum gelo, que logo se derrete, falseiam novas terras e, ao enganar incessantemente com vazias esperanças o marinheiro errante, inebriado por novas descobertas, enreda-o em aventuras, que ele nunca pode abandonar, e todavia jamais pode levá-las a termo[58].

As seduções para a ilha dos sentidos, contra as quais Platão tinha se armado com seu idealismo, tornou-se a autoafirmação da razão sobre a ilha do sensível, a qual se tem que sustentar contra as seduções do idealismo. Entre ambas o sensível tornou-se mera "matéria" para conceitos. O moderno sensualismo, segundo Nietzsche, o presente e o futuro da filosofia europeia, tornou-se possível porque os sentidos não podem mais levar àquelas carências (*Nöte*) como "outrora". Mas para tanto contribuiu, de acordo com Nietzsche, não apenas para a transposição da filosofia para o norte, senão também e sobretudo para aquela "bimilenar disciplina" da "consciência moral cristã" contra os pecados dos sentidos, de que se falou em FW 357. Nietzsche a vê junto ao obstinado judeu Espinosa.

58 KANT. *Crítica da razão pura,* A 235s., B 294ss.

5 O caso-limite – Espinosa

5.1 O 'Idealismo' de Espinosa e a linguagem de Nietzsche

Antes de começar a falar sobre Espinosa, Nietzsche deixa ressoar a sonoridade de Kant (eu cito ainda uma vez):

> Agora, gostaríamos hoje de estar inclinados a julgar precisamente de modo inverso (o que em si mesmo poderia ser ainda justamente tão falso): a saber que as *ideias* são ainda mais sedutoras do que os sentidos...

Ele modifica significativamente seu tom. Ele se intensifica audivelmente no pensamento da "pior sedução" adentro, interrompe a frase, inicia novamente, e cai assim ele mesmo na palavra:

> [...] com toda aparência fria, anêmica, e nem sequer apesar dessa aparência – elas vivem sempre do "sangue" do filósofo, elas consomem sempre seus sentidos, sim, se quiserem crer em nós, também o "coração" dele.

Sua linguagem torna-se altamente afetiva, ele está sensivelmente concernido – ou encena um sensível concernimento. Espinosa entra em jogo aí como que por acaso, como intuição (*Einfall*), que parece se dever à excitação do autor:

> [...] em tais figuras, como ainda a de Espinosa...

Na excitação, a curiosa inclusão de Espinosa quase não se faz notar. Espinosa, que não é nem idealista nem sensualista, é o caso fronteiriço na transição da Antiguidade para a Modernidade e do sul para o norte. Nele invertem-se visivelmente as relações de força entre os sentidos e as ideias. Espinosa ainda desconfiava dos sentidos, mas também já das ideias. Ele temia uma sedução de ambos os lados, do lado das ideias porque elas poderiam ser perigosas representações de desejo[59], mas também do lado dos afetos sensíveis, porque *eles* chamam à tona tais ideias[60]. Afetos são

59 Cf. a conclusão do apêndice à parte I da *Ética*.

60 Cf. as partes III e IV da *Ética*.

para ele não apenas meros estímulos sensíveis, que fornecem matéria para o conhecimento, mas eles inquietam, perturbam, fazem sofrer e finalmente subjugam o pensamento na forma de paixões. Em união com as ideias, que convocam, eles impelem para o querer-ter-de-outro-modo aquilo que existe, e com isso para sempre nova insatisfação, sofrimento e penúria. Para Espinosa, os afetos sensíveis eram ainda uma carência tão pesada, que ele montou toda sua *Ética* para colocá-los à disposição do intelecto. Sua *Ética*, assim a vê Nietzsche e assim podemos vê-la, é uma ética da deposição dos desejos, e com isso também dos ideais que se colocam na ponta deles. Se ela é idealista, então é de outra maneira, de maneira própria. Aquilo que Nietzsche, moldando sobre a pessoa de Espinosa, denomina "de-sensibilização interpretada sempre mais idealisticamente", é, na filosofia de Espinosa, não o desprendimento dos afetos sensíveis em proveito de representações ideais. Afetos sensíveis são absolutamente inevitáveis para Espinosa, também e precisamente na forma de representações ideais eles continuariam a enganar. Desse modo, depende do justo trato com eles, um trato no qual bem se pode deixá-los atuar, mas não podem mais constranger o pensamento. Para não se deixar dominar por eles, o pensamento tem que tentar dominá-los por sua vez, e isso só pode acontecer, segundo Espinosa, se ele próprio se tornar afeto, afeto mais forte. O afeto deve se tornar compreensão das causas dos afetos: a compreensão não desprende deles, mas ela os enfraquece, ela os aquieta[61]. Espinosa torna questão capital do intelecto decifrar as causas do constrangimento por meio dos próprios afetos na necessidade daquilo que é, e, para tanto, novamente, descerrar a necessidade de tudo alquilo que é; pois todas as causas têm de novo causas em outras causas. No discernimento da necessidade do todo, todo querer-ter-de-outro-modo pode chegar e chegará ao apaziguamento num nada-querer-ter-de-outro-modo.

O início dessa compreensão, e por isso o ponto de partida de sua *Ética*, é para Espinosa, porém, um conceito sustentável de Deus, e o conceito de Deus é sustentável para ele somente se é compreendido como autorreferente e com isso paradoxal. Se Deus, como é admitido na tradição judaica, grega e cristã, é o fundamento de tudo o que é, então ele tem que ser cau-

61 Não se trata, portanto, de sua "destruição", como pretende Nietzsche em JGB 198. Cf. infra.

sa também de si próprio, ele tem que ser *causa sui*, logo, necessita-se, em seu conceito, estabelecer um curto-circuito[62] do conceito de causa consigo mesmo, com a consequência de que, desse modo, nele tem que cessar todo perguntar-se sobre causas. Estabelecer Deus como *causa sui* força também então a deixá-lo novamente desaparecer na natureza, mas também, o que não se pode deixar de ver, deixar desaparecer nele a natureza[63]. Mas desse Deus *como* natureza pode-se então dizer tanto que Deus é como também que Ele não é, e tanto que Deus seja tudo, quanto que Deus nada seja – o paradoxal ponto de partida de Espinosa da causa de si provocou assim a irritação mais rica em consequências para os próximos séculos.

Mas se, por fim, Deus não é compreensível para o homem, então também como natureza em sua necessidade Ele não é, em último caso, compreensível para o homem[64]. Todavia se, do ponto de vista ético, tudo depende de compreendê-lo adequadamente, então a vontade de compreendê-lo, juntamente com o saber de que jamais podemos compreendê-lo adequadamente, conduz a amá-lo – assim já tinham pensado Platão e Aristóteles quanto ao anseio daquilo que é inibido pela materialidade em direção ao divino. Com isso, o não-querer-ter-de-outro-modo já é também o "amor intelectual de Deus" (*amor intellectualis Dei*). Com ele, porém, o homem se encontra novamente numa posição paradoxal para com o (divino) mundo, a saber, na medida em que ele é somente parte limitada dele, por meio de seus afetos voltados para a autoconservação (*conatus in suo esse perseverandi*), e, no entanto, tenta pensar esse mundo como totalidade (*sub specie aeternitatis*). Para Espinosa também esse paradoxo é resolvido pelo amor que, de novo a partir da visão do todo, tem que ser ao mesmo tempo o amor intelectual de Deus por si mesmo, portanto um amor autorreferente. Dessa forma Espinosa envolve sua *Ética* em paradoxos no começo e no fim – para *nela* tornar pensável uma libertação do intelecto por meio de um trato inteligente com os afetos.

---

62 Assim como, antes disso, Anselmo de Canterbury incluiu no mero conceito de Deus o conceito de seu ser, e com isso curto-circuito novamente a diferença entre conceito e ser.

63 Nietzsche não deixou de vê-lo. Cf. fragmento póstumo de 1885. KSA 11, 36 [15], p. 557.

64 Nietzsche a denomina, em alusão a Espinosa, não porém em inequívoca referência, "uma *necessidade irracional (unvernünftige)*" (Fragmento póstumo de 1881. KSA 9, 11 [225]).

5.2 O concernimento pessoal de Nietzsche por Espinosa: metáforas questionáveis

Não apenas na filosofia de Espinosa, também em sua pessoa – sua vida solitária e desarraigada, seu precoce adoecimento, de que finalmente faleceu com 44 anos – havia tanta coisa próxima de Nietzsche que este parece ter temido "confundir-se" com aquele – e ainda mais depois que ele o tinha descoberto (de novo), em julho de 1881, como "um *precursor*, e que precursor!"[65] Ele discute sem cessar com ele, e suas discussões com Espinosa eram sempre também discussões consigo mesmo, ou, em sua linguagem, tentativas de autossuperação.

Ao perigo de ser tão concernido por outrem a ponto de confundir-se com ele, Nietzsche reage com esforçado distanciamento. Se o tom excitado (mesmo que talvez apenas encenado) deixa reconhecer o concernimento, então sua metafórica [deixa reconhecer] o distanciamento. Sua linguagem transita do filosófico ao médico ("anêmico", "sangue", "coração", "ossos"), e do médico para o (cômico) demoníaco ("vampirismo", "sugadora de sangue") – ela transpassa (propositadamente ou não) a fronteira carregada de ansiedade entre as ideias e o sensível-corporal, da qual ainda no começo se falou "teoricamente". Ela mantém – e nisso consequentemente – os três jogos de linguagem na atmosfera do metafórico, e isso de modo a deixar-se diferenciar sempre menos do que aqui é metáfora ("sem coração", "o permanente tornar-se mais pálido", "ossos e matracas"). A metaforização prossegue de modo escorregadio; primeiro Nietzsche ainda utiliza aspas – e renuncia a elas à medida que as metáforas se tornam mais cruamente claras. Ao mesmo tempo, ele altera o modo de comunicação, volta-se com um **Stakkato** de perguntas excitadas aos leitores(as):

---

65 Nietzsche a Overbeck, 30 de julho de 1881. KSB 6, n. 135, p. 111 (cf. supra). Ao lado de "cinco pontos principais" – "ele nega a liberdade da vontade; a finalidade; a ordenação ética; o não egoísta; o mal"; ele descobre "que sua tendência global é igual à minha: fazer do conhecimento o *afeto mais poderoso*". Nietzsche menciona Espinosa também já antes disso em sua obra publicada (cf. seção 5.3.1), porém "quase não o conhecia", como escreve agora (ibid.). Ele se instrui mais de perto sobre Espinosa, porém de novo em segunda mão, por meio do volume de Kuno Fischer sobre Espinosa, em sua *Geschichte der neueren Philosophie*, em 6 volumes, que lhe foi remetida por Franz Overbeck (cf. MONTINARI. KSA 15, p. 117).

> Vós não sentis [...]? Não vedes a encenação [...]? Não suspeitais nos bastidores [...]?,

para deixar o clímax culminar, no final, num parênteses da espécie[66] mais discutível:

> (pois, que se me perdoe, o que *permanece remanescente* de Espinosa, *amor intellectualis* Dei, isso é matraqueação, nada mais! O que é amor, o que é Deus, se a eles falta toda gota de sangue?...).

"Sangue" é a metáfora diretriz, e ela é uma metáfora perigosa, que Nietzsche emprega frequentemente e de modo variante[67]. Ela *deve* ser perigosa, perigosa justamente para o idealizar, o de-sensibilizar, o idealismo. Em Espinosa, insinua Nietzsche, em sua saúde fraca, há de se ver o que o idealismo "anêmico", exangue, poderia produzir, seja ele causa ou sintoma dessa vida fraca: ele criaria vida sem vida (*lebloses Leben*), "algo profundamente enigmático", secreto, fantasmagórico – justamente fantasmas[68]. Nietzsche intensifica de modo tão cruamente claro, ominoso e grotesco sua descrição do idealismo de Espinosa, [na medida em que] não confiamos mais em nenhum idealismo – no entanto, não mais também Nietzsche, que o leva às últimas consequências.

Ele se detém nesse ponto, deixa tudo pairando, para, concluindo, novamente em grande tranquilidade, deixar seguir uma ousada generalização, que

---

66 Cf. os parênteses em FW 357: "(todos os judeus tornam-se adocicados quando moralizam)".

67 Cf. já em PHG 10. KSA 1, p. 844 ("A aranha quer, por certo, o sangue de suas vítimas, mas o filósofo parmenídeo odeia justamente o sangue de suas vítimas, o sangue da empiria por ele sacrificada"). E MA I, 260. KSA 2, p. 214: "[...] todo talento é um vampiro, que suga o sangue e energia das forças restantes [...]", mas também no fragmento póstumo de 1881. KSA 9, 12 [52], p. 585 (v. seção 5.3.2).

68 Nietzsche tinha deixado Zaratustra dizer: "Alguns se entretêm com múmias, outros com fantasmas, ambos igualmente hostis a toda carne e sangue – oh, como ambos contrariam meu gosto! Pois eu amo sangue" (Za III. *Do espírito de gravidade*. KSA 2, p. 241). Partindo de Hamlet, por um lado, que tem que descobrir se o espírito de seu pai é apenas um fantasma, e, por outro lado, do *Manifesto comunista* de Marx e Engels, que querem fazer do fantasma que ronda a Europa seu novo espírito, Jacques Derrida (*Marx' Gespenster* – Der verschuldete Staat, die Trauerarbeit und die neue Internationale (1993). Trad. de Susanne Lüdemann. Frankfurt am Main, 1995) faz de espírito e fantasma uma diferenciação diretriz, na qual eles oscilam de maneira dificilmente separável. Seu fundamento comum é o inapreensível "ideal".

acolheremos com a devida precaução – principalmente porque ele, ao mesmo tempo, a liga com uma exceção. Agora, uma vez que por meio do exemplo Espinosa a ligação entre idealismo e doença foi produzida, Nietzsche contrapõe a ele o outro extremo, Platão, que ele só agora denomina com sua "riquíssima e perigosa saúde", e extrai deles um balanço sobre *todo* idealismo filosófico:

> *In summa*: todo idealismo filosófico foi até agora algo como doença, onde ele não era, como no caso de Platão, a precaução de uma saúde riquíssima e perigosa, o medo perante sentidos "*ultrapotentes*" (*übermächtigen*), a prudência de um prudente Sócrates[69].

Primeiramente, nessa soma ele nomeia também o ponto de vista sob o qual ele aprendeu a ver o idealismo, ou então *todos* os idealismos, o ponto de vista da diferenciação entre doença e saúde. Essa é, porém, por seu lado, uma diferenciação metafórica e conceitualmente diferençável ("algo como saúde").

5.3 A discussão pública e reservada de Nietzsche com Espinosa

Espinosa colocou Nietzsche em dificuldade. Irritou-o tanto, que suas manifestações sobre ele se apartam ao extremo umas das outras, tanto na obra publicada quanto também nos fragmentos póstumos, e aqui, a cada vez, de maneira diversa. Não apenas as tomadas de posição, também os temas da discussão se diferenciam fortemente. Eu me limito aqui ao que contribui para o entendimento de FW 372[70].

---

69 Em GD (*Incursões...*, 23), no aforismo sobre a "erótica filosófica" de Platão, inscreve ele mais uma vez: "Nada é menos grego do que as teias de aranha conceituais de um eremita, *amor inttelectualis Dei*, ao modo de Espinosa".

70 Cf. o abrangente tratamento dado às discussões de Nietzsche com Espinosa em WURZER, W.S. *Nietzsche und Spinoza*. Meisenheim am Glan, 1975. • YOVEL, Y. "Spinoza und Nietzsche – *Amor Dei* e *amor fati*". In: *Spinoza* – Das Abenteuer der Immanez [original inglês, 1989]. Traduzido do inglês por Brigitte Flickinger. Göttingen, 1999, p. 384-420. • GAWOLL. "Nietzsche und der Geist Spinozas". Op. cit. • LIVERI, G.T. *Nietzsche e Spinoza – Ricostruzione filosófico* – Storica di un 'incontro' impossibile. Roma, 2003. Também neles perduram as irritações. Yovel fala de "espantosa solidão a dois", em virtude da qual "Nietzsche sempre se viu perseguido por Espinosa" (p. 417), e por fim de "fraternidade hostil" (p. 420). Por um lado, ele pensa poder ver ainda, no sentido de FW 108, na substância de Espinosa, e em sua confiança na lógica, "sombras do Deus morto", e daí Nietzsche [se colocar] em seguro distanciamento de Espinosa (p. 399ss.). Por outro lado, ele vê Espinosa "levar à confusão o sistema genealógico de Nietzsche", pois, de acordo com este, Espinosa teria de ser infectado por ressentimento, e manifestamente não o era (p. 419). O segundo ponto é seguramente

5.3.1 Discussão pública: 'Divino sentimento' ao conhecer

Na obra publicada, o tema nodal da discussão de Nietzsche com Espinosa é o próprio pensar do pensar, que é também a medula da pergunta: "Por que não somos idealistas?" Em MA, portanto *antes* de ter redescoberto Espinosa como precursor, Nietzsche chega à louvação. Depois de ter denominado, em MA 157, Espinosa um "sábio gênio", e em 475, o "sábio puríssimo", encena ele, no tomo II, na conclusão de VMS, uma "viagem ao Hades" como a empreendeu Ulisses (que retorna então em FW 372, sem ser nomeado), para encontrar Epicuro e Montaigne, Goethe e Espinosa, Platão e Rousseau, Pascal e Schopenhauer, e receber deles o "justo" e "injusto"[71]. Trata-se aqui já de sangue[72], de *seu* sangue, de Nietzsche, que ele sacrifica a essas sombras, sendo essas para ele de longe mais vivas do que poderiam sê-lo os agora viventes. Porém, e precisamente *depois* da enfática redescoberta de Espinosa, enceta, com os primeiros quatro livros de FW, uma série de manifestações incisivamente críticas. Espinosa, lê-se agora em FW 37, "que como homem do conhecimento sentia-se divino", estaria sentado sobre o "erro" de

> ter e amar na ciência algo altruísta, bastando-se a si mesmo, verdadeiramente inocente [...] do qual não fizessem parte, de modo nenhum, os maus impulsos do homem [...].

Essa parece ser a representação universal por Nietzsche do idealismo. Para Nietzsche, em FW 333, o "divino sentimento" no decurso do conhecer teria tornado Espinosa suficientemente ingênuo para deixar de ver os processos nos quais ingressam na consciência representações, pen-

---

correto, ainda que seja permitido duvidar de um "sistema genealógico" em Nietzsche. Todavia, também no primeiro ponto Yovel parece-me seguro. Pois se, como Espinosa, ainda que estabeleçamos uma só substância, ela também se torna paradoxal; então, decerto, ela é independente no ser, porém nada mais tem contra o que seria independente. Nietzsche não voltou, dessa forma, contra Espinosa, sua crítica à metafísica das substâncias. Gawoll destaca mais fortemente a "provocação" (p. 57) que a filosofia de Espinosa significava para Nietzsche seu "inovativo espírito" (p. 61), e, à diferença de Yovel, já separa cuidadosamente a discussão "exotérica" de Nietzsche com Espinosa, na obra publicada, da "esotérica", nas anotações do espólio. Também ele, todavia, não observa as paradoxizações irritantes de Espinosa. Ele não considera mais de perto FW 372, onde elas se tornam manifestas.

71 MA II, VMS 408. Vgl. M 481.

72 Como na própria *Odisseia*, cf. XI, 36, 82, 89.

samentos, ideias, intuições[73]. A partir daqui, Nietzsche ataca, em JGB 5, o *mos geometricus*, a rigorosa forma probante que Espinosa deu à sua *Ética* como "mascarada de um ermitão doente", conquanto ele, para si próprio, tenha alto apreço por máscaras, em todo caso, na medida em que elas permanecem intransparentes. Com isso, ficam introduzidos, ainda que à margem, os motivos do Espinosa doentio, tísico, e do fantasmagórico matraqueador, que são deslocados para o ponto central do livro V de FW. Em JGB 25 Nietzsche acrescenta o motivo da vingança, à qual inevitavelmente sucumbem os "ermitões compulsórios", como Espinosa, "esses excluídos da sociedade, esses longamente perseguidos, anatemizados"[74]. Como "ingênuo", ele apresenta então também a confiança de Espinosa na "destruição dos afetos" – de que não se trata em Espinosa, de modo nenhum[75] – "por meio de análise e vivificação dos mesmos" (JGB 198). Antes, em JGB 13, ele imputou a Espinosa, além disso, "inconsequência" na hipótese de um "impulso de autoconservação", o *conatus in suo esse perseverandi*[76], tratando-se aqui de um "princípio teleológico supérfluo", também nisso injustamente, pois a Espinosa importa precisamente recolher o *conatus* no *amor intellectualis Dei*. À hipótese de um impulso de autoconservação (estreitando o pensamento da evolução de Darwin)

73 Cf. M 129 e JGB 36. Nietzsche prosseguiu a análise dos processos de pensamento como processos vitais evolucionários numa série de anotações do espólio, em conexão com sua filosofia do signo. Cf. fragmento póstumo de 1884. KSA 11, 26 [92], p. 173s. • Fragmento póstumo de 1885. KSA 11, 38 [1], p. 595-597. • STEGMAIER, W. *Nietzsches Zeichen*. Op. cit. [Publicado neste livro sob o título "Signos de Nietzsche].

74 Eles se tornariam, diz-se em seguida ali, "ainda que seja sob a mais espiritual mascarada, e talvez sem que eles mesmos o saibam, sempre por fim refinados, vingativos e misturadores de venenos (que se exume uma vez o fundo da ética e da teologia de Espinosa!)". Nietzsche renuncia, na obra publicada, a exumá-lo, não concretiza a suspeita de vingança. Versos trocistas que a esse respeito lhe ocorreram, e que os antissemitas teriam manipulado, ele mantém reservados. Cf. fragmento póstumo de 1883. KSA 10, 7 [35], p. 253. Cf. tb. o projeto de poema no fragmento póstumo de 1884. KSA 11, 28 [49], p. 319 (corrigido no comentário suplementar KGW 4/2, p. 70). De acordo com a anotação do espólio de 1885/1886 (KSA 12, 2 [47], p. 85), Nietzsche tinha cogitado acolher o poema entre as *Canções do príncipe livre pássaro*.

75 Cf. YOVEL. *Spinoza und Nietzsche*. Op. cit., p. 398.

76 Cf. *Ética* III, proposição VI.

poderia ter-se ligado então o darwinismo[77]. Isso se passa já no livro V de FW, em FW 349. Depois que ele, em GM, convocou Espinosa para testemunho em questões de moral (Prefácio 5, II, 15 e III, 7), Nietzsche retoma em GD ainda uma vez o conceito [que é o] ponto de partida de Espinosa, a saber, *causa sui*, por ele colocado no fundamento não apenas de seu conceito de Deus, mas o qual os filósofos em geral teriam colocado no fundamento da crença em conceitos independentes, e comenta:

> O último, o mais delgado, o mais vazio é colocado como o primeiro, como causa em si, como *ens realissimum* [...] Que a humanidade tenha tido que tomar a sério as dores cerebrais de aranhas tecelãs doentes! (GD, A 'razão' na filosofia, 4).

A última palavra de Nietzsche para Espinosa na obra publicada é, porém, de novo uma velada confissão a favor dele, e aqui ele vem a falar também uma vez mais sobre o idealismo, que ele agora coloca em oposição ao *amor fati*:

> Minha fórmula para a grandeza do homem é *amor fati*: que não se queira ter nada diferentemente, para frente não, para trás não, em toda eternidade não. Não meramente suportar o necessário, menos ainda ocultá-lo – todo idealismo é mendacidade diante do necessário –, porém *amá*-lo...[78]

5.3.2 Discussão reservada: comprovação do pensamento do eterno retorno do mesmo em Espinosa

Em suas anotações não públicas, ao contrário, Nietzsche continua a confessar-se, quase sem divisão, a favor de Espinosa, também depois do verão de 1881, continua a querer dividir seu "sangue" com ele:

77 Cf. a esse respeito ABEL, G. "Nietzsche contra Selbsterhaltung – Steigerung der Macht um ewige Wiederkehr". *Nietzsche-Studien*, 10/11 (1981/1982), p. 367-384. • ABEL. G. *Nietzsche* – Die Dynamik der Willen zur Macht und die ewige Wiederkehr. Berlim/Nova York, 1984, 2. ed. 1998, p. 49-59.

78 EH, Por que sou tão inteligente, 10. Cf. a respeito da proximidade e distância entre o *amor Dei* de Espinosa e o *amor fati* de Nietzsche, KAUFMANN. *Nietzsche*. Op. cit. p. 484. • YOVEL. *Spinoza und Nietzsche*. Op. cit. passim, esp. p. 411ss.

> Quando falo de Platão, Pascal, Espinosa e Goethe, então eu sei que o sangue deles rola no meu – eu fico *orgulhoso*, se eu digo a verdade a respeito deles [...][79].

O *amor intellectualis Dei* de Espinosa seria um "acontecimento" que distingue um grande filósofo, ele teria profundidades que, excetuando só Pascal e Platão, somente os filósofos pré-socráticos seriam "mais completos"[80]. No período em que o livro V de FW surge e é publicado, Nietzsche não toma nenhum filósofo mais a sério do que Espinosa: ele o empurra para o centro de sua discussão com o niilismo europeu[81]. No curso de novos estudos sobre Espinosa na primavera de 1887, dessa vez em primeira mão[82], ele faz da proposição capital de Espinosa "nada é mais perigoso do que uma desejabilidade contrária à essência da vida" ponto axial de uma "história do niilismo europeu"[83]; e no projeto: para o "*niilismo europeu*" que ele conclui em 10 de junho de 1887 em Lenzer Heide, ele confronta sua própria concepção global, bem como pode agora abarcá-la com o olhar, e em particular seu pensamento do eterno retorno do mesmo, com o panteísmo de Espinosa[84]. Ele se pergunta se o pensamento já não foi também pensado por Espinosa:

> "Tudo perfeito, divino, eterno" força *igualmente a uma crença no "eterno retorno"*.

79 Fragmento póstumo de 1881. KSA 9, 12 [52], p. 585. Cf. ibid. 15 [17], p. 642. • Fragmento póstumo de 1884. KSA 11, 25 [454], p. 134.

80 Fragmento póstumo de 1884. KSA 11, 26 [416], p. 262. • Fragmento póstumo de 1885. KSA 11, 36 [32], p. 564. • Fragmento póstumo de 1884. KSA 11, 26 [3], p. 151. Cf. ibid., 26 [286], p. 226.

81 Cf. fragmento póstumo de 1885/1886. KSA 12, 2 [131], p. 131. • Ibid., 2 [165], p. 149. Para a última passagem sobre Espinosa cf. "Ética" IV, prefácio. In: SPINOZA, B. *Opera-Werke*. Latim e alemão. 4 vols. Org. por Konrad Blumenstock. Darmstad, 1976, vol. 2, p. 384ss.

82 Cf. fragmento póstumo de 1886/1887. KSA 12, 7 [4], p. 260-263. Os excertos de Espinosa, Leibniz, Hume, Kant, Nietzsche os concluiu provavelmente, segundo Montinari (KSA 14, p. 739) na biblioteca em Chur (meados de maio até início de junho de 1887). [Contrariamente a isso, cf. GAWOLL. *Nietzsche und der Geist Spinozas*. Op. cit. p. 61.]

83 Fragmento póstumo de 1886/1887. KSA 12 7 [8], p. 291 e 292.

84 Fragmento póstumo de 1886/1887. KSA 12, 5 [71], p. 211-217. G. Abel (*Nietzsche contra...*), em sua abrangente discussão do pensamento do retorno, infelizmente não ingressa, nesse ponto, na discussão de Nietzsche com Spinoza.

Pois, se consideramos com Espinosa "a natureza inteira (*totam naturam*) como *um* indivíduo (*unum esse individuum*), cujas partes, isto é, todos os corpos, sem qualquer alteração do indivíduo todo, se diferenciam e modificam infinitamente (*infinitis modis variant*)"[85]; e se admitimos, como Nietzsche o faz, que o número das variações possíveis dos corpos em particular se esgota, então resulta que *sub specie aeternitatis*, sob a pressuposição do tempo eterno, as respectivas variações têm que retornar[86]. Se isso é assim, então se coloca, segundo Nietzsche, a ulterior

> pergunta: com a moral, foi também tornada impossível essa panteística postura afirmativa (*Ja-Stellung*) para com todas as coisas? Sim, no fundo, só o Deus moral foi ultrapassado.

Como uma anotação anterior deixa reconhecer[87], Nietzsche parte de que Espinosa, com seu panteísmo, desacoplou o conceito de Deus de sua fundamentação *pela* moral, de seu fundamento *na* moral, e dessa maneira

---

85 *Ética* II, proposição XIII, lema VII, escólio. Op. cit. p. 190-191.

86 Que do empreendimento de Espinosa resulta o pensamento de um "círculo sem fundo", já o tinha visto Thomas Wizenmann (1759-1787). Cf. OTTO, R. *Studien zur Spinozarezeption in Deutschland im 18. Jahrhundert*. Frankfurt am Main, 1994, p. 207. G. Whitlock ("Roger Boscovich, Benedict de Spinoza and Friedrich Nietzsche: The Untold History". In: *Nietzsche-Studien*, 25 (1996), p. 200-220) nomeia Roger Boscovich, com acerto, para o pensamento de um número limitado de variações possíveis do universo, o universo do pensamento de puntiformes centros de força, por sua *Philosophia naturalis theoria, redacta ad unicam legem virium in natura existentium* de 1758 Nietzsche tinha, do mesmo modo, se interessado fortemente. Ele constrói aqui, todavia, uma oposição a Spinoza e, para tanto, parte de um insustentável entendimento da *Ética*, no qual a única substância aparece como matéria. Ao mesmo tempo, porém, ele confessa que o conceito de Boscovich, que ele quer demonstrar como origem das "teorias" da vontade de poder e do eterno retorno, justamente, teria de ser complementado pelo conceito de *conatus* de Espinosa. A discussão com a filosofia moral de Spinoza no projeto Lenzer Heide, ele a ignora totalmente. Para o argumento de um retorno necessário dos possíveis estados do mundo sob pressuposição de sua limitação numérica, cf. as até agora quase não consideradas objeções do matemático Felix Hausdorff, o qual, antes de grangear celebridade mundial com sua fundamentação axiomática da Topologia da Teoria dos Conjuntos, sob o pseudônimo Paul Mongré, escreveu um livro de aforismos *Sant'Ilario* – Gedanken aus der Landschaft Zarathustra (Leipzig, 1897), no qual, em forma e conteúdo, vincula-se estreitamente à FW de Nietzsche, e uma dissertação *Das Chaos in kosmischer Auslese* – Ein erkenntnisskritiker Versuch (Leipzig, 1898), na qual refutou com argumentos matemáticos o (pseudo)científico apoio de Nietzsche para seu pensamento do eterno retorno do mesmo, sabendo bem que o pensamento não ficava esgotado com isso. Ambos estão reimpressos e comentados em HAUSDORFF, F. *Gesammelte Werke*. Bd. 7: Das philosophische Werk. Org. por Werner Stegmaier. Heidelberg/Nova York, 2004.

87 Fragmento póstumo de 1885/1886. KSA 12, 2 [117], p. 120: "As tentativas até agora para superar o Deus moral (panteísmo Hegel etc.)". Cf. a esse respeito SIMON. *Das neue Nietzsche-Bild*. Op. cit. p. 8.

tornou pensável, "para além de bem e mal", uma "postura afirmativa para com todas as coisas", e, por isso, então, reconhece que ela se tornou junto a ele inteiramente possível,

> na medida em que cada momento tem uma necessidade lógica: e ele triunfou com seu lógico instinto fundamental sobre uma tal constituição do mundo.

Com o idealismo de Espinosa já teria sido bem-sucedida, portanto – com ajuda do paradoxal ponto de partida da *causa sui* –, a superação do niilismo. Nietzsche parece, todavia, não poder admiti-lo dessa maneira. Ele objeta que o caso de Espinosa teria sido "apenas um caso singular" – uma objeção notável, em se tratando de Nietzsche. Pois precisamente para ele, o *amor intellectualis Dei*, ou com o seu conceito, *amor fati*, só seria possível para indivíduos, assim como só indivíduos seriam capazes de tomar a sério o pensamento do eterno retorno e conservar-se à altura dele. No projeto Lenzer Heide, ele deixa o problema ficar sem solução[88]. Ao invés disso, ele o conduz em direção ao pensamento, na "crise" niilista que deve ser esperada, na "ira cega" dos frustrados "estropiados" e na radical reordenação dos "modos de pensar" e das "forças" sociais demonstrar-se-ão

> como os mais fortes aqueles que [...] não *necessitam* de extremos artigos de fé, aqueles que não apenas admitem uma boa parte de acaso, sem-sentido, mas amam, aqueles que podem

---

88 Pois ele se aferra à pressuposição de que com o niilismo e o pensamento do eterno retorno "busca-se uma oposição ao panteísmo" (Ibid., p. 213). G. Simmel (*Schopenhauer und Nietzsche*. Op. cit., p. 356ss.), que também se aferrou à pressuposição da oposição, via nisso a solução do problema: transportar a unidade dos opostos na música para a unidade da paixão de "tornar-se completamente um com Deus, ou com a ousadíssima expressão: tornar-se Deus". Espinosa e Nietzsche, tão opostos quanto seja alhures seus empreendimentos (no sentido de Za II. *Sobre as ilhas bem-aventuradas*. KSA 4, p. 110), ambos "não teriam suportado ser Deus". Assim, um negou a individualidade, o outro Deus. Yovel (*Spinoza und Nietzsche*. Op. cit., p. 410-412) admite uma *unio mystica* ainda em Espinosa, porém a exclui em Nietzsche. Este teria resistido à "tentação panteísta", porque seu *amor fati* não a admitiria (p. 413). Mas Yovel pensa também (apesar de JGB 295) que Nietzsche não teria admitido uma divinização do "símbolo" Dioniso. Manfred Riedel ("Das Lenzerheide Fragment über den europäischen Nihilismus". *Nietzsche-Studien*, 29 (2000), p. 70-81) considera ambos, Espinosa e Nietzsche, como "extremistas", aos quais não teria sido possível em absoluto uma renúncia a "hipóteses extremas" (p. 75), o que não permite a ele, de modo algum, tomar em consideração uma irritação de Nietzsche por Espinosa. Ele desacopla de Espinosa a consideração do próprio Nietzsche de que, no "caso singular" Espinosa, decerto, teria sido possível uma "panteística postura afirmativa" (p. 80).

> pensar o homem com uma significativa redução de seu valor, sem se tornar por isso pequeno e fraco: os mais ricos em saúde, que estão à altura dos maiores infortúnios (*malheurs*), e por causa disso não temem tanto os infortúnios – homens que *estão seguros de seu poder*, e que representam a força *conquistada* do homem com consciente orgulho.

Nietzsche os denomina os "mais moderados". Nesse contexto, são eles os que suportam a máxima carência, "mantendo aí a medida", e que, dessa maneira, podem "dar a medida". Eles o podem porque, segundo Nietzsche, suportaram do início ao fim tais infortúnios e, por meio disso, adquiriram a força para poder suportar outros do início ao fim. No final do livro V de FW (FW 382) e no novo prefácio à FW, Nietzsche credita poder dizer isso de si mesmo, e ele o repetirá em EH. Ele agradece precisamente sua fraca saúde, porque ela o forçou a um "percurso por muitas saúdes" (FW, Prefácio 3), e assim o levou à condição de "uma nova saúde", "mais forte, mais espirituosa, mais persistente, mais ousada, mais prazerosa do que todas as saúdes o foram até agora". Ele a denomina a "*grande saúde*", que "não apenas se tem, senão também que permanentemente se adquire, tem-se que adquirir, porque sempre ela é perdida, tem-se que perdê-la! [...]" (FW 382). Com que direito pôde Nietzsche atribuir a si e negar a Espinosa essa grande saúde, a Espinosa que viveu e criou sua obra em condições semelhantes às dele? Não poderia precisamente Espinosa ter pertencido aos "mais fortes", porque aos "mais moderados"? Nietzsche se pergunta ao final do projeto de Lenzer Heide: "Como pensaria tal homem no eterno retorno?" Espinosa podia pensá-lo serenamente, se ele o tivesse pensado[89].

89 A partir de Espinosa, Yovel (*Spinoza und Nietzsche*. Op. cit., p. 535 (nota 34)) denomina o pensamento do retorno uma "fábula existencial". Gawoll (*Nietzsche und der Geist Spinozas*. Op. cit., p. 56) [a denomina] uma "fábula ontológica".

6 "Idealismo" como pensamento do eterno retorno do mesmo e idealismos do retorno do desigual

Nietzsche deixa também FW 372, no final, em aberto. Ele o deixa concluir com dois hífens[90], que parecem reconduzir ao início do aforismo e fechar um círculo:

> e nós não tememos os sentidos, porque - -

Portanto, um retorno? Um retorno do idealismo? Num "eterno retorno do mesmo"? Ou um idealismo retornando sob outras condições não seria mais o mesmo idealismo? Pode um *retorno*, em geral, ser um retorno *do mesmo* – a não ser que a totalidade já seja pressuposta, como por Espinosa, como una e como Deus? Assim, também com o pensamento do eterno retorno do mesmo, teríamos que nos ocupar com um paradoxo? Ou simplesmente com o "idealismo" platônico-espinosista? Seria Zaratustra, sob esse aspecto, a quem Nietzsche atribui[91] o pensamento como "doutrina", um "idealista"? Pelo menos, durante o trabalho em Za, Nietzsche escreveu a Overbeck, "*quanto* Zaratustra *platoniza*"[92]. Ao lado do "idealismo" de Espinosa, parece ser antes o idealismo como o concebeu Platão, que preenche o sentido de um "eterno retorno do mesmo". Platão o concebera justamente para, em meio ao incessante vir-a-ser heraclitiano, poder pensar o sempre igual, o que sempre retorna, e pensou de tal modo as ideias que, para tanto, elas, por seu lado, permanecem sempre iguais; portanto, *permanecem* as mesmas, têm eternamente que permanecer. Dessa forma,

---

90 Como esse recurso gráfico é comum nas obras de Nietzsche, deve-se salientar que para *Gedankenstrich* nosso 'hífen' não é suficiente, já que o vernáculo pode também assumir função de um travessão. O sentido da palavra não é propriamente o de hífen, a saber, sinal utilizado para unir os elementos de palavras compostas, separar sílabas em final de linha e marcar ligações enclíticas e mesoclíticas. A ideia que não pode passar despercebida aqui é a de que numa escrita que preze pelo estilo, como o aforístico, por exemplo, tal sinal gráfico pode também significar substituição de parênteses para efeito de ênfase, um sinal de subtração, algo para marcar pausa, quebra, rompimento brusco ou mesmo ocultamento de um pensamento ou concepção [N.T.].

91 Propriamente aos animais de Zaratustra – Nietzsche deixa que os animais, não Zaratustra, "saibam" e digam que ele seria "*o mestre do eterno retorno*" (Za III. *O convalescente* 2. KSA 4, p. 275).

92 Nietzsche a Franz Overbeck, 22 de outubro de 1883 (de Gênova). KSB 6, n. 469, p. 449 [O termo é grafado em grego no original (N.T.)].

um eterno retorno do mesmo pode, sim, ser pensável somente em ideias, se ele, em geral, deve ser *pensável.*

Em seus diálogos, Platão deixou Sócrates pelo menos falar de tal modo como se ele tivesse pensado as ideias assim. Porém, como é sabido, ele deixou Sócrates falar diferentemente sobre elas em diferentes passagens, em diferentes diálogos. O discurso de Sócrates acerca das ideias não retorna como igual nos diálogos de Platão, e assim seu *discurso* sobre as ideias contradiz o que elas são, ou *que* elas são. Ele poderia com isso paradoxar a hipótese de que as ideias *são*; e significar que elas apenas *devem ser*, ou também manter em aberto outra possibilidade, a de que elas nem são nem devem ser, mas que já basta *falar* delas, para, então, caso a caso, poder falar delas de diferentes maneiras. Nesse sentido, haveria, segundo Platão, um *uso* das ideias sem um *saber* "das" ideias[93]. Não se poderia então falar de uma "*doutrina* das ideias", mas apenas de uma arte no trato com ideias[94], e, a partir da diferenciação autorreferente de Parmênides entre pensar e ser, seriam ganhas novas margens de manobra para o pensar do ser. Assim, em todo caso, poderia fazer sentido que, em seu final, FW 372 retorne ao próprio começo, e com isso remeta a Platão.

Porém, na medida em que esse retorno para trás inclui uma inversão (*Umkehrung*) do idealismo "de outrora", ele lembra a "reviravolta" ("*Umdrehung*") do platonismo, pela qual Nietzsche já há anos tinha se decidido[95]; ele próprio parece também se lembrar disso agora. Nos fragmentos

---

93 Nos diálogos *Lísias* e *Cármides*, Platão desdobra ele mesmo essa diferenciação entre uso e saber, sem "suprimi-la" (*aufheben*) num novo saber, num saber do uso. Ele mostra em diferentes figuras, sobretudo em Sócrates, naturalmente, que se pode compreender o uso de um saber, sem de novo precisar ter um saber explícito desse uso. Cf. STEGMAIER. W. "Philosophieren als Vermeiden einer Lehre...". Op. cit. [Publicado neste livro sob o título Filosofar como de evitar uma doutrina – Orientação interindividual em Sócrates, Platão, Nietzsche e Derrida].

94 Cf. WIELAND, W. *Plato und die Formen des Wissens*. Göttingen, 1982. Segundo capítulo*: Die Ideen und ihre Funktion*, p. 95-223. • VON PERGER, M. & HOFFMANN, M. "Ideen, Wissen und Wahrheit bei Platon". Neuere Monographie [Forschungsbericht]. In: *Philosophische Rundschau*, 44/2 (1997), p. 113-151. Os autores concluem com a constatação: "Não se pode estabelecer uma apresentação vinculante da 'doutrina das ideias', ou também apenas uma indicação numérica bem determinada de discutíveis reconstruções de uma tal doutrina. Isso pode ser lamentado; mas [...] esse achado se encontra na coisa, fundado numa idiossincrasia da obra de Platão".

95 Cf. fragmento póstumo de 1870/1871. KSA 7, 7 [156], p. 199.

póstumos do tempo de surgimento do livro V de FW ele anota para si, sob o título "Valor de verdade e erro":

> Um artista não suporta qualquer efetividade, ele desvia o olhar, olha para trás, sua opinião séria é que aquilo que valora uma coisa é aquele resto igual à sombra, o qual se conquista a partir de cores, forma, som, pensamento; ele acredita que, quanto mais uma coisa, um homem, é sutilizado, adelgaçado, volatilizado, *tanto mais aumenta seu valor*: *quanto menos real, tanto mais valor*. Isso é platonismo: o qual, porém, possui ainda uma ousadia a mais, no inverter: ele mensurava o grau de realidade pelo grau de valor, e dizia: quanto mais "ideia", tanto mais ser. Ele revirou o conceito de "efetividade" e disse: "o que vós tomais por efetividade, isso é um erro, e nós chegamos <tanto mais próximo> da 'verdade' quanto mais nos aproximamos da 'ideia'"[96].

Nietzsche coloca o idealismo platônico no horizonte da arte e, nesse horizonte, admite livres inversões entre ser e parecer. Não é mais então, prossegue ele, uma questão de verdade o quanto nós vemos ser e parecer, mas de vontade, de como, caso a caso, de um tempo para outro, nós *queremos* vê-los, e, assim, tudo depende da arte de "inverter", que Nietzsche em FW 357 constatou em Leibniz e Kant. Aqui, em FW 372, ele próprio apresenta a arte da inversão – em nome do idealismo[97].

Entretanto, ele considerava Sócrates o grande artista da inversão na filosofia, cuja "riquíssima e perigosa saúde" é bem documentada tanto por Xenofonte quanto por Platão. A respeito dele, anotava Nietzsche no fragmento póstumo do mesmo modo no tempo do surgimento do V livro de FW:

> Sempre *ironice*: é uma sensação preciosa examinar um tal pensador veraz. Mas é ainda mais agradável descobrir que

96 Fragmento póstumo de 1886/1887. KSA 12, 7 [2], p. 253. Cf. a respeito do motivo da inversão, reversão e da reversão que retorna na filosofia europeia, DERRIDA, J. *Voyous* – Deux essais sur le raison. Paris, 2003, p. 25ss.

97 Cf. John Richardson (*Nietzsche's System*. Nova York/Oxford, 1996), para quem Nietzsche, em ligação com Platão, e no quadro de sua dialética, desenvolveu a figura do sistema filosófico numa figura heraclitiano-agonística, passível de ser retomada no presente. Para a discussão de Nietzsche com Platão, por inteiro, cf. agora a monografia de MÜLLER, E. *Die Griechen im Denken Nietzsches*. Berlim/Nova York: Walter de Gruyter, 2005.

isso tudo é fachada, e que, no fundo, ele quer outra coisa, e o quer de maneira muito ousada. Creio que a magia de Sócrates era que ele tinha uma alma e, atrás dela, ainda outra, e atrás desta, outra ainda. Na mais da frente, Xenofonte deitou-se para dormir, na segunda, Platão, e na terceira mais uma vez Platão, mas Platão com sua própria segunda alma. O próprio Platão é um homem com muitas antecavernas (*Hinterhöhlen*) e fachadas (Fragmento póstumo de 1885. KSA 11 34 [66]).

Se nos atemos a ele, Sócrates, que segundo Platão inventou para si o idealismo e, em situações diversas, fez diferentes usos dele, então, o idealismo nem sempre, mas por repetidas vezes é necessário e em diferentes variantes. Por diferentes razões ele pode adotar diferentes figuras, e essas figuras serão hoje diferentes do que nos tempos dos gregos antigos. "Nós, modernos", visivelmente, não temos mais necessidade de idealismos, da mesma maneira como Sócrates e Platão, sem considerar que ninguém é tão facilmente um Sócrates ou Platão. Nossos sentidos e prazeres, que já em Kant tinham perdido tanto de sua força de sedução, continuaram a ser, desde então, se seguimos Norbert Elias e Michel Foucault, permanentemente disciplinados. Mas, por essa razão, não é necessário que os idealismos tenham desaparecido. Ao invés disso, eles podem entrementes impregnar tanto nossa "prática" cotidiana a ponto de terem se tornado totalmente evidentes por si, daí por que podemos acreditar não mais ter que desenvolver uma "teoria" para isso.

7 Idealismo e música da vida

Circunscrevemos com isso o meio de FW 372, no qual se encontra a enigmática expressão "música da vida". Ela poderia ser sua força de gravidade. Em FW 367 ela é antecedida pela expressão "música do esquecimento"; o aforismo se conclui agudamente com ela. Acompanhemos ainda ambos.

7.1 A música da vida como linguagem dos conceitos

Se "a vida" deixa ouvir música, ou até mesmo *é* música, muita coisa, talvez tudo pudesse ser música. Mas manifestamente ela não é ouvida sempre. Assim, a vida seria música quando é "ouvida" e não "vista" *como* música – e não só sob "ideias", que de acordo com o sentido verbal são ideias da visibilidade. Com o círculo temático da música, desde a música em sentido mais estreito e usual até a "música da vida"[98], Nietzsche cria, como no livro V de FW com os nomes-filósofos, um elucidativo contexto próprio. Ele começa com FW 367 e ali dissolve o círculo temático doutrina/erudito/erudição/ciência que em um primeiro momento domina, de FW 343 até 360, dissipa-se então de FW 361 até 365, para retornar mais uma vez e conclusivamente em FW 366 – na figura do "corcunda" que assenta sobre todo erudito, todo especialista, com sua erudição. Com FW 367, e com a "música do esquecimento", tem início, medido grosseiramente, a segunda parte do livro V, e as duas metades tratam assim, num panorama geral, da oposição entre doutrina e música. Cuja unidade há de se assumir no conceito de "gaia ciência". Em FW 347 Nietzsche vincula o conceito de "espírito livre", condição e meta de uma "gaia ciência", com o tema da dança, do movimento corporal pela música, para então, em FW 366, colocar para os eruditos a "pergunta pelo valor [...] em relação ao livro, homem e música": "Pode ele andar, mais ainda, pode ele dançar?"... Por sua parte, o tema da dança movimenta-se de maneira dançante pela segunda metade do livro V

---

98 Para uma visão panorâmica sobre o pensamento da música por Nietzsche, seu efeito na música e além disso na literatura, cf. por fim SORGNER, S.L. *Nietzsche*. In: SORGNER, S.L. & FÜRBETH, O. (orgs.). *Musik in der deutschen Philosophie*. Stuttgart/Weimar, 2003, p. 115-134. • OTTMANN, H. "Musik". In: OTTMANN, H. (orgs.). *Nietzsche-Handbuch*. Op. cit., p. 479ss. Sobre Nietzsche como músico e sua posição em relação aos músicos de seu tempo, como Schumann, Wagner e Brahms, cf. LIÉBERT, G. *Nietzsche et la musique*. Paris, 1995. • PÖLTNER, G. & VETTER, H. (orgs.). *Nietzsche und die Musik*. Frankfurt am Main, 1997. • LANDERER, C. & SCHUSTER, M.-O. "Nietzsches Vorstudium zur Geburt der Tragödie in ihrer Beziehung zur Musikästhetik Eduard Hanslicks". *Nietzsche-Studien*, 31 (2002), p. 114-133. Por fim, Nietzsche se via também como músico na filosofia (cf. Nietzsche a Hermann Levi, 20 de outubro de 1887. KSB 8, n. 930. • Nietzsche a Georg Brandes, 13 de setembro de 1888. KSB 8, n. 1.107). Isso estimulou a reconhecer formas musicais no formato de sua obra, em Za, a forma de uma sinfonia em quatro frases (cf. JANZ, C.P. *Friedrich Nietzsche* – Biographie. Vol. 2. Munique, 1978, p. 211-244), em GD a forma da sonata (GILLESPIE, M.A. "Nietzsche's Musical Politics". In: STRONG, T.B. & GILLESPIE, M.A. (orgs.). *Nietzsche's New Seas* – Exploration in Philosophy, Aesthetics, and Politics. Chicago/Londres, 1988, p. 117-149). Com isso, temas do pensamento foram colocados em analogia com temas musicais. A respeito da música como momento do pensamento e da vida, cf. FIETZ, R. *Medienphilosophie* – Musik, Sprache und Schrift bei Friedrich Nietzsche. Würzburg, 1992. • STEGMAIER, W. "Musik und Bedeutung – Zur Frage des Denkens des Denkens". In: RIETHMÜLLER, A. (org.). *Sprache und Musik* – Perspektiven einer Beziehung. Regensburgo, 1999, p. 37-47.

de FW. Por volta do fim de FW 381, "*Para a questão da compreensibilidade*", Nietzsche faz do poder-dançar o "ideal" e o "culto a Deus (*Gottesdienst*)" do espírito livre, e assim o liga novamente com a questão do idealismo.

Em FW 369, ele comunica uma "observação" psicológica a respeito do "lado a lado" da "força criadora" e do "gosto" entre os músicos, como "exemplo" para "artistas" em geral: De acordo com isso, um "criador constante [...] não tem tempo algum [...] para pensar, comparar sua obra e a si mesmo" – ele "esquece" seu "gosto", seu "julgamento", para então, depois disso, não poder mais julgar suficientemente, ele próprio, aquilo que ele então criou. Na conceitualística de FW 372: na prática do grande músico, a música separa-se das ideias que se apossam dela. Aqui Nietzsche poderia ter pensado sobretudo em Richard Wagner, cuja "música alemã" forma também o tema de enquadramento de FW 370. Em FW 371 encerra assim: que "nós, incompreensíveis" sempre "não comunicamos, não queremos comunicar" algo – o paradigma para aquilo que em conceitos não é suficientemente comunicável é a música. Em FW 373 Nietzsche comunica isso de novo:

> Suposto que se aprecie o *valor* de uma música de acordo com aquilo que dela poderia ser contado, calculado, reduzido a fórmulas – quão absurda seria tal apreciação "científica" da música! O que se teria dela entendido, compreendido, conhecido! Nada daquilo que nela é propriamente "música"!...

Ele exclui o "absurdo" querer-compreender a música por meio do conceito de uma "música" "na música", portanto, por meio de uma autorreferência do conceito da música. Com isso, de um lado, a música é autonomamente colocada, e ganha-se uma margem de manobra para "inversões": poder entender a música a partir da vida e a vida a partir da música.

Em FW 376 ("*Nossos longos tempos*") Nietzsche interpreta a vida, por certo, com toda seriedade, como algo semelhante à música, que transcorre em ritmos cambiantemente executados. Na conclusão, porém, FW 383, ele lê ao burlesco as inversões da autorreferência. Ele deixa independentizar-se "os espíritos de meu livro" e assediar o autor como fantasma. Ele encena com dança uma comédia grotesca, na qual os espanta, os espíritos de fantasmas, a "música negra como urubu", que a *gaia ciência* até então deixara ouvir, a grande seriedade com a qual justamente, ao final de FW 383, esta colocou exatamente "o autêntico ponto de interrogação, e quis deixar começar a tragédia de novo – como já no final do livro IV com *Assim falou Zaratustra* – e exigir sons "mais agradáveis e alegres"[99]. Contra o "outro ideal", que Nietzsche ao mesmo tempo formulou, "o ideal de um espírito que, ingênuo, isto é, que, involuntariamente e a partir de uma transbordante plenitude e poderio, joga com tudo o que até agora foi declarado santo, bom, intocável, divino", eles recordam o "solo verde, macio e gramado" e o "cismar" no *Fedro*[100], no qual Platão deixa seu Sócrates andar ante os muros, para lá então expô-lo na natureza livre cheia de deuses, ao erótico encantamento do belo Fedro, de tal maneira que ele, ao falar, perde-se no "divino delírio", e narra um mito luminoso do verdadeiro ser – que ele, sóbrio, ameaça esquecer de novo. Sócrates, ante os muros, experimentou algo da "música da vida", e deixou brotar a partir dela a ideia de um ser que, em verdade, de acordo com o mito, mesmo por parte de mortais bem-preparados, só se deixa tocar somente e persistentemente em repetidas viagens, de tempos em tempos, mas que se subtrai à contemplação (*Einsicht*) duradoura. E assim também Nietzsche, ao final de *A gaia ciência*, toma para seus leitores (leitoras) cada possibilidade de contemplação (*Einsicht*) na essência dessa "gaia ciência" – ao deixar paradoxá-la como o verdadeiramente mentiroso cretense diante de seus próprios, fantasmagoricamente incompreensíveis espíritos. Dos "secretos sons", com os quais o senhor, senhor ermitão e músico do futuro, nos regalou até agora em vossos desertos, de sua (paradoxalmente) desesperada alegria, só deixam restar chamados desconhecidos, vozes tumulares, assobios de marmota. Finalmente, porém, para fugir de todo paradoxo, eles chamam simplesmente para dançar, para uma ciência agora alegre talvez, que segue as próprias rimas e formas e sabe que não pode, de modo algum, fazer de outro modo, e assim ouve uma música, que é nova e estranha, como todas as autorreferências e paradoxos, na medida em que ainda são sentidos como tais, e neles, no entanto, logo ingressamos

99 Nisso eles fazem lembrar os sons com os quais Beethoven, em sua IX sinfonia, faz a transição para o hino do "lânguido" idealismo, o coro de fechamento de Schiller "à alegria" de que, de novo, Wagner tinha feito o ponto de partida de seu programa de obra de arte total.

100 Fedro 230b-258e-259d. Também Platão recorda ocasionalmente, como Nietzsche em FW 372, das sereias (259a).

rotineiramente na dança. E assim, segundo os espíritos, só importa pouco (ou talvez só a poucos, aos filósofos) se nós "entendemos" o "cantor" dessa música, seu texto, ou se o "mal-entendemos". E então, *A gaia ciência* prossegue em canções, as *Canções do príncipe livre-pássaro*.

No curso do livro V de FW, a expressão "música da vida", em 372, é preparada pela "objeção fisiológica", que Nietzsche levanta em FW 368 contra a música de Wagner[101]. A música de Wagner ia não só "contra o espírito" de Nietzsche, o que ele só confessou em Bayreuth, mas também "contra o corpo". Assim escreve ele:

> Meu "fato" é que eu não respiro mais facilmente, tão logo essa música atua sobre mim; logo, meu pé torna-se malvado contra ela, e se revolta – ele tem necessidade de compasso, dança, marcha, ele exige música, sobretudo as delícias que jazem no *bom* andar, correr, saltar, dançar. Não protesta, porém, também o meu estômago? Meu coração? A corrente de meu sangue? Meus intestinos? Não me torno com isso imperceptivelmente mais quente? (FW 368).

Ele toma a sério a "grande razão do corpo", da qual ele deixa Zaratustra falar[102]. Música é algo que parte do corpo e atua sobre ele, anima-o para movimentos – ou o inibe. O que Nietzsche "quer" dela é finalmente "seu alívio: como se todas as funções animais devessem ser aceleradas por meio de ritmos leves, ousadamente serenos, autoconfiantes" (FW 368). Música que alivia, torna leve, deve ser colocada em "ritos autoconfiantes", tem que ser, conforme FW 370, uma espécie de "arte de apoteose", e, segundo FW 372, além disso, ainda "riquíssima" em saúde, e tem que ser isso primeiramente como "música da vida", antes de poder "procriar" (no sentido de Wagner e do jovem Nietzsche) linguagem, drama, moral, política, teoria. Em uma nota dos fragmentos póstumos que precede o livro V de FW, Nietzsche estende experimentalmente o pensamento da "música procriadora" a todas as "configurações de formas" no pensamento. Ele procura compreender "sistematicamente" o pensamento como um "processo de nutrição" da vida, e

101 Cf. a esse respeito DUFOUR, E. "La physiologie de la musique de Nietzsche". In: *Nietzsche-Studien*, 30 (2000), p. 222-245.

102 Za I. *Dos desprezadores do corpo*.

a própria vida do homem como configuração de formas e ritmos, que de tal modo o "movimenta"; ela o deixa acreditar em um "Ser" nas "formas"[103]. Nos fragmentos póstumos mais tardios, finalmente, ele experimenta o pensamento, *todo* pensamento pela linguagem, *toda* linguagem pela música, e *toda* música pelos "estados de necessidade fisiológicos", e *toda* arte como aquilo que excita ou inibe essa música, com o resultado:

> Não se comunica pensamentos, o que se comunica são movimentos, signos mímicos, que são *lidos retrospectivamente* como pensamentos...[104]

Essa música, que parte do corpo, uma pensável, concreta "música da vida" torna-se, de acordo com Nietzsche, inaudível no idealismo. Ela é então ou negada – dessa forma ela ainda é ouvida, como no caso do antigo idealismo de Platão, que ainda era um signo de uma "saúde riquíssima"; ou ela é esquecida, como no caso do idealismo moderno. Sob esse aspecto, ela não é mais ouvida de modo algum, porque perdeu-se o sentido para ela. Nietzsche quer, com sua filosofia e em sua filosofia, redespertar o sentido para ela.

7.2 A música do esquecimento na linguagem dos conceitos

De acordo com Nietzsche, Sócrates tornou esquecida a música da vida, da qual parte toda linguagem, por meio de um impelir para a linguagem conceitual. Mas ele quis, de acordo com Platão, não enganar também os excêntricos, razão pela qual seu erudito discípulo Fedro chamou-o ἀτοπώτατος (230c), do qual Nietzsche, por seu turno, cunhou entre seus sinais com um perfeito paradoxo, o conceito de "absurdamente racional"[105].

103 Fragmento póstumo de 1883/1884. KSA 10 24 [14], p. 650ss. Cf. EH, Por que sou tão inteligente, 1-3.

104 Fragmento póstumo de 1888. KSA 13 14 [119], p. 296ss. Daqui, então, Nietzsche retorna a crítica à música de Wagner, que colocou em música "autênticas histórias de doença" (Fragmento póstumo de 1888. KSA 13 15 [99], p. 465). Cf. fragmento póstumo de 1888. KSA 13, 16 [75], p. 411, e finalmente WA 5.

105 GD, O problema de sócrates, 10. Sobre a narrativa de Platão no diálogo *Fédon* (60c-61c), de que Sócrates, num sonho, teria sido concitado, por fim, a fazer música e, uma vez que ele próprio não podia poetar, teria posto em versos fábulas de Esopo, cf. GT 14. KSA 7, 7 [127], p. 185ss. Para a narrativa, não há outras fontes além de Platão; parece tratar-se de invenção deste. Cf. DÖRING, K. "Sokrates –

A música do esquecimento na linguagem dos conceitos tem seu prelúdio, na filosofia de Nietzsche, na "música dionisíaca"[106]. Em FW ela aparece então como "melodia dos movimentos", para a qual pode-se ter mais ou menos "ouvido e olho". Ambas, a linguagem de conceitos e a melodia dos movimentos, dizem muito pouco. Só como suplementos uma da outra elas tornam-se significativas, tornam mais claro o que a outra "pensa". Sua suplementação recíproca, porém, é especialmente paradoxal, uma relação de esquecimento recíproco. A linguagem verbal torna-se, por certo, mais facilmente compreensível sobre o pano de fundo da "música da vida", mas somente na medida em que a "música da vida" não aparece, nesse processo, em primeiro plano, não é ouvida como tal. Se não se ouve mais o que diz o falante, e se olha apenas a "melodia dos movimentos", esses movimentos tornam-se grotescos. Por sua vez, eles só adquirem sentido por meio da linguagem verbal. Ambos só criam sentido um para o outro se, nesse processo, eles são, ao mesmo tempo, "esquecidos", assim como se pode enxergar tudo o que se vê diante de um horizonte, e não o próprio horizonte – e horizonte, uma vez mais, por sua vez, só é visto como bastidor quando se vê algo em primeiro plano. A "música do corpo", que dá os tons fundamentais da "música da vida" e torna mais facilmente compreensível a linguagem dos conceitos, tem que ser uma música do esquecimento, para se fazê-la compreensível. Ela não pode ser ouvida, nem ser conscientemente deixada de ouvir, mas tem que ser ouvida, com um conceito empregado com frequência, "inconscientemente"[107], ou, no notável uso conceitual de Nietzsche em

---

Biographie". *Grundriss der Geschichte der Philosophie.* Fundada por F. Ueberweg, nova edição inteiramente reelaborada. Vol. 2/1. Org. por Helmut Flashar. Basel, 1998, p. 153. Sobre a recepção por Nietzsche da narrativa, cf. WOODRUF, M. "The Music-Making Socrates: Plato and Nietzsche Revisited, Philosophy and Tragedy". *International Studies in Philosophy*, 34/2 (2002), p. 71-190.

106 GT 24. KSA 1, p. 154. Cf. fragmento póstumo de 1870/1872. KSA 7, 8 [29], p. 232; KSA 7, 12 [1], p. 359-369. Sobre os inícios do pensamento da música em Nietzsche, cf. BRUSE, K.-D. "Die griechische Tragödie als 'Gesamtkunstwerk' – Anmerkungen zu den musikäthetischen Reflexionen des frühen Nietzsche". *Nietzsche-Studien*, 13 (1984), p. 156-176. • FIETZ, R. "Am Anfang ist Musik – Zur Musik und Sprachsemiotik des frühen Nietzsches". In: BORSCHE, T.; GERATANA, F. & VENTURELI, A. (orgs.). *Centauren-Geburten*. Berlim/Nova York, 1994, p. 144-166. • MÜLLER, E. "Prazer estético e sabedoria dionisíaca – A interpretação por Nietzsche da tragédia grega". *Nietzsche-Studien* 31 (2002), p. 134-153.

107 Cf. GÖDDE, G. *Traditionslinien des "Unbewussten"*. Schopenhauer, Nietzsche, Freud. Tübin-

FW 371, "mal-ouvida" (*verhört*)[108]. Assim como "se entende mal", quando algo diferente do que foi dito é ouvido, a "música da vida" tem que ser ouvida *en passant*, se ela deve ser ouvida. Ela só há de ser ouvida paradoxalmente, mas habitualmente nós dominamos essa prática sem dificuldades. Nós, idealistas, que inevitavelmente nos tornamos quando falamos, quando pensamos, sobretudo, porém, quando filosofamos, devemos, de acordo com Nietzsche, tornar a aprender a ouvir essa música, para aprender a filosofar mais "jovialmente" (*fröhlicher*). Mas, para tanto, também teríamos que aprender a lidar com os paradoxos irritantes, como Platão, Espinosa e Nietzsche os apresentaram.

Em Nizza, em 25 de março de 1888, Nietzsche tomou nota de um "prefácio" para a "arte":

> Para mim, falar sobre arte não combina com gestos de panela fermentada: eu quero falar dela como falo comigo mesmo, em selvagens e solitários passeios, nos quais surpreendo de vez em quando uma sacrílega felicidade e ideal em meio à minha vida. Levar a vida em meio a coisas delicadas e absurdas; estranho à realidade; meio artista, meio pássaro e metafísico; sem sim e não para a realidade, a não ser que a reconheçamos de vez em quando na forma de um bom dançarino, com a ponta dos pés, sempre coçado por algum raio de sol de felicidade; sereno e encorajado, mesmo em meio ao infortúnio – pois o infortúnio *contém* o feliz; uma pequena causa de tolice pendendo ainda do mais sagrado – isso, como se entende por si, o ideal de um espírito grave, pesando toneladas, de um *espírito de gravidade*... (Fragmento póstumo de 1888. KSA 13, 14 [1], p. 217).

gen, 1999. • GÖDDE, G. "Nietzsches Perspektivierung des Unbewussten". *Nietzsche-Studien*, 32 (2002), p. 154-194.

108 A forma verbal infinitiva é *verhören*, que pode significar tanto ouvir mal, mal-entender acusticamente, ou ter a acepção de oitiva, como na expressão: ser ouvido como testemunha ou como acusado [N.T.].

7 A filosofia da arte de Friedrich Nietzsche*

I. Contexto biográfico

Nietzsche foi artista não apenas em sua filosofia, pois também foi poeta e compositor, ainda que por profissão tenha sido filólogo. Nascido em 15 de outubro de 1844 em Röcken, nas imediações de Lützen, na Saxônia, filho de um pastor, estudou primeiramente teologia em Bonn, depois filologia clássica. Quando seu Professor Friedrich Wilhelm Ritschl passou a lecionar em Leipzig, transferiu-se para a universidade dessa cidade, onde se entusiasmou com a filosofia de Arthur Schopenhauer e conheceu pessoalmente Richard Wagner. Devido a seus trabalhos filológicos de pesquisa, que foram publicados já durante seu período como estudante, Nietzsche foi em 1869, antes mesmo da conclusão de seu doutoramento, nomeado professor-associado de Filologia Clássica na Basileia. Nessa época tornou-se muito próximo de Richard Wagner e, em aliança com este artista, que considerava um guia e líder de seu tempo, pretendia fundar uma nova cultura. Em 1870 foi nomeado professor pleno, e em 1872 publicou *O nascimento da tragédia no espírito da música*, livro que o desacreditou entre os profissionais de sua especialidade. Sua tentativa de conseguir uma cátedra na área de filosofia não teve êxito. Dando continuidade à luta por uma nova cultura, publica

* STEGMAIER, W. "Friedrich Nietzsche". In: MAJETSCHAK, S. (org.) *Klassiker der Kunstphilosophie* – Von Platon bis Lyotard. Munique: Beck Verlag, s.d. Tradução de Anna Hartmann Cavalcanti. Revisão de Antonio Edmilson Paschoal.

as quatro *Considerações extemporâneas*, nas quais faz uma crítica mordaz a um dos porta-vozes da época, David Friedrich Strauss, a uma das mais bem-sucedidas ciências de seu tempo, a ciência da história, e louva Schopenhauer e Wagner como os novos heróis. Mas Nietzsche irá modificar essa atitude de submissão em relação a Wagner.

Do trabalho em conjunto com Paul Rée, em 1878, nasce seu primeiro livro de aforismos, *Humano, demasiado humano*. Dores de cabeça, dores no estômago e nos olhos tornam-se tão frequentes e intensas que ele não pode mais se dedicar a suas atividades, o que o leva a se aposentar em 1879 e ter de partir sempre em busca de climas mais adequados à sua saúde, entre a Itália, a Suíça e a França, "sem pátria", mudando para lá e para cá. Tendo de se hospedar nas mais simples pensões, entusiasma-se com as cidades e paisagens nas quais pode "viver", sobretudo Veneza, Gênova, Sils-Maria, Rapallo, Nice e Turim. Para estadias curtas, viaja para Sicília, Roma e Florença[1]. Não gosta de visitar museus; jamais visitou o Museu do Vaticano. Aprende a falar "com leveza" sobre filosofia, arte e vida: para suportar *sua* vida, ele precisa "de uma outra arte – [...] uma arte para artistas, somente para artistas!" (FW, Prefácio 4. Cf. FW 107). Orienta sua filosofia segundo a arte de um "alegre saber", cujo ideal é o da "flexibilidade e força" da dança (FW 381). Em 1882 encontra-se com Lou von Salomé em Roma e nela reconhece um "espírito" tão "elevado" quanto o seu. Compõe para ela o *Hino à vida*, que é posteriormente publicado com seu nome e com orquestração de seu "maestro Peter Gast"[2]. O rompimento com Lou lança Nietzsche em uma grave crise. A partir de esforços extremos, diante dos quais se vê confrontado com a filosofia, faz a experiência feliz de um temporário "restabelecimento" no qual encontra forças para a "transfiguração" da existência (MA II, WS 332). Em tais circunstâncias nascem seus outros livros de aforismos, uma segunda parte de *Humano, demasiado humano*,

1 Nietzsche viajava com o guia de viagens de Theodor Gsell-Fels: *Italien in sechzig Tagen* [Itália em sessenta dias]. Leipzig, 1878. Através de suas anotações, Buddensieg (2002) reconstituiu o que Nietzsche tinha intenção de visitar.

2 Cf. SCHABERG, W.H. *Nietzsches Werke* – Eine Publikationsgeschichte und kommentierte Bibliographie [A obra de Nietzsche – Uma história da publicação e bibliografia comentada], aus dem Amer. v. M. Leuenberger: Basel, 2002, p. 192-204.

Aurora, *A gaia ciência*, sua poesia didática *Assim falou Zaratustra*, um novo livro de aforismos, agora tematicamente organizado, *Para além de bem e do mal*, e as três dissertações de *Para a genealogia da moral*. Em 1888 acredita finalmente ter encontrado em Turim a cidade que lhe corresponde inteiramente do ponto de vista estético, descobre em *Carmen* de George Bizet uma espécie de contramúsica em relação à de Wagner, sente-se eufórico, revigorado. Concebe, logo a seguir, *O Caso Wagner*, o *Crepúsculo dos ídolos*, no qual mescla primorosamente formas literárias, *O Anticristo*, sua declaração de guerra ao cristianismo, e *Ecce homo*, no qual procura esclarecer sua "*arte do estilo*" e sua "arte suprema do dizer sim à vida" (EH, Por que sou tão sábio, 1. • EH, Por que escrevo tão bons livros 4. • EH, O nascimento da tragédia, 4). Organiza, a partir de seus textos, um último escrito polêmico, *Nietzsche contra Wagner*, e reúne os poemas de *Assim falou Zaratustra* no volume *Ditirambos dionisíacos*. Nos primeiros dias de janeiro de 1889 sofre um colapso mental. Morre, em Weimar, em 25 de agosto de 1900.

A relação intensa de Nietzsche com as artes plásticas foi, até o momento, pouco trabalhada pelos comentadores e, por vezes, nem sequer admitida[3]. No que diz respeito a sua aversão a museus, havia exceções, particularmente Rubens e Van Dyck, e, sobretudo, Claude Lorrain[4]. De resto, além de Dürer, cuja gravura *Melancolia* presenteara a Wagner, e cuja gravura *O cavaleiro, a morte e o diabo* ele próprio possuía, apreciava sobretudo Michelangelo, Leonardo e particularmente Rafael, cuja *Madona Sixtina* ele reconhecia, em seus pormenores, como pintura única (MA II, WS 73)[5]. Entre os escultores, a contribuição de Fídias foi, segundo Nietzsche, fundamental. Para a

---

3 Cf. Meyer, 1993, p. 105, que, por sua vez, baseia-se no livro de Ernst Bertram: *Nietzsche* – Versuch einer Mythologie [Nietzsche – Ensaio de uma mitologia]. Berlim, 1918. A investigação sobre a influência das artes plásticas sobre Nietzsche e sua influência sobre as artes plásticas, particularmente sobre a arquitetura, está apenas começando. Cf. Schmied (1995), Neumeyer (2001), Buddensieg (2002) e Ottmann, verbete "Arquitetura". In: Ottmann, 2000, p. 190ss. e 430.

4 Cf. Shapiro, 2003. Cf. Schmied (1995), Neumeyer (2001), Buddensieg (2002) e Ottmann, verbete "Arquitetura". In: Ottmann, 2000, p. 190ss. e 430 e a visão geral do autor: "Nietzsches Philosophie der Kunst und seine Kunst der Philosophie – Zur aktuellen Forschung und Forschungsmethodik". *Nietzsche-Studien*, 34, 2005.

5 Cf. ZITTEL, C. Verbete "Pintura/Artes plásticas". In: Ottmann, 2000, p. 400-404. Sobre o conhecimento da pintura de Lorrain cf. SCHULZE, I. "Nietzsche und Claude Lorrain". *Nietzsche-Studien*, 24, 1998, p. 217-225.

fonte de Tritão de Bernini, situada na Praça Barberini em Roma, ele compôs sua *Canção da noite* (Za II, 4, p. 136 e 4, p. 138, cf. EH, Assim falou Zaratustra 4 e 7. • EH, Por que escrevo tão bons livros 4). No que diz respeito à arquitetura, tinha uma idiossincrática aversão a igrejas. Mas os palácios nobres da Renascença o fascinavam, sobretudo o Palácio Pitti, em Florença, de Filippo Brunelleschi; por fim Mole Antoniella, em Turim, reconstruído por Alessandro Antonelli, outrora uma construção fortificada[6]. Mais do que em arquitetos, estava interessado nos realizadores e na vontade deles de dar "estilo" à sua existência através de suas construções[7]. Sua ligação com a arte não se dava por meio da ciência ou da história da arte, constituindo-se antes como uma ligação ao mesmo tempo pessoal e filosófica.

Muito antes de Nietzsche conhecer a Itália, Schopenhauer o conduzira e guiara pela *filosofia* da arte. Tendo encontrado na arte o caminho para a libertação do sofrimento da vontade de existir, convencera Nietzsche de "que a arte era a tarefa suprema e a atividade propriamente metafísica desta vida" (GT, Prefácio), tornando possível que descobrisse na vida dos antigos gregos o pessimismo como "fundamento de toda existência" (GT 25) e a coragem dos atenienses de encarar "nos abismos dionisíacos" a crueldade destruidora da existência (GT 14), colocada em evidência nos festivais dionisíacos. A festa orgiástica do deus estrangeiro, a música "dionisíaca" seria, de acordo com Nietzsche em o *Nascimento da tragédia*, contida pela forma translúcida do drama "apolíneo" e apresentada de maneira suportável aos olhos, de tal modo que a existência "se *justificaria* eternamente como *fenômeno estético*" (GT 5). "Do fundo dionisíaco do mundo" deveria "penetrar na consciência do indivíduo humano apenas o suficiente para ser de novo subjugado pela força de transfiguração apolínea" (GT 25).

No *Ensaio de autocrítica*, elaborado em 1886 por ocasião da nova edição do livro, Nietzsche distancia-se claramente de sua "metafísica de

---

6 Cf. Neumeyer, 2001, p. 245-252.

7 Cf. BURCKHARDT, J. *Aesthetik der bildenden Kunst* (conferência 1863). Org. por Irmgard Siebert. Darmstadt, 1992, p. 60ss. e 94.

artista" inspirada em Schopenhauer (GT, Prefácio 2)[8]. Com essa atitude, porém, renuncia somente à exigência de "justificação", pois continua a ressaltar a necessidade da estética para a vida e a "*gratidão para com a arte*" como "*boa* vontade em relação à aparência": "Como fenômeno estético, a existência é sempre, para nós, ainda *suportável*" (FW 107). Também "a oposição dos conceitos apolíneo e dionisíaco", por ele "introduzida na estética", conserva o seu sentido, uma vez que "ambos são concebidos como formas de embriaguez": o apolíneo como embriaguez do olhar "recebe a força da visão" e como pintor, escultor, poeta épico contempla e cria figuras, o dionisíaco como embriaguez de "todo o sistema afetivo" "descarrega de uma só vez todos os seus meios de expressão e intensifica a força de representar, imitar, transfigurar, metamorfosear, todo o tipo de arte do mímico e do comediante". A música como "total excitação e descarga dos afetos", não como "arte distinta das outras", é, também para o último Nietzsche, um meio de "metamorfose" de todas as artes (GD, Incursões de um extemporâneo, 10).

II. Contexto filosófico

O último Nietzsche reconduz a estética a uma "fisiologia da arte" (WA. Epílogo)[9]. Para os homens é, por conseguinte, belo o que os anima, diverte, eleva, alivia, torna sua existência de certa forma atraente, ao passo que é feio o que "enfraquece e aflige", em poucas palavras: o que desencoraja em geral os homens[10]. "Fisiologicamente falando" é o "instinto *mais elementar*" de conservação e expansão de si que "irradia" ainda "tais sublimidades" como o belo e o feio. De uma "profusão extraordinária" de "premissas" chega-se, sem perceber, a rápidas conclusões, cujos resultados penetram então na consciência. O "sentimento de poder" dos homens, "sua vontade de poder, sua coragem,

8 Mas ela [a metafísica de artista] não deixou de fascinar a pesquisa sobre Nietzsche e a estética. Cf. esp. Goedert (1977) e Young (1992).

9 Em *O Caso Wagner*, Nietzsche havia anunciado, ainda, com esse título uma "obra capital" para a qual elaborou inúmeras notas (WA 7), mas cuja redação não foi mais retomada.

10 Em um fragmento postumamente publicado, Nietzsche observou: "O feio age *depressivamente*, é expressão de uma depressão. Ele tira a força, empobrece, pressiona..." (Fragmento de 1888. KSA 13, p. 296).

seu orgulho são decisivos – tudo isso diminui com o feio, aumenta com o belo" (GD, Incursões de um extemporâneo, 19)[11].

Também para o Nietzsche dos primeiros livros de aforismos a arte não *é*, mas *torna* belo e leve. Ela pode igualmente tornar o feio e desagradável belo e atraente, o pesado, leve. O grande exemplo permanece o do herói da tragédia que afirma a arte também nas "situações mais difíceis", "nas quais a vida beira o abismo", conservando "clareza de espírito" e não perdendo "a beleza da linguagem" (FW 80). Zaratustra é também concebido por Nietzsche como herói trágico. O que a arte "quer", quer também a filosofia: "Dar à vida e à ação maior profundidade e significado" (MA I 6) e, "sobretudo, *entreter*" – mas a filosofia o quer "conforme seu orgulho herdado, de um modo mais sublime e elevado, diante de espíritos seletos" (M 427). Vida, "adorno, orgulho, distração, segurança da vida" (FW 123) é a última unidade de todas as diferenciações, o limite em geral da formação dos conceitos. O que é dito *sobre* a vida, é dito *na* vida, sob as condições da vida. Visto que a teoria pressupõe um ponto de vista "acima" e independente daquilo que ela toma por seu objeto, não é possível nenhuma teoria científica da vida.

A filosofia se compreendeu, entretanto, até Nietzsche, essencialmente como ciência. Sob seu ponto de vista, a arte torna-se, ao se subtrair da distinção entre verdadeiro e falso, conforme Nietzsche, de modo geral, "falsificação". Mas, uma vez que a ciência também se situa no contexto da vida e de sua vontade de poder, pode-se dizer dela o mesmo, segundo seu próprio critério. Pois a lógica que ela segue pressupõe "casos idênticos". Porém, como não existe na vida casos idênticos, a própria lógica, escreve Nietzsche, é "o modelo de uma completa ficção" que esqueceu que é uma ficção, "uma obra-prima de falsificação em virtude da qual existe algo como 'conhecimento', 'experiência'". A "falsificação fundamental de todo acontecimento" pressuposto pela "vontade de *verdade lógica*" somente não se torna evidente por ser sistematicamente praticada (N 1885. KSA 11, p. 597 e KSA

11 Heidegger (1961) apresentou essa "estética" com a ressonância da forma mais evidente de uma "metafísica" da vontade de poder em Nietzsche. Essa tentativa de dar um sentido metafísico não se impôs. Cf. esp. MÜLLER-LAUTER, W. *Heidegger und Nietzsche* – Nietzsche-Interpretationen III. Berlim/Nova York, 2000.

11, p. 633s.). A distinção entre ciência e arte consiste, portanto, em que a primeira, mas não a segunda, insiste no critério do verdadeiro e do falso. A arte abarca, assim, sob o ponto de vista da vida, um horizonte mais amplo que o da ciência. Em um tempo "no qual as águas da religião refluem" (UB III 4) e a expectativa de apreender inteiramente a verdade da vida posta na ciência se desfaz, a filosofia só pode ampliar seu horizonte para além deste ao se tornar arte, *arte filosófica*. Essa arte filosófica ultrapassa a "arte da obra de arte" (MA II, VMS 174) e também não é "*l'art pour l'art*", mas "elogia", "celebra", "faz escolhas", "destaca" e, assim, "*enfraquece* ou *fortalece* certas apreciações de valor", constituindo-se como "o grande estimulante da vida" (GD, Incursões de um extemporâneo, 24). Na arte filosófica, ciência e arte estão integradas. A vida necessita tanto da clareza da ciência, que estabelece limites únicos e firmes, quanto da arte, que transgride tais limites, estimulando continuamente que novos sejam estabelecidos, para assim se orientar segundo a vida. A capacidade para a clareza científica e para a transfiguração estética constitui, para Nietzsche, a arte filosófica.

Nietzsche, em suas anotações da época de *A gaia ciência*, concebe a ciência e a arte como "perspectivas" diante das quais "nossas necessidades" [...] nos deixam *aflitos*". Ambas possuem um "fino ouvido para o grito de aflição das necessidades e, frequentemente, um ouvido profético". Segundo critérios dessas necessidades elas desenvolvem "nossa ótica humana" desdobrando-se continuamente em "construção conjunta do homem para o homem". "Nosso olho" é, com isso, "ao mesmo tempo um poeta inconsciente e lógico", "*a imagem* refletida pelo olho é pintada até o fim pela ciência" (N 1881. KSA 9, p. 637). A arte, particularmente as artes plásticas, permanece assim o ponto de referência. Da arte se pode aprender, escreve Nietzsche nos aforismos publicados, a colocar em perspectiva "invenções e artifícios" (FW 299) e da ciência a "fixar" perspectivas (FW 246). Mas um "espírito livre" domina a arte filosófica "de fixar e de novo soltar segundo seus fins supremos" (MA, Pref. 6. Cf. GM III 12).

A unidade de "nosso poder lógico-poético" não repousa em um terceiro [elemento], mas no entrelaçamento entre arte e ciência. O entrelaçamento é a única espécie de unidade admitida pela vida. Ele ocorre metodicamente a partir de uma "transposição", de uma metaforização e metamorfose de uma na outra. Essa transposição, e não a especificação é, com efeito, o modo pelo qual Nietzsche revê a tarefa clássica da filosofia da arte, a interpretação da relação da arte com a ciência, a moral, a religião etc., de um lado, e a interpretação dos gêneros artísticos e os meios de dar forma artística, de outro. Assim como ciência e arte, Nietzsche também entrelaça as artes entre si ao metaforizá-las e metamorfoseá-las umas nas outras. O resultado é uma "arte das nuances que constitui a melhor aquisição da vida" (JGB 31). O artista das nuances, por excelência, era para Nietzsche o grande artista da transfiguração, Lorrain, e com tal nome enfim designou igualmente sua arte filosófica: "um Claude Lorrain pensado ao infinito" (EH, Crepúsculo dos ídolos, 3).

A filosofia da arte de Nietzsche levou constantemente seus intérpretes a procurar apreendê-la em uma teoria ou sistema. Ele próprio a concebeu, a partir de conceitos das artes plásticas, sob a forma de uma "apresentação incompleta, como em relevo", acreditando que uma tal apresentação pode ser mais "eficaz" do que um "acabamento minucioso: deixa-se um trabalho maior para quem observa, incitando-o a continuar a elaboração do que se destaca diante de seus olhos em intensa luz e sombra, a pensá-la até o fim e superar ele mesmo o obstáculo que impedia até então o seu desprendimento completo" (MA I 178).

O relevo é colocado em evidência somente nos textos de Nietzsche cuja publicação ele próprio autorizou, em contextos que ele próprio escolheu, especialmente lá onde é artisticamente mostrado o que teoricamente não é dito[12]. Um grupo de aforismos do quarto capítulo de *Humano, demasiado humano*, o único inteiramente dedicado à arte, trata (1) do legado da arte (MA I 218-223); dois outros grupos de aforismos de *Humano, demasiado humano* (2) das necessidades artísticas da época atual (MA I 276-281; MA II, VMS 169-187). *A gaia ciência* que, com seus quatro primeiros

12 As anotações que Nietzsche escreveu apenas para si são, em geral, enfatizadas pelos comentadores de Nietzsche ou colocadas indistintamente ao lado daquelas por ele publicadas ou destinadas à publicação. Se considerarmos a arte que Nietzsche empregou em seus textos publicados e a filosofia com a qual fundamentou essa arte, um tal procedimento é dificilmente admissível (Cf. STEGMAIER, W. "Nietzsches Zeichen". *Nietzsche-Studien*, 29, 2000, p. 41-69) [Publicado neste livro sob o título "Signos de Nietzsche"].

livros, publicados em 1882, de um lado, e o quinto livro, acrescentado aos primeiros, publicado em 1887, de outro, abrange *Assim falou Zaratustra* e *Para além de bem e mal*; delineia em seu conjunto (3) o sentido e as margens de manobra[13] da filosofia da arte. Enfim, em *O crepúsculo dos ídolos*, Nietzsche destaca a arquitetura (do Palácio Pitti) em seu "grande estilo" como "vontade de poder" (GD, Incursões de um extemporâneo, 11).

III. A filosofia da arte de Nietzsche

1) O legado da arte

a) A Arte como herdeira da religião. Nietzsche supõe que as origens da vivência moderna da arte residem nas antigas religiões. Tanto no helenismo quanto no cristianismo os cultos religiosos inventaram meios "de mergulhar os homens em estados de espírito incomuns e arrancá-los do frio cálculo de seu interesse ou da pura razão, do puro pensamento" (MA I 130). A arte herda assim a religião. Ela "acolhe muitos sentimentos e estados de espírito engendrados pela religião" e se torna capaz de "comunicar a elevação e o entusiasmo, o que antes não podia fazer" (MA I 150). Com a herança desloca-se, entretanto, a "significação" do que foi herdado. Nos templos e igrejas que eram percebidos *como arte*, destaca-se agora a "beleza" das "pedras", embora sem o "terror" no qual era convertida outrora a "proximidade dos deuses". A arte como herdeira da religião torna-se uma máscara ao mesmo tempo bela e inapreensível: "*A pedra é mais pedra do que antes* – [...] Em uma construção grega ou cristã tudo tinha, na origem, significação em relação a uma ordem superior das coisas: essa atmosfera de inesgotável significação envolvia o edifício como um véu mágico. A beleza entrava de modo somente secundário no sistema, sem tolher em sua essência o sentimento profundo de algo inquietante e sublime consagrado pela proximidade dos deuses e pela magia; a beleza *abrandava* ao máximo o terror – mas esse *terror* era, por toda parte, o pressuposto. – O que é para nós hoje a beleza de uma construção? O mesmo que o belo rosto de uma mulher sem espírito: uma espécie de máscara" (MA I 218).

---

13 Sobre esse fundamental conceito, cf. nota 7 da apresentação [N.Orgs.].

b) A música como herdeira das artes plásticas. As relações de herança ramificam-se do mesmo modo que suas significações. No culto religioso, as artes cooperavam umas com as outras, engendraram um estilo comum e puderam fazer trocas entre si. Libertas do culto, especializaram-se e seguiram caminhos separados. Assim, o estilo comum de uma época pode ser conservado e continuar a se desenvolver em um gênero artístico, ao passo que em outro [gênero] acaba por se dissolver. Paradigma é, para Nietzsche, a "nossa nova música" que ainda busca o que o "estilo barroco" buscara e que nós podemos, por isso mesmo, "compreender". A música transforma em sons o que na arquitetura barroca da Contrarreforma é ainda visível: "O que reina nessa música, o afeto, o prazer da elevação, da contínua tensão dos estados de alma, do querer intensificar a vida a todo preço, as bruscas mudanças de emoções, o forte efeito de relevo em luz e sombra, a justaposição do êxtase e da ingenuidade –, tudo isso reinou um dia e criou novas leis do estilo nas artes plásticas [...]" (MA I 219).

O que no domínio da religião foi Contrarreforma, no domínio da arte foi "*Contrarrenascença*" (MA I 219). O estilo barroco herda não apenas a religião, mas também a arte, e transfere sua nova herança, de um modo diferente, para esta arte que não somente herdara antes, à sua maneira, a religião, mas a atenuara fortemente. Nesse fenômeno, como será depois mencionado por Nietzsche, torna-se visível uma lei artística da transposição, comentada em suas anotações: o estilo barroco não está ligado à época que foi assim denominada na história da arte, mas "nasce sempre que a grande arte floresce, quando as exigências da arte de expressão clássica tornam-se muito elevadas, [...] na poesia, na eloquência, no estilo da prosa, na escultura, assim como na arquitetura, como se sabe". A ele pertencem, além "da escolha de temas e objetos de extrema tensão dramática, audácias sempre renovadas nos meios e nos fins, ressaltadas vigorosamente pelo artista tendo em vista os artistas, ao passo que o leigo acreditaria estar diante do transbordamento contínuo e involuntário de toda riqueza e abundância de uma arte natural espontânea: nenhuma dessas qualidades, às quais se deve a grandeza desse estilo, é possível ou permitida nas épocas anteriores de um tipo de arte pré-clássica ou clássica: tais delícias permanecem muito tempo nas árvores como frutos proibidos" (MA II, VMS 144).

Visto que o estilo barroco "foi também um benefício para os melhores e mais sérios de seu tempo", ou seja, preencheu uma necessidade vital, não se deve "julgá-lo com desdém". O critério do Nietzsche que se curou de Wagner permanece, mesmo assim, "o puro e grande estilo" das "épocas clássicas" que a herança religiosa mostra de um modo apenas contido. Quem ainda se guardou para ele deve "se considerar feliz" (MA II, VMS 349).

c) A temporalização da arte do além. A significação estética pode, entretanto, permanecer presa à significação religiosa e metafísica de uma época e ser substituída por ela quando o artista compartilha sua "crença na verdade absoluta" e (no caso de Rafael, segundo Nietzsche[14]) coloca-se a seu serviço a fim de torná-la, também, esteticamente fascinante. Sua arte pode, quando a crença religiosa ou metafísica desaparece, muito bem manter sua significação estética e também, antes de tudo, conservá-la, mas não está mais *obrigada* em relação àquela crença e nada mais a obriga também. Ela torna-se, para Nietzsche, uma "profunda dor", em relação a um mero "objeto de arte" para interessados em arte: "*O além na arte* – Admite-se, não sem uma profunda dor, que os artistas de todos os tempos, no voo que os levava ao sublime, conduziram e elevaram ao céu da transfiguração as representações que justamente reconhecemos hoje como falsas: eles exaltaram os erros religiosos e filosóficos da humanidade e não poderiam tê-lo feito sem a crença em sua verdade absoluta. Ora, se a crença em uma tal verdade diminui em geral, as cores do arco-íris empalidecem diante dos extremos do conhecimento e da ilusão humanas: assim, não é possível que aquele gênero de arte volte a florescer, gênero que, como a *Divina comédia*, os quadros de Rafael, os afrescos de Michelangelo, as catedrais góticas, supõe uma significação não apenas cósmica, mas também metafísica dos objetos de arte. Uma lenda comovente ainda resultará do fato de ter existido uma tal arte, uma tal crença de artista" (MA I, 220).

d) A atemporalização da arte. A seguir, páginas depois, no aforismo 221, Nietzsche estabelece um contraste entre a música e a poesia modernas.

---

14 Cf. o aforismo MA II, WS 73, intitulado *Sinceridade de pintor*.

Ele oscila entre os gêneros e entre as épocas. Ele aproxima-se da literatura dos franceses e daquela do classicismo alemão, esta por sua vez muito diferenciada e dispersa no tempo, assim como das "revoluções" que conduzem a ambas e que surgem a partir delas. Nietzsche evita, entretanto, o conceito clássico e fala em vez disso, logo ele, de "verdadeira arte". Trata-se, para ele, de um outro "desenvolvimento necessário na arte", a alternância entre o colocar e retirar "correntes". A arte é "verdadeira", segundo Nietzsche, onde ela sabe "domar", "ligar", "limitar" "o mais energicamente (talvez o mais arbitrariamente)" "a força de representação", de um modo que, como entre os dramaturgos franceses, pode "parecer absurdo". O ganho para o artista é o que denomina de "poder dançar" (GD, O que falta aos alemães, 7). No poder dançar as correntes *parecem* estar de novo soltas e essa "aparência" é, segundo Nietzsche, de fato "o resultado supremo" de um "necessário desenvolvimento da arte". É a transfiguração do individual no geral, do temporal no atemporal, do inquietante no apaziguante, em uma palavra, a aquisição do classicismo na "arte tal como Goethe mais tarde a *compreendeu*, tal como os gregos, como também os franceses, a *praticavam*": "Não indivíduos, mas máscaras mais ou menos ideais; nenhuma efetividade, porém uma generalidade alegórica; caracteres da época, cores locais atenuados até se tornarem quase invisíveis e míticos; os sentimentos atuais e os problemas da sociedade contemporânea reduzidos às formas mais simples, despojados de suas qualidades patológicas, sedutoras e cativantes, tornados *ineficazes* em qualquer outro sentido que não o artístico; não temas, caracteres novos, mas os antigos, há muito familiares, sem cessar reanimados por uma contínua renovação" (MA I 221).

A subsistência da atemporalidade que Nietzsche censurou na metafísica e em sua "verdade", ele espera ainda da "verdadeira" arte, mas como uma intemporalidade – e isso não implica nenhuma contradição – que é adquirida no tempo e que também tem seu tempo, uma atemporalidade transitória. Com ela o tempo não é negado ou depreciado como acontece na metafísica (sem dúvida conforme uma apreciação muito grosseira), mas provisoriamente esquecido por meio de uma "suprema" destreza.

Mas a atemporalização da arte é também um simples processo, provisório, natural, inteiramente material, designado por Nietzsche alguns anos mais tarde, em *Aurora*, como "esgotamento" e definhamento da "temporalidade" (M 506). A "boa obra", que se converte no "olhar tranquilo da eternidade", está presente a todos os sentidos, mas sem qualquer sensibilidade concreta, não podendo assim ser classificada em nenhum gênero artístico. Suas qualidades sensíveis se dissolveram inteiramente umas nas outras. Ela não é mais vista ou ouvida, mas se tornou ela própria "olho" que vê, que olha para o observador e o encanta. Porém, isso não é *dito* por Nietzsche, mas *mostrado* a partir da arte de sua escrita filosófica. E *porque* a atemporalização permite que a arte se transforme em arte, Nietzsche renuncia a transportar de novo a arte para seu tempo, renuncia conscientemente a toda hermenêutica da arte.

e) O que resta da arte. No aforismo seguinte (n. 222), Nietzsche resume as duas posições da arte em relação à metafísica: a arte pode fortalecer a metafísica ou descartá-la. Quando a fortalece, pode fazê-lo de duas maneiras. A arte pode tornar-se a "imagem" do "pressuposto metafísico" da imutabilidade da "essência do mundo". E pode, ainda, fortalecer o "pressuposto metafísico" de "que nosso mundo visível não seria senão aparência", pois engendra justamente aparência e, até mesmo, se desejar, com maior "uniformidade" que a natureza. Mas, segundo Nietzsche, depois que tais pressupostos forem reconhecidos como "falsos", a arte pode descartar a metafísica, dado que ela própria "aprendeu ao longo dos séculos" a "olhar a vida humana como um pedaço de natureza, como objeto de um desenvolvimento submetido a leis, sem demasiado envolvimento". Porém, diferentemente da metafísica, ela acrescentou a esse aprendizado o "prazer na existência". *Esta* "lição da arte de ter prazer na existência" "se enraizou profundamente em nós", "vindo de novo à luz como poderosa necessidade de conhecimento". Assim como a religião legou à arte "os estados de ânimo de elevação e exaltação" que adquiriu, assim também a arte deixaria, "caso viesse a desaparecer", a "intensidade e variedade da alegria de viver que cultivou". Ela própria não deve "sobrar". Nietzsche conclui o aforismo: "O homem científico dá continuidade ao homem artístico"[15].

15 Alusão à "sociologia" de Augusto Comte (M 542). Segundo sua doutrina dos estágios, a religião

f) O crepúsculo da arte. Nietzsche está certo de que "a arte se movimenta em direção à sua *dissolução*" – e sua época não será mais capaz do "mais puro e elevado estilo" que dispensaria a metafísica e poderia criar a partir de si uma nova cultura, zelosa com a ciência. Ele não o diz dessa forma, mas pinta em vez disso um "Claude Lorrain": *O ocaso da arte.* – Do mesmo modo que na velhice lembramo-nos da juventude e celebramos festas da memória, assim também para a humanidade a arte não será em breve senão uma lembrança comovente das alegrias da juventude. Talvez a arte jamais tenha sido compreendida com tanta profundidade e inspiração como em nossos dias, nos quais parece aflorar a magia de sua morte. [...] O artista logo será visto como um vestígio magnífico e, como um maravilhoso estrangeiro cuja força e beleza fazia a felicidade de tempos passados, lhe serão prestadas homenagens que não costumamos conceder a nossos iguais. O que há de melhor em nós talvez tenhamos herdado de sentimentos que pertencem a tempos passados e aos quais não podemos mais ter acesso direto; o sol já se pôs, mas o céu de nossa vida permanece inflamado e iluminado por ele, mesmo que já não o possamos ver (MA I 223).

2) Necessidades da época atual em relação à arte

Nietzsche vê sua época, como um todo, como uma "época de dissolução" (JGB 200) e tal processo de dissolução, descrito em suas anotações de 1887 sobre o "*niilismo europeu*", é um "estimulante" para o "niilismo" (N 1887. KSA 12, p. 211s.). Em uma série de aforismos do quinto capítulo de *Humano, demasiado humano* (MA I 276-279), dedicado ao tema *Sinais da cultura superior e inferior*, Nietzsche pergunta o que pode dar amparo a esse processo de dissolução e sua resposta é a arte metaforizada. Ele parte do "amor pelas artes plásticas ou pela música", no qual ele "vive", e do "espírito da ciência", pelo qual "sente entusiasmo", como "dois poderes heterogêneos" que "imperam" entre os homens que estão no auge de sua época. Como para ele é "impossível" "desfazer essa contradição através da supressão de um dos poderes e do total desabrochar do outro", "resta-lhe apenas

---

libera a metafísica e a metafísica libera a ciência. Na concepção de Nietzsche, ambas só são possíveis através da arte.

formar, a partir de si, um edifício de cultura vasto o bastante para que nele possam habitar esses dois poderes, mesmo que seja em diferentes extremidades, ao mesmo tempo em que serão colocados entre eles outros poderes, mediadores e conciliadores, dispondo de uma força dominante capaz de aplacar, em caso de necessidade, um conflito que surja" (MA I 276).

Isso é uma arte e Nietzsche percorre agora as artes a fim de elucidá-las metaforicamente. Ele emprega, primeiramente, a "analogia" da "dança ousada" que não se constitui como "um vago vai e vem entre diferentes impulsos", mas como um domínio seguro do próprio movimento (MA I 229), em seguida, a analogia da pintura com a "alta cultura" da "suavização da vida" através da "idealização de todos os acontecimentos" no encontro e fixação de perspectivas apropriadas, na qual Goethe, por exemplo, era um entendido (MA I 279) e, por fim, a analogia da música: uma "cultura superior de *muitas cordas mais*" só poderia ser compreendida por homens que não "colocassem apenas duas cordas"[16] em seu "instrumento" (MA I 281).

Em um grupo de aforismos do segundo volume de *Humano, demasiado humano* (MA II, VMS 169-187), Nietzsche acrescenta com afável ironia uma perspectiva sociológica sobre as necessidades de sua época em relação à arte. Elas se diferenciam segundo camadas e posições sociais (n. 169), segundo idades e gêneros (n. 173). A cada vez se aspira a uma outra arte, mas sobretudo à "arte da obra de arte" para os "momentos de lazer" (n. 174), especialmente entre os "que verdadeiramente necessitam da arte" "nas altas e nas mais altas camadas da sociedade", "os insatisfeitos refinados que não alcançam por si mesmos nenhuma alegria verdadeira" (n. 169) e "que não acreditam poder lidar com seu tempo sem música, sem frequentar teatros e galerias de arte, sem ler romances e poesias" (n. 175). Além do lazer com a arte, eles têm em vista também o lazer com a reflexão, o que para a cultura pode ser uma desvantagem – ou não. "O poeta", que se considera um "porta-voz de Deus", é apenas "porta-voz e instrumento" das "opiniões gerais mais elevadas que um povo possui" (n. 176), assim como não

16 Nietzsche faz, aqui, como observou Paulo César Souza, em sua tradução de *Humano, demasiado humano* (São Paulo: Cia. das Letras, 2002, p. 327), um trocadilho entre *vielsaitiger*, que significa "muito mais cordas", e *vielseitiger*, que significa "muito mais facetas" [N.T.].

é mais aquele que "doma a vontade, metamorfoseia animais, cria homens e age, em geral, como um escultor que transforma e aperfeiçoa as formas de vida" (n. 172). E a música (não metafórica) seria, o que agora se evidencia, a mais sensível para a "medida de tempo, de sentimento e de calor que uma cultura bem distinta e particular, definida no tempo e no espaço, traz em si como lei interior" (n. 171).

Realizar "a última e mais difícil tarefa do artista", "a representação do imutável que repousa em si mesmo, nobremente, simplesmente, mantendo-se afastado da atração do individual", só foi possível no passado. Nietzsche menciona apenas artistas plásticos: Fídias, com sua Atena Partenos, e (novamente) Lorrain, pensando-os, de forma experimental, como poetas: "Em si um Fídias *poeta* é bem possível, mas, considerando a capacidade moderna, talvez apenas no sentido em que dizemos que nada é impossível para Deus. O próprio desejo de um equivalente poético de Claude Lorrain é, atualmente, uma falta de modéstia, por maior que seja a intensidade com que um coração o deseje" (MA II, VMS 177).

3) Sentido e margens de manobra da arte filosófica

A gaia ciência estabelece que devemos *rir* dos "professores dos fins da existência", se não em sua época, ao menos em épocas posteriores: "Também nós temos nosso tempo!" (FW 1). Nietzsche reúne os gêneros artísticos traduzidos uns nos outros, de modo coerente, na arte filosófica entendida como "gaia ciência".

a) Mudança no colorido. Nietzsche toma como ponto de partida, no aforismo 152, que a "maior mudança", o desaparecimento da religião e da metafísica, não deve ser fixada como um fato determinado, mas apreendida como uma disposição da alma. O mundo pode, então, segundo Nietzsche, ser visto sob nova "luz" e em novas "cores", sob as quais as antigas são ainda visíveis. Poucas coisas realmente mudaram, mas tudo é vivido de outra forma: "o dia e o estar desperto" (depois de não mais se crer "em sonhos, como os antigos"), a morte ("nossa 'morte' é uma morte inteiramente diferente"), o futuro (não se tem mais "oráculos ou prenúncios ocultos"), a verdade ("o delírio serviu em outros tempos como seu porta-voz"), a justiça (não se teme mais "a retaliação divina"), a alegria e a paixão (não se vê mais "diabos" ou "demônios" à espreita) e também a filosofia (a dúvida não é mais "sentida como o pecado da espécie mais perigosa") (FW 152).

b) Arquitetura para o pensamento. Nesse novo mundo, "*homens de exceção*" que possuem "uma necessidade artística de *estilo elevado*" (MA II, VMS 169) devem explorar para si novos espaços que correspondam ao seu pensamento filosófico novo e "livre". Nietzsche os procura, primeiramente, na arquitetura, em uma "*arquitetura dos que buscam o conhecimento*", na qual "pedras e plantas *nos* traduzam", e encontra galerias, como as das cidades italianas, "silenciosas e vastas, amplos espaços voltados para a reflexão" (FW 280). Segundo Nietzsche, as galerias, nas quais "nós" podemos em meio a outros homens "passear *em nós*", surgiram de arcadas que abriram passagens entre os santuários dos antigos templos, fechados e cercados por muros, e as cidades ou províncias. Nas igrejas cristãs, cujos modelos eram as basílicas romanas, elas foram expostas, segundo Nietzsche, como naves e deambulatórios, à "linguagem demasiado patética e contrita" de "locais luxuosos de um comércio supraterreno", nos quais "nós", "os sem-deus", não podemos pensar "*nossos pensamentos*". Nas galerias estão novamente livres[17].

c) Pintura como poesia da vida. No aforismo 299, de *A gaia ciência*, Nietzsche retoma o aforismo 279 de *Humano, demasiado humano* e suas considerações sobre Lorrain. A fim de tornar as coisas "belas, atraentes, desejáveis quando não o são" deveríamos permitir "apenas olhá-las sob certas perspectivas – ou olhá-las através de vidros coloridos ou à luz do crepúsculo – ou lhes dar uma superfície, uma pele que não seja de todo transparente" (FW 299).

17 Heráclito, escreverá Nietzsche na *Genealogia da moral*, recolhia-se "nos pórticos e peristilos do enorme templo de Ártemis", no qual estava "certo" de "ser confundido", e Nietzsche expressa assim enorme felicidade ao lembrar de seu "mais belo quarto de estudo", rodeado por peristilos na Praça de São Marco em Veneza, "na primavera, por volta do meio-dia, entre 10:00h e 12:00h" (GM III 8). Cf. a respeito Buddensieg, 2002, p. 94-98.

Enfatiza que se trata aqui de "invenções e sutilezas" e acrescenta que "nós", filósofos como ele, devemos nesse aspecto ser mais "sábios" do que os artistas: "Pois entre eles essa força sutil cessa, geralmente, onde termina a arte e começa a vida; mas nós queremos ser os poetas de nossa vida, começando pelas pequenas coisas e pelas mais cotidianas" (FW 299)[18]. A sabedoria abarca o saber, sem ser saber. Ela é a arte de fazer o uso justo do saber também na forma mais discreta de vida.

d) Antigas e novas "crenças de artista". Sob o título *Em que medida a Europa se torna cada vez "mais artística"* (FW 356), Nietzsche introduz, depois da arquitetura, da pintura e da poesia, a arte dramática na arte filosófica, abarcando, de novo, diversas épocas. Em uma democracia, tanto a ateniense como a americana, e a partir de agora cada vez mais a europeia, cada um deveria poder se tornar tudo e com isso estar também convencido de "poder de certo modo tudo, de estar à altura de certo modo de qualquer papel". A possibilidade e a necessidade de trocar continuamente de papéis força cada um, "por preocupação com a existência", a se tornar ator: "a crença ateniense", que retorna agora como "crença americana", era uma "crença de artista". Certa era, também, a crença antiga em uma "carreira" determinada de forma arbitrária e casual. Mas ele constata: "graças a essa crença, castas, corporações e privilégios profissionais hereditários conseguiram erguer tais portentos de amplas torres sociais que distinguem a Idade Média e nos quais resta, ao menos, algo a ser louvado: a durabilidade (e a duração é, sobre a terra, um valor de primeira ordem!)" (FW 356).

A nova arte dramática cotidiana – Wagner era para Nietzsche pura e simplesmente ator – priva a arte da construção da sociedade por sua vez do "material": não há nada mais que para esse fim estivesse "fixo" o bastante, apenas "pedras", as quais *desempenham o papel de* pedras. Não é mais possível, desse modo, "uma sociedade, no antigo sentido da palavra", e no lugar da arte do "construtor" é necessária agora a do "conquistador". No aforismo 377 de *A gaia ciência*, Nietzsche escreve: "nós, crianças do futu-

18 Cf., a respeito, a versão não publicada, na qual o pensamento de Nietzsche não é formulado de modo "alegre" (*fröhliche*) ou engenhoso. In: Fragmento de 1884. KSA 11, p. 32ss.

ro", que "nesses frágeis e dilacerados tempos de transição" não podemos nos sentir em casa, "nos contamos entre os conquistadores, refletimos sobre a necessidade de uma nova ordem, também de uma nova escravatura – pois cada fortalecimento e elevação do tipo 'homem' implica também uma nova espécie de escravidão, não é verdade?" (FW 377). A arte filosófica apresenta-se sob a forma do experimento ("não é verdade?"), provocativamente, como vontade de poder – que, inexprimível, está certamente na base da arte dramática democrática de todos os dias. Em *Humano, demasiado humano*, Nietzsche permanecera ainda na imagem da arte do escultor (cf. MA I 258).

e) "Música do esquecimento", "música da vida". Para a arte filosófica de Nietzsche a música permanece o gênero dominante de arte. *A gaia ciência* quer tornar "a música da vida" (FW 367) de novo audível – como "música do esquecimento" (FW 372). No âmbito de sua obra, Nietzsche utiliza essas expressões apenas nessas duas passagens. A conexão entre elas é mostrada em dois aforismos que estão articulados, os aforismos 367 e 372, entre os quais ele coloca um longo aforismo sobre a "arte de apoteose" (FW 370), assim como aforismos nos quais faz "objeções fisiológicas" contra a arte de Wagner (FW 368), aborda a inquietante "justaposição" entre "arte criadora" e "gosto" entre os artistas em geral (FW 369) e aquilo que o "distingue", ser "difícil" e, por isso, não ser compreendido por todos (FW 371). Também em seus textos, a "música da vida" não deve ser escutada por qualquer um. Ele assim começa: "Tudo o que pensamos, escrevemos, pintamos, compomos, e até mesmo o que esculpimos e construímos, pertence à arte monólogo ou à arte de testemunhas. A esta última pertence, também, essa aparência de arte monólogo que compreende em si a fé em Deus e todo o lirismo da oração: pois para um devoto a solidão não existe ainda – essa invenção fomos nós, os sem-deus, que fizemos, não existia antes de nós. Não conheço nenhuma diferença mais profunda da ótica geral de um artista do que a seguinte: se ele olha para sua obra de arte em formação (para "si") com os olhos da testemunha ou, ao contrário, se 'esqueceu o mundo': o que é essencial a toda a arte monólogo – ela *repousa sobre o esquecimento*, ela é a música do esquecimento" (FW 367).

Em sua reunião das artes Nietzsche inclui, ainda, o "lirismo da oração", a comunicação com o "antigo" deus, deus que segundo ele está agora "morto", cuja visão absoluta sobre a vida era o modelo de toda teoria. Deus era a "testemunha" simplesmente. Após sua "morte", a "invenção" da "solidão" tornou-se vital para uma arte que é possível ainda unicamente como "monólogo": agora é possível saber (caso se possa suportar) que na vida não há nenhum "mundo" comum, pois cada um o vê inevitavelmente sob a "ótica" de sua perspectiva. Para esquecer a teoria é preciso "esquecer o mundo" e ter a coragem de encontrar a partir de si mesmo perspectivas e horizontes nos quais e com os quais seja possível viver, como Goethe o compreendera: "rodeou-se por toda parte de horizontes fechados, não se afastou da vida, penetrou nela. Não se omitia e tomou tanto quanto possível para si, sobre si, em si" (GD, Incursões de um extemporâneo, 49).

Em *A gaia ciência*, no aforismo 372, Nietzsche introduz a "música da vida": "um verdadeiro filósofo não escutava mais a vida, na medida em que a vida é música, ele *negava* a música da vida" (FW 372). O verdadeiro filósofo por excelência é Platão (mencionado no final do aforismo) que faz com que Sócrates, em seus diálogos, institua um "reino" filosófico "das 'ideias'" para, segundo Nietzsche, salvar-se do perigo da tentação erótica que provinha de seus belos interlocutores[19] e excluir a poesia da educação dos jovens que se preparavam para serem líderes filosóficos do Estado, pois tais jovens acolhiam com entusiasmo essa tentação. Ao aludir ao canto sedutor das sereias míticas, Nietzsche a introduz, novamente, em seu aforismo, sob a forma da "música". Um filósofo e teórico que nega a "música da vida", mesmo assim a escuta; não é possível se afastar da música como é possível se afastar da pintura. A fim de manter sua "teoria" "livre" da música, ele faz tudo para *não* ouvi-la e se ata tão firmemente à sua teoria como Ulisses ao mastro de seu navio. Mas a "música da vida" é escutada também quando a linguagem é compreendida. Ela ressoa na voz, nos gestos e movimentos do corpo inteiro e determina previamente a "apreciação de valor" do que é dito. "Jamais comunicamos pensamentos", anota Nietzsche algum tempo depois, "comunicamos movimentos, gestos, que são por nós *relidos* como pensamentos" (N 1888. KSA 13, p. 297). A mú-

19 Cf. GD, Incursões de um extemporâneo, 23.

sica é a arte vivida do modo mais imediato, experimentada corporalmente do modo mais intenso, incitando a entrar em seu ritmo, a se afinar com sua melodia, a "dançar" segundo ela. Em sentido figurado, filosoficamente livre de limites, é a própria "vida" que nela escutamos. Mas ela não é ouvida como tal. Ela é sempre escutada *junto com*, pois vozes e movimentos do corpo sem linguagem dizem muito pouco, assim como "a vida" sem conhecimento científico. A "música da vida", que a "gaia ciência" quer tornar audível, somente é ouvida quando ela é uma "música do esquecimento".

f) "A arte de apoteose". Na "arte de apoteose" (FW 370), situada por Nietzsche entre os dois [aforismos] e abordada somente nessa passagem da obra[20], seu conceito de arte filosófica atinge seu auge. Sob o título *O que é romantismo?*, Nietzsche esclarece novamente sua posição diante da filosofia de Schopenhauer e da música de Wagner, mas de um modo muito mais "profundo". Agora ele estabelece uma articulação direta entre arte e filosofia como resposta a necessidades vitais: "Toda arte, toda filosofia, pode ser considerada como meio de cura e de auxílio a serviço da vida que cresce, que combate: pressupõe sempre sofrimento e sofredores" (FW 370)[21]. Mas artistas e filósofos podem sofrer de modo oposto, seja por *"empobrecimento de vida"*, seja por *"abundância de vida"*. Uns buscam "redenção de si mesmos pela arte e pelo conhecimento", outros não podem guardar para si seu reino de ideias e pensamentos, precisando por isso de pessoas que possam tomá-lo ou aceitá-lo – o sofrimento que sempre leva o Zaratustra de Nietzsche a descer aos homens e entre eles encontrar seu "ocaso". Ambos precisam de conforto e podem se orientar segundo o "desejo de tornar rígido, de eternizar, de *ser*" ou "de destruição, de mudança, de novo, de futuro, de *vir-a-ser*". De ambos os lados são possíveis metafísicas, de ambos os lados formaram-se metafísicas. A diferença, segundo Nietzsche, reside na necessidade vital da qual elas provêm e para as quais elas devem se "dirigir".

---

20 Fragmento de 1885/1886. KSA 12, p. 119, onde o conceito também aparece; é um escrito preparatório à FW 370.

21 Utilizamos aqui a tradução: NIETZSCHE, F. *Obras incompletas*. Coleção Os Pensadores. Tradução de Rubens Rodrigues Torres Filho. 3. ed. São Paulo: Abril, 1983, p. 220 [N.T.].

4) A arquitetura como "grande estilo" na "vontade de poder"

Nos últimos escritos, elaborados em 1888, Nietzsche luta para que se preste atenção à sua obra, atenção que até então ele quase não obtivera. Ele busca conquistá-la através de uma provocativa polêmica e elabora a "doutrina" inquietante da vontade de poder, anunciada entre muitos outros por Zaratustra, mas não tendo encontrado ninguém que o compreendesse adequadamente, mesmo ao apresentá-la, em seu próprio nome, no aforismo 36 de *Para além de bem e mal*, apenas como hipótese, coloca-a agora em primeiro plano, com toda evidência. Em *Ecce homo* reivindica, ainda sem reconhecimento, a "arte do grande ritmo, do grande estilo do período" para sua própria escrita filosófica (EH, Por que escrevo tão bons livros, 4). "Grande", significa para Nietzsche, o que vai além de todos de sua espécie, pois pode abarcar em si também seus opostos. No caso da arte, que *deve* agradar, refere-se à coragem de *não* querer agradar. Com essa coragem ela age como poder. Ambos, o grande estilo e a vontade de poder, reconduzem enfim Nietzsche de novo à arquitetura tal como ele a encontrara, neste meio-tempo, no Palácio Pitti e no Mole Antoniella. Ele retoma seu pensamento a respeito da arte sem testemunho e do entrelaçamento das artes, mas abandona, claramente, a distinção apolíneo-dionisíaca: "O ator, o mímico, o dançarino, o músico, o poeta lírico, são, no que diz respeito a seus instintos, profundamente aparentados e em si um, mas se especializaram e se afastaram gradualmente uns dos outros – até à contradição. O poeta lírico foi o que permaneceu mais tempo unido ao músico, o ator ao dançarino. O *arquiteto* não apresenta nem um estado apolíneo, nem um estado dionisíaco: eis aqui o grande ato de vontade, a vontade que desloca montanhas, a embriaguez da grande vontade que anseia pela arte. Os homens mais poderosos sempre inspiraram os arquitetos; o arquiteto sempre esteve sob a sugestão do poder. A construção deve tornar visível o orgulho, a vitória sobre as dificuldades, a vontade de poder. A arquitetura é uma espécie de eloquência do poder que se expressa em formas, por vezes persuasiva, e mesmo aduladora, por vezes simplesmente imperativa. O supremo sentimento de poder e de segurança se expressa no que tem *grande estilo*. O poder que já não precisa de demonstração, que desdenha ter de agradar, que não tem resposta fácil, que não sente testemunhas a sua volta, que vive sem consciência das oposições que suscita, que repousa *em si*, fatalista, uma lei entre leis: eis *o* que por si se exprime como grande estilo" (GD, Incursões de um extemporâneo, 11).

Referências

1 Biografias, introduções, resumos, compêndios

BENDERS, R.J. & OETTERMANN, S. (orgs.). *Friedrich Nietzsche* - Chronik in Bildern und Texten. Munique/Viena, 2000.

BREITSCHMID, M. *Der bauende Geist;* Friedrich Nietzsche und die Architektur; Mit einem Textcorpus aus dem philosophischen Werk Friedrich Nietzsches zum Baugedanken. Luzerna, 2001.

FIGAL, G. *Nietzsche* –Eine philosophische Einführung. Stuttgart, 1999.

GERHARDT, V. *Friedrich Nietzsche*. Munique, 1992.

JANZ, C.P. *Friedrich Nietzsche:* Biographie. 3 Bde. Munique/Viena, 1978/1979.

OTTMANN, H. (org.). *Nietzsche-Handbuch*: Leben - Werk - Wirkung. Stuttgart/Weimar, 2000.

PÜTZ, P. *Friedrich Nietzsche*. Stuttgart, 1975.

WOHLFART, G. "Friedrich Nietzsche". In: NIDA-RÜMELIN, J. & BETZLER, M. (orgs.). *Ästhetik und Kunstphilosophie* - Von der Antike bis zur Gegenwart in Einzeldarstellungen. Stuttgart, 1998, p. 578-585.

2 Estudos sobre a filosofia da arte em Nietzsche

AUDI, P. *L'ivresse de l' art* - Nietzsche et l'esthétique. Paris, 2004.

BÖNING, T. *Metaphysik, Kunst und Sprache bei frühen Nietzsche*. Berlim/Nova York, 1988 [Monographien und Texte zur Nietzsche-Forschung, Bd. 20].

BORSCHE, T. et al. (orgs.). *"Centauren – Geburten"* – Wissenschaft, Kunst und Philosophie beim jungen Nietzsche. Berlim/Nova York, 2002.

DJURIĆ, M. & SIMON, J. (orgs.). *Kunst und Wissenschaft bei Nietzsche*. Würzburg, 1986.

ERBSMEHL, H.-D. *Kulturkritik und Gegenästhetik* – Zur Bedeutung Friedrich Nietzsches für die bildende Kunst in Deutschland, 1892-1918. Ann Arbor, 2001.

GERHARDT, V. "Von der ästhetischen Metaphysik zur Physiologie der Kunst". *Nietzsche-Studien*, 13, 1984, p. 374-393.

GOEDERT, G. "The Dionysian Theodicy [1977]". Translated by Robert M. Helm. In: O'FLABERTY, J.C.; SELLNER, T.F. & HELM, R.M. (orgs.). *Studies in Nietzsche und Judaeo-Christian Tradition*. Chapel Hill, N.C./Londres, 1985, p. 319-340.

HEIDEGGER, M. "Der Wille zur Macht als Kunst". In: *Ders. Nietzsche*. Pfulligen, 1961. Bd. 1, p. 11-254.

KEMAL, S.; GASKELL, I. & CONWAY, D. (orgs.). *Nietzsche, Philosophy and the Arts*. Cambridge, 1998.

KESSLER, M. *L'esthétique de Nietzsche*. Paris, 1998.

KOSTKA, A. & WOHLFAHRT, I. (orgs.). *Nietzsche und "An Architecture of our minds"*. Los Angeles, 1999.

MEYER, T. *Nietzsche und die Kunst*. Tübingen/Basel, 1993.

NEUMEYER, F. *Der Klang der Steine* – Nietzsches Architekturen. Berlim, 2001.

PFOTENHAUER, H. *Die Kunst als Physiologie* – Nietzsches ästhetische Theorie und literarische Produktion. Stuttgart, 1985.

POTHEN, P. *Nietzsche and the Fate of Art*. Burlington, 2002.

RAMPLEY, M. *Nietzsche, Äesthetics and Modernity*. Cambridge, 2000.

RESCHKE, R. "Ein Zustand ohne Kunst ist nicht zu imaginieren – Friedrich Nietzsches frühe Skizze zu einer Ästhetik der Moderne". *Nietzsche-Studien*, 24, 1995, p. 1-16.

SANTIAGO GUERVÓS, L.E. *Arte y poder*: aproximación a la estética de Nietzsche. Madri, 2004.

SCHACHT, R. "Nietzsche's Second Thoughts about Art [1981]". In: WHITE, R. (orgs.). *Nietzsche*. Aldershot u.a., 2002, p. 417-432.

SCHACHT, R. "Making Life Worth Living – Nietzsche on Art in The Birth of Tragedy [1977]". In: RICHARDSON, J. & LEITER, B. (orgs.). *Nietzsche*. Oxford u.a., 2001, p. 186-209.

SCHAPIRO, G. *Archeologies of Vision* – Foucault and Nietzsche on Seeing and Saying. Chicago, 2003.

SCHMIED, W. "Im Namen des Dionysos – Friedrich Nietzsche und die Bildende Kunst". In: *Im Namen des Dionysos: Friedrich Nietzsche – Philosophie als Kunst* – Beiträge von Heinz Friedrich u.a. Waakirchen, 1995, p. 141-216.

SCHULZ, W. "Funktion und Ort der Kunst in Nietzsches Philosophie". *Nietzsche – Studien*, 12, 1983, p. 1-31.

SEUBERT, H. (org.). *Natur und Kunst in Nietzsches Denken*. Colônia/Weimar/Viena, 2002.

VENTURELLI, A. *Kunst, Wissenschaft und Geschichte bei Nietzsche* – Quellenkritische Untersuchungen. Berlim/Nova York, 2003.

YOUNG, J. *Nietzsche's Philosophy of Art*. Cambridge/Nova York, 1992.

8 Nietzsche segundo Heidegger*

A interpretação heideggeriana de Nietzsche foi e é, tendo em conta o seu impacto, sem dúvida a mais bem-sucedida. As gerações mais antigas aprenderam a ver Nietzsche como filósofo sobretudo através de Heidegger, e as novas gerações de investigadores de Nietzsche em todo o mundo continuam a deixar-se introduzir na sua filosofia principalmente através de Heidegger. Apesar de a interpretação heideggeriana de Nietzsche não se sustentar nos textos de Nietzsche[1], esta se manteve, pelo seu vasto acesso a eles, atraente, e, devido ao seu carácter sistemático, elucidativa.

Juntamente com Löwith e Jaspers, Heidegger reconheceu Nietzsche como filósofo ao mesmo nível de um Platão, Aristóteles, Descartes, Leibniz, Kant ou Hegel e compreendeu a sua filosofia a partir da sua tradição. Levou a sério o facto de Nietzsche, por sua vez, ter procurado explorar essa tradição nos seus pressupostos limitados e a ter compreendido como história de uma progressiva limitação – por fim, como decadência (*décadence*) – e assim, como anteriormente apenas Hegel, ter tomado criticamente como tema a filosofia ocidental enquanto tal e no seu todo, sob o nome de metafísica. Primeiro Hegel e depois Nietzsche viram-se no fim do desen-

---

* STEGMAIER, W. "Nietzsche nach Heidegger". In: *Heidegger-Jahrbuch*, Bd. 2: "Heidegger und Nietzsche". Org. por Alfred Denker, Marion Heinz, John Sallis, Ben Vedder e Holger Zaborowski. Friburgo, 2005, p. 321-336. Tradução de Marta Faustino. Revisão de Jorge Luiz Viesenteiner. • Optamos por deixar as traduções feitas por Marta Faustino, que é portuguesa, na estilística do português de Portugal, usual dela [N.Orgs.].

1 Cf. STEGMAIER, W. "[Heideggers] Auseinandersetzung mit Nietzsche I – Metaphysische Interpretation eines Anti-Metaphysikers". In: THOMÄ, D. (org.). *Heidegger-Handbuch*: Leben – Werk – Wirkung. Stuttgart/Weimar, 2003, p. 202-210.

volvimento dessa filosofia: Hegel como seu alvo e ponto culminante, Nietzsche como seu ponto de viragem e novo começo, numa definitiva distância relativamente à metafísica. Heidegger, que da mesma forma se viu num ponto de viragem e perante um novo começo, incluiu, no entanto, Nietzsche na metafísica, fazendo dele o seu consumador. Os grandes filósofos raramente foram justos relativamente aos seus precursores. Mas nunca uma filosofia foi interpretada tão contra a sua própria intenção como a filosofia de Nietzsche por Heidegger.

Com o seu acesso sistemático Heidegger privou, simultaneamente, a obra filosófica de Nietzsche da sua singularidade. Essa havia já sido reconhecida por Jaspers e, no período do pós-guerra, sobretudo trabalhada pela filosofia francesa. Nietzsche não defendeu "doutrinas" que devessem ser válidas para todos de igual forma, mas respeitou o seu princípio "A forma é fluída, o 'sentido' é-o ainda mais...", que colocou no centro da sua *Genealogia da moral*[2]: as formas da sua escrita filosófica são fluidas, o sentido do seu filosofar ainda mais. Evitou na sua escrita filosófica o texto doutrinário, o tratado teórico clássico e, como nenhum outro dos grandes filósofos, experimentou uma multiplicidade de formas – o ensaio, a máxima, o aforismo, o livro em aforismos, a prosa lírica, a canção, o escrito polémico e, a partir de todas elas, formas mistas –, impregnou a linguagem teórica clássica da filosofia, de igual modo como nenhum outro dos grandes filósofos, com uma imagética expressiva e memorável e, para tal, prescindiu quase completamente de uma terminologia própria. Em "fórmulas" como "morte de Deus", "niilismo", "vontade de poder", "transmutação de todos os valores" e "eterno retorno do mesmo", que Heidegger considerou como termos de uma doutrina metafísica sistematicamente construída, vira Nietzsche "fortes contraconceitos", conceitos críticos agressivos, de cuja "*luminiscência*" ele "precisava", tal como anotou para si mesmo, "para iluminar esse abismo de leviandade e mentira a que se chamou

---

2 NIETZSCHE, F. *Para a genealogia da moral*, II, 12 (KSA 5), p. 315. Para uma interpretação do princípio no contexto da *Genealogia da moral*, cf. STEGMAIER, W. *Nietzsches Genealogie der Moral* – Werkinterpretation. Darmstadt, 1994, p. 60-93. [Nietzsche será a partir daqui citado de acordo com a *Kritische Studienausgabe* (Org. por Giorgio Colli e Mazinno Montinari. Berlim/Munique, 1988 (KSA)) e NIETZSCHE, F. *Sämtliche Briefe* – Kritische Studienausgabe (Org. por Giorgio Colli e Mazinno Montinari. Berlim/Munique, 1986). Para as notas do espólio será indicado apenas o volume da KSA, ou também o título do escrito em particular.]

moral"[3]. E queria com eles, tal como escreve na sua *A gaia ciência*, "não apenas ser compreendido, [...] mas também de igual forma, certamente, não ser compreendido", "não *queria* ser compreendido por 'qualquer um'"[4]. Em vez disso, envolveu de forma elaborada os seus leitores numa comunicação, na qual, através de um generoso "nós", os incluiu no seu filosofar e a quem se dirigiu mesmo como "meus amigos", os quais, no entanto, por não chegarem à palavra, nunca poderão saber se o compreenderam, a Nietzsche, ou não. Nietzsche queria declaradamente, através desse processo, "escolher" "os seus ouvintes": através da "subtil" arte da sua escrita, separar aqueles que o deveriam compreender "subtil", "profunda", "enigmaticamente", daqueles que o compreenderiam "grosseira", "superficial" e "obviamente"[5]. Quem, portanto, acreditar compreendê-lo "bem", poderá tê-lo já mal-compreendido[6]. Nietzsche advertia sempre de novo os seus leitores contra a possibilidade de o "confundirem", consigo ou com outros. Também não queria ser confundido com o seu Zaratustra[7]. A ele deixou livremente, em forma de poema, comunicar doutrinas,

---

3 KSA 13, p. 603.

4 NIETZSCHE, F. *A gaia ciência*, 381 (KSA 3), p. 633ss.

5 Ibid. Nietzsche valorizava homens que fossem "ricos em profundidade e planos de fundo da alma" (como Chamfort. Cf. *A gaia ciência*, 95 [KSA 3], p. 449), mas que também tivessem "primeiros planos" suficientes, para ocultar os seus planos de fundo: "pois os primeiros planos são necessários para se descansar de si próprio e para tornar aos outros possível viver connosco" (KSA 11, p. 498), portanto homens "com almas dianteiras e traseiras, não sendo fácil para ninguém perceber as suas últimas intenções, com primeiros planos e planos de fundo, que ninguém poderia percorrer até ao fim" (*Para além de bem e mal*, 44 [KSA 5], p. 62) e, neste aspecto, principalmente Sócrates: "Julgo que a magia de Sócrates foi a seguinte: ele tinha uma alma, e por trás dela uma outra, e por trás dessa ainda outra. Na primeira estava Xenófones deitado a dormir, na segunda, Platão, e na terceira, uma vez mais Platão, mas Platão com a sua própria segunda alma. O próprio Platão é um homem com muitos primeiros planos e recantos escondidos" (KSA 11, p. 440). E na mesma época anotara Nietzsche sobre o seu *Zaratustra*: "Gostaria de saber se este livro é compreendido por alguém: os seus planos de fundo pertencem à minha propriedade mais pessoal" (KSA 11, p. 615).

6 Cf. NIETZSCHE, F. *Para além de bem e mal*, 27 (KSA 5), p. 45ss.: "Mas no que diz respeito aos 'bons amigos', que estão sempre demasiado acomodados e que, precisamente enquanto amigos, julgam ter esse direito, deve-se conceder-lhes à partida uma margem de manobra e um lugar onde possam dar largas aos mal-entendidos: assim temos ainda algo com que nos rir; ou então suprimi-los totalmente, a estes bons amigos, e rir também!" Cf. ainda STEGMAIER, W. "Nietzsches Zeichen". *Nietzsche-Studien*, 29 (2000), p. 41-69 [Publicado neste livro sob o título "Signos de Nietzsche"].

7 Cf. NIETZSCHE, F. *Ecce homo* – Por que escrevo livros tão bons, 1 (KSA 6), p. 298: "Uma coisa sou eu, outra são os meus escritos" . À sua irmã escreveu: "Não acredites que o meu filho Zaratustra

que ali também assim nomeou, mas ao mesmo tempo deixou-o fracassar com todas elas: mostrou como ninguém compreendeu Zaratustra (nem "o povo", nem "os seguidores", nem "os animais", nem os "homens superiores")[8]. Liberto de doutrinas de uma metafísica, Nietzsche descobriu por fim, n'*O Anticristo*, a sua declaração de guerra ao cristianismo, no "tipo Jesus" a força para renunciar a "qualquer tipo de palavra, fórmula, lei, crença, dogma", a possibilidade de uma vida também sem vontade de poder, uma mera "prática", "um outro *ser*", "um ser completamente flutuante por entre símbolos e noções inconcebíveis"[9]. A si próprio acabou por chamar uma "nuance": "sou uma nuance"[10]. Uma nuance é um desvio – um desvio daquilo para o qual facilmente se têm palavras e conceitos, mas para a qual dificilmente se têm palavras ou conceitos: o sentido fluido de uma palavra ou conceito.

Enquanto que, a partir da perspectiva actual, a filosofia de Nietzsche não é "bem" compreendida na interpretação metafísica de Heidegger, a interpretação de Heidegger deixa-se por sua vez compreender, *enquanto* metafísica, a partir de Nietzsche; quão "bem" tem ainda de se mostrar. Para Heidegger, como para Löwith, Nietzsche foi o filósofo do niilismo, que respondeu à morte de Deus com a doutrina da vontade de poder e do eterno retorno do mesmo. Em ambos os casos, as suas interpretações metafísicas de Nietzsche tiveram origem, não obstante todas as suas diferenças, na necessidade [*Not*]* do niilismo, que entretanto se tornara experienciável de forma maciça. Segundo Nietzsche, são precisamente tais necessidades que impelem à metafísica. Kant falou, a este respeito, do "direito" da razão em tais necessidades, de tomar "*conhecimento* das [suas] *necessidades*" para "se orientar" – enquanto as necessidades persistirem e a razão permanecer cri-

---

expressa as minhas opiniões. Ele é uma das minhas preparações e entreactos. – Perdão!" (Carta a Elizabeth Nietzsche, de 7 de maio de 1885, KSB 7, p. 48).

8 Cf. SIMON, J. "Ein Text wie Nietzsches *Zarathustra*", e STEGMAIER, W. "Anti-Lehren – Szene und Lehre in Friedrich Nietzsches". *Also Sprach Zarathustra*", ambos em: GERHARDT, V. (org.). *Klassiker Auslegen* – Friedrich Nietzsche: Also sprach Zarathustra. Berlim, 2000, p. 225-256 e 191-224.

9 NIETZSCHE, F. *O Anticristo*, 32, 39, 31 (KSA 6), p. 204, 211, 202. Cf. tb. STEGMAIER, W. "Nietzsches Kritik der Vernunft seines Lebens – Zur Deutung von *Der Antichrist* und *Ecce homo*". *Nietzsche-Studien* 21, 1992, p. 163-183 [Publicado neste livro sob o título A crítica de Nietzsche da razão da sua vida – *Para uma interpretação de* O Anticristo e Ecce homo].

10 NIETZSCHE, F. *Ecce homo* – Por que escrevo livros tão bons; O caso Wagner, 4 (KSA 6), p. 362.

ticamente consciente delas[11]. Podemos hoje compreender a interpretação de Heidegger (e de Löwith) de Nietzsche a partir da necessidade do niilismo experienciado e a filosofia de Nietzsche como filosofia crítica da orientação.

1 A necessidade do niilismo experienciado

Nos anos 20, 30 e 40, durante os quais Heidegger formou e formulou a sua interpretação de Nietzsche, o niilismo era *experienciado* de forma maciça: como "crise", tal como Nietzsche o anunciara, como "convulsão", "fúria cega", "vontade de destruição" e de "autodestruição"[12]. A Guerra Mundial, a "total mobilização", o desemprego em massa, a radicalização política, os totalitarismos, a "grande política" em nome de morais reformadoras do mundo e, finalmente, o genocídio industrialmente organizado (relativamente ao qual, na verdade, Heidegger e Löwith muito raramente se pronunciaram) dificilmente poderiam ter sido experienciados de outro modo. Numa carta a Löwith em 1920, Heidegger fala da "situação revolucionária fáctica actual"[13] e Löwith, em retrospectiva, da "mentalidade catastrófica de quase todos os homens na Alemanha" deste tempo[14], no qual,

* *Not* é um conceito com uma grande amplitude de significados na língua alemã, entre os quais se destacam, para além de "necessidade", também "falta", "miséria", "urgência", "perigo", "emergência", "dificuldade", "carência", "adversidade". Para que a coesão do texto seja preservada, traduzir-se-á sempre a palavra por "necessidade", não devendo o leitor deixar de ter presente a profusão de sentidos admitida pela palavra original [N.T.].

11 KANT, I. "Was heisst: Sich im Denken orientieren?" *Akademie-Ausgabe* [= AA] VIII 137, 138 (nota).

12 "*Der europäische Nihilismus.* Lenzer Heide, den 10. Juni 1887" (KSA 12), p. 211-217, aqui 217 e 215. Cf. KSA 13, p. 56 ("julgo que existe uma das maiores *crises*, um momento da *mais profunda* autorreflexão do homem: se este conseguirá recuperar, se se tornará senhor dessa crise, é uma questão da sua força: é *possível*...").

13 Apud LÖWITH. *Der europäische Nihilismus* – Betrachtungen zur geistigen Vorgeschichte des europäischen Krieges (1940), actualmente em: LÖWITH, K. *Sämtliche Schriften*. Vol. 2: Weltgeschichte und Heilsgeschehen – Zur Kritik der Geschichtsphilosophie. Stuttgart, 1983, p. 516. Segundo Otto Pöggeler ("Praktische Philosophie", em resposta a Heidegger. In: MARTIN, B. (org.). *Martin Heidegger und das "Dritte Reich"* – Ein Kompendium. Darmstadt, 1989, p. 63-92, esp. 63), Heidegger queria "– na situação posterior a Nietzsche –, sem qualquer suporte adicional, confrontar-se com a necessidade do tempo, numa filosofia académica como a husserliana".

14 LÖWITH. *Der europäische Nihilismus*, p. 523: "O mínimo, com o qual o vosso pensamento se ocupou, foram 'origem' e 'fim' ou 'situações-limite'. No fundo, todas estas palavras e conceitos

como nunca, a Europa se "sentiu como problema sem solução"[15]. O niilismo foi, para ambos, a grande "necessidade" do tempo, que fez com que todas as outras recuassem; a necessidade, na qual e em vista da qual filosofaram e interpretaram Nietzsche[16]. Experienciaram-no como niilismo total, que se estendera à dimensão metafísica e, como tal, também na dimensão metafísica tinha que ser "superado". Uma vez que, no entanto, Nietzsche fora tornado precursor do "Terceiro Reich" (apesar de Nietzsche não ter de forma alguma desejado *este* Reich[17]), também ele tinha de pertencer ao niilismo que proclamara; evidências para tal, deu-as ele próprio[18]. E uma vez que ele próprio diagnosticara a metafísica como produto do ("*primeiro*"[19], ainda que já com milhares de anos de idade) niilismo e o (novo,

---

são a expressão da determinação amarga e firme de uma vontade que se impõe perante o nada, que se orgulha do seu desprezo pela felicidade e a humanidade". Georg Luckács falou do "período de crise", no qual os homens "de tal modo [se encontravam] fixados numa desesperada desorientação e perdição, que uma viragem para o activismo reaccionário da observância hitleriana teria sido maximamente favorecida" (LUKÁCS, G. "Die Zerstörung der Vernunft [1954]". *Werke*, vol. 9. Berlim [Ost], 1962, p. 452ss.).

15 LUCKÁCS, G. *Die Zerstörung der Vernunft*, p. 534.

16 "Necessidade" tornou-se a palavra principal das suas interpretações de Nietzsche. Cf. LÖWITH, K. *Nietzsches Philosophie der ewigen Widerkehr des Gleichen* (1935, ²1956). Actualmente em: *Sämtliche Schriften*. Vol. 6: Nietzsche. Stuttgart, 1987, p. 100-384 (aqui: prefácio à segunda edição, 109): foi "o tempo de uma necessidade e perigo extremos" que Nietzsche anunciou pela boca de Zaratustra – a "mudança de toda a necessidade" (*Assim falava Zaratustra* I: Da virtude que oferece, 1, e III, Das tábuas antigas e novas, 30 [KSA 4], p. 99, 269. Cf. LÖWITH. *Nietzsches Philosophie der ewigen Widerkehr des Gleichen*, p. 229). Heidegger elevou a "necessidade" à "necessidade de um outro começo" (HEIDEGGER, M. *Nietzsche I*. Pfullingen, 1961, 657), deixando-a culminar na "necessidade da ausência de necessidade", a necessidade de não experienciar o niilismo, que é "a necessidade do próprio ser" (HEIDEGGER, M. *Nietzsche II*. Pfullingen, 1961, 391s.). Cf. LÖWITH, K. "Heideggers Vorlesungen über Nietzsche". *Nietzsche* (= *Sämtliche Schriften* 8). Stuttgart, 1984, p. 124-234, 245: "[...] se, no entanto, algum pensador importante do nosso tempo pensa tendo em vista constantemente a situação histórico-universal e a sua necessidade, e funda a necessidade do seu pensamento nesta mesma necessidade, então este pensador não é senão Heidegger".

17 Cf. LÖWITH. *Der europäische Nihilismus*, p. 511: "Os pensamentos de Nietzsche prepararam espiritualmente o caminho para o terceiro *Reich*, apesar de os precursores prepararem constantemente *para outros* o caminho, não o percorrendo eles próprios".

18 Cf. em especial KSA 13, p. 190 (= *Der Wille zur Macht* 3): Eu sou "[...] o primeiro perfeito niilista da Europa, que, no entanto, já viveu em si o próprio niilismo até ao fim –, aquele que o tem atrás, debaixo, fora de si..."

19 Esboço de Lenzer Heide ("Der europäische Nihilismus") (KSA 12), p. 212.

presente) niilismo como produto da metafísica, tinha também ele que se encontrar ainda preso à metafísica.

O ponto de referência dessa interpretação de Nietzsche foi, juntamente com o *Assim falava Zaratustra,* sobretudo o espólio, na forma da *Vontade de poder,* onde Heinrich Köselitz – uma vez mais de acordo com afirmações de Nietzsche – salientou o niilismo como situação fundamental da filosofia para os "próximos dois séculos"[20] e compilou as suas notas declarativamente mais fortes, para assim relacionar sistematicamente as "doutrinas" da desvalorização dos valores supremos e da vontade de poder como "princípio de um novo estabelecimento de valores"[21]. As primeiras determinações a que Nietzsche chegou e que para si próprio anotou, sem, regra geral, as comunicar ao público, aparecem aqui como determinações definitivas, "doutrinas" dogmáticas. Contra elas, as máximas, os aforismos e as canções, as formulações definitivas de Nietzsche, ainda que mantidas na sua validade cuidadosamente em suspenso, apareciam como provisórias. O tempo da "necessidade" do niilismo não era o tempo para a complexidade das formas literárias.

Para superar a "necessidade" do niilismo, Heidegger e Löwith tiveram de superar o próprio Nietzsche: partindo dele, ir para além dele. Ambos seguiram, neste processo, a direcção que Nietzsche – de forma diferente de, por exemplo, Kant, um século antes – definira: o regresso aos gregos e às suas distinções filosóficas fundamentais. Se (segundo Nietzsche) o niilismo proviera dos gregos, tinha também de ser possível aprender, a partir deles,

---

20 KSA 13, p. 189 (= *Der Wille zur Macht* 2).

21 Tal como Heidegger, Löwith também defendeu insistentemente a *Vontade de poder*, com a diferença de este se ter também em simultâneo apoiado fortemente na obra aforística publicada por Nietzsche. Cf. o comentário de Löwith à edição de Karl Schlechta da *Werke in drei Bänden* (1958-1960) e à edição de Erich Podachs das *Werken des Zusammenbruchs* (1964). In: LÖWITH, K. *Sämtliche Schriften* – Vol. 6: Nietzsche. Stuttgart, 1987, p. 510-523, 526-534. • HEIDEGGER, M. *Nietzsche I*, p. 17ss. A nota do final do ano de 1886/princípio de 1887 (KSA 12, p. 291), segundo a qual Nietzsche deseja "reunir os sinais", "a partir dos quais considero que este [o niilismo] é o carácter fundamental, o verdadeiro problema trágico do nosso mundo moderno e que, *enquanto necessidade secreta, é a origem ou interpretação de todas as suas necessidades*" [itálicos alterados], não se encontrava na *Vontade de poder*, mas sim na compilação de BAEUMLERS, A. *Die Unschuld des Werdens* – Der Nachlass. 2 vols. (Tachenbuchausgabe. Leipzig, 1930). Stuttgart 1978, vol. 2, p. 299 (n. 866). Para a problemática da interpretação heideggeriana de Nietzsche a partir do espólio, cf. o resumo: Werner Stegmaier, [Heideggers] Auseinandersetzung mit Nietzsche I".

a forma de o superar. O que Nietzsche, Heidegger e Löwith descobriram neles de "salvador" foi, no entanto, caracteristicamente diferente: enquanto Heidegger, para quem o niilismo sobressaíra da forma mais maciça na "mobilização total" da técnica[22], reencontrou nos gregos o "ser" indisponível, e Löwith, para quem o niilismo se mostrara na história, que tudo relativiza, reencontrou a "natureza" eterna, sempre igual, para Nietzsche, para quem o "cosmos" da natureza era uma "monstruosa obra de arte" e que enfaticamente aderiu à tese de Heráclito, segundo a qual "o ser é uma ficção vazia"[23], o salvador foi o dionisíaco, o deus estrangeiro. Procurou o "outro começo" não no regresso a uma metafísica, a um sentido do todo sustentável para todos, mas no *agon*, que não se encontra limitado por nenhum tipo de universal predeterminado, mas que deveria, pelo contrário, deixar as forças dos indivíduos operar completamente[24]. Tendo em conta o seu tempo, no qual dominava uma moral que pretendia nivelar tanto quanto possível todas as diferenças entre os indivíduos e que funcionou durante dois séculos, tornando-se tanto inatacável como irresistível através da metafísica e da religião, tal significou romper com essa moral. Na ruptura com a moral do seu tempo, Nietzsche conseguia ver nos gregos ainda uma outra necessidade, a partir da qual poder-se-ia pensar a natureza e o ser: a necessidade de ir sempre até aos limites e, assim, colocar-se a *si próprio* em necessidade, sem ver ainda caminhos para onde se virar. Assim queria

---

22 Cf. o artigo com o mesmo nome de Ernst Jünger de 1930 (actualmente em: JÜNGER, E. *Sämtliche Werke*. Vol. 7. Stuttgart, 1980, p. 119-142), com o qual Heidegger sempre se confrontou.

23 NIETZSCHE, F. *A filosofia na era trágica dos gregos*, 19 (KSA 1), p. 869. • *Crepúsculo dos ídolos* – "A 'razão' na Filosofia", 2 (KSA 6), p. 75.

24 Para uma abordagem a uma nova filosofia política nos Estados Unidos, relacionada com o *agon* em Nietzsche, cf. HONIG, B. *Political Theory and the Displacement of Politics*. Ithaca, 1993. • VILLA, D. "Beyond Good and Evil – Arendt, Nietzsche and the Aestheticization of Political Action". *Political Theory*, 20/2, 1992, p. 274-308. • VILLA, D. "Democratizing the Agon". In: SCHRIFT, A. (org.). *Why Nietzsche Still?* – Reflections on Drama, Culture and Politics. Berkeley, 2000, p. 224-246. • HATAB, L. *A Nietzschean Defence of Democracy*. Chicago, p. 1995. • APPEL, F. *Nietzsche contra Democracy*. Ithaca, 1999. • SIEMENS, H.W. "Agonal Configurations in the *Unzeitgemässe Betrachtungen*. Germans, Greeks and the Übertragung of Cultures in Nietzsche's Early Thought". *Nietzsche-Studien*, 30 (2001), p. 80-106. • SIEMENS, H.W. "Nietzsche's Political Philosophy – A Review of Recent Literature". *Nietzsche-Studien*, 30 (2001), p. 509-526. • ACAMPORA, C.D. "Demos Agonistes Redux – Reflections on the *Streit* of Political Agonism". *Nietzsche-Studien*, 32 (2003), p. 374-390.

também lidar com o niilismo: enfrentá-lo sem reservas, levá-lo ao extremo a partir de si mesmo, para assim se arruinar com ele – ou, pelo contrário, se tornar superior na relação com ele[25].

2 O pensamento de Nietzsche a partir das necessidades da vida

"Necessidade" ["*Noth*"] é um conceito condutor na filosofia de Nietzsche. Nietzsche utiliza-o em forma adjectiva ("necessário" ["*nötig*", "*notwendig*"]), verbal ("ser necessário" ["*nothtun*"], necessitar* ["*nöthigen*"]) e como substantivo, numa multiplicidade de composições (como "falta" ["*Nothbedarf*"], "indigência" ["*Nothlage*"], "aflição" ["*Nothleiden*"], "calamidade" ["*Nothstand*"], "grito de socorro" ["*Nothgeschrei*"], "mentira necessária" ["*Nothlüge*"], "verdade necessária" ["*Nothwahrheit*"], "necessidade"** ["*Notwendigkeit*"]), e a maior parte das vezes no plural. Associa portanto "necessidades" a "carências", "sofrimentos", "desejos", "objectivos", "forças", "ponderações", e todas elas contra os "conceitos gerais", que apenas muito pouco lhes poderiam corresponder. Necessidades são sempre, para Nietzsche, necessidades individuais: necessidades numa determinada situação. Compreende-as de tal forma, que elas obrigam o pensamento a satisfazê-las – e, ao mesmo tempo, a libertar-se delas. Por sua vez, tal deixa ao pensamento margens de manobra[26] na relação com elas.

Nietzsche não se encontrava, no seu filosofar, fixado na necessidade do niilismo. Na obra publicada por ele só muito contidamente falou do niilismo. Abriu o quinto livro de *A gaia ciência* (aforismo 343) com a

---

25 Das condições da tomada de poder nacional-socialista resultou para Heidegger, de acordo com Karl Löwith (*Der europäische Nihilismus*, 517s.), a "pura determinação do 'para quê?' não estabelecido", o "niilismo interior" de uma "determinação nua perante o nada", que em *Ser e tempo* havia sido preparada. Löwith coloca portanto Heidegger na proximidade do "decisionismo" político de Carl Schmitt. Já antes de Heidegger, nomeadamente em Nietzsche, a fronteira entre radicalismo filosófico e radicalismo político fora muito estreita. Cf. OTTMANN, H. *Philosophie und Politik bei Nietzsche*. Berlim/Nova York, 1999, p. 391-394.

* No sentido de obrigar, constranger, coagir, forçar [N.T.].

** Por oposição à contingência, acaso, acidente [N.T.].

26 Sobre esse fundamental conceito, cf. nota 7 da apresentação [N.Orgs.].

afirmação de que "nós", estranhamente, nos encontrávamos "sem preocupação nem medo" perante aquilo que sucedeu com "o maior e mais recente acontecimento – o facto de que 'Deus morreu'" e perante tudo aquilo que daí poderia resultar[27]. Pelo nome, referiu o "niilismo" apenas três aforismos depois (n. 346) e, uma vez mais, no aforismo seguinte (n. 347), entre parêntesis, uma "*crença na descrença* até ao martírio", que até então existira apenas em São Petersburgo. O espólio demonstra que, para Nietzsche, o sinal mais claro da ocorrência do niilismo foi, até ao fim, o pessimismo schopenhaueriano[28] e ainda considerou o suicídio como "*obra do niilismo*"[29]. Na obra publicada, o niilismo não se encontra, portanto, presente por muito tempo – apenas até à *Genealogia da moral*. Também esta conduz Nietzsche, porém, até ao niilismo ("o homem ainda prefere querer *o nada* a *nada* querer..."), não fazendo, no entanto, qualquer sugestão quanto à sua "superação"[30]. Tal como com o pensamento do eterno retorno do mesmo, é no espólio de Nietzsche que o niilismo desempenha o grande papel que Köselitz lhe atribuiu na *Vontade de poder*, sendo que também aqui o discurso não é sobre "superação", mas sobre "autossuperação do niilismo"[31].

---

27 Nomeadamente uma "longa plenitude e sequência de ruptura, destruição, declínio e subversão, [...] um escurecimento e eclipse solar, tais como provavelmente nunca existiram na Terra" (NIETZSCHE, F. *A gaia ciência*, 343 [KSA 3], p. 573).

28 Cf. KSA 12, p. 129; KSA 13, p. 159, 195, 528ss.

29 KSA 10, p. 43, e KSA 13, p. 222. Da perspectiva de Heidegger, tal significa o seguinte: "na época do início da consumação do niilismo", Nietzsche "experienciou, na verdade, alguns traços do niilismo e, simultaneamente, interpretou-os niilisticamente, enterrando assim completamente a sua essência. Nietzsche nunca reconheceu a essência do niilismo, tal como não o fez relativamente à metafísica que o precedeu" (HEIDEGGER, M. "Nietzsches Wort 'Gott ist tot'". *Holzwege*. Org. por Friedrich-Whilhelm von Herrmann [GA 5]. Frankfurt am Main, 1977, p. 209-267, esp. 264. Cf. tb. o capítulo "Die seinsgeschichtliche Bestimmung des Nihilismus". In: HEIDEGGER, M. *Nietzsche II*, p. 335-398).

30 NIETZSCHE, F. *Para a genealogia da moral*, III, 28 (KSA 5), p. 412. Depois disso, Nietzsche menciona o niilismo apenas mais uma vez na obra publicada (*O Anticristo*, 7) e aqui, novamente, em relação a Schopenhauer ("A compaixão é a *praxis* do niilismo", KSA 6, p. 173). Entretanto, passou para o conceito de *décadence*.

31 Em 1887/1888 Nietzsche anotou três vezes "autossuperação do niilismo" como título de um capítulo: KSA 12, p. 410; KSA 12, p. 432; KSA 13, p. 215 (só em KSA 13, p. 200 é que o discurso é sobre "superação do pessimismo", com o acréscimo: "um olhar goethiano cheio de amor, verdadeira superação do pessimismo"). Tal como o pensamento não consegue compreender o niilismo de forma satisfatória, uma vez que as suas próprias necessidades estão impregnadas dele, também não é uma questão de esforço da vontade, como também Heidegger percebeu e acentuou, ultrapassá-lo.

As necessidades obrigam à libertação delas. Há três possibilidades para tal: 1) "Superá-las", lutando contra as suas causas. 2) Experienciá-las, com o tempo, não mais como constrangedoras e, assim, libertar-se delas. 3) Elas enfraquecem por si mesmas. Nietzsche confiou não apenas na primeira, mas também na segunda e terceira hipóteses. No seu famoso esboço de Lenzer Heide, de 10 de junho de 1887, no qual reflecte, da forma mais consequente, no "niilismo europeu", Nietzsche anotou como ponto 3: "Na verdade, já não precisamos tanto de um antídoto contra o *primeiro* niilismo: a vida já não é, na nossa Europa, tão incerta, acidental, absurda. Já não é tão necessária uma tão monstruosa *potencialização* do *valor* do homem, do valor do mal, etc. [como a "hipótese moral cristã" oferecera, W.S.], aguentamos uma significativa *redução* desses valores, podemos aceitar muito absurdo e acaso: o *poder* que o homem alcançou permite agora uma *diminuição* dos meios de disciplina, dos quais o mais forte foi a interpretação moral" (KSA 12, p. 212). *Porque* a vida quotidiana "na nossa Europa" no final do século XIX *no seu todo* se tornou mais fácil - pensar-se-á nos "progressos" da técnica, da medicina, do direito, da administração -[32], pode-se agora *em particular* "aceitar muito absurdo e acaso", já não é preciso desesperar-se pelo sentido do todo, mas antes se pode, cada vez mais, prescindir de tal sentido. A experiência da necessidade, do absurdo, do acaso em geral é desdramatizada, aumenta a tranquilidade, dilui-se a necessidade de totalização[33].

Mas mesmo isso não pode, uma vez mais, ser totalizado. Cada um pode, na sua própria situação, experimentar as necessidades da vida de maneira diferente - também a necessidade do niilismo. Essa será experimentada como "paralisante" apenas por aqueles que, por um lado, ainda

---

32 Cf. já KSA 9, p. 99: "a certeza e o prolongamento da vida, tão favoráveis enquanto aquisições do nosso mundo moderno". Um pouco mais à frente resume Nietzsche: "todo o tipo de sentimento de felicidade conduz-nos aos caminhos da cultura mais elevada e a continuar nela avante. A necessidade contrária faz-nos retroceder, torna-nos defensivos, desconfiados, ultrarrígidos e supersticiosos nos costumes".

33 Cf. também o ponto 13 do esboço de Lenzer Heide (KSA 12, p. 216): "A 'necessidade' não se tornou maior: pelo contrário! 'Deus, moral, renúncia' foram remédios em níveis terrivelmente profundos de desgraça: em condições bem mais favoráveis surge o *niilismo activo*. Já o facto de a moral ser sentida como superada pressupõe um considerável grau de cultura espiritual; esta, por sua vez, condições de vida relativamente boas".

precisarem da "hipótese moral cristã" (ou dos seus derivados) como "*meio de conservação*", mas que, por outro, tenham adquirido uma tal "necessidade" de "verdade", que têm agora de admitir a insustentabilidade de um "Deus moral"[34]. Só em tais casos se fará sentir um "processo de dissolução", um desespero relativo a todo o sentido, uma desorientação total – com todas as suas consequências. Nietzsche dirige porém a sua reflexão, novamente, para a possibilidade contrária. Contava com a "fúria cega" dos "desgraçados" desiludidos e com uma organização radicalmente nova das "mentalidades" e das "forças" sociais em consequência da "crise". Supõe no entanto, simultaneamente, que serão "então provados como *os mais fortes* aqueles que não tiverem necessidade de qualquer sistema de crenças extremo, aqueles que não apenas aceitem, mas amem, uma boa parte de acaso e de absurdo". Tais têm que ser, precisamente, aqueles que na sua situação se encontrem menos em estado de necessidade do que outros e, assim, que mais facilmente consigam lidar com as necessidades – aqueles que, nas palavras de Nietzsche, "estão à altura da maior parte dos contratempos e, como tal, não os temem tanto – homens que são *seguros do seu* poder e que representam, com orgulho consciente, a força *adquirida* do homem".

Nietzsche chama-lhes os "mais moderados" [*die "Mässigsten"*]. Uma vez mais, "os mais moderados" podem, no seu sentido, ser: 1) aqueles que também em grandes necessidades se conseguem *moderar*, uma vez que têm forças para isso; 2) aqueles que determinam as medidas [*Masse*]; quer dizer, na necessidade do niilismo: aqueles que "conseguem pensar o homem com uma significativa redução do seu valor, sem com isso se tornarem pequenos e fracos"; 3) os contemporâneos [*Zeitgemässen*], isto é, aqueles que estão de acordo com a medida do tempo e que, como tal, pouco ou nada experienciam das suas necessidades. Nenhum destes homens moderados – ou "mais moderados" – é forçado a totalizar as suas necessidades e a pergunta que Nietzsche coloca no final do seu esboço de Lenzer Heide – "Como pensaria um tal homem no eterno retorno?" – su-

34 Cf. o ponto 2 do esboço de Lenzer Heide (KSA 12, p. 211s.): "Constatamos agora necessidades em nós, cultivadas pela longa interpretação moral, que nos parecem agora necessidades do não verdadeiro".

gere que eles também não precisam da totalização que se encontra nesse pensamento.

Enquanto que, na obra publicada, Nietzsche intensifica visivelmente a sua "prática de guerra"[35], no espólio luta por "tranquilidade"[36], não para o "ser", mas em relação ao niilismo. Procura pensar que "um estado de sentimento de segurança, de crença na lei e de previsibilidade [será] possível quando esse entrar na consciência como *fastio* – quando o *prazer no acaso, no incerto* e *no repentino* se evidenciarem como volúpia..."[37] e, finalmente, que "um filósofo" pode até mesmo "restabelecer-se" "no niilismo"[38]. Quem, contudo, como Heidegger e Löwith, se vê numa necessidade tão grande, que perante ela todas as outras necessidades retrocedem, não estará em condições de fazer a sua "redução" no pensamento.

Nietzsche torna claro, na sua obra publicada, o facto de o pensamento na vida ser, por um lado, sempre constrangido por necessidades e, por outro, dessas necessidades serem experimentadas por cada um na sua própria situação de forma diferente, através do conceito aparentemente paradoxal de uma necessidade da abundância. Segundo o aforismo 370 de *A*

---

35 NIETZSCHE, F. *Ecce homo* – Por que sou tão sábio, 7 (KSA 6), p. 274.

36 Algo que *diz* novamente na obra publicada. Cf. O novo prefácio a *Humano, demasiado humano* II, 5 (KSA 2), p. 369-377, esp. 374: "Um olho subtil e empatia não deixarão, contudo, de perceber o que talvez constitua o encanto deste texto – que aqui fala um carente e sofredor como se *não* fosse um carente e sofredor. Aqui *devem* ser mantidos de pé o equilíbrio e a tranquilidade perante a vida e mesmo um sentimento de gratidão relativamente a ela, aqui rege uma vontade vigorosa, orgulhosa, constantemente atenta e sensível, que se colocou a si própria a tarefa de defender a vida *contra* o sofrimento e a quebrar todas essas inferências que tendem a florescer da dor, da desilusão, do tédio, da solidão e de outros terrenos pantanosos como cogumelos venenosos" Cf. tb. *Para além de bem e mal*, 284 (KSA 5), p. 231ss.

37 KSA 12, p. 466ss. Condição prévia para tal serão em regra, uma vez mais, condições exteriores mais seguras. Um pouco antes da passagem citada escreve Nietzsche: "Toda a história da cultura constitui uma redução desse *medo do acaso*, do incerto, do repentino. Cultura significa, precisamente, aprender a *calcular*, a pensar causalmente, a prevenir, a acreditar na necessidade. Com o crescimento da cultura torna-se dispensável para o homem essa forma *primitiva* de submissão ao mal, essa 'justificação do mal' (chamada moral ou religião). Agora ele faz guerra contra o 'mal' – ele elimina-o".

38 Cf. KSA 13, 51: "Um filósofo restabelece-se de outra forma e em outras coisas: restabelece-se, por exemplo, no niilismo. A crença de que não existe qualquer verdade, a crença dos niilistas, é um grande repouso das pernas para aquele que, enquanto guerreiro do conhecimento, se encontra em luta constante com verdades puramente repugnantes. Pois a verdade é repugnante". Consequentemente, existem verdades mais repugnantes do que a de que não existe qualquer verdade.

gaia ciência é possível sofrer, não apenas de "fome", mas também de "abundância". Para Nietzsche, os homens "abundantes" não são, na adversidade, com a sua riqueza em "plenitude de vida", capazes de se conter em si próprios e precisam, por isso, de encontrar outros homens, que possam retirar dela um pouco. Nessa necessidade vê Nietzsche primeiro Wagner, depois Sócrates e Platão, e nela inclui também o seu Zaratustra[39]. *Ambos* os tipos de necessidades, a da fome e a da abundância, podem, no entanto, segundo Nietzsche, suscitar tanto um "desejo de fixação, de eternização, de *ser*", como um "desejo de destruição, de mudança, de novo, de futuro, de *devir*" e, assim, permanecem ambíguas todas as metafísicas do ser e do devir: podem surgir de necessidades contrárias. Dessa forma, Nietzsche pondera, numa nota do espólio, se o "niilismo" não se deixaria também compreender como ideal da *mais elevada potência* do espírito, da vida mais abundante: em parte destrutiva, em parte irónica"[40].

O contexto do esboço de Lenzer Heide é, na *Vontade de poder*, à primeira vista irreconhecível, uma vez que se encontra aí disperso em quatro partes[41]. Löwith tomou nota das passagens sobre a redução da necessidade do niilismo, mas, ao mesmo tempo, sem esclarecimento adicional, excluiu o próprio Nietzsche dos "mais moderados"[42]. Criticou apropriadamente a interpretação de Heidegger, que imputara a Nietzsche uma metafísica da vontade de poder que se quer a si própria, reconduzindo-a ao próprio pensamento de Heidegger[43], e os trabalhos de Mazzino Montinari e Wolfgang

39 Cf., em relação a Sócrates e Platão, *A gaia ciência*, 340 e 372 (KSA 3), 570 e 624; relativamente a Zaratustra, *Assim falava Zaratustra*, III, Do Grande Anelo e IV, O mendigo voluntário (KSA 4), p. 279 e 335, e no espólio o triplamente anotado: "Assim reconheço o homem abundante: ele agradece àquele que tira dele" (KSA 10, p. 604; KSA 11, p. 380; KSA 11, p. 408).

40 KSA 12, p. 353. Cf. KSA 12, p. 468ss.: "*Compreensão global*: o carácter *ambíguo* do nosso *mundo moderno* – precisamente os mesmos sintomas poderiam indicar tanto *força* como *decadência*".

41 Na *Vontade de poder*, 4, 5, 55 e 114.

42 LÖWITH, K. "Kierkegaard und Nietzsche oder philosophische und theologische Überwindung des Nihilismus". In: *Sämtliche Schriften* – Vol. 6: *Nietzsche*. Stuttgart, 1987, 72s. Também o discípulo de Löwith, Manfred Riedel (Das Lenzerheide-Fragment über den europäischen Nihilismus". *Nietzsche-Studien*, 29 (2000), 70-81), considerou Nietzsche (tal como Spinoza) incapaz de uma "redução" "de hipóteses extremas", chamando a ambos "extremistas".

43 Cf. esp. LÖWITH, K. *Heidegger*: Denker in dürftiger Zeit, 193-227 (Capítulo III: "Die Auslegung des Ungesagten in Nietzsches Wort 'Gott ist tot'").

Müller-Lauter retiraram-lhe completamente a sua base de sustentação. Mas também Löwith imputou ainda a Nietzsche o ter tentado pensar para além de todas as necessidades da vida: "Se algum filósofo com pensamento histórico, da contemporaneidade que se consuma, foi tão longe, ao ponto de pensar para além de todo o pensamento histórico em épocas, eras e necessidades mundiais, a partir de um mesmo eterno, cuja necessidade [*Notwendigkeit*] não origina nenhuma 'necessidade futura' ['*künfigen Not*'], mas apenas a lei eterna de todo o ser em devir, então esse filósofo foi Nietzsche, uma vez que ele procurou 'retraduzir' o homem, tornado excêntrico, ao eterno 'texto original' da natureza"[44].

3 Os princípios de Nietzsche para uma filosofia crítica da orientação

Segundo Nietzsche, as necessidades da vida [*Lebensnöte*][45] constrangem sempre o pensamento, sem que, com isso, o determinem sempre. Uma grande necessidade, perante a qual todas as outras necessidades recuam, quase não deixando mais margem de manobra ao pensamento, é, enquanto tal, a excepção, para lá da qual a regra, a relação quotidiana com as necessidades quotidianas, não deve ser esquecida. Em todo o caso trata-se, para Nietzsche, de ganhar novas margens de manobra para o pensamento, contra os seus constrangimentos [*Nötigungen*]. Nessa questão, liga-se – apesar de toda a crítica a Kant[46] – ao filosofar crítico, nomeadamente onde Kant, por sua vez, reflectira sobre as "necessidades" ["*Bedürfnisse*"] da razão. No aforismo 307 de *A gaia ciência* diz explicitamente "*A favor da crítica* – Aparece-te agora como erro algo que noutro tempo amaste como verdade ou probabilidade: afastá-lo de ti e imaginar que a tua razão conseguiu com isso,

44 LÖWITH, K. *Heidegger* – Denker in dürftiger Zeit, 217 [edição original, p. 99ss.].

45 Nietzsche utilizou a expressão "*Lebensnöte*" frequentemente, na altura da sua estreita relação com Richard Wagner (cf., p. ex., *Considerações extemporâneas* I, 8 [KSA I], p. 203. • *Considerações extemporâneas* II, 7 [KSA I], p. 300. • *Considerações extemporâneas* III, 7 [KSA I], p. 411. • *Considerações extemporâneas* IV, 5 [KSA I], p. 455; KSA 8, 142), e Richard Wagner utilizou-a na sua carta a Nietzsche de 6 de abril de 1874 (KSA 15, p. 56).

46 Cf. GREEN, M.S. *Nietzsche and the Transcendental Tradition*. Urbana (Ill.), 2002. • HILL, R.K. *Nietzsche's Critiques* – The Kantian Foundations of His Thought. Oxford, 2003.

lutando, uma vitória. Mas talvez o erro daquele tempo te fosse necessário, quando ainda eras um outro – tu és sempre um outro –, tão necessário como todas as tuas 'verdades' actuais, semelhante a uma pele, que suprimia e ocultava muito do que tu não podias ainda ver. Foi a tua nova vida que matou aquela ideia, não a tua razão: *tu já não precisas dela*, e agora desmorona-se e a sua irracionalidade sai dela como um verme rastejando para a luz. Quando fazemos crítica, não é nada de arbitrário nem impessoal – é, pelo menos muitas vezes, uma prova de que existem em nós forças vivas e impetuosas, que repelem uma casca. Nós negamos e temos de negar, porque algo em nós quer viver e afirmar-se, algo que talvez ainda não conheçamos, ainda não vejamos! – Isso, a favor da crítica". Em condições de vida mutáveis ocorrem reorientações do pensamento, que Nietzsche descreve como amplamente involuntárias. Nietzsche deixa a esse respeito o seu Zaratustra falar da "grande razão" do corpo, que faz da razão "pequena", consciente, seu "instrumento"[47]. Também já para Kant a razão está ligada a um corpo, que lhe dá um ponto de vista no mundo, a partir do qual se abrem os seus horizontes de experiência, mas através do qual, porém, também é exposta às carências e necessidades desse mundo[48]. A sua primeira necessidade é, então, ter que "se orientar". Tal necessidade vai, segundo Kant, desde a distinção das "regiões no espaço" (direita/esquerda, em cima/embaixo, à frente/atrás), passando pela utilização de mapa e bússola para a orientação geográfica, até à conformação da acção moral ao imperativo categórico e à necessidade de uma "crença racional" na existência de Deus e na imortalidade da alma[49]. Em todos os casos, se provam os seus "princípios objectivos"

47 NIETZSCHE, F. *Assim falava Zaratustra* – I: Dos desprezadores do corpo (KSA 4), p. 39-41.

48 Necessidade [*Bedürfnis*] é, para Kant, um conceito pouco considerado, mas quase ubíquo – também em relação à razão. A razão pode, segundo Kant, ser "impelida por uma necessidade própria" (*Crítica da razão pura*, B 21), procura "fazer o projecto de um edifício comensurável com o repertório que nos é dado e simultaneamente em conformidade com a nossa necessidade" (*Crítica da razão pura,* B 735). Para Kant, esta "não é suficientemente apta [...] para guiar a vontade de forma segura relativamente aos seus objectos e à satisfação de todas as nossas necessidades (as quais, em parte, ela própria multiplica), finalidade à qual um instinto natural implantado teria conduzido muito mais certamente" (GMS, AA IV, p. 396), pelo que "necessidades não satisfeitas" se podem "facilmente" tornar "uma grande tentação de transgressão dos deveres" (GMS, AA IV, p. 399. Cf. GMS, AA IV, p. 405. • *Crítica da razão prática,* § 7, AA V, p. 32).

49 Cf. KANT, I. "Von dem ersten Grunde des Unterschiedes der Gegenden im Raume" (1768), AA II, p. 375-384. • "Was heisst: Sich im Denken orientieren?" AA VIII, p. 136-138.

insuficientes, pelo que aquela tem que se "orientar [...] pura e simplesmente através das suas próprias necessidades" e contar com um "*pressuposto* apenas forçado", em vez de uma "*inspecção livre*"[50]. Em toda a orientação se encontra o respectivo ponto de vista predeterminado; os horizontes e as perspectivas podem, contra tal, ser alargadas ou estreitadas, multiplicadas ou unificadas[51], nas palavras de Nietzsche, "engatadas ou desengatadas"[52], para que se mantenham flexíveis nas necessidades de orientação. No § 17 de *Ser e tempo* Heidegger analisou ainda, de forma muito elucidativa, as condições de possibilidade dessa orientação do ser-no-mundo [*In-der-Welt-sein*] relativamente à "referência e signos". Nietzsche sublinhara, no entanto, que a "grande razão" do corpo continua a guiar seguramente, quando a "pequena razão" perde a orientação, de tal forma que, em regra, não ocorre a desorientação total, a "grande angústia"[53]. A sua grande preocupação era, no entanto, que com uma desorientação prolongada do pensamento - num niilismo persistente - tal grande razão fosse danificada e, na verdade, já o foi há muito, tendo caído na *décadence*; *décadence* é niilismo manifestado no corpo. A orientação, a engenhosa relação com as necessidades da vida, estaria, então, limitada no tempo.

Nietzsche utilizou o conceito de orientação propriamente dito muito poucas vezes, talvez por Eugen Dühring o ter usado extensivamente[54]. Ainda assim, num extenso esboço da Primavera de 1884 – anos, portanto,

---

50 KANT, I. "Was heisst: Sich im Denken orientieren?" AA VIII, p. 133-147.

51 Cf. KANT, I. *Logik*. AA IX, p. 40ss.

52 Cf. NIETZSCHE, F. *Humano, demasiado humano* I, 169 (KSA 2), p. 20. • *Para a genealogia da moral*, III, 12 (KSA 6), p. 364. Em relação ao perspectivismo em Kant *e* Nietzsche, cf. KAULBACH, F. *Philosophie des Perspektivismus* – 1ª parte: Wahrheit und Perspektive bei Kant, Hegel und Nietzsche. Tübingen, 1990.

53 Cf. NIETZSCHE, F. *Humano, demasiado humano* I, 169 (KSA 2), p. 158: "Pelo contrário, no fenómeno do trágico, o homem transita rapidamente de uma alegria excessiva e duradoura para uma grande angústia; no entanto, uma vez que entre os mortais a alegria excessiva e duradoura é muito mais rara do que as ocasiões para a angústia, há muito mais do cómico do que do trágico no mundo; rimo-nos muito mais frequentemente do que nos sentimos perturbados".

54 Cf., em particular, DÜHRING, E. *Logik und Wissenschaftstheorie* – Denkerisches Gesammtsystem verstandessouveräner Geisteshaltung [1878]. Leipzig, 1905, p. 220-223 e 243-251. Para a história do conceito filosófico de orientação cf. STEGMAIER, W. "Weltorientierung, Orientierung". In: *Historisches Wörterbuch der Philosophie*. Vol. 12, Basel/Darmstadt, 2004, p. 498-507.

antes das suas reflexões acerca do "desespero sem esperança" no niilismo[55] – apontou traços fundamentais de uma filosofia crítica da orientação, a qual Löwith, ao contrário de Heidegger, leva em consideração[56]. Essa consiste em oito "princípios", que aqui apenas muito sumariamente podemos designar:

1) Princípio da crítica ou da suspensão crítica de todo o "conhecimento" e de todas as "avaliações"

"*1º princípio.* Todas as avaliações até hoje tiveram a sua origem num conhecimento falso, fictício das coisas – elas já não obrigam, mesmo quando trabalham instintivamente (como consciência moral), como sentimento."

2) Princípio da orientação provisória

"*2º princípio.* Em vez da crença, que já não nos é possível, coloquemos sobre nós uma vontade forte, que adira a uma série de avaliações fundamentais, como princípio heurístico: para vermos *quão longe* se consegue assim chegar. De forma idêntica a um marinheiro em mar desconhecido. Na verdade, todas essas "crenças" não foram mais que isso: só que anteriormente a *disciplina do espírito* era demasiado pequena para conseguir aguentar a nossa *grandiosa precaução*."

3) Princípio da experiência de orientações

"*3º princípio.* A *coragem* de cabeça e coração é o que nos *distingue* a nós, homens europeus: adquirida nas arenas de muitas opiniões. A maior habilidade na luta com religiões que se tornaram subtis e uma severidade austera, mesmo crueldade. A vivissecção é uma *prova*: quem não a aguenta não pertence a nós [...]".

55 Esboço de Lenzer Heide (KSA 12), p. 215.

56 KSA 11, p. 89s. Impresso sob o título "*Grundanschauung,* niedergeschrieben im Sommer 1884" como n. 832. In: BAEUMLER, A. (org.). *Friedrich Nietzsche* – Die Unschuld des Werdens. Bd. 2, p. 280-282. Löwith cita um capítulo em "Kierkegaard und Nietzsche", p. 63, na transição do niilismo de Kierkegaard para o de Nietzsche.

4) Princípio do arranjo e simplificação conscientes (lógicas) de orientações complexas

"*4º princípio*. A matemática contém descrições (definições) e deduções, feitas a partir das definições. Os seus objectos *não existem*. A verdade das suas deduções depende da correcção do pensamento lógico. – Quando a matemática é aplicada acontece o mesmo que com as explicações por 'meio e fim': só então a realidade é *arranjada* e *simplificada* (*falsificada* - -)".

5) Princípio da aceitação tácita da plausibilidade última ou de ficções necessárias para a vida

"*5º princípio*. As coisas em que mais acreditamos, todo o *a priori*, não são mais *certas* por se acreditar nelas tão fortemente. Pelo contrário, surge talvez como uma condição de existência da nossa espécie, a existência de uma qualquer assunção fundamental. Nesse sentido, outros seres poderiam fazer outras assunções fundamentais, por exemplo, uma 4ª dimensão. *Por esse motivo*, todas estas assunções poderiam ainda ser falsas – ou melhor: até que ponto poderia um qualquer 'em si' ser 'verdadeiro'! Esse é o *absurdo fundamental*!"[57]

6) Princípio do "niilismo activo" ou da medida própria

"*6º princípio*. Faz parte de uma virilidade alcançada o facto de não nos enganarmos relativamente à nossa condição *humana*: queremos antes cumprir a *nossa medida* e aspirar à *maior medida de poder sobre as coisas*. Reconhecendo que o perigo é enorme: que o acaso *dominou* até agora -".

7) Princípio da regulação de uma orientação global e da experiência de novas eternidades

"*7º princípio*. Chega a tarefa do governo da Terra. E com ela a questão: *como queremos* o futuro da humanidade! – *Necessárias* novas tábuas de valores. E a luta contra os *defensores* dos antigos valores '*eternos*' como a causa mais elevada!"

---

57 Cf. tb. *Para além de bem e mal*, 4 (KSA 5), p. 18.

8) Princípio de um imperativo categórico pessoal (em vez de formal)

"*8º princípio.* Mas *de onde* tomar o nosso imperativo? O do homem superior, criador, não é nenhum "tu deves", mas o "eu tenho que."

A segunda metade do século XX trouxe de novo à Europa, gradualmente, "condições bem mais favoráveis"[58]. A necessidade maciça de uma desorientação total, da qual só um deus poderia salvar, deu lugar a necessidades múltiplas – a da fome e a da abundância –, que permitem uma multiplicidade de orientações. Hoje podemos, novamente, pensar mais livremente – também sobre Nietzsche. Mas os tempos podem alterar-se.

58 Esboço de Lenzer Heide (KSA 12), p. 216.

9 Sobre a questão da compreensibilidade

A contribuição de Nietzsche para o comunicar e o filosofar intercultural*

Com Nietzsche pode-se colocar, de modo mais acurado, a pergunta pelo comunicar e pelo filosofar intercultural. De acordo com ele, quer-se tanto ser entendido quanto não entendido. Partindo do ponto de vista segundo o qual cultura é aquilo que se tornou evidente (*selbstverständlich*), Nietzsche expõe seu leitor, propositadamente, a experimentos do entender (*Verstehens-Experimenten*), a fim de extrair diferentes círculos de cultura, nos quais podemos nos inserir, e dos quais também podemos, entretanto, nos excluir, voluntariamente ou não. Ele escolhe, dessa forma, seu leitor, seleciona-os – e diz isso também a eles. Ele apoia seu filosofar, aos olhos dos leitores, em surpresas (*Überraschungen*), a partir das quais [os leitores] podem se sentir provocados, mas eles também podem desconsiderá-las; [Nietzsche] com cuidado os toma assim: protótipo de todo comunicar intercultural e interindividual. Deixa-se isso a outros em outros círculos de cultura, e tem-se de conceder isso a eles, na medida em que queiram introduzir-se no círculo que lhes seja próprio, e entende-se um outro só na medida em que seu próprio círculo cultural concede para isso margens de manobra[1]. Sem coerção para entender, e com a força de poder deixar o sur-

---

* STEGMAIER, W. "Zur Frage der Verständlichkeit: Nietzsches Beitrag zum interkulturellen Kommunizieren und Philosophieren". In: BORSCHE, T. (org.). *Allgemeine Zeitschrift der Philosophie*, 32.2, 2007, p. 107-119. Tradução de André Luis Muniz Garcia. Revisão de Oswaldo Giacoia Junior.

• Para esclarecer algumas passagens do original, bem como importantes palavras, conceitos ou ex-

preendente repousar sobre si mesmo, torna-se a comunicação intercultural e interindividual alegre, e a ciência, segundo Nietzsche, "feliz" (*fröhlich*).

1) Cultura é aquilo que é evidente por si (*selbstverständlich*)

Compreensibilidade (*Verständlichkeit*) vale como meta, evidente por si, de toda comunicação. Compreensibilidade, em oposição à incompreensibilidade, é aquilo que queremos e pelo que nos esforçamos quando nos comunicamos. Nietzsche via isso de outra maneira. Escreveu no aforismo 381 de sua *A gaia ciência*: "não apenas se quer ser entendido, quando se escreve, mas também [se quer], seguramente, *não* ser entendido". Em tal fala, sua sentença pode ser, certamente, ainda mais convincente. Quer-se ser entendido e, com tal intenção, se apresenta a um outro. No entanto, cada um pensa, fala e age sob condições totalmente diferentes, e sob esse aspecto, se duas pessoas "entendem-se mutuamente", elas entenderão aquilo que uma outra diz de modo mais ou menos diferente. Acima de tudo, busca-se entender continuamente, porquanto se quer cooperar, com o intuito de se chegar a pontos de vista e orientações comuns[2]. Porém, também aí sempre se poderá surpreender inesperadamente os outros, e por eles ser surpreendidos, parte voluntariamente, parte involuntariamente. Justamente porque, entre indivíduos, surpresas podem surgir, a comunicação é necessária. Esta sempre permite limitar as alternativas, as margens de manobra de tais surpresas. Almeja-se isso sempre com vistas a alcançar rotinas calculáveis, tomar as surpresas como ensejo para se reorientar; em ambos os casos, o outro pode ou não ir junto. Se não [acompanha], não se compreenderá mais o outro a partir de certo ponto, e não mais se desejará ser entendido por ele. Em prol da própria orientação, renuncia-se a ser entendido por todo mundo. Isso também vale para o filosofar. Pode-se, a fim de evitar surpre-

---

pressões cunhadas pelo autor, dois critérios serão adotados: *parêntese*, utilizado para também incluir palavras, conceitos ou expressões do original, e o *colchete*, utilizado para dar fluência à leitura em português, uma vez que a estrutura da língua alemã possui particularidades sintáticas e semânticas intraduzíveis ou que, no mínimo, dariam margem, quando transposta para nossa língua, a ambiguidades [N.T.].

1 Sobre esse fundamental conceito, cf. nota 7 da apresentação [N.Orgs.].

2 Cf. STEGMAIER, W. *Philosophie der Orientierung*. Berlim/Nova York: Walter de Gruyter, 2008.

sas, sujeitar isso desde o início a pressupostos objetivos e metódicos, e por isso também limitar suas consequências. Todavia, pode-se também aqui, e talvez exatamente aqui, dar ensejo a surpresas, para chegar a novas orientações. Em um filosofar intercultural, na medida em que [ele] se apresenta cada vez mais em primeiro plano, *tem-se* que [fazer justamente] isso. Aqui não *é permitido* já presumir idênticos pressupostos objetivos e metódicos. Aqui, tem-se, em primeiro lugar, que investigar o que é compreendido em outras culturas. "Cultura" é, notadamente, algo de difícil compreensão; a favor disso, testemunha a multiplicidade de suas definições. Mas talvez seja muito fácil determiná-la a partir da compreensibilidade. Como é entendido aquilo que é dito, isso depende também, como é sabido, de onde se está inserido, da mímica e do gestual que acentuam isso; [depende] do modo de proceder que o acompanha e que segue, dos rituais de interação e comunicação que entram aí em jogo, dos meios sociais, econômicos, políticos e religiosos e das morais dominantes, que limitam o dizível. Tudo aquilo que possibilita tal compreensibilidade e que mesmo, no mais das vezes, não é expresso, podemos hoje sintetizar sob o conceito de cultura. Em culturas, "cresce-se gradual e continuamente", sem ter que se informar muito sobre ela; elas são facilmente [compreendidas] para aqueles que participam dela; para aqueles que não pertencem a ela [são] de difícil compreensão. Assim, cultura é aquilo que é evidente por si, que se *tornou* evidente por si[3]. Algo é evidente por si mesmo sempre em uma determinada circunscrição, e nela se amplia, dependendo das condições de vida comuns. Sem se reportar aos antigos círculos culturais de Frobenius, Spengler e Toynbee, pode-se falar, então, de círculos de cultura, nos quais a maioria das coisas é evidente por si, nas quais há, comparativamente, poucas surpresas. Eles são círculos, na medida em que são limitados por horizontes, nos quais termina, a cada vez, o entender evidente, e então se inicia o não entender (*Nicht-Verstehen*). Horizontes não podem ser ultrapassados, não se pode ver para além, e por isso também não podem ser "fundidos". No entanto, pode-se estendê-los e deslocá-los e, assim, em todo caso, "ir de encontro" a outros no entender.

---

3 Cf. SIMON, J. *Philosophie des Zeichens*. Berlim/Nova York: Walter de Gruyter, 1989, p. 202 [Seção 42: "Das Zeichen, ich und die Freiheit"].

Círculos de cultura, nesse sentido, podem ser estreitos ou amplos, e podem se sobrepor, de múltiplas formas, um ao outro. Já cada indivíduo, naquilo que ele entende, a seu modo e sob suas condições, configura um círculo de cultura, com o qual se entende facilmente sobre alguma coisa, ele modela outros círculos de cultura, e por fim também a sociedade global (*Weltgesellschaft*) se torna cada vez mais um círculo de cultura que se amplia, na medida em que, em todos os lugares do globo, as coisas vão se tornando sempre mais evidentes, a começar pelo uso de instrumentos e técnicas, passando pela organização do tráfego e construção de infraestruturas urbanas, até a observação de direitos elementares. Mas nem por isso tudo se torna evidente por si. Ante o pano de fundo dessa autocompreensibilidade [*Selbstverständlichkeit*] surgem, ao contrário, limites de compreensão ainda mais acentuados. Círculos de cultura podem se tornar, em suas particularidades, cada vez mais estranhos uns para os outros. Por seu lado, tais limites da compreensibilidade podem ser queridos ou não, podem ser incompreensíveis ou não. Pode-se querer entender os outros em suas peculiaridades, embora isso não seja um dever; e, mesmo se o quisermos, esbarramos inevitavelmente em limites. E se os outros, seja por gentileza e receptividade, ou por desatenção e indiferença, não nos permitirem perceber os limites do entender, tais limites sequer serão notados.

2) Nietzsche expõe seu leitor, propositadamente, a experimentos do entender

Nietzsche é especialmente interessante para a questão sobre a compreensibilidade, pois ele escreve de modo facilmente compreensível e, apesar disso, queria ser compreendido com dificuldade. Ele irrita a expectativa de compreensibilidade e, propositalmente, apresenta seu paradoxo – e isso ao escrever livros que são dirigidos a um público anônimo, livros que se oferecem, sem restrição, à compreensão de muitos; e, além disso, livros filosóficos, portanto mais ou menos científicos, que devem ser compreendidos por todos, tanto quanto possível, de modo igual. Com seu modo de escrever ele institui voluntariamente limites da compreensão, quer criar particulares círculos de cultura, aos quais devem pertencer apenas aqueles que são selecionados (*Auserwählte*); e estabelece os limites desses círculos de cultura de tal modo que, por seu lado, não será compreendido por cada um de modo igual. Para tanto, expõe seu leitor, de modo planejado, a experimentos de seleção e de "cultivo" (*Züchtung*) no processo do entender. Em 1880/1881, ele anota:

> Procurar ao redor de si homens entre os quais se pode preservar e mostrar sua humanidade ideal. Primeiramente, tornar a tarefa mais fácil, e, só então, gradualmente, admitir homens *estranhos*. – Antes de tudo, porém, formar seu círculo, expulsar os outros[4].

Uma seleção de leitores só é possível, porém, quando eles próprios se selecionam – ao entender o que leem assim ou de outra maneira, e, então, caminhar junto ou não. Sob essa condição, a ambiguidade ou ambivalência, tal como são frequentemente imputadas a Nietzsche, não são carências, mas sim uma virtude. Pois elas permitem aos leitores se decidir, de modo não arbitrário, como eles o entendem. O aforismo 381, "*Sobre a questão da compreensibilidade*" (*Zur Frage der Verständlichkeit*), conclui o quinto livro de *A gaia ciência*. Segue-se ainda a perspectiva de um novo, "de um outro ideal", "o ideal de um espírito, que [é] ingênuo, isto é, que joga (*spielt*) com tudo, involuntariamente, e a partir de uma abundância que sempre transborda e de uma imponência (*Mächtigkeit*) que até os dias de hoje se diz sagrada, boa, intocável, divina; [...] o ideal de um bem-estar e de uma benevolência humanamente-além-do-homem (*eines menschlich-übermenschlichen Wohlseins und Wohlwollens*) que, com bastante frequência, parecerá sempre *inumano* (*unmenschlich*); por exemplo, se esse ideal se apresenta ao lado daquela anterior seriedade terrena, ao lado de todo tipo de solenidade em gesto, palavra, som, olhar, moral e tarefa, [se ele se apresenta] como a mais corpórea e involuntária paródia dessas coisas; e com ele, apesar de tudo isso, eleva-se talvez a *grande seriedade*, [com ele] é colocada a interrogação

4 NIETZSCHE, F. Fragmento póstumo 1880/1881, 10 [B38]. KSA 9, p. 241. Nietzsche prossegue: "*Talvez* tenhamos provocado assim estados que a seleção finalística só oferece em milênios e [isso] para uma humanidade muito mais enfraquecida". Os escritos de Nietzsche serão citados conforme [à edição de estudos]: NIETZSCHE, F. Sämtliche Werke – Kritische Studienausgabe [KSA]. In: COLLI, G. & MONTINARI, M. (orgs.). *15 Bänden*. Munique/Berlim/Nova York, 1980.

própria, dá-se direção ao destino da alma, volta-se o ponteiro, *inicia-se* a tragédia..." (FW 382), e depois do anúncio da tragédia, [inicia-se] – a sátira (FW 383). O livro V de *A gaia ciência* é o mais maduro que Nietzsche escreveu. Compila um grande número de aforismos que surgiram depois de *Assim falou Zaratustra* e *Para além de bem e mal*. Nietzsche acrescenta-os em 1887, após reflexões sobre os quatro primeiros livros de *A gaia ciência*, que foi publicada em 1882, formando assim o quinto livro. Ele, com isso, encerra um ciclo iniciado com *Assim falou Zaratustra* e *Para além de bem e mal*[5].

5 Confrontar sobre a história da publicação em SCHABERG, W.H. *Nietzsches Werke* – Eine Publikationsgeschichte und kommentierte Bibliographie. Basel, 2002. – Na Nietzsche-Forschung [pesquisa Nietzsche], à obra *A gaia ciência*, levando em consideração os cinco livros, foi destinada, comparativamente, pouca atenção, e menor ainda ao livro V. De Walter Kaufmann existe uma tradução comentada com uma "introdução do tradutor" (Nova York, 1974), e de Renata Reschke uma edição comentada com um minucioso posfácio. Giorgio Colli reconheceu e exaltou em seu posfácio *A gaia ciência* (KSA 3, p. 659-663), com grande maestria e sutil sentido para a nuance de Nietzsche no tom e na composição, os quatro primeiros livros de *A gaia ciência* como o ponto mais elevado na criação de Nietzsche. Eles caracterizavam-se por meio da "distância do convalescente, pelo fracasso das invectivas", significavam "um mágico momento de harmonioso equilíbrio" na obra de Nietzsche, "sua singular experiência na saúde plena" que o permitia ligar uns aos outros "todos os extremos" de "modo menos teso". Esses livros formam a tentativa mais peculiar de Nietzsche de comunicação filosófica, um soberano e muito singular "permanecer flutuante". No quinto livro, Colli viu apenas "aditivos" a isso. Um papel importante tem o livro de Lawrence Lampert: *Nietzsche and Modern Times* – A Study of Bacon, Descartes and Nietzsche. New Haven, Conn./Londres, 1990. De acordo com ele, Platão teria inaugurado, na filosofia, o paradigma da matemática, e Bacon e Descartes o da física. Nietzsche formulou, no aforismo 374 de *A gaia ciência*, o paradigma da interpretação como fundamento do saber. Tilman Borsche se dedicou em muitos textos a discursar sobre o tipo de felicidade (*Fröhlichkeit*) tratado em *A gaia ciência*, entre outros trabalhos do autor: "Fröliche Wissenschaft freier Geister – eine Philosophie der Zukunft?" In: DJURIĆ, M. (org.), *Nietzsches Begriff der Philosophie*. Würzburg, 1990, p. 53-72. • "Vom romantischen Traum einer Fröhlichen Wissenschaft. Nostradamus, Nietzsche und die Inquisition". In: *Nietzsche-Studien*, 23, 1994, p. 165-199. • Jörg Salaquarda fez de *A gaia ciência*, em 1995, tema de um colóquio organizado pela fundação *Nietzsche-Haus* em Sils-Maria, cujas colaborações (de Jörg Salaquarda, Wolfram Groddeck, Marco Brusotti, Gert Mattenklott e Renate Reschke) foram publicadas no *Nietzsche-Studien* 26, 1997, p. 163-259. Também aqui, o ponto de concentração não foi, entretanto, o quinto livro. Extremamente informativo e esclarecedor para a composição do ponto de concentração do colóquio é a contribuição de Wolfram Groddeck: "Die, 'Neue Ausgabe' der 'Fröhlichen Wissenschaft' – Überlegungen zur Paratextualität und Werkkomposition in Nietzsches Schriften nach 'Zarathustra'". Ibid., p. 184-198. Posteriormente, Niels Helsloot (*Vrolijke wetenschap* – Nietzsche als vriend. Baarn, 1999) e Kathleen Marie Hinggins (*Comic Relief* – Nietzsche's Gay Science. Nova York: Oxford, 2000) apresentaram uma interpretação integral de *A gaia ciência*. Ruth Abbey o fez na forma de uma exposição integral sobre a filosofia do período intermediário de Nietzsche (*Nietzsche's Middle Period*. Oxford, 2000), ao qual, segundo Abbey, o quinto livro de *A gaia ciência* não mais pertence.

Com a *Genealogia da moral*[6], que ele, logo depois, redige, dá-se início a uma série crescente de escritos polêmicos. No livro V de *A gaia ciência*, que Nietzsche intitula "Nós, os destemidos", esclarece seu pensar e abre mão de seus pensamentos sobre o além-do-homem, vontade de poder e sobre o eterno retorno do mesmo, que ele tinha confiado a seu Zaratustra. Quando os examina novamente, no célebre esboço (*Entwurf*) de *Lenzer Heide*, redigido em 10 de junho de 1887 e ao qual Nietzsche dá o título *O niilismo europeu*, ele o conclui com a pergunta: Como "os mais fortes", "os mais moderados, aqueles que não têm nenhuma *necessidade* de extremados artigos de fé", pensariam "o eterno retorno"?[7]; e, a partir de então, raramente os retoma, bem como o pensamento sobre o além-do-homem, em suas obras posteriores[8]; [o faz] somente olhando retrospectivamente para eles, na genealogia de seu próprio pensar, em *Ecce homo*[9]. Ele os tinha concebido como pensamentos de um "contramovimento" à metafísica, que era também uma metafísica da compreensibilidade (*Metaphysik der Verständlichkeit*) – e que, por seu turno, puderam ser facilmente compreendidos como pensamentos metafísicos, tal como isso ocorreu, em particular, na longa e dominante interpretação de Heidegger[10]. O livro V de *A gaia ciência* evita tanto uma metafísica quanto uma contrametafísica. No aforismo 381, Nietzsche escreve:

---

6 STEGMAIER, W. *Nietzsches Genealogie der Moral* – Werkinterpretation. Darmstadt, 1994, p. 32-35 e 49-53.

7 NIETZSCHE, F. Fragmento póstumo, 1886/1887, 5 [71]. KSA 12, p. 217.

8 Sobre o "além-do-homem" Nietzsche fala, esporadicamente, em *Para a genealogia da moral* I, 16, em *Crepúsculo dos ídolos* – Incursões de um extemporâneo 37, e em *O Anticristo*, 4, como "de um tipo além-do-homem".

9 Cf. STEGMAIER, W. "Von Nizza nach Sils-Maria – Nietzsches Abweg vom Gedanken der Ewigen Wiederkehr". In: SCHIMER, A. & SCHMIDT, R. (orgs.). *Entdecken und Verraten* – Zu Leben und Werk Friedrich Nietzsches. Weimar, 1999, p. 295-309.

10 Cf. STEGMAIER, W. "Anti-Lehren. Szene und Lehre in Friedrich Nietzsches *Also sprach Zarathustra*". In: GERHARDT, V. (org.). *Klassiker Auslegen*: Friedrich Nietzsche, Also sprach Zarathustra. Berlim: Akademie Verlag, 2000, p. 191-224. Cf. tb. STEGMAIER, W. " [Heideggers] Auseinandersetzung mit Nietzsche I – Metaphysische Interpretation eines Anti-Metaphysikers". In: THOMÄ, D. (org.). *Heidegger-Handbuch* – Leben – Werk – Wirkung. Stuttgart/Weimar, 2003, p. 202-210.

Sobre a questão da compreensibilidade. – Não apenas se quer ser entendido, quando se escreve, mas também [se quer], seguramente, *não* ser entendido. De forma alguma é uma objeção contra um livro, se uma pessoa qualquer o acha incompreensível: talvez mesmo isso pertencesse ao propósito do seu escritor – ele não *queria* ser entendido por "uma pessoa qualquer". Todo espírito e gosto nobre escolhe (*wählt*), quando ele deseja se pronunciar [sobre algo], também seus ouvintes; porquanto ele os escolhe, simultaneamente, traça seus limites em relação 'aos outros'. Todas as leis sutis de um estilo têm aí sua origem: elas estão ao mesmo tempo como que afastadas, elas criam distância, elas proíbem "o acesso", o entendimento (*Verständnis*), como dito, enquanto elas se abrem aos ouvidos daqueles que, pelo ouvido, nos são aparentados. E que isso seja dito entre nós e no meu caso – nem por meio de minha ignorância (*Unwissenheit*), nem de minha vivacidade (*Munterkeit*), de meu temperamento quero eu poder evitar ser entendido *por vós*, meus amigos; por meio da vivacidade, e quão ela também me impele, não quero, de modo apressado, ter êxito sobre qualquer coisa, a ponto de chegar a compreendê-la em geral. Pois é assim que trato os profundos problemas, tal como em um banho frio – correndo se entra, correndo se sai. Que com isso não se chega ao fundo, não se chega, profundamente, *lá embaixo*, é a crença daqueles que têm pavor de água (*Wasserscheuen*), dos inimigos de água fria; eles falam sem experiência. Oh! o grande frio torna ligeiro. E de passagem se pergunta: Uma coisa permanece realmente incognoscível e irreconhecível somente pelo fato de que tocamos nela rapidamente (*im Fluge*), pelo fato de que é vista, fitada [rapidamente]? Em primeiro lugar, deve-se assentar, firme, sobre ela? Chocaram-na tal como um ovo? *Diu noctuque incubando* [dia e noite incubando], como Newton disse de si mesmo? Pelo menos existem verdades de um particular pavor e comichão que não são conhecidas de outra forma senão repentinamente – deve-se *de súbito surpreendê-las* ou deixar [...] Por fim, minha brevidade (*Kürze*) tem ainda outro valor: dentro de tais questões, tal como me ocupo delas, eu devo dizer muita coisa de modo breve, para que sejam ouvidas ainda de modo mais breve. Precisa-se, pois, se proteger como imoralista daquilo que corrompe a inocência. Quero dizer, os asnos e os beatos de longa data, seja homem ou mulher, que nada mais têm na vida a não ser a inocência; mais ainda, meus escritos devem animá-los, exaltá-los, encorajá-los à virtude. Eu não conhecia nada na Terra que fosse mais engraçado e entusiástico do que ver asnos e beatos que por meio de doces sentimentos de virtude foram estimulados: e "isso eu vi" – assim falou Zaratustra. Ainda mais a propósito da brevidade; pior ainda é com minha ignorância, quanto a ela, eu próprio, diante de mim mesmo, não guardo segredo. Há momentos em que me envergonho dela; francamente, existem também momentos em que me envergonho dessa vergonha. Talvez todos nós, filósofos, estejamos posicionados hoje em relação ao saber de um modo ruim (*schlimm*): a ciência cresce, os mais doutos dentre nós podem vir a revelar isso, a saber, que nós sabemos muito pouco. Porém, pior ainda seria se, ainda assim, isso fosse de outra maneira – se nós soubéssemos *por demais*; nossa tarefa é e continua sendo não nos confundir a nós mesmos. Nós *somos* outra coisa que não homens doutos: apesar de não se poder deixar de observar que nós também, dentre outras coisas, somos eruditos. Nós temos outras necessidades, um outro crescimento, uma outra digestão: precisamos de mais, precisamos também de muito pouco. De quanto um espírito necessita para sua alimentação, para isso não há fórmula; no entanto, seu gosto é dirigido para a independência (*Unabhängigkeit*), para o ir e vir de modo rápido, para a vida de andarilho, talvez para a aventura, para a qual apenas os mais velozes foram criados; assim ele vive, de bom grado, livremente, com comida mais reduzida do que viveria se não estivesse livre e empanturrado. Não a gordura, mas sim a grande elasticidade e força é aquilo que um bom dançarino quer de seu alimento – não saberia o que o espírito de um filósofo desejasse ser mais do que um bom dançarino. A dança, então, é seu ideal, também sua arte, por fim, também sua devoção, seu "culto a Deus" [...].

3) Nietzsche passa do "se" (*man*) para o "nos" (*uns*) e do "nos" para o "eu" (*ich*)

Nietzsche inicia [o aforismo 381] com "se" ("não se quer apenas ser entendido") e diz em seguida "nos" ("aqueles que, pelo ouvido, nos são aparentados"). Ele passa de um "se", de um círculo anônimo de escritores, para um "nos", um círculo de leitores, unicamente no qual ele quer ser entendido e para quem ele, então, como amigo, dirige a palavra. Seu critério de seleção é a nobreza de "espírito e gosto". Um nobre de espírito e gosto leva em conta "leis sutis de um estilo", por meio das quais ele seleciona seus "ouvintes": escritores seletos escrevem para leitores seletos. Entretanto, Nietzsche escreve "ouvintes". Isso significa que seus leitores devem, lendo, ouvir, devem poder ler um texto como se ouve uma música: não apenas melodias, *leitmotiv*, mas também tom maior e tom menor, tempos musicais, ritmos, fraseados etc. No aforismo 372 de *A gaia ciência*, Nietzsche tratou da "música da vida", que os filósofos, em especial idealistas, mal-entenderam, e que é, aparentemente de passagem, como ele diz no aforismo 367, uma "música do esquecer"[11]. Aquilo que alguém, ao ler, ouve (*hört*), só pode ser coouvido, e para poder coouvir é preciso entender disso. Quem não entende de tal coisa, exclui-se, sem sequer ter notado, do círculo que é traçado pelas sutis leis do estilo. Existe "música" também em textos reflexivos: ela reside na maneira de fazer sua entrada por meio de afirmações (à maneira dogmática, autocrítica, irônica), no modo como se introduz ou se usam conceitos (por meio de explícita definição e explicação, mera justaposição ou insinuação, por meio de limitação ou eliminação de limite, sistematização ou desconstrução); no uso de pensamentos que orientam (provando, expondo, reconstruindo, fundamentando, deslocando contextos), no modo de tornar plausível (por meio de argumentos, metáforas, histórias, exemplos) e, de novo, no que se refere à originalidade dos argumentos, das metáforas, das histórias e dos exemplos (algo estandardizado, esperado, imaginoso, surpreendente). Também aqui há de se ter "espírito e gosto", espírito (no sentido hegeliano) como soberana mobilidade em diferenciações perpassadas pela reflexão; e gosto (no sentido kantiano) como faro para digressões em relação aos conceitos, as quais não são mais con-

11 Cf. STEGMAIER, W. "'Philosophischer Idealismus' und die 'Musik des Lebens'; Zu Nietzsches Umgang mit Paradoxien – Eine kontextuelle Interpretation des Aphorismus, n. 372 der *Fröhlichen Wissenschaft*". In: *Nietsche-Studien*, Band 33, 2004, esp. p. 90-127 [Publicado neste livro sob o título "Idealismo filosófico" e a "Música da vida"' – Sobre o trato de Nietzsche com paradoxos – Uma interpretação contextual do aforismo 372 de *A gaia ciência*].

ceitualmente determináveis, ou [faro] para "nuances". Nietzsche diz de si próprio, por fim: "eu sou uma nuance"[12] e, como tal, ele quer ser entendido, paradoxalmente entendido, [isso quer dizer], quer ser, ao mesmo tempo, entendido e não entendido. Simultaneamente, entendidos e não entendidos se tornam os signos (*Zeichen*) na medida em que eles são compreendidos como signos (no sentido de Josef Simon), não em seu significado (*Bedeutung*)[13]. Quando não se tem que perguntar pelo seu significado, eles são evidentes por si, e por isso são signos de uma cultura coletiva, seja de uma cultura cotidiana, seja de uma cultura científica. Se é preciso se perguntar pelo significado de signos, isso mostra que não se pertence, ou não totalmente, a um "nos" (*uns*) – há que se esforçar, então, em direção a um entendimento intercultural. Os outros podem então vir ao encontro de um certo alguém, ou, segundo Nietzsche, podem "criar distância" com as sutis leis de seu estilo. O 'nos' pode – o que, no entanto, não significa que tem que fazê-lo – querer tornar-se 'se'. "E que isso seja dito entre nós e no meu caso" – do "nosso" diferencia Nietzsche novamente o seu caso próprio e fala, dirige a palavra ao leitor como "a vocês", "meus amigos". De amigos se espera um "bom entendimento" sem impedimentos e dificuldades; amigos se entendem uns aos outros imediatamente, uns com os outros formam círculos de cultura que crescem continuamente. Nietzsche quer poder não evitar ser entendido por eles, ou seja, "por nós, leitores". No entanto, há, como ele enfaticamente destacou no aforismo 27 de *Para além de bem e mal*, exatamente entre amigos, certos impedimentos no entender eventos surpreendentes. Pois justamente porque os amigos estão habituados a um entendimento sem dificuldades, estão eles "sempre em situação cômoda" e acreditam "ter, porque são amigos, direito a tal comodidade": "com efeito, é bom que se conceda a eles, desde o início, uma margem de manobra e um espaço de recreação (*Tummelplatz*) para o mal-entendimento (*Missverständnis*): – assim tem-se ainda do que se rir; – ou repelir totalmente esses bons

---

12 NIETZSCHE, F. *Ecce homo* – Por que eu escrevo tão bons livros; O Caso Wagner, 4. KSA 6, p. 362. Cf. STEGMAIER. *Philosophie der Fluktuanz* – Dilthey und Nietzsche. Göttingen, 1992, p. 348. Também o relevante livro de Patrick Wotling sobre o ler e entender de Nietzsche (*Nietzsche et le problème de la civilisation*. Paris, 1995), que trata da sentença de Nietzsche "eu sou uma nuance".

13 Cf. SIMON, J. *Philosophie des Zeichen*, nota 2, p. 39.

amigos – e assim rir-se também!" Nesse sentido, os leitores de Nietzsche, que a eles dirige a palavra como a amigos, tem que se armar para isso. Em *Para além de bem e mal*, ele ainda pugna por ser entendido. É assim que começa o aforismo 27: "É difícil ser entendido: em especial, quando se pensa e se vive *gangasrotogati*, entre homens raros, que vivem e pensam de modo diferente (*anders*), ou seja, *kurmagati*, ou no melhor dos casos 'conforme o andar das rãs', *mandeikagati* – faço eu tudo para me tornar dificilmente entendido?" – e faz isso notadamente justo nessa passagem[14]. No aforismo 381 de *A gaia ciência* ele já se mostra desprendido disso[15] e se manifesta amigavelmente, no entanto, procurando irritar. Ele se nomeia um "imoralista" e se comporta moralmente com os moralistas: não gostaria de corromper a inocência, mas sim fortalecer ainda mais sua moral da inocência (*Unschuldsmoral*). Ele quer deixar as respectivas morais para aqueles que delas carecem para viver, para aqueles que só podem viver nesse círculo de cultura. Ele quer poupar aqueles que, sob suas condições, não podem entendê-lo, não exigindo deles mais do que eles são capazes.

4) Com "vivacidade" Nietzsche quer, "de modo breve" (*in Kürze*), ser entendido

Nietzsche anotou a seguinte passagem quando da composição do aforismo 27 de *Para além de bem e mal*: "Lisonjeia mais ser mal-entendido do que não ser entendido (*unverstanden*): contra aquilo que não se entende, permanece-se frio, e frieza ofende"[16]. A outros, em outros círculos de cultura, desde que não se queira ofendê-los, só brevemente se pode expô-los à frieza do não compreender. A "frieza" da compreensão compele à "brevidade" (*Kürze*) de sua comunicação. Procura-se ser breve [ao expor] tais perspectivas e atenta-se para o fato de como e se os outros as assumem, se eles conseguem ou não lidar com elas sem maiores dificuldades. "Frios" são os signos que são conhecidos como signos e que não são, entretanto, entendidos em seu significado, e frios são, so-

---

14 Cf. STEGMAIER, W. "Nietzsches Zeichen". In: *Nietzsche-Studien*, Band 29, 2000, p. 41-69 [Publicado neste livro sob o título "Signos de Nietzsche"].

15 Sobre isso, consultar o aforismo 371 de *A gaia ciência*.

16 NIETZSCHE, F. Fragmento póstumo 1885/1886, 1 [182]. KSA 12, p. 51.

bretudo, os signos dos pressupostos do entender, os signos em razão dos quais o que é evidente por si mesmo se tornou evidente por si, em razão dos quais uma cultura se tornou cultura, o que não é cômodo, que não é confortável, o que é incompreensível nas culturas, e que não são levados em conta nas genealogias, a isso que, como filósofo, Nietzsche tinha dedicado esmerada atenção: à miséria, à violência e crueldade que, para ele, se revelava por detrás exatamente daquilo que é compreendido como evidente por si no interior de sua própria cultura, isto é, no interior da cultura europeia. Porém, de acordo com Nietzsche, são justamente as necessidades (*Nöte*) que compelem à compreensão, e que temos que suspeitar [do que há] por detrás do inteiro desenvolvimento de uma carência premente de comunicação (*Mitteilungsbedürfnisses*), de aptidão para comunicação, atrás da invenção de signos e linguagem, e mesmo da consciência. A "força da arte de comunicação" surge, escreve no aforismo 354 de *A gaia ciência*, lá "onde a mais premente carência, a necessidade compeliu por muito tempo os homens a se comunicarem, a se entenderem, reciprocamente, rápido e de modo fácil". Necessidade é sempre necessidade de tempo (*Zeitnot*), e exatamente em estados de necessidade as comunicações devem ser breves, e, sob esse aspecto, os signos são, no domínio de necessidades partilhadas, sempre abreviados (*abgekürzt*). Em *Para além de bem e mal*, aforismo 268, afirma-se a esse respeito:

> Por isso os homens se entendem melhor entre si do que a um membro de povos distintos, mesmo se eles possuem a mesma língua; ou antes, se homens por muito tempo viveram conjuntamente sob as mesmas condições (de clima, de solo, de perigo, de carências, de trabalho), assim surge daí algo que "se entende", [a saber], um povo. Em todas as almas há um mesmo número de vivências que voltam recorrentemente, que se assenhoreiam daquelas que raramente retornam: a partir delas se entende rápido e cada vez mais rápido – a história da linguagem é a história de um processo de abreviação (*Abkürzungs--Processes*); a partir desse rápido entendimento, [os indivíduos] se associam de modo cada vez mais estreito. Quão maior é o estado de perigo, tão maior é a carência premente de se concordar rápido e de modo simples sobre a causa de tal penúria; não se mal-entender em meio ao perigo, eis o que os homens não podem prescindir de forma alguma no convívio.

Se o discernimento para as condições de compreensibilidade já se tornou "frio" para o autor que primou por observá-las, então ele é ainda mais frio para os leitores que são surpreendidos por ele – Nietzsche, inesperadamente, "surpreende" sempre com verdades que outros jamais haviam ousado pensar. Ele próprio tenta surpreender aquilo que o surpreende, e assim, em toda sua frieza, ele tenta, de modo breve, trazer isso para junto de si – e, também de modo breve, indica isso aos seus leitores, e estes, de sua parte, não dão ouvidos a tais pensamentos, permanecendo com suas mais cômodas verdades. Ele oferece poucos signos, e a esse fato denomina "vivacidade". Comumente, nomeia-se tal vivacidade tato e bondade; tato para não dar ouvidos [ao fato de] que um outro não dá ouvidos ao que se diz; bondade para conceder *razões* a uma outra pessoa, quando em estado de necessidade. Nesse processo, Nietzsche toma novamente a "verdade" em "verdades". Se "verdade" foi tornada evidente na tradição como verdade para todos e para sempre, que é independente de condições de comunicação históricas, individuais, criadas em determinadas situações, então "verdades" são perspectivas frias de indivíduos para indivíduos, perspectivas que se tornaram difíceis para alguém e que foram confiadas, por isso, a outros que vivem sob o mesmo estado de necessidade. Em resumo, conhecimentos (*Einsichten*) que podem ser comunicados apenas em círculos de cultura em expansão, que podem colocar em risco também tais círculos, na medida em que eles desnudam as condições desconfortáveis desses círculos. Enquanto se necessita de força para, pouco a pouco, se aproximar delas, força para se descrevê-las, e força para se ouvi-las, [nesse sentido] verdades atuam de modo seletivo, de "modo que cultiva".

5) Nietzsche quer ser, apesar de sua "ignorância", entendido como "filósofo"

A ciência facilita tais verdades, justamente quando ela as submete a pressupostos objetivos e critérios metódicos, e, por causa disso, torna-as fixa e universalmente compreensíveis. Ela toma delas, *enquanto* ciência, aquilo que é desconfortável e insuportável; também não precisa refletir de modo breve, pois a ciência tem tempo: aos cientistas são concedidos, meticulosamente, espaços isolados do dia a dia, longos períodos de tempo e (em parte) postos vitalícios, para que eles, sem coação ou pressão em virtude do tempo, possam trazer à luz verdades atemporais. Nietzsche concede isso aos cientistas de bom grado, pois também, como filólogo, foi cientista. Ele distingue, entretanto, a filosofia da erudita instrução (*Gelehrsamkeit*). Segundo sua perspectiva, filosofia não é aquilo que se poderia apreender ou ensinar tão facilmente. Claro que ela precisa da erudita instrução, e tudo que é próprio ao erudito precisa de círculos de cultura da ciência, mas não é necessário, por causa disso, "confundir-se" com ela. Se ela, no sentido da antiga determinação da filosofia por Platão, põe em questão justamente os pressupostos, sobre os quais as ciências edificam[17], ela não pode, por seu turno, acomodar-se com pressupostos. Quanto mais fácil é o entendimento sustentado por pressupostos objetivos e metódicos geralmente conhecidos, mais difícil se torna questionar esses pressuposto, com o intuito de ser um tanto menos pesado, e, nesse sentido, ter que se tornar mais leve, para poder continuamente colocá-los em questão. Tampouco Nietzsche assegura suas verdades, tanto menos de acordo com os hábitos da ciência; ele renuncia, então, ao concurso auxiliar de meios científicos, a avançar teses e inferir conclusões, a argumentos ordenados coerente e hierarquicamente; renuncia à indicação de fontes e ordenamento nos campos de pesquisa, rechaça às doutas disputas com opiniões divergentes embasadas por pesquisas, rechaça as notas (as obras maduras de Nietzsche raramente contêm uma nota, e, em uma, ele formula um programa de pesquisa para a ciência, com vistas a uma genealogia da moral[18]), e mesmo renuncia a uma terminologia fixa. Pois também os cientistas (e talvez justamente eles) podem ser [tomados como o] "asno", podem rejeitar *a limine*, como "aventureiro", aquilo que para eles, e de acordo com seus hábitos cognitivos, é amedrontador. Mas também um filósofo, segundo a perspectiva de Nietzsche, necessita de um ponto de apoio (*Halt*). Ele o procura nos movimentos próprios do

---

17 PLATÃO. *A República*, 510b-511b.

18 NIETZSCHE, F. *Para a genealogia da moral*, I, 17, nota. KSA 5, p. 288ss. Três outras notas redige Nietzsche em: *O Caso Wagner*: a primeira, no aforismo 9, sobre a tradução do conceito "drama"; a segunda, sobre a origem de Wagner (pós-escrito), e no epílogo sobre a distinção entre moral cristã e moral nobre em sua obra *Para a genealogia da moral*.

seu pensar (*seinen eigenen Denkbewegungen*). Se Nietzsche tinha iniciado com a metáfora do entrar-brevemente-na-água (*Kurz-ins-Wasser-Steigens*) e do tocar rapidamente (*im-Flug-Berührens*), com o intuito de se distanciar do sentar e do chocar, no final do aforismo ele emprega a metáfora da dança, do movimento elástico em ritmo próprio e nos próprios círculos, [dança] que dá sustentação a si mesma. A "arte" da dança (na maior parte das vezes) é adquirida com dificuldade e se torna, entretanto, fácil depois de adquirida, e ela só tem êxito, se ela o alcança com leveza. Ela torna-se cultura ou não tem êxito.

6) Nietzsche traça, com seus aforismos, círculos de cultura

Os aforismos de Nietzsche são dispostos com o intuito de não fixar seu pensar para sempre, mas sim de migrar sempre para novos contextos, de revelar sempre novos círculos de cultura. Na obra de Nietzsche, nada é concluído, nada é definitivo, ele parece também não ter tido pretensão de conceber o pensar como atividade conclusiva e definitiva. Caráter conclusivo (*Abgeschlossenheit*) e definitivo (*Endgültigkeit*) no pensar são marcas distintivas de um sistema filosófico, o que Nietzsche *não* queria realizar. Dieter Henrich, um dos grandes estudiosos dessa temática, apontou para esse sentido da metafísica como "pensamentos conclusivos" (*Abschlussgedanken*) da filosofia[19]; assim considerada, Nietzsche rejeita a metafísica. Todavia, um autor tem que chegar, com toda publicação, a algo provisoriamente definitivo; e isso Nietzsche pôde fazer em seus livros aforísticos. Era sua forma do concluir provisoriamente (*vorläufigen Abschlusses*), do seu filosofar em tempo determinado[20]. Abranjam uma frase ou muitas páginas, aforismos são contextos reflexivos sem pretensões objetivas ou metódicas. Eles produzem efeito por meio de surpresas, não por meio de fundamenta-

---

19 HENRICH, D. "Was ist Metaphysik – Was Moderne? Zwölf Thesen gegen Jürgen Habermas". In: HEINRICH, D. *Konzepte* – Essays zur Philosophie in der Zeit. Frankfurt am Main, 1987, p. 11-46. Sobre o mencionado argumento, cf. p. 13.

20 Cf. BORSCHE, T. "System und Aphorismus". In: DJURIĆ, M. & SIMON, J. (orgs.). *Nietzsche und Hegel*. Würzburg, 1992, p. 48-64. • STINGELIN, M. Verbete "Aphorismus". In: OTTMANN, H. (org.). *Nietzsche-Handbuch*: Leben – Werk – Wirkung. Stuttgart/Weimar, 2000, p. 185-187, e ulterior literatura que aí é mencionada.

ções. Fundamentações, Nietzsche as fornece, em geral, somente onde elas são surpreendentes. Como forma de, através da reflexão, surpreender. Aforismos concedem aos leitores margens de manobra e espaços de recreação, onde possam se entender e mal-entender, nos quais se decide se e até onde eles podem caminhar juntos, e se eles o querem ou não. Os aforismos traçam círculos de cultura.

O aforismo 381 de *A gaia ciência* faz isso com uma peculiar sutileza. Como um texto sobre os próprios textos de Nietzsche o aforismo é autorreferencial, e como forma inteligível de comunicação sobre ininteligibilidade desses textos ele é paradoxal. Ele expõe seu leitor, expõe-nos ao risco de sempre mal-entendê-lo justamente quando se acredita tê-lo compreendido. Ele nos inclui em um domínio de entendimento evidente ("entre nós", "meus amigos"), e também, ao mesmo tempo, nos exclui dele ("asnos"). Se nos ordenamos aqui, evidentemente, entre aqueles "que, pelo ouvido, nos são aparentados"; cujo "gosto é dirigido para a independência, para o ir e vir de modo rápido, para a vida de andarilho, talvez para a aventura", poderíamos deixar de ver a ironia e nos tornar ridículos. Mas isso é situação da comunicação em geral, da comunicação intercultural e interindividual. Não se pode jamais saber com precisão, quando se está em comunicação duplamente contingente, entre círculos de cultura e entre indivíduos, "em que momento se está inteirado". Mesmo a fala de Nietzsche sobre a dança poderia mesmo ser uma autorreferencial, paradoxal e irônica comunicação. Pois no aforismo 76 de *A gaia ciência* diz-se que: "o maior dos trabalhos dos homens até o momento foi o de concordar uns com os outros sobre muitas coisas e de estabelecer uma *lei de concordância*"; isso foi uma "necessidade constringente de primeira ordem". Exceções só teriam seu direito por tanto tempo quanto os "crentes da magna fé-global (*die Gläubigen des grossen Gesammtglaubens*), juntos, permanecerem e continuarem a dançar sua dança". Também aqueles que se mantêm apenas nas evidências dos próprios círculos de cultura *dançam*, mantêm-se no movimento em comum com os que pensam como eles. Como se distingue então a dança "da magna fé-global" dos espíritos limitados da dança dos espíritos livres? Também para ela não pode haver nenhum critério universal para além do próprio círculo cultural. A resposta de Nietzsche para isso é: "feliz" (*fröhlich*)[21], a jovial serenidade perante respostas derradeiras. Não se pode mais do que dançar, também e justamente no comunicar-se e filosofar com os outros.

21 Aqui, assim como no resumo, o autor alude ao título da obra, *A gaia ciência*, no original alemão: *Die fröhliche Wissenschaft* [N.T.].

10 Depois de Montinari

Sobre a filologia-Nietzsche*

1) As expectativas de Nietzsche por uma filologia para sua filosofia: paciência e coragem para surpresas[1]

Nietzsche deixou bem claro na explicação de dois aforismos como ele deveria ser lido. Eles se originam da mesma época, em torno de 1886/1887. No famoso aforismo conclusivo do novo prefácio a *Aurora* (M. Prefácio 5)[2], Nietzsche exige que se aprenda a lê-lo pacientemente: dizia "lentamente" o que tinha que dizer, escrevia tal como pensava (não fazia diferença entre seu livro e ele mesmo), bem como esperava que aquilo que tinha a dizer também fosse lido "lentamente". A filologia, de onde também vem sua formação, tê-lo-ia conduzido a essa escrita lenta, de modo que ela seria a "arte" da "vida lenta". Nietzsche queria levar ao desespero todo aquele

* STEGMAIER, W. "Nach Montinari – Zur Nietzsche-Philologie". *Nietzsche-Studien*, 36, 2007, p. 80-94. Tradução de Jorge Luiz Viesenteiner. Revisão de André Luis Muniz Garcia. É preciso enfatizar que a expressão "Nach Montinari" no título indica tanto a ideia de "conforme Montinari" quanto também "depois de Montinari". Dessa forma, o artigo se situa tanto na tradição histórico-filológica da Escola Montinari (conforme Montinari), mas também inaugura uma nova perspectiva metodológica de interpretação no interior da *Nietzsche-Forschung* (depois de Montinari). Agradeço ao Professor Werner Stegmaier pela sugestão da tradução [N.T.].

1 Texto apresentado no colóquio internacional *Nietzsche et la philologie*, organizado por Jean-François Balaudé e Patrick Wotling de 19 a 21 de outubro de 2006, em Reims e Paris/Nanterre. Agradeço aos organizadores e participantes do colóquio pela intensiva discussão do texto e, além disso, a Patrick Wotling pela tradução para o francês.

2 Cf. tb., dentre outros, BA 2.

que “tem pressa”. Apenas os leitores que se “dão tempo” para se dedicar de modo retirado e pacientemente a seus escritos, e que podem se engajar em seu “sutil e cauteloso trabalho”, deveriam suportar os escritos de Nietzsche. No sentido nietzscheano, “sutil” significa sutis diferenças, sutis diferenciações de diferenciações até atingir as mais sutis “nuances” que não podem mais ser conceitualizadas, mas que são, sobretudo, uma questão de “gosto”[3]. “Cautela” significa contar com surpresas; Nietzsche as insere contrastando com um “trabalho” que é conduzido de forma “rápida” e que “quer logo ‘terminar’ com tudo”, de modo que não se tem nenhum senso de abertura para surpresas. Uma paciente filologia, ao contrário, não pretende “terminar logo com alguma coisa tão facilmente”, inclusive não quer o acabado, o definitivo, o conclusivo, mas sim persegue “segundas intenções”, deixa as “portas” abertas, atrás das quais se pode ainda indicar algo a mais, algo inesperado. Essa paciente filologia não leria apenas com os “olhos”, mas também com “dedos delicados”, perceberia as palavras também em sua força corpórea e sensual de irradiação, acabando por abrir novas portas. Na medida em que Nietzsche desejou para si esta forma de “perfeitos leitores e filólogos”, deveríamos então aprender a lê-lo dessa maneira.

O aforismo 381 do livro V de *A gaia ciência*, escrito logo depois e intitulado “*Sobre a questão da compreensibilidade*”, pode ser entendido como correspondente ao aforismo conclusivo do prefácio a *Aurora*. Trata-se da “brevidade” dos textos de Nietzsche[4]. Essa brevidade é coagida por “alguma coisa”, pela “timidez e criticidade” de pensamentos que recuam com pavor tal como de água fria, de modo que só se pode tocá-los brevemente: ela seria [como que] “verdades” “que devem *surpreender* ou deixar de lado” (FW 381). Nietzsche surpreende em sua filosofia com verdades que outros não ousariam sequer pensar, bem como com os panos de fundo e abismos

3 Cf. STEGMAIER, W. *Philosophie der Fluktuanz* – Dilthey und Nietzsche. Göttingen, 1992, p. 348, bem como WOTLING, P. *Nietzsche et le problème de la civilisation*. Paris 1995, que também trata igualmente da questão do leitor e da compreensão em Nietzsche, ocupando-se com a frase de Nietzsche “eu sou uma nuance” (EH, O Caso Wagner, 4).

4 Para uma compreensão mais detalhada, cf. STEGMAIER, W. “Zur Frage der Verständlichkeit. Nietzsches Beitrag zum interkulturellen Kommunizieren und Philosophieren”. *Allgemeine Zeitschrift für Philosophie*, 32.2, 2007, p. 107-119 [Publicado neste livro sob o título “Sobre a questão da compreensibilidade – A contribuição de Nietzsche para o comunicar e o filosofar intercultural”].

do próprio pensamento. Assim, os leitores de seus escritos não precisariam apenas de paciência para surpresas filológicas, mas também de coragem para tais surpresas. Essa coragem, que constantemente questiona o próprio pensamento, não é de se esperar "de 'qualquer um'" como paciência (FW 381). Surpresas filosóficas – tais como as que Nietzsche ofereceu aos leitores – põem em perigo hábitos do pensamento sem os quais não se acredita poder viver, e que correspondem a uma "necessidade" (Noth), ou ainda a um pensamento indispensável, isto é, necessidades vitais[5] que se referem à autoconservação. Necessidades vitais não são falsas ou verdadeiras, elas delimitam o pensamento antes mesmo que possa ser relacionado com necessidades científicas e lógicas em geral; elas determinam as margens de manobra[6] das necessidades de pensamentos. Quanto mais se está dependente de certos pensamentos, sem os quais não se pode viver e que se tornam hábitos do pensamento, menos ainda se pode questioná-los e deixá-los ser questionados e, com isso, engaja-se menos ainda com Nietzsche. E Nietzsche pretende também questionar precisamente aqueles pensamentos dos quais somos mais dependentes. Não quer corromper, assim ele escreve, "a inocência" de ninguém, mas sim "entusiasmar" aqueles que só podem viver de sua inocência filosófica. Nietzsche não queria "ser compreendido" pelos "asnos" e "velhas solteironas de ambos os sexos". Seu "estilo" atua precisamente no fato *de que* estes não o compreendem, e que não têm que compreendê-lo: através das suas mais "sutis leis", Nietzsche criou "distância", proibiu "a 'entrada', a compreensão" – ele inclui alguns leitores, exclui a outros, seleciona-os, "escolhe-os". Quem não consegue suportar suas verdades mais brilhantes, que chegam a pôr a vida em risco, deve ouvi-las sem maiores considerações. Assim, Nietzsche não defende tais verdades segundo os costumes da ciência; renuncia completamente aos elementos científicos, às teses tomadas de antemão e conclusões definitivas, a argumentos ordenados de forma coerente e hierárquica, a indicações de fontes

5 Cf. FW 345: "Faz uma enorme diferença se um pensador está pessoalmente diante de seus problemas, de tal modo que ele tem neles seu destino, sua necessidade e também sua melhor felicidade, ou também 'impessoalmente': isto é, tendo que compreendê-los e tocá-los com os tentáculos do pensamento frio e curioso".

6 Sobre esse fundamental conceito, cf. nota 7 da apresentação [N.Orgs.].

e classificações em campos de pesquisa, a confrontações eruditas com opiniões de pesquisa divergentes (ao invés disso ele se serve geralmente da polêmica), a notas (as obras da maturidade de Nietzsche mal contém notas; em uma delas, Nietzsche formula um programa de pesquisa para a ciência da genealogia da moral[7]) e propriamente a terminologias fixas[8]. Também (e talvez precisamente) os cientistas poderiam ser "asnos", poderiam rejeitar uma liminar como "aventura", o que não seria de suspeitar, dado seus hábitos de pensamento. As perigosas "verdades" de Nietzsche são sentidas pela maioria – mesmo pelos especialistas em Nietzsche –, como aventurescas e, como tal, repelidas; ainda é rara a coragem para suas surpresas filosóficas.

2) A filosofia de Nietzsche das surpresas: filosofia temporal do tempo

Quando se toma em conjunto ambos os aforismos discutidos, então Nietzsche exige que seus leitores estabeleçam uma conexão entre a lentidão da leitura com a "velocidade" e a "grande flexibilidade" no pensamento (FW 381) e, da mesma maneira, que na leitura estejam pacientemente à espreita para poder agarrá-la rapidamente no pensamento. No *Ecce homo*, por fim, Nietzsche havia feito para si mesmo a imagem de um "leitor perfeito" para seus escritos como sendo um animal de rapina: "Quando imagino a imagem de um leitor perfeito, surge então sempre daí um monstro de coragem e curiosidade e, além disso, algo ainda flexível, esperto, cauteloso, um aventureiro e descobridor nato" (EH, Por que escrevo livros tão bons, 3). Com a coragem para surpresas, aventuras, novidades inesperadas e perigosas no pensamento, renuncia-se às estabilidades, às atemporalidades e à metafísica. Seguindo as pegadas de Heráclito, Nietzsche se engajou irrestritamente como nenhum outro ao tempo, à temporalidade de todas as coisas e de todo

7 GM I, 17. Nietzsche fez outras três notas ao *Caso Wagner*: uma à tradução da palavra 'drama' (WA 9), outra à origem de Wagner (WA. Posfácio) e também à diferença entre a moral nobre e a moral cristã em sua *Genealogia da moral* (WA. Epílogo).

8 Às poucas exceções pertencem os conceitos "fenomenalismo" e "perspectivismo", os únicos que o próprio Nietzsche registrou em determinadas obras publicadas ou enviadas à publicação (FW 354. Cf. AC 20).

pensamento sobre as coisas. No século XIX a afirmação radical da temporalidade era uma resposta filosófica à teoria da evolução de Darwin. O princípio que compreende a vida biológica como conflito de indivíduos entre indivíduos em torno da procriação de novos indivíduos, ou seja, como seleção entre indivíduos, foi amplamente pensado por Nietzsche do ponto de vista filosófico. Se Darwin renunciou ao pressuposto de formas biológicas atemporais, da mesma maneira o Nietzsche maduro renunciou ao pressuposto de uma atemporal universalidade em geral, destruindo nesse sentido toda metafísica[9]. Ao se renunciar, porém, à total atemporalidade do universal, então os indivíduos entre si estão inseridos imediatamente no tempo, passam a ser para si mesmos vontade de poder que, nos seus conflitos uns com os outros, são ininterruptamente definidos sempre de uma nova maneira. Quando "*faltam* as leis em absoluto", tal como Nietzsche escreveu em *Para além de bem e mal*, "cada poder [extrai] suas últimas consequências a todo o momento" (JGB 22). Com seu pensamento da vontade de poder, Nietzsche remontou toda universalidade atemporal para um individual temporal[10].

A radical filosofia da temporalidade, por sua vez, Nietzsche a impele consequentemente de modo temporal[11], não pressupõe nenhum 'puro' sujeito do filosofar com um 'puro' autoconhecimento, tal como reza a frase de entrada do prefácio em *A genealogia da moral*: "Nós não nos conhecemos, nós, homens do conhecimento, somos de nós mesmos desconhecidos" (GM, Prefácio 1). O motivo para isso está, segundo Nietzsche, no próprio conhecimento. Na sua busca por conhecimento, os homens do conhecimento – e também justamente os filósofos –, esquecem-se necessariamente de si mesmos, perdem-se de vista, tornam-se cegos para si mesmos e, para levar seus conhecimentos "para casa", devem ofuscar as "vivências" que os acompanham, de modo que não têm nem "seriedade" nem "tempo" para

---

9 Isto permite a crítica a Darwin e ao darwinismo, especialmente em seus pressupostos e consequências morais. Cf. MOORE, G. *Nietzsche, Biology and Metaphor*. Cambridge, 2002, e, além disso, a resenha de Martin Stingelin: "Nietzsche und die Biologie – Neue quellenkritische Studien". *Nietzsche-Studien*, 32, 2003, p. 503-513.

10 Cf. SIMON, J. *Philosophie des Zeichens*. Berlim/Nova York, 1989, p. 131-133 ("Nietzsches Ablösung der Ontologie").

11 Cf. ABEL, G. "Logik und Ästhetik". *Nietzsche-Studien*, 16, 1987, p. 112-148, esp. p. 119.

elas. Elas permanecem necessariamente "estranha" a eles (GM, Prefácio 1). Porém, quando os homens do conhecimento, tal como Nietzsche, refletem sobre elas, são também surpreendidos através de si mesmos – *Ecce homo*, que é a genealogia do pensamento do próprio Nietzsche, é apenas uma única expressão dessa surpresa –, deparam-se consigo mesmos diferentemente e, dessa forma, como conflitiva vontade de poder. Nietzsche pensou como acontecimento da vontade de poder não apenas os objetos do conhecimento e o conhecimento mesmo, mas também o simples pensamento, que, por sua vez, realiza-se involuntariamente antes mesmo que surjam determinações lógicas, e para quem se está muito mais sujeitado do que em seu franco domínio[12]. Mesmo o pensamento, que é a "pequena razão" como "instrumento e brinquedo" da "grande razão do corpo" (Za I. Dos desprezadores do corpo), está continuamente ligado a essa situação e tem nela seu tempo. Nietzsche leva a sério e de forma irrestrita a temporalidade do pensamento, inclusive para seu próprio filosofar. Seus próprios escritos se tornam com o tempo estranhos a ele; ele os descobre só quando os torna a lê-los de modo novo e diferente, e, com isso, o próprio Nietzsche é surpreendido por eles. Assim, Nietzsche estabelece continuamente novos pensamentos em sua obra e os pensa em novos contextos e em novas direções. Seu filosofar também é um filosofar radicalmente temporal, pois assim ele o quis. Nietzsche entende todo ganho de distância temporal como um ganho de distanciamento em relação a si mesmo e, este, por sua vez, como conquista de autocrítica ou de autossuperação e, em consequência disso, como ganho de novas margens de manobra para o filosofar[13]. "Superação" é, dessa forma, uma autocrítica na mesma medida em que para ele são as necessida-

12 Cf. M 129, GM II 12 e os apontamentos póstumos de 1885. KSA 11, 38 [1] e [2], bem como Abel, *Logik und Ästhetik*, p. 125-129.

13 Cf. JGB 257 ("toda exigência por novas ampliações de distância no interior da alma, a elaboração de estados sempre mais elevados, raros, distantes, amplos, vastos, em suma, mesmo a elevação do tipo "homem", a contínua "autossuperação do homem", para tomar uma fórmula moral em um sentido extramoral"). Sobre o *pathos* desta ampliação de distância, cf. o artigo de Chiara Piazzesi: "*Pathos der Distanz* et transformation de l'expérience de soi chez le dernier Nietzsche". *Nietzsche-Studien*, 36, 2007, p. 258-295.

des vitais de autodeterminações (pelo menos provisoriamente), pois inclusive Nietzsche também é um "asno"[14].

3) Filologia para além de metódicos *aprioris*: comunicação sob vontades de poder

Uma filologia que deve corresponder ao filosofar de Nietzsche precisa se ajustar a essa radical temporalidade e, assim, renunciar a quaisquer metódicos *a prioris*. Nietzsche compreendeu 'filologia' no sentido da Escola de Ritschl, vale dizer, distanciar-se dos textos – e filosoficamente dos próprios fatos –, e o mais amplamente possível das próprias interpretações que se impõem involuntariamente: "Por filologia se deve entender aqui", escreve ele ainda em *O Anticristo*,

> em um sentido bem geral, a arte de ler bem – poder ler fatos *sem* falseá-los através de interpretações, *sem* perder a cautela, a paciência, a sutileza na exigência por compreensão. Filologia como *ephexis* (indecisão – JLV) na interpretação: trata-se de livros, novidades de periódicos, de destinos ou fatos meteorológicos – para não falar da "salvação da alma" [...][15].

Nietzsche define filologia apenas negativamente; além disso, também não é possível definir positivamente o fato de que uma filologia que corresponde à sua filosofia não se referir a textos canônicos, mas sim que todos os cânones se referem a determinados textos que se tem em vista. Ela não pode formular *a priori* as regras de seu método, mas deve responder às surpreendentes descobertas com métodos surpreendentes. Dessa forma, ela também sempre pode falhar diante dos textos e, nessa falha, não consegue saber se realmente falha. Em suas comunicações como escritor, Nietzsche

---

14 Cf. Za I. Do ler e escrever: "A vida é difícil de suportar: mas não me faça, porém, de tão delicado! Somos todos lindos asnos e bestas de carga".

15 AC 52. Cf. BENNE, C. *Nietzsche und die historisch-kritische Philologie* [Monographien und Texten zur Nietzsche-Forschung. Bd. 49]. Berlim/Nova York, 2005, que aplica a máxima citada como tese orientadora da sua investigação. Depois disso, Nietzsche se deteve continuamente, mesmo após sua transição para a filosofia, no padrão filológico mencionado da Escola de Ritschl. Benne liga a esta apresentação uma defesa engajada para interpretações filológicas e (ainda mais especulativa) (em primeiro lugar) contidas possivelmente em uma filologia-Nietzsche, que por sua vez deveria se tornar modelo da filologia.

parte, de modo consequente, de vontades de poder que, inevitavelmente, se entendem diversamente entre si e que, com isso, devem também mal-entender-se umas com as outras. Essa questão também é expressamente comunicada por Nietzsche a seus leitores. Nietzsche concede a seus leitores, assim está escrito no aforismo 27 de *Para além de bem e mal*, "uma margem de manobra e arena para mal-entendidos", e estaria "reconhecido, de coração, pela boa vontade em se ter alguma sutileza de interpretação". Mas ele, simultaneamente, também surpreende seus leitores a quem se refere como "amigos", e aos quais imputa uma certa benevolência para suas comunicações e confidências, na medida em que ele os ofende: Nietzsche ainda teria "do que rir deles; ou aboli-los por completo, estes bons amigos – e rir também" (JGB 27)[16]. É certamente uma condição para toda 'filologia'-Nietzsche, ser 'amigo' das suas 'palavras', suas λόγοι. Mas 'bons amigos', tal como Nietzsche aqui os cita, tendem a entender os outros 'bem' por conta de longos costumes, e tendem a fazê-lo "sem-cerimônias", acreditando, "precisamente como bons amigos, a ter direito a tal comodidade" (JBG 27). Os 'bons amigos' dos escritos de Nietzsche não contam mais com surpresas entre eles, abandonam-se a métodos e rotinas coordenados de leitura e entendimento e, dessa forma, eles mesmos correm o perigo de mal-entender-se em relação a Nietzsche, convertendo-o em algo risível. O aforismo 27 de *Para além de bem e mal* representa a filologia-Nietzsche em uma dupla ligação: os 'bons amigos' lerão Nietzsche com a boa vontade e a confiança de amigos, porém, não podem, ao contrário, confiar na amizade para a qual eles são constantemente convidados por Nietzsche[17]. A eles é lícito também ser amigo apenas com ressalvas e com tempo, podem ser apenas amigos caute-

16 Cf. o fragmento preparatório de 1885/1886. KSA 12, 1 [182]; KGW IX 2, p. 79s. No apontamento póstumo Nietzsche *fala* (em um acréscimo à anotação) de ofensas ("há algo de ofensivo em ser compreendido"), já no aforismo publicado ele *ofende* diretamente. Sobre uma interpretação de JGB 27 e o fragmento preparatório a ele, confira Werner Stegmaier, "Nietzsches Zeichen". *Nietzsche-Studien*, 29, 2000, p. 41-69, aqui p. 42-48 [Publicado neste livro sob o título "Signos de Nietzsche"]. A transcrição do apontamento póstumo, neste intervalo de tempo de 2000 a 2005, foi consideravelmente diferenciada por Marie-Luise Haase, no vol. IX das obras de Nietzsche organizado por ela.

17 Cf. a dupla ligação da amizade, tal como Nietzsche a pensa, em *Assim falou Zaratustra*: "É preciso ter em seu amigo, seu melhor inimigo. Deves estar o mais próximo dele com o coração, quando resistires a ele" (Za I. Do amigo).

losos. Os 'bons amigos' de Nietzsche já não são 'bons leitores' de Nietzsche, bons leitores tal como Nietzsche os exigia, leitores que o abandonariam "tal como os bons antigos filólogos abandonariam seu Horácio" (EH, Livro 5). Quando acreditamos ter compreendido Nietzsche de forma segura, corre-se na maioria das vezes o mesmo risco de mal-entendê-lo. Uma filologia que corresponde à filologia de Nietzsche é uma filologia sem seguranças.

4) Antifilologia I: expectativa por uma doutrina atemporal na filosofia de Nietzsche

Mesmo que Nietzsche dificulte a compreensão da sua filosofia, ela é carente de interpretação, e interpretações só são extraídas por intérpretes quando estes se asseguram delas de alguma maneira (isso também vale para a interpretação que eu aqui exponho). E os intérpretes de Nietzsche não devem apenas estar seguros de alguma maneira de suas interpretações, mas também devem, na medida em que as sistematizam em palestras, ensaios ou livros, tornar-se aptos a 'dar conta' em um tempo delimitado. É sua 'necessidade' (*Not*) ter que se fixar pelo menos provisoriamente em suas interpretações e, nesse aspecto, tais intérpretes já procedem antifilologicamente no sentido de Nietzsche. De modo ainda mais forte, isso vale para intérpretes que, a partir de si mesmos, enquadram a filosofia de Nietzsche em 'doutrinas' para então fortalecê-la ou combatê-la, tal como ocorreu com Martin Heidegger, que por sua vez exerceu a maior influência internacional dentre todos os intérpretes de Nietzsche. Heidegger atuou principalmente de modo a reduzir a filosofia de Nietzsche a poucas doutrinas fundamentais, principalmente a teoria da morte de Deus ou o niilismo, do além-do-homem, da teoria da vontade de poder e do eterno retorno, isolando-as do contexto dos textos e insistindo em *uma* doutrina sobre seu contexto. Ele esperou da filosofia de Nietzsche um sistema tradicional que pudesse ser analisado segundo métodos tradicionais e ignorou amplamente as formas significativas do modo de escrita filosófica de Nietzsche: a dissertação, o ensaio, a sentença, a obra em aforismos, a poesia épico-dramática, a poesia lírica, o escrito polêmico, o apontamento póstumo. Na medida em que ele interpretou, como metafísica, o contexto sistemático que procurou no filosofar de Nietzsche – "a doutrina de Nietzsche não é superação da metafísica, mas sim a realização cega e mais extrema do seu esboço fundamental"[18] –, Heidegger deu à suposta doutrina de Nietzsche a rubrica da atemporalidade. Nietzsche, porém, apenas em parte apresentou as citadas doutrinas em nome próprio e, ao invés disso, colocou-as na boca do seu Zaratustra, com quem, inclusive, ele não queria ser confundido, além de ter deixado que ensinasse também inúmeras outras doutrinas não menos significativas. Assim como Platão se serviu de Sócrates como uma "semiótica" (EH, UB 3), deixando-o expor uma doutrina das Ideias – porém, de forma diferenciada em diferentes Diálogos e, além disso, refutando Parmênides em todos os pontos no diálogo de mesmo nome –, sem nunca afirmar a própria doutrina, Nietzsche também se serviu de Zaratustra como semiótica para uma doutrina, deixando incerto, porém, como ele mesmo se colocou em relação a tais doutrinas. Em todo caso, fez com que Zaratustra falhasse em cada doutrina, além de não o deixar encontrar nenhum público para compreendê-lo[19]. Depois que foi à praça do mercado para anunciar sua doutrina do além-do-homem e ali fora zombado, Zaratustra se retirou com poucos amigos – que o mal-entenderam –, para então conversar com seus animais que, igualmente, também não conseguiram compreendê-lo: pois Nietzsche não deixa que o próprio Zaratustra formule a doutrina do eterno retorno do mesmo, mas sim são seus animais que efetivamente o fazem. Em consequência disso, Nietzsche deixa Zaratustra entoar, a partir do seu sufocante pensamento, uma canção de realejo, uma canção de fácil compreensão para o mercado (Za III. O convalescente, 2. KSA 4, p. 273). Não Zaratustra, mas sim os animais 'sabem' *que* ele ensina e *o que* ele ensina; Zaratustra, ao contrário, permanece até o fim na incerteza – até a expectativa do 'signo' (cf. Za IV. O signo). Nietzsche também não deixa que Zaratustra anuncie cada doutrina sistematicamente, e nem ele mesmo o fez. Nos livros aforísticos subsequentes, abdica de sistematizar suas doutrinas com exceção

18 HEIDEGGER, M. *Nietzsche*. 2 Bde. Pfullingen, 1961, p. 12.

19 Cf. SIMON, J. "Ein Text wie Nietzsches *Zarathustra*", bem como STEGMAIER, W. "Anti-Lehre – Szene und Lehre in Friedrich Nietzsches *Also sprach Zarathustra*", ambos in: GERHARDT, V. (org.). "*Klassiker Auslegen*: Friedrich Nietzsche". *Also sprach Zarathustra*. Berlim, 2000, p. 225-256 e p. 191-224.

da doutrina da vontade de poder, que por sua vez determina também a forma da sua comunicação; essa renúncia, porém, é bem clara nas doutrinas do além-do-homem e do eterno retorno do mesmo. No livro V de *A gaia ciência* - que até agora recebeu muito pouca atenção na interpretação-Nietzsche, e no qual é exposto uma soma do seu pensamento de até então, além talvez de ser a expressão mais madura do seu filosofar[20] - Nietzsche não menciona mais nenhuma das doutrinas. É bem conhecida a inequívoca rejeição de Nietzsche no emprego de um sistema[21], e no que se refere à interpretação de Heidegger da vontade de poder como princípio metafísico - a forma última e mais bem-acabada de uma metafísica –, tanto Jean Granier quanto Wolfgang Müller-Lauter deixaram claro que, nesse caso, se tratava de uma filologia ruim[22]. No geral, Heidegger se apoiou amplamente no livro organizado por Elisabeth Förster-Nietzsche e Heinrich Köselitz, *A vontade de poder*, que, desde a nova edição do espólio de Nietzsche organizada por Giorgio Colli e Mazzino Montinari, não tem mais nenhum valor efetivo[23].

5) Antifilologia II: o dogma da ambivalência e da contradição na filosofia de Nietzsche

A pergunta de Heidegger por uma unidade sistemática de uma suposta doutrina central permaneceu, contudo, amplamente dominante na interpretação-Nietzsche, mesmo que ela tenha sido perseguida de diferen-

20 Cf. STEGMAIER, W. "Philosophischer Idealismus" und die "Musik des Lebens"; Zu Nietzsches Umgang mit Paradoxien – Eine kontextuelle Interpretation des Aphorismus, n. 372 der *Fröhlichen Wissenschaft*". *Nietzsche-Studien*, 33, 2004, p. 90-128, aqui a p. 96, nota 26 [Publicado neste livro sob o título "Idealismo filosófico" e a "Música da vida": sobre o trato de Nietzsche com paradoxos – Uma interpretação contextual do aforismo 372 de *A gaia ciência*].

21 Cf. GD, Sentenças e setas, 26.

22 GRANIER, J. *Le problème de la vérité dans la philosophie de Nietzsche*. Paris, 1966. • MÜLLER-LAUTER, W. *Nietzsche* – Seine Philosophie der Gegensatz und die Gegensätze seiner Philosophie. Berlim/Nova York, 1971.

23 Cf. STEGMAIER, W. "[Heideggers] Auseinandersetzung mit Nietzsche I – Metaphysische Interpretation eines Anti-Metaphysikers". In: THOMÄ, D. (org.). *Heidegger-Handbuch* – Leben-Werk-Wirkung. Stuttgart/Weimar, 2003, p. 202-210.

tes maneiras[24]. Unidade sistemática significa clareza de interpretação, dedução através de princípios, validade universal, totalidade e, com isso, validade última dos resultados. Tudo isso faz crescer a certeza da interpretação. Porém, do mesmo modo que é difícil criar uma unidade sistemática no filosofar de Nietzsche e o quão discutível permaneceria uma tal unidade, a busca por uma certeza na interpretação já poderia ser uma forma de se posicionar comodamente com os textos de Nietzsche. A unidade sistemática a partir da multiplicidade da obra de Nietzsche é obtida só quando nos abstraímos precisamente de uma tal multiplicidade de textos. Uma antifilologia no sentido de Nietzsche é aquela interpretação que frequentemente converte a unidade sistemática em critério para seu filosofar, e que o censura em virtude de uma ambivalência que a ele não corresponde. A afirmação da ambivalência em Nietzsche se converteu em dogma na *Nietzsche-Forschung*; ela foi incansavelmente repetida em posturas tanto científicas quanto igualmente populares sobre ele, mas sem torná-la verdadeira. Nietzsche não tolerava a "ambiguidade" nem nos outros nem em si mesmo; ele queria tanto na vida quanto na escrita ser em certa medida "inequívoco"[25]. Mas seus escritos se tornam realmente ambivalentes ou ambíguos, quando os conceitos são retirados de seus respectivos contextos, procedendo-se sobre eles a uma universalização, e tanto mais ambivalentes ou ambíguos quando se acredita poder enquadrá-los em um sistema. Com a rejeição da ambivalência em Nietzsche, porém, cria-se uma margem de manobra para a própria sistematização do seu filosofar. Contudo, no interior de contextos

---

24 Cf. RICHARDSON, J. *Nietzsche's System*. Nova York/Oxford, 1996. • RICHARDSON, J. *Nietzsche's New Darwinism*. Oxford/Nova York, 2004. Cf. tb. a resenha de Hartwig Frank: "Nietzsches System nach John Richardson". *Nietzsche-Studien*, 34, 2005, p. 409-419.

25 Cf. o póstumo de 1888. KSA 13, 14 [61]: "Tornar-se senhor sobre o caos que se é; coagi-lo para dar uma forma a ele; dar forma à necessidade: torná-la lógica, simples, inequívoca, matemática; tornar *lei*: isso é aqui a grande ambição". Walter Kaufmann já tinha chamado atenção para isso em 1950 (In: *Nietzsche:* Philosophy – Psychologe – Antichrist. 4. Aufl. 1974, lido na tradução de Jörg Salaquarda. Darmstadt, 1982, p. 13-17 e p. 84-111), quando naquela época fazia objeções à hipótese de um "típico ambíguo" de Ernst Bertram e contra as insistências de Karl Jaspers de um Nietzsche "contraditório", em cuja contradição o pensamento deveria "fracassar" nas explicações sobre a existência. Cf. tb. STEGMAIER, W. "'Philosophischer Idealismus' und die 'Musik des Lebens'", p. 90s. [Publicado neste livro sob o título "Idealismo filosófico" e a "Música da vida" – Sobre o trato de Nietzsche com paradoxos – Uma interpretação contextual do aforismo 372 de *A gaia ciência*].

variáveis, os signos de linguagem *têm que ser* também múltiplos. Pois se tais signos devem ser adquiridos em um tempo delimitado, devem também ser delimitados em seu número, mas, simultaneamente, podem ser trazidos para inumeráveis contextos nos quais esses signos também recebem sentidos inevitavelmente diferentes, deslocando, em delimitadas margens de manobra, seu próprio sentido[26]. De acordo com *Para a genealogia da moral* o sentido deve ser "fluido" (GM II 12)[27]. Mas é difícil ter que suportar filosoficamente essa fluidez de sentido e, com ela, a realidade do uso de linguagem no geral; é na força para suportá-la que se mostra a força de uma filologia para a filosofia de Nietzsche. Na fluidez de sentido, compromete-se toda interpretação que se assenta sobre a validade última e a certeza – e Nietzsche se comprometeu conscientemente, para deixar que outros se comprometessem com ele[28]. Assim, com a afirmação da filosofia de Nietzsche como ambivalente, já nos colocamos para além de uma filologia que poderia corresponder a uma tal filosofia.

6) Filologia-Nietzsche I – Genealogia dos textos publicados de Nietzsche

A relação antifilológica que se tem com a filosofia de Nietzsche partiu da compilação de *A vontade de poder*, texto que Elisabeth Förster-Nietzsche havia proclamado como a 'obra principal' de Nietzsche. A nova edição dos apontamentos póstumos, juntamente com as variantes corrigidas nos manuscritos e sua ordenação cronológica organizada por Giorgio Colli e Mazzino Montinari não anulou, porém, a fixação sobre o

---

26 Cf. STEGMAIER, W. "Diplomatie der Zeichen – Orientierung im Dialog eigener und fremder Vernunft". In: SIMON, J. & STEGMAIER, W. (orgs.). *Fremde Vernunft* – Zeichen und Interpretation IV. Frankfurt am Main 1998, p. 139-158, aqui na p. 147ss.

27 Sobre essa interpretação, cf. STEGMAIER, W. *Nietzsches Genealogie der Moral* – Werkinterpretation. Darmstadt, 1994, p. 70-88.

28 Cf. EH, Por que sou tão sábio, 7: "Eu nunca dei publicamente um passo que não me comprometesse: este é *meu* critério da ação justa", bem como o póstumo de 1885/1886. KSA 12, 2 [79]: "Meus escritos estão muito bem defendidos: quem lança mão deles e ali se equivoca como alguém que possui o direito sobre tais livros – este se torna imediatamente risível –, um pequeno acesso de coragem o impele a morrer de rir do seu mais íntimo e seu mais risível: e quem não saberia o que sempre se origina daí!"

espólio. Ainda se acredita encontrar ali a formulação do pensamento mais próprio e sem rodeios de Nietzsche, conferindo a eles a mesma importância das obras que foram publicadas ou enviadas à publicação pelo próprio Nietzsche, quando não, inclusive, conferir primazia ao espólio. Também isto é filologicamente bem questionável. Pois não se trata aqui – tal como demonstrado por Montinari – de 'fragmentos', isto é, textos retrabalhados ou textos interrompidos durante a elaboração[29], mas sim apenas de apontamentos[30] (*Notate*)[31] mesmo que tenham sido significativamente formulados. Em seus apontamentos Nietzsche articula pensamentos e contextos de pensamentos primeiro para si mesmo; e anotamos para nós mesmos apenas aquilo que se poderia esquecer, mas não se quer, e o mesmo vale também para as formulações. Aqueles pensamentos mais importantes que não queremos largar, não esquecemos e, por isso, não é necessário anotá-los. Não se deve aceitar daí que a "autêntica filosofia de Nietzsche" se encontrará precisamente em seus apontamentos[32] e, além disso, é filologicamente desonesto considerar seus apontamentos póstumos como 'fragmentos' das suas verdadeiras 'doutrinas'. Em seus apontamentos, Nietzsche teria anotado resultados de leitura, casos, visões gerais, linhas de pensa-

29 Cf. GRODDECK, W. "'Vorstufe' und 'Fragment' – Zur Problematik einer traditionellen textkritischen Unterscheidung in der Nietzsche-Philologiec. In: STERN, M. (org.). *Textkonstitution bei mündlicher und schriftlicher Überlieferung*. Tübingen, 1991, p. 165-175. • GERIKE, I. "Les manuscrits et les chemins génétiques du *Voyageur et son sombre*". In: D'IORIO, P. (org.). *"Hyper-Nietzsche": Modèle d'un hypertexte savant sur Internet pour la recherche en sciences humaines* – Questions philosophiques, problèmes juridiques, outils informatiques. Paris, 2000, p. 129-162, esp. p. 132-135.

30 Em face da minuciosa e detalhada análise do Professor Stegmaier, a propósito da diferenciação entre espólio e obra publicada e, inclusive, diferenciando o fato de que o espólio nem sempre pode ser considerado como 'fragmento' [*Fragment*], optamos por traduzir *Notat* por 'apontamento'. Às vezes em que o Professor Stegmaier se referiu a "fragmento", empregou o cognato *Fragment*, sobretudo por conta do valor filológico que ele diferencia entre *Fragment* e *Notat* e, por isso, optamos por traduzir *Fragment* normalmente por 'fragmento' [N.T.].

31 A designação encontrada de *Notate*, eu agradeço a Marie-Luise Haase.

32 HEIDEGGER. *Nietzsche*, I, p. 17. Heidegger continua ainda: "O que Nietzsche publicou no tempo da sua produção permaneceu sempre como fachada". Com isso ele se liga a Alfred Baeumler, que, por seu turno, preparou decisivamente a filosofia de Nietzsche ao nacional-socialismo. Cf. BAEUMLER, A. (org.). *Friedrich Nietzsche, Die Unschuld des Werdens* – Der Nachlass ausgewählt und geordnet von Alfred Baeumler. Leipzig, 1931, Bd. 1: Zur Einführung, p. XXVIIIss.

mento e esboços, experimentou com eles, reescreveu-os, reagrupou-os – e então, em suas publicações, recorreu ou não a eles muito livremente. Se ele os publicou, não foi tão parecido tal como os tinha formulado inicialmente. Segundo princípios filológicos, apenas a versão publicada (ou, no que se refere aos últimos escritos, apenas aqueles previstos à publicação) pode ser a versão definitiva. Só a definitiva foi autorizada por Nietzsche, e ele a publicou segundo as 'leis mais sutis' de seu estilo, de modo que precisamente os 'bons amigos' deveriam ficar intranquilos da segurança de suas interpretações. 'Bons leitores' deveriam se atentar para esse ponto[33]. Isso não dispensa, naturalmente, a leitura dos apontamentos póstumos. Por outro lado, é possível perseguir através deles como Nietzsche desenvolveu e formulou seus pensamentos, e por quais pensamentos e formulações ele se decidiu finalmente, e a partir daí pode-se adquirir importantes modos de interpretação; o mencionado aforismo 27 de *Para além de bem e mal* é um bom e famoso exemplo disso, assim como também para a interpretação de uma grande obra, a preparação de *Ditirambos de Dioniso* nos apontamentos póstumos[34]. Desse modo, também Montinari queria ver utilizado o espólio, que deveria então ser ele próprio investigado do ponto de vista de suas fontes[35]. A nova edição no volume IX das obras de Nietzsche dos apontamentos póstumos tardios feita por Marie-Luise Haase e seus colaboradores, que também elucidam as decisões de Montinari entre inúmeras e frequentes variantes aos textos que Nietzsche testou[36], autoriza então perseguirmos o trabalho de Nietzsche em seus apontamentos e variantes

---

33 Cf. CLARK, M. *Nietzsche on Truth and Philosophy*. Cambridge/Nova York/Melbourne, 1990, passim.

34 Cf. o desenvolvimento filológico e exemplar dos *Ditirambos de Dioniso* em GRODDECK, W. *Friedrich Nietzsche* – "Dionysos-Dithyramben". 2 Bde. Monographien und Texte zur Nietzsche-Forschung). Berlim/Nova York, 1991. Benne (*Nietzsche und die historisch-kritische Philologie*, p. 342) compreende seu trabalho "como teoria para esta práxis".

35 Cf. MONTINARI, M. "Nietzsche lesen". In: MONTINARI. *Nietzsche lesen*. Berlim/Nova York, 1980, p. 1-9, aqui p. 4: uma "correta leitura de Nietzsche" põe "as obras em relação interna com o espólio e, com isso, com o próprio desenvolvimento de Nietzsche no seu todo".

36 Sobre a crítica de Montinari de uma edição cada vez mais arbitrária, cf. GRODDECK, W. & KOHLENBACH, M. "Zwischenüberlegungen zur Edition von Nietzsches Nachlass". In: "Text". *Kritische Beiträge*, 1, 1995, p. 21-39.

e, além disso, compará-los com os fac-símiles salvos em CD-Room[37]. Por outro lado, é possível extrair do espólio o que Nietzsche não publicou ou não publicou de determinada forma, bem como a maneira com a qual ele o registrava, seja porque para ele a comunicação não parecia tão boa, seja porque a comunicação não estava tão madura, seja porque os leitores não pareciam tão maduros para os apontamentos, pelo fato de serem muito significativos a eles[38]. Ainda não foi contextualmente investigado quais temas e conjunto de pensamentos Nietzsche reservou e não publicou dos seus apontamentos. O exemplo mais conhecido são as assim chamadas provas científicas do pensamento do eterno retorno. Dentre outros pensamentos não publicados, Nietzsche tem também seus mais agressivos pensamentos sobre raça e cultivo e, menos espetacular, mas não menos filosoficamente significativo, as diferenciações de seu conceito de signo, de

37 Cf. RÖLLIN, B. "Das Editionsprojekt 'Der späte Nietzsche'". In: KOPIJ, M. & KUNICKI, W. (org.). *Nietzsche und Schopenhauer* – Rezeptionsphänomene der Wendezeiten. Leipzig, 2006, esp. p. 399-411 (versão resumida de RÖLLIN, B.; HAASE, M.-L.; STOCKMAR, R. & TRENKLE, F. "'Der späte Nietzsche' – Schreibprozess und Heftedition". In: HUGHES, P.; FRIES, T. & WÄLCHLI, T. (orgs.). *Schreibprozesse*. Munique, 2007, na série organizada por STINGELIN, M. "Zur Genealogie des Schreibens"), bem como o ensaio de Beat Röllin e René Stockmar neste volume dos *Nietzsche-Studien*. A nova decifração dos apontamentos póstumos tardios de Nietzsche também é um pressuposto do projeto HyperNietzsche, que, por sua vez, possibilita perseguir mais facilmente os caminhos de desenvolvimento da escrita dos textos de Nietzsche, bem como reuni-los para ter uma visão mais geral sobre eles. Sobre a genealogia do projeto e sua ligação com a biblioteca-Nietzsche, cf. SALLER, H. "HyperNietzsche und Nietzsche-Bibliothek". In: KNOCHE, M.; ULBRICHT, J.H. & WEBER, J. por encargo da Klassik Stiftung Weimar (org. da Herzogin Anna Amalia Bibliothek). *Zur unterirdischen Wirkung von Dynamik* – Vom Umgang Nietzsches mit Büchern zum Umgang mit Nietzsches Büchern. Wiesbaden, 2006, p. 83-92. O germanista francês Richard Roos empreendeu por volta de 1972 um conflitivo embate por uma leitura rigorosamente filológica em seu texto "Règles pour une lecture philologique de Nietzche". In: *Nietzsche aujourd'hui?* Paris: Publications de centre culturel de Cerisy-La-Salle, 1973, esp. p. 283-318. O texto também foi novamente aceito e republicado por BALAUDÉ, J.-F. & WOTLING, P. (orgs.). *Lectures de Nietzsche*. Paris, 2000, p. 33-70. Roos também era um dos mais importantes estimuladores para o projeto da edição de Colli e Montinari (cf. BENNE. *Nietzsche und die historisch-kritische Philologie*, p. 346ss.).

38 Nietzsche deixa seu Zaratustra se tornar bem conhecido e drástico nesse ponto: "Quem conhece o leitor nada mais faz por ele. Mais um século de leitores – e o próprio espírito estará fedendo" (Za I. Do ler e escrever). Cf. os póstumos de 1882. KSA 10, 3 [1] p. 162: "Quem conhece 'o leitor' certamente não escreve mais a ele – mas sim para si mesmo, o escritor", bem como o apontamento de 1887. KSA 12, 9 [188]: "Eu não dou mais atenção ao leitor: Como poderia eu ainda escrever ao leitor? [...] mas escrevo a mim, para mim".

pensamento e de interpretação[39]. Seria preciso fundamentar aqui por que Nietzsche não publicou tais conceitos ou os publicou apenas limitadamente, ao invés de simplesmente considerá-los como outras doutrinas.

7) Filologia-Nietzsche II – Infinita filologia dos livros aforísticos

As formulações publicadas de seus pensamentos (e enviadas à publicação) também não são definitivas para Nietzsche. O processo de reformulação continua mesmo em obra publicada: Nietzsche recepcionou seus pensamentos sempre de uma nova maneira, ligou-os diversamente com outros pensamentos, recolocou-os sempre em novos contextos, desenvolvendo-os a partir de tais novos contextos. Em sua obra não há nada concluído, nada definitivo e, além disso, ele não pareceu ter tido a intenção de algo conclusivo e definitivo. Algo concluído e definitivo são características de um sistema filosófico que Nietzsche nunca quis[40]. Entretanto, um autor tem que proceder a alguma provisória conclusão ou provisória decisão final com cada obra, cada trecho ou cada frase. O livro em aforismos é a forma de escrita que Nietzsche encontrou para seu filosofar, baseada em conclusões apenas provisórias. Trata-se da sua forma de escrita com conclusões provisórias, seu filosofar no tempo[41]. Em livros aforísticos, o elemento determinante não é o sistema, mas o contexto[42]. Abranjam eles

39 Cf. SCHANK, G. *"Rasse" und "Züchtung" bei Nietzsche* (Monographien und Texte zur Nietzsche-Forschung. Bd. 44). Berlim/Nova York, 2000. Cf. tb. STEGMAIER, W. "Nietzsches Zeichen" [Publicado neste livro sob o título "Signos de Nietzsche"]. Ambos os temas, porém, Nietzsche não reservou um espaço em seus apontamentos, e o mesmo vale para o conceito de interpretação. Cf. FIGL, J. *Interpretation als philosophisches Prinzip* – Friedrich Nietzsches universale Theorie der Auslegung im späten Nachlass (Monographien und Texte zur Nietzsche-Forschung. Bd. 7). Berlim/Nova York, 1982.

40 Dieter Henrich, um dos melhores conhecedores de Nietzsche, caracterizou o sentido da metafísica como "pensamento conclusivo" da filosofia ("Was ist Metaphysik – was Moderne? – Zwölf Thesen gegen Jürgen Habermas". In: HENRICH, D. *Konzepte* – Essays zur Philosophie in der Zeit. Frankfurt am Main 1987, p. 11-43, aqui na p. 13). Precisamente nesse sentido que Nietzsche rejeitou a metafísica.

41 Cf. STINGELIN, M. Artigo "Aphorismus". In: OTTMANN, H. (orgs.). *Nietzsche-Handbuch*: Leben – Werk – Wirkung. Stuttgart/Weimar, 2000, p. 185-187, bem como a literatura ali mencionada.

42 Cf. BORSCHE, T. "System und Aphorismus". In: DJURIĆ, M. & SIMON, J. (org.). *Nietzsche und Hegel*. Würzburg, 1992, p. 48-64.

uma única sentença ou textos com várias páginas, eles são contextos intelectuais sem desenvolvimento metódico dos pensamentos, sem um princípio de desenvolvimento e sem resultado do desenvolvimento numa ordem lógica explícita[43], mas com modos abertos de sopesamentos e abertas possibilidades de conexão. Eles são assim, justamente como formas apropriadas de apresentar uma experiência, um ensaio, pensamentos surpreendentes que produzem efeito por meio de suas surpresas, não por meio de fundamentação. – Fundamentações, Nietzsche as fornece apenas onde elas, por seu turno, são surpreendentes. Como formas de surpresas intelectuais, os aforismos permitem deixar espontaneamente aos leitores as margens de manobra e arenas de compreensão e mal-entendidos que, inclusive, também as recebem de modo espontâneo, pois precisam necessariamente de tais margens de manobra para seu próprio pensamento e sua própria vida. Como forma literária, o livro de aforismos mantém o sentido em fluxo permanente e não apenas torna possível, senão que também força ao entendimento temporal do mesmo. E, no entanto, aforismos são também concluídos, respectivamente cada um deles, e podem, ao mesmo tempo, nessa conclusividade, subsistir por si próprios, e tornar-se, em figuras magistrais, formas de 'eternidade'. Para tanto, Nietzsche não se intimida de reanimar conceitos-chave da antiga metafísica ('substância', 'forma', 'imortalidade', 'eternidade') – e fluidificá-los, por sua vez ('pequena imortalidade', 'formas da eternidade'): "Criar coisas às quais o tempo tenta em vão fincar seus dentes; esforçar-se para alcançar uma pequena imortalidade na forma, *na substância* – nunca fui ainda modesto o suficiente para exigir menos de mim. O aforismo, a sentença, nos quais eu sou o primeiro mestre entre os alemães, são as formas da 'eternidade'; minha ambição é dizer em dez frases o que todos os outros dizem em um livro, o que todos os outros *não* dizem em um livro [...]" (GD, Incursões de um extemporâneo, 51)[44].

---

43 Nietzsche cita explícitas ordenações lógicas em BA de "tabelas", que a maioria dos leitores esperava e às quais "o leitor, tal como eu o imaginava", deveria poder renunciar (BA. Prefácio 1).

44 Cf. SIMON. *Philosophie des Zeichens*, p. 304ss. ("O problema de uma filosofia sistemática"): o "contexto interno [dos aforismos] deveria poupar uma interpretação 'de fora' e, com isso, uma interrupção em *qualquer outro* lugar. A 'forma' se conserva *efetivamente* e não apenas uma pressuposta uniformidade; ela é autossuficiente em si mesma e, por isso, infinita. Tem a imagem da 'forma

A filosofia de Nietzsche, no sentido de Nietzsche, tem que ser uma filologia dos livros aforismáticos, a arte de ler aforismos, por um lado, em seus próprios contextos de encerramento; por outro lado, no contexto dos livros – de igual modo, contextos de encerramento dos livros nos quais Nietzsche os inseriu numa ordem, e, finalmente, no contexto aberto configurado pelos livros entre si, que mesmo só com dificuldade conseguia abranger com o olhar, de modo que ele tinha que apropriar-se dele sempre de uma nova maneira. Na verdade, há apenas poucas, porém significativas abordagens sobre uma filologia dos livros em aforismos[45]. Cada pensamento presente em um aforismo pode se tornar o ponto de partida de uma perspectiva sobre outros pensamentos que Nietzsche expõe no aforismo, no livro em aforismos no geral e também na sua obra como um todo, colocando-os em sua própria luz, de modo que, dessa forma, os aforismos passam a incluir, tal como o "mundo" do qual eles tratam, as "*infinitas interpretações*" (FW 374). A filologia do aforismo se converte, com isso, em uma infinita filologia.

No século passado a *Nietzsche-Forschung* conquistou, em um grande esforço coletivo, um panorama sobre a filosofia de Nietzsche, sobre seus

---

da eternidade', de um círculo de interpretação que retorna 'eternamente' sobre si, 'verdadeira imortalidade' no sentido hegeliano". Nietzsche acrescenta ainda no lugar citado: "Eu dei à humanidade o livro mais profundo que ela possui, meu *Zaratustra*: darei em breve o mais independente" (GD, Incursões de um extemporâneo, 51). Nietzsche visivelmente também entende *Assim falou Zaratustra* como possuindo a forma de um livro em aforismos.

45 Cf. análise sobre *Humano, demasiado Humano*, de HELLER, P. *Von den ersten und letzten Dingen* – Studien und Kommentar zu einer Aphorismenreihe von Friedrich Nietzsche (Monographien und Texte zur Nietzsche-Forschung. Bd. 1). Berlim/Nova York, 1972. Sobre *A gaia ciência*, cf. HELSLOOT, N. *Vrolijke Wetenschap* – Nietzsche als vriend. Baarn, 1999. • HIGGINS, K.M. *Comic Relief* – Nietzsche's Gay Science. Oxford/Nova York, 2000. Sobre *Para além de bem e mal*, cf. VAN TONGEREN, P.J.M. *Reinterpreting Modern Culture* – An Introduction to Friedrich Nietzsche's Philosophy. West Lafayette, Indiana, 2000. • LAMPERT, L. *Nietzsche's Task* – An Interpretation of Beyond Good and Evil. New Haven/Londres, 2001. Sobre o *Crepúsculo dos ídolos*, cf. CONWAY, D.W. *Nietzsche's Dangerous Game* – Philosophy in the Twilight of the Idols. Cambridge, 2000. Sobre *O Anticristo*, cf. SOMMER, A.U. *Friedrich Nietzsches "Der Antichrist"* – Ein philosophisch-historischer Kommentar (Beiträge zu Friedrich Nietzsche, Bd. 2). Basel 2000. O primeiro volume do Nietzsche-Wörterbuch, que está planejado para um total de quatro e organizado pelo grupo de pesquisa em torno de Paul van Tongeren na Holanda, é a mais nova e extraordinária ajuda sobre a exploração do contexto da obra de Nietzsche no seu todo: Nietzsche Reserch Group (Nijmegen) (VAN TONGEREN, P.; SCHANK, G. & SIEMENS, H. (orgs.). *Nietzsche-Wörterbuch*. Bd. 1: Abreviatur – einfach. Berlim/Nova York, 2004. Cf. a resenha de Andreas Urs Sommer em *Nietzsche-Studien*, 35, 2006, p. 309-311.

temas, termos, formas e estilo, suas tradições, fontes e panos de fundo biográficos, bem como testou sistemáticas possibilidades de interpretação. Com isso, a obra de Nietzsche se mostrou inesgotável e infindável. Em face da inesgotabilidade de uma tal filosofia, cada um dos intérpretes estiveram em condições de encontrar uma sistemática possibilidade de interpretação, com a qual ele mesmo poderia iniciar algo ou se arranjar com algo e, inclusive, com a qual ele próprio poderia viver, de modo que cada intérprete acabou por se comprometer também com sua interpretação. Com o panorama criado a partir das sistemáticas interpretações, naquilo em que elas são benéficas e imprescindíveis mesmo em sua complicada multiplicidade, abstrai-se inevitavelmente, porém, do indivíduo para olhar panoramicamente – no sentido de 'sobrevoar' – cada um dos aforismos que o Nietzsche maduro (que aliás estava até agora continuamente em questão) comunicou através de uma composição rigorosa e, sobretudo, a cada vez, surpreendente. Dessa maneira, procedemos então como os "*piores leitores*": "Os piores leitores são aqueles que agem como soldados saqueadores: pegam para si algumas coisas que poderiam precisar, sujam e perturbam o restante, além de caluniarem sobre o todo" (MA II, VM 137). Esboçamos, pois, panoramas e interpretações sistemáticas suficientemente. A filologia-Nietzsche, enquanto infinita filologia dos aforismos de Nietzsche, está, com isso, muito bem-preparada, e agora já pode se debruçar sobre os aforismos individualmente. A filologia infinita dos aforismos, de seus contextos nos livros de aforismos e em sua genealogia nos apontamentos do espólio poderia ser a tarefa da futura *Pesquisa-Nietzsche (Nietzsche-Forschung).*

11 O desvelamento por Nietzsche de uma filosofia da orientação

Teses*

1 O que é orientação?

1.1 *Definição de orientação.* Necessitamos sempre de orientação. Em cada nova situação, a orientação é necessária. Orientação é a capacidade, numa situação nova, de encontrar o caminho para abrir possibilidades de ação por meio das quais a situação pode ser dominada[1]. O ser vivo não pode sobreviver sem permanentes performances de orientação.

1.2 *Originariedade da orientação.* Orientação é sempre o primeiro. Ela precede todo pensar e agir, e todo pensar e agir depende de prévias decisões de orientação. Nessa medida, a orientação é *ἀρχή* em sentido aristotélico.

1.3 *Autorreferência da orientação.* Ao mesmo tempo, estamos sempre já orientados. Cada nova orientação liga-se a uma orientação anterior,

---

* STEGMAIER, W. *Nietzsches Freisetzung einer Philosophie der Orientierung: Thesen*. Texto originalmente apresentado no I Simpósio Internacional de Filosofia ("Nietzsche Crítico da Modernidade") na Unicamp, entre os dias 16 e 17 de setembro de 2009. Tradução de Oswaldo Giacoia Junior. Revisão de André Luis Muniz Garcia.

1 A respeito disso e do que se segue, cf. STEGMAIER, W. *Philosophie der Orientierung*. Berlim/Nova York: Walter de Gruyter, 2008, p. 2.

e é determinada por esta. Nessa medida, orientação é sempre reorientação. Ela é autorreferente, em sentido moderno.

1.4 *Temporalidade e evolução da orientação.* Na medida em que a orientação tem a ver com novas situações, ela tem sempre algo a ver com o tempo. O tempo significa, para a orientação, que tudo sempre pode tornar-se de outro modo. Se muita coisa vem a ser persistentemente de outra maneira, a orientação também tem que alterar-se persistentemente. Para realizar a própria função de caminhar com o tempo, reestruturar-se sempre de novo, quando isso se torna necessário. Como tudo o que é vivo, ela está sujeita à evolução.

1.5 *Paradoxalidade da orientação.* Uma vez que o tempo só pode ser apreendido paradoxalmente (de acordo com Aristóteles, ele é, a uma vez, sempre o mesmo e sempre outro), também a orientação, em sua temporalidade, só pode ser apreendida paradoxalmente. Se quisermos compreender a orientação, então podemos compreender paradoxos não mais apenas como bloqueio do pensamento, mas, ao mesmo tempo, como seu meio de compreensão. A orientação cotidiana exige uma reorientação no pensar do pensamento em geral[2].

---

2 Paradoxos surgem quando as diferenciações, com seus respectivos valores negativos, são referidas a si mesmas; por exemplo, quando alguém diz: "a flecha voadora está em repouso" (o movimento da flecha não está em movimento em cada respectiva posição do voo); ou "é verdade que minto (portanto, não digo a verdade)" (o assim chamado paradoxo do cretense); ou "não é justo distinguir entre justo e injusto". Em oposição àquilo que é concebido por meio deles, aos conceitos é tradicionalmente conferida sub-repticiamente intemporalidade. Todavia, a história da filosofia mostrou que os conceitos têm também seu tempo, que são portanto temporais (está continuamente demonstrado no *Historisches Wörterbuch der Philosophie*. Org. por Joachim Ritter et al. Basel/Darmstadt, 1972-2007). Se a distinção entre intemporal (conceitos) e temporal (o que é concebido por meio deles) aplicada a si própria, isto é, se conceitos intemporais, por sua vez, são temporalmente compreendidos, eles tornam-se paradoxais. – Diferentemente da maioria dos filósofos, o sociólogo Niklas Luhmann não tinha nenhum receio de paradoxos, senão que ensinava um trato produtivo com eles. Cf. LUHMANN, N. "Tautologie und Paradox in den Selbstbeschreibungen der modernen Gesellschaft" (1987). *Protest* – Systemtheorie und soziale Bewegungen. Org. e intr. De Kai-Uwe Hellmann. Frankfurt am Main, 1996, p. 79-106. • "Die Paradoxie des Entscheidens". *Verwaltungs-Archiv*, 84.3, 1993, p. 287-310. • "Sthenographie und Euryalistik". In: GUMBRECHT, H.U. & PFEIFFER, K.L. (orgs.). *Paradoxien, Dissonanzen, Zusammenbrüche* – Situationen offener Epistemologie. Frankfurt am Main, 1991, p. 58-82. E com especial pregnância: KIESERLING, A. (org.).

1.6 *Incerteza da orientação.* A orientação cotidiana está, na maioria das vezes, submetida à pressão do tempo; à pressão de ter que agir rapidamente numa nova situação, para não ser atropelado por ela. Sob a pressão do tempo, no entanto, nunca podemos apreender uma nova situação com certeza completa, mas sempre com uma provisória. Desse modo, a orientação tem sempre a ver também com incerteza; pontos de apoio até então não apreendidos poderiam levar a uma orientação inteiramente outra. Para compreender a orientação cotidiana, a filosofia tem que deslocar-se da certeza para a incerteza.

1.7 *Plausibilidade de uma orientação.* Certezas provisórias (portanto, incertas e por isso paradoxais) são suficientes para o agir. Na medida em que elas se confirmam no agir, tornam-se elas plausibilidades. Plausível é aquilo com o que concordamos espontaneamente, sem ulteriores perguntas e fundamentações. Todas as perguntas por fundamentação terminam finalmente em plausibilidades, e todas as fundamentações partem delas. Orientações filosóficas repousam também finalmente sobre plausibilidades não fundamentadas.

2 Por que é urgente hoje uma filosofia da orientação?

2.1 *Posicionalidade da filosofia.* A filosofia com pretensão científica não exige mais hoje nenhuma verdade ou validade absoluta. Ela é empreendida como discussão entre posições antagônicas, cujas pretensões de vali-

---

Die Religion der Gesellschaft. Frankfurt am Main, 2000, p. 17ss., 55ss., 74, 131ss. e 155ss. A experiência de Luhman era: "nós nos chocamos de maneira quase compulsiva perante o paradoxo, o que leva a que a lógica da autorreferência, isto é, o emprego do código sobre o próprio código, não seja realizada integralmente" (*Die Religion der Gesellschaft*, 70s.). Todavia: "Entrementes, de Nietzsche e Heidegger até Derrida, adquiriu direito de cidadania, um trato inteiramente diverso, com paradoxos. [...] Os paradoxos não são evitados ou contornados, mas apresentados. Eles são celebrados com devotamento. Eles são trazidos à expressão ainda que numa linguagem distorcida" ("Sthenographie und Euryalistik", p. 59). Cf. tb. LUHMANN, N. *Die Gesellschaft der Gesellschaft*. Frankfurt am Main, 1997, p. 91. A pergunta é sempre: "Quem tem confiança em recorrer aos paradoxos, e que distinções são então ativadas, para ser desenvolvidas" (LUHMANN. *Die Religion der Gesellschaft*, p. 118). Luhmann suspeitava que a complexidade da comunicação na sociedade moderna poderia ser um tão improvável "caso particular e historicamente incomparável" que torna obsoletos todos os meios habituais de descrição ("Sthenographie und Euryalistik", p. 59).

dade são admitidas. A partir daí, a filosofia tem que perguntar como ocorre que tenhamos chegado a tais posições ou orientações filosóficas. Só uma filosofia da orientação pode dar a resposta. Ela tem como ponto de partida que toda orientação, e com isso também a orientação filosófica, parte de um ponto de vista. Pontos de vista filosóficos são redes de plausibilidades.

2.2 *Culturalidade da filosofia.* Tornou-se claro desde Montesquieu e Herder que diferentes culturas seguem diferentes plausibilidades. Por isso, a filosofia é hoje sempre mais empreendida como intercultural; a outras culturas são admitidas outras orientações filosóficas[3]. Uma filosofia da orientação pode colocar as orientações culturais umas em relação às outras.

2.3 *Evidência do conceito de orientação.* Cultura é aquilo que, em uma determinada orientação, tornou-se evidente[4]. Por sua vez, o conceito de orientação tornou-se hoje evidente. Entrementes, fazemos regularmente uso dele para determinar outros conceitos e posições da filosofia, sem determiná-lo, a ele próprio, mais de perto. Se a tarefa da filosofia é questionar, em sua evidência, aquilo que, de resto, é evidente, então a tarefa da filosofia tem que ser agora uma filosofia da orientação.

2.4 *O caráter metafórico da conceitualidade da orientação.* Orientação é uma metáfora geográfica. Ela significa dispor alguma coisa na direção em que o sol se levanta (lat. *oriri*). De início, isso ocorria sobretudo com igrejas e mapas. Entrementes, muitas igrejas, e mesmo mapas, não são mais em absoluto voltados para oeste. Entretanto, a metáfora 'orientação' permaneceu. Também não há que substituí-la por conceitos não metafóricos. Nessa medida, ela é uma metáfora absoluta[5]. Essas metáforas absolutas são

---

3 Cf. STENGER, G. *Philosophie der Interkulturalität* – Erfahrung und Welten; Eine phänomenologische Studie. Friburgo/Munique, 2006. De acordo com Stenger, também a filosofia da interculturalidade se inicia com Kant.

4 Cf. STEGMAIER. *Philosophie der Orientierung*, p. 501, 527ss.

5 Cf. BLUMENBERG, H. *Paradigmen zu einer Metaphorologie* [1960, reimpressão]. Frankfurt am Main, 1998. Blumenberg faz intenso uso da conceitualidade da orientação, não a incluiu, no entanto, justamente ela, em seus paradigmas. Cf. STEGMAIER. *Philosophie der Orientierung*, p. 21ss.

também conceitos, como 'ponto de vista', 'horizonte', 'perspectiva', 'ponto de apoio' ou 'margem de manobra'[6], que diferenciam a orientação. Por essa razão, o próprio conceito de conceito tem que ser determinado de novo.

2.5 *O conceito de conceito numa filosofia da orientação.* O conceito tradicional de conceito de conceito deve estabelecer do modo mais inequívoco possível aquilo que sob ele é compreendido. Contrariamente a isso, a orientação estruturalmente deixa margens de manobra para aquilo a ser compreendido. Orientamo-nos *em* algo ou alguém, nós tomamos direção *em relação a* alguém, sem que com isso tomemos direção *segundo* ele; nós consideramo-lo como mero ponto de apoio, em relação ao qual mantemos distância, e mantemos nossas próprias posições estabelecidas. Considera-se assim ser diferente toda situação na qual e sobre a qual nós nos orientamos. A essa alteridade devem corresponder também os conceitos pelos quais nos orientamos. Numa filosofia da orientação, o conceito de conceito é o emprego do conceito em margens de manobra.

2.6 *O conceito de liberdade numa filosofia da orientação.* Uma filosofia da orientação tem que conceber também a liberdade no pensar e agir, o pressuposto de uma convivência no estado de direito, não mais de maneira metafísica ou transcendental, senão de modo a apreendê-la como liberdade em margem de manobra. Margens de manobra são limites regrados de comportamentos não regrados[7]. Como cidadãos de um estado de direito, somos livres nos limites das leis jurídicas; como agentes morais, somos livres nos limites das normas e valores morais; como pensadores científicos, somos livres nos limites dos *standards* lógicos e disciplinares. Na orientação, temos tantas liberdades quantas margens de manobra, sem que as liberdades tenham que ser reportadas a *uma* liberdade, a qual, então, só pode ser uma liberdade metafísica ou transcendental, além da orientação.

---

6 Sobre esse fundamental conceito, cf. nota 7 da apresentação [N.Orgs.].

7 Cf. STEGMAIER. *Philosophie der Orientierung*, p. 221.

2.7 *O conceito de verdade numa filosofia da orientação.* A verdade também é sempre verdade em uma orientação, a partir do ponto de vista desta, em seu horizonte, em sua respectiva perspectiva. Algo vale como verdadeiro enquanto nada lhe é contraposto ou não é contraditado. Também as verdades podem ser de espécies inteiramente diversas, sem que tenham de ser reportadas a *uma* verdade. Uma verdade pode ser partilhada com outros em suas respectivas orientações, e com isso tornar-se universal – todavia, nas fronteiras das respectivas orientações. Verdades permanecem sempre verdades para alguém. Podemos nos decidir pró e contra elas.

3 Com o que começou a filosofia da orientação?

3.1 *René Descartes*: Descartes procurou conscientemente orientar de novo a filosofia em seu todo. Ele partiu, ao fazê-lo, de paradigmáticas situações de desorientação; no *Discurso do método* partiu [do exemplo] de um perdido na floresta, que procura metodicamente uma saída; nas *Meditações*, de alguém mergulhado num redemoinho, que tem que ganhar sustentação a partir das próprias forças[8]. Descartes orientou o pensamento apenas em sua autorreferência, na qual então toda certeza e verdade deviam ser mensuradas.

3.2 *Blaise Pascal*: Pascal descreveu a situação fundamental do homem desgarrado na falta de sustentação entre a dupla infinitude do universo infinitamente grande e do infinitamente pequeno. Movemo-nos sobre um amplo meio-termo, sempre empurrados, inseguros e hesitantes, de um extremo ao outro. Todo ponto-limite no qual pensávamos em nos fixar e estabilizar oscila e subtrai-se a nós, e quando o perseguimos ele foge de nossa apreensão, nos desencaminha e escapa em eterna fuga. Para nós, nada permanece de pé (*Rien ne s'arrete pour nous*). Ao invés de exigir derradeira certeza, que não pode ser alcançada, ele aconselhava a não buscar em geral nenhuma segurança e firmeza (*point d'assurance et fermeté*), mas trabalhar

8 DESCARTES. *Discours de la méthode pour bien conduire sa raison et chercher les vérités dans les sciences*, cap. 3, § 3. Meditationes II, § 1.

pelo incerto, fazer-se ao mar, caminhar sobre uma prancha (*travailler pour l'incertain; aller sur la mer; passer sur une planche*). Sob insuprimível incerteza pode-se realizar a necessidade de certeza e apoio na orientação unicamente trabalhando por encontrar apoio no incerto[9].

3.3 *Moses Mendelssohn*: O célebre iluminista judeu foi colocado pelo belicoso cristão Friedrich Heinrich Jacobi diante da alternativa cristã entre fé e razão[10]. Mendelssohn escapou dela retomando metaforicamente em filosofia o conceito geográfico do orientar-se: se nos colocamos, em filosofia, diante de uma tal decisão, temos que nos recolher e, por um lado, orientar a razão especulativa pelo são entendimento humano; por outro lado, corrigir o são entendimento humano por meio da razão especulativa. Em ambos os casos, o pensar orienta-se sem certeza última e apenas por si próprio.

3.4 *Immanuel Kant*: Kant retomou, em sua dissertação *O que significa orientar-se no pensamento?*, o conceito de orientar-se; todavia, corrigiu seu emprego por meio de sua *Crítica da razão pura*, e limitou-o à razão prática[11]. A razão não pode invocar o são entendimento humano, que não dispõe de critérios suficientes, mas ela pode limitar-se unicamente por seu próprio intermédio. Para tanto, ela tem que ser suposta como incondicionada e nesse sentido como livre. Como incondicionada, ela está, do ponto de vista teórico, liberada das condições da natureza, porém, em sentido prático, tem que atuar sob essas condições. No entanto, ela não pode sequer definir a diferença entre esquerda e direita, o começo de toda orientação espacial, a partir de seu respectivo ponto de vista, e jamais pode ter um saber objetivo do mundo empírico. Ela experimenta essa falta como carência de orientação. A razão carente tem o compasso do imperativo categórico para a orientação do agir moral, e a pura fé racional num único Deus justo. Aqui a 'necessidade se coloca como discernimento'. Kant deixou em aberto, em grande medida, as condições da orientação no agir pragmático.

---

9 PASCAL. *Pensées*, n. 199/72 e n. 101/324.

10 Cf. STEGMAIER. *Philosophie der Orientierung*, p. 63-77.

11 Cf. ibid., p. 78-96.

4 Por quais meios Nietzsche franqueou uma nova filosofia da orientação?

4.1 *Individualização da razão*: Enquanto o Esclarecimento partiu de uma razão ainda universal e subsistente por si, compartilhada em igual medida por todos os homens, já Kant distinguia entre razão 'própria' e 'estranha'[12]. Aquilo que é plausível para os outros não tem que sê-lo para mim também. Porém, só posso tornar novamente plausível para *mim* as plausibilidades *deles* apenas de acordo com *minha* própria razão e com as plausibilidades dela[13]. Nietzsche partiu decididamente da individualidade da razão. Além disso, ele compreendeu a razão kantiana como pequena razão, que é ferramenta e brinquedo da grande razão do corpo, sobre o qual ela decerto exerce efeito, mas que, em sua complexidade, ela não pode atravessar inteiramente com o olhar[14]. Em sua orientação, ela é dependente de um intransparente.

4.2 *Fenomenalismo e perspectivismo*: Nietzsche evitou o conceito de orientação, decerto porque Eugen Dühring, com o qual ele não queria ser confundido, fazia uso dele de modo muito pesado[15]. Todavia, ele denomi-

---

12 Cf. SIMON, J. *Kant. Die fremde Vernunft und die Sprache der Philosophie*. Berlim/Nova York, 2003.

13 Para isso Kant aconselha três 'máximas do são entendimento comum: 1) Pensar por si próprio; 2) Pensar na posição de todos os outros; 3) Pensar de modo a estar de acordo consigo mesmo a todo momento' (KANT. *Kritik der Urteilskraft*, 40, AA V, 294). De acordo com isso, temos que: (1) servir-se, a todo tempo, do 'próprio entendimento' ou 'da própria razão' (KANT. *Beantwortung der Frage*: Was ist Aufklärung? AA VIII, p. 35 tb. p. 38. Cf. KANT. *Der Streit der Fakultäten*. AA VII, 31); ao mesmo tempo, porém: (2) provar o próprio juízo na 'razão alheia' (KANT. *Kritik der reinen Vernunft*. A 821/B 849), para então: (3) decidir por si mesmo como, numa determinada coisa, há de se pensar. Segundo Kant, 'cada um tem sua voz na razão humana universal' (KANT. *Kritik der reinen Vernunft*, A 752/B 780), que é característica de cada um e de *sua* razão. Para tornar-se objetivo, o pensamento do indivíduo singular é remetido à comunicação com os outros. Todavia, o pensamento dos outros tem inevitavelmente outros 'horizontes', e seria 'temerário querer determinar o horizonte dos outros, porque não conhecemos, por uma parte, suas capacitações e, por outra parte, suas finalidades (KANT. *Logik*, AA IX, p. 43).

14 Cf. NIETZSCHE. *Assim falou Zaratustra* I: Dos desprezadores do corpo.

15 Que o conceito era corrente para Nietzsche, mostra-o uma anotação na qual ele pergunta "se a 'finalidade', em relação à qual acreditamos agir, não seria simplesmente um fenômeno de 'acompanhamento do agir'. Uma pálida imagem semiológica previamente lançada na consciência, que nos serve para orientação"

nou sua filosofia de autêntico fenomenalismo e perspectivismo[16]. De acordo com ela, tudo aquilo que, em si, aparece como dado, é fenômeno em perspectivas individuais de orientações individuais. Em face de Protágoras, Spinoza, Leibniz e Kant, cujo fenomenalismo e perspectivismo ele conheceu e reconheceu precursores do seu próprio, Nietzsche persiste estritamente sobre a individualidade ou 'idiossincrasia' das perspectivas, e com isso também da percepção de fenômenos[17].

4.3 *Procurar a incerteza*: Nietzsche recomendava aos filósofos não apenas admitir a incerteza como inevitável, senão também procurá-la propositalmente, para descerrar novos horizontes para a orientação deles, e, ao fazê-lo, fazer de si mesmo um experimento sobre quanta incerteza é preciso suportar. Filósofos devem encontrar-se em 'mar aberto', e partir 'para novos mares'. Na 'alegria no X', eles poderiam encontrar 'uma nova felicidade'. Tarefa do conhecimento filosófico não poderia ser, como no cotidiano e na ciência, reconduzir o estranho ao conhecido, mas procurar pelo estranho enquanto tal[18].

4.4 *Heurística da necessidade constringente (Not)*: Nisso, o aparentemente mais conhecido e evidente, a rede das próprias plausibilidades, pode se revelar como o mais estranho[19]. Segundo Nietzsche, elas obedecem às 'carências' que brotam de 'sofrimentos' e 'constringências', que precisamente os filósofos procuram ocultar para si mesmos, com o intuito de poder declará-las universalmente válidas. As plausibilidades deles não são logi-

---

(*Nachlass* [espólio filosófico], 1886/1887, 7 [1]. KSA [Kritische Studienausgabe]. Org. por G. Colli e M. Montinari. Berlim/Nova York/Munique: De Gruyter/DTV, 1980] vol. 12, p. 248). • Na sequência, os mesmos signos reportam-se respectivamente às mesmas referências [N.T.].

16 NIETZSCHE. *A gaia ciência*. Aforismo 354.

17 Cf. NIETZSCHE. *Nachlass*, 1881, 11 [156]. KSA, vol. 9, p. 500. • FW 3, 348, 363, 370, 380. • GM II, 12. • GM III. • C. O problema de Sócrates, 4. • GD, A 'razão' na Filosofia, 1 e 4; Moral como antinatureza, 6; Incursões de um extemporâneo, 39. • AC 7, 15, 31. • EH, Por que escrevo tão bons livros, 2; Por que sou um destino, 7.

18 Cf. NIETZSCHE. FW, Prefácio 3, 343, 355. • Canções do príncipe livre-pássaro.

19 Cf. NIETZSCHE. GM, Prefácio.

camente deriváveis de suas constringências, porém estas só podem ser psicologicamente 'conjecturadas' daquelas. Como heurística da necessidade constringente, a psicologia é 'desde então novamente o caminho que conduz aos problemas fundamentais'[20].

4.5 *Pensamento autorreferente sem sujeito*: Conjecturando heuristicamente necessidades constringentes, uma filosofia do fenomenalismo e do perspectivismo, ou da orientação, só pode partir de si mesma. Ao mesmo tempo, ela se proíbe de atribuir essas necessidades constringentes a sujeitos transcendentais e por isso desprovidos de carências. Nietzsche golpeou deliberadamente a moderna metafísica do sujeito mesmo ainda em sua crítica transformação por Kant em filosofia transcendental. O Si-Próprio de uma orientação é a própria orientação com suas plausibilidades[21].

4.6 *Pensamento evolucionário*: Nietzsche apreendeu também o próprio pensar como 'aparelho de simplificação' que acomoda a si a 'efetividade indizivelmente complicada em sua alteridade' e em conformidade com suas carências de longa duração, bem como com seus afetos de curto prazo. Os pensamentos se configuram a partir deles evolutivamente num complexo processo de vontade de poder, antes de irromper na consciência[22]. Dessa maneira, todos os conceitos tornam-se temporais, e a verdade de alguma coisa torna-se uma sequência de processos de subjugação que nela se desenrolam, mais ou menos profundos, mais ou menos independentes uns dos outros[23].

4.7 *Paradoxos como meios do pensamento*: Para manter a filosofia livre de fixações insustentáveis, Nietzsche leva propositadamente filosofe-

20 NIETZSCHE. JGB. Aforismo 23.

21 Cf. STEGMAIER. *Philosophie der Orientierung*, p. 293-302.

22 NIETZSCHE. Nachlass 1885, 34 [249]. KSA, vol. 11, p. 505. • 38 [1]. KSA, vol. 11 p. 595ss.; 38 [2], 11.597. Comparar com STEGMAIER, W. "Nietzsches Zeichen". *Nietzsche-Studien*, n. 29 (2000), p. 41-69 [Publicado neste livro sob o título "Signos de Nietzsche"].

23 NIETZSCHE. GM II, 12.

mas próprios e alheios a tautologias e paradoxos. Exemplos são as explicações transcendentais de Kant ('Como são possíveis juízos sintéticos *a priori*?, perguntou-se Kant; e o que respondeu ele, propriamente? Em virtude de uma faculdade [*Vermöge eines Vermögens*]'), e sua própria utilização do conceito de vontade[24].

4.8 *Metaforicidade dos conceitos*: Como documenta seu inédito tratado de juventude *Sobre verdade e mentira em sentido extramoral*, Nietzsche partiu desde o princípio da metaforicidade de todos os conceitos. De acordo com isso, metáforas, cujo sentido permanece sempre fluido, não são figurações subsequentes aos conceitos, senão que conceitos são metáforas enrijecidas no tempo.

4.9 *Convencionalização linguística de vivências e pensamentos*: Também as linguagens se desenvolvem em conformidade com carências, particularmente a de poder entender-se rapidamente em necessidades constringentes. Elas criam um 'mundo convencional de superfícies e signos', 'um mundo generalizado e tornado comum', no qual desaparece a individualidade da vivência e do pensamento, porque só nele isso pode ser compartilhado[25].

4.10 *Convencionalização moral do pensar e do agir*: Linguagens para pôr-se rapidamente de acordo em necessidades constringentes já sempre encerram em si morais. Elas convencionalizam e moralizam o pensar e o agir a partir do fundamento. O fundamento de todo pensar não são leis lógicas, mas plausibilidades morais. A medula da moral cristã-europeia é o paradoxo de um si-próprio (*Selbst*) desprovido de si mesmo (*selbstlos*), de um sujeito que, em seu pensar e agir, deve fazer abstração justamente de si próprio. Para desvelar esse paradoxo, Nietzsche contrapõe provocativamente ao Si-Próprio desprovido de si-mesmo o

24 NIETZSCHE. BM 11. • *Nachlass* 1886/1887, 5 [9]. KSA, vol. 12, p. 187. Em relação a isso, cf. SCHMID, H. *Nietzsches Gedanke der tragischen Erkenntnis*. Würzburg, 1984.

25 NIETZSCHE. JGB 286. • FW 354.

Si-Próprio 'egoísta', que por natureza sempre cuida primeiramente de si mesmo[26].

4.11 *Orientação ética pelo* 'pathos *da distância*': A orientação ética principia, para Nietzsche, só além da convencionalização por meio de morais dominantes e da exigência de reciprocidade sustentada por elas, com o já quase inapreensível '*pathos* da distância' em relação às convenções morais disponibilizadas por essas linguagens. Da 'exigência por sempre novo alargamento de distâncias no interior da própria alma', 'da conformação de estados sempre mais elevados, raros, remotos, tensionados, abrangentes', espera Nietzsche uma 'elevação do tipo homem', a prolongada 'autossuperação do homem', para tomar uma fórmula moral num sentido supramoral[27]. No paradoxal conceito do não conceitual *pathos* da distância, Nietzsche apreende a separação entre as orientações, também na orientação das mesmas umas sobre as outras e umas nas outras, a partir de seus respectivos pontos de vista[28].

4.12 *Soberania da orientação*: De acordo com Nietzsche, os indivíduos tornam-se pragmática e moralmente 'soberanos' em suas respectivas orientações, se 'estão firmemente sentados sobre si mesmos'[29], se encontram sustentação em si próprios, seguem padrões de medida próprios, a partir de discernimento e responsabilidade próprios, e ao fazê-lo dominam também, segura e rapidamente, mesmo as mais surpreendentes situações, abalam os outros nas orientações destes e subtraem-lhes o solo. Tais 'espíritos fortes, redondos, seguros'[30], conquistaram 'poder sobre seus próprios

---

26 Cf. NIETZSCHE. Cinco prefácios – A disputa de Homero. KSA, vol. 1, p. 789s. • *Humano, demasiado humano* II. • *O andarilho e sua sombra*, n. 285. • *Aurora*, n. 552. • *A gaia ciência*, n. 21, 55, 328, 335. • *Assim falou Zaratustra* III: Dos três malvados 1 e 2. • *Crepúsculo dos ídolos* – Incursões de um extemporâneo, n. 33 e 35. • *Ecce homo* – Por que sou tão esperto, n. 9 e 10; Por que sou um destino, n. 7.

27 NIETZSCHE. JGB, n. 257.

28 Cf. STEGMAIER. *Philosophie der Orientierung*, p. 361-459.

29 NIETZSCHE. FW, n. 345.

30 Ibid.

prós e contras', e aprenderam a 'desmontar e armar de novo' suas perspectivas de acordo com as próprias necessidades e finalidades, de maneira a tornar útil 'para o conhecimento justamente a diversidade das perspectivas e das interpretações dos afetos'[31].

5 Em que alterou-se a situação desde Nietzsche?

5.1 *Declínio das expectativas em relação à filosofia, alargamento do campo e disciplinarização metódica da filosofia*: Nietzsche esperava dos

31 NIETZSCHE. MA. Prefácio 6. • GM III 12. No verão de 1884 Nietzsche colocou no papel uma 'intuição fundamental' (*Nachlass*, 1884, 25 [307]. KSA vol. 11, p. 89ss.), que pode ser lida como um programa da filosofia da orientação. Ela contém oito princípios (*Grundsätze*): *1) Princípio da crítica ou da suspensão crítica de todo 'saber e de todas as avaliações'*: "1º princípio. Todas as estimativas de valor até agora surgiram a partir de um falso saber presumido a respeito das coisas: 'elas não obrigam mais, mesmo quando atuam instintivamente como sentimento (como consciência moral)". *2) Princípio da precaução relativamente à crença à orientação precedente:* "2º princípio. Em lugar da crença, que não é mais possível para nós, colocamos sobre nós uma vontade forte, que sustenta uma série provisória de avaliações fundamentais, como princípio heurístico, para ver quão longe podemos caminhar com elas. Como o navegador em mar desconhecido. Em verdade, também toda aquela 'crença' não foi outra coisa: apenas que outrora a disciplina do espírito era muito pequena para poder suportar nossa enorme precaução". *3) Princípio da comprovação autocrítica das orientações:* "3º princípio. A coragem da cabeça e do coração, que distingue a nós, seres humanos europeus: conquistada no combate de muitas opiniões. Flexibilidade, a maior de todas, no combate contra religiões que se tornaram refinadas, e amargo rigor, sim crueldade. Vivissecação é uma prova: quem não a suporta, não pertence aos nossos". *4) Princípio do ajustamento matemático ensinável e da simplificação de orientações complexas:* "4º princípio. A matemática contém descrições (definições) e conclusões a partir de definições. Seus objetos não existem. A verdade de suas conclusões assenta sobre a correção do pensamento lógico. – Quando a matemática é aplicada, então, acontece o mesmo que com as explicações por meio e fim: o efetivo torna-se só ajustado e simplificado (falsificado)". *5) Princípio da implícita aceitação de plausibilidades últimas ou de ficções necessárias para a vida*: "5º princípio. Aquilo em que, na maioria das vezes, acreditamos, todo *a priori* não é mais certo porque nele acreditamos mais fortemente. Mas isso se apresenta talvez como condição de existência de nossa espécie – alguma hipótese fundamental. Por isso, outros entes podem fazer outras hipóteses fundamentais, por exemplo, quatro dimensões. Assim, todas essas hipóteses sempre ainda poderiam ser falsas – ou antes: em que medida alguma coisa poderia ser 'verdadeira em si'! Isso é um *non sense* fundamental!" *6) Princípio do 'niilismo ativo' ou do próprio padrão de medida:* "6º princípio. Pertence à virilidade conquistada que não nos enganemos sobre nossa posição humana: pelo contrário, queremos impor rigorosamente nossa medida e almejar a maior medida de poder sobre as coisas. Entrever que o perigo é prodigioso: que até hoje o acaso dominou". *7) Princípio da inserção numa orientação global:* "7º princípio. Chega a tarefa do governo da terra. E com ela a pergunta: Como queremos o futuro da humanidade? – Necessidade de novas tábuas de valor. E luta contra os representantes dos valores antigos, 'eternos', como assunto supremo!" *8) Princípio de um imperativo pessoal do 'criar', ao invés de um formal do 'dever':* "8º princípio. Mas de onde tomamos nós nosso imperativo? Não há nenhum 'tu deves', mas o 'eu tenho que' do sobrepujante (*Übermächtigenden*), criador".

'autênticos filósofos, depois de sua desmascaradora 'descoberta da moral cristã', da qual via surgir 'uma catástrofe efetiva', uma nova legislação 'para o tempo do vindouro governo mundial do homem em ponto grande'. Ao mesmo tempo, ela deveria inaugurar um 'mais elevado cultivo (*Züchtung*) da humanidade' que tornaria apta para a 'percepção dessa tarefa'. De acordo com isso, os filósofos deveriam criar novos conceitos do homem e de sua posição no mundo, que seriam tão plausíveis que dariam sustentação ao homem na nova orientação global, e com isso tornar-se-iam 'destino da humanidade'[32]. Ninguém deposita mais hoje tais expectativas na filosofia. Ao invés disso, desde Nietzsche e em parte em ligação com ele, a filosofia ampliou seu campo para as questões fundamentais da vida cotidiana, da existência, do ser-homem, da cultura e da interculturalidade, e estendeu sua metodologia para a fenomenologia, hermenêutica, genealogia e análise lógica da linguagem. Ela se paralelizou e metodologizou, e com isso aproximou-se das disciplinas científicas. A despeito das experiências catastróficas do século XX, o niilismo é percebido ainda no século XXI como disposição fundamental de ânimo, mas quase não experimentado como necessidade constringente, e não mais tornado problema para os filósofos que dão o tom. O 'pessimismo dionisíaco' de Nietzsche cedeu lugar a um novo otimismo dos 'operários filosóficos da filosofia', como ele os denominava[33].

5.2 *Distanciamento das célebres doutrinas de Zaratustra*: Apesar da imensurável influência de Nietzsche em literatura, arte, música, política, religião, ciência, filosofia e ética, ninguém de nível levou adiante as célebres doutrinas de Zaratustra do Além-do-Homem, da vontade de poder e do eterno retorno do mesmo. Heidegger, o intérprete mais influente de Nietzsche, a despeito das expressas advertências deste último, reuniu-as numa nova metafísica sistemática, que teria consumado a antiga[34]. No entanto, Nietzsche deixa

---

32 NIETZSCHE. *Ecce homo* (EH) – Por que sou um destino 8. • JGB 211. • MA I 247. • EH, GT 4. • EH, WA 4.

33 NIETZSCHE. FW 370. • JGB 211.

34 HEIDEGGER, M. Nietzsche. 2 vols. Pfullingen, 1961. Cf. a esse respeito: STEGMAIER. "[Heideggers] Auseinandersetzung mit Nietzsche I – Metaphysische Interpretation eines Anti-Metaphysikers". • THOMÄ, D. *Heidegger-Handbuch*: Leben – Werk – Wirkung. Stuttgart/Weimar 2003, p.

fracassar Zaratustra com suas célebres doutrinas, todas elas são mal-entendidas[35]; fora de seu *Assim falou Zaratustra*, ele próprio não deu prosseguimento a elas. A grande visada panorâmica sobre o seu pensamento até então, que ele colocou sob os olhos em 10 de junho de 1887, intitulado 'O niilismo europeu', foi concluído por ele com a pergunta: como pensariam sobre 'o eterno retorno' 'os mais fortes, os mais comedidos, aqueles que não têm necessidade de extremos artigos de fé'?[36] Juntamente com o pensamento do além-do-homem, ele quase não as retoma mais nas obras seguintes[37], olha retrospectivamente para elas apenas ainda na genealogia de seu pensamento até então, em seu *Ecce homo*. Como, por fim, ele anotou, ele tinha necessidade desses 'contraconceitos fortes', a força iluminadora desses conceitos, para lançar luz no fundo daquele abismo de leviandade e mentira que até hoje chamou-se moral[38].

5.3 *Sentido crítico das célebres doutrinas de Zaratustra para uma filosofia da orientação.* Entendidos criticamente como 'contraconceitos', os conceitos de além-do-homem, de vontade de poder e de eterno retorno do mesmo liberam espaço para uma filosofia da orientação, tal como esta foi esboçada no início[39]. O conceito de além-do-homem deve desafiar para

---

202-210. • THOMÄ, D. "Nietzsche nach Heidegger". In: DENKER, A.; HEINZ, M.; SALLIS, J.; VEDDER, B. & ZABOROWSKI, H. (orgs.). *Heidegger-Jahrbuch* – Vol. 2: "Heidegger und Nietzsche". Friburgo, 2005, p. 321-336 [Publicado neste livro sob o título "Nietzsche segundo Heidegger"].

35 Nietzsche envia Zaratustra ao mercado, onde este anuncia imediatamente sua doutrina do além-do-homem e, compreensivelmente, colhe gargalhadas. Quando, então, Zaratustra se recolhe com alguns poucos amigos, ele se dá conta de que também estes o mal-entendem, e mantém colóquio tão somente com seus animais – que então também o mal-entendem: do opressivo pensamento do eterno retorno do mesmo, eles fazem logo uma 'canção de realejo', uma canção facilmente compreensível para a praça do mercado (Za III. O convalescente, 2).

36 NIETZSCHE. *Nachlass*, 1886/1887, 5 [71]. KSA vol. 12 p. 217.

37 Do além-do-homem Nietzsche fala ainda ocasionalmente em GM I, 16: *Crepúsculo dos ídolos* – Incursões 37, e *Anticristo*, 4 como uma 'espécie de além-do-homem'.

38 NIETZSCHE. *Nachlass* 1888, 23 [3]3. KSA vol. 13 p. 603.

39 Cf. STEGMAIER. "Friedrich Nietzsche: Also sprach Zarathustra". In: STEGMAIER (em colaboração com FRANK, H.). *Interpretationen* – Hauptwerke der Philosophie; *Von Kant bis Nietzsche*. Stuttgart, 1997, p. 402-443 [reimpresso sob o título: "Anti-Lehren – Szene und Lehre in Friedrich Nietzsches *Also sprach*

novas evoluções do homem e de sua orientação. Ele é voltado contra um conceito último, isto é, definitivo e universal conceito de homem, que cada um tenta configurar de acordo com sua própria figura, para ser, ele próprio, justificado como 'o último homem', acima do qual o homem não tem mais que se elevar[40]. O conceito de vontade de poder, ou, mais precisamente, *vontades* de poder[41], deve abrir o conceito de conceito em geral para margens de manobra de sempre novos deslocamentos de sentido. Ele é voltado contra a fixação e independentização do universal em conceitos. De acordo com isso, a vida há que ser pensada como incessante confrontação (*Auseinandersetzung*) de poderes não fixados, porém, formando-se de novo em cada confrontação, na qual 'todo e cada poder, em todo e cada instante extrai sua derradeira consequência'. Isso vale também autorreferencialmente, de acordo com Nietzsche, para seus próprios conceitos ('suposto que também isso seja apenas interpretação – e sereis vós suficientemente zelosos para objetar isso? – então, tanto melhor')[42]. O conceito de eterno retorno do mesmo finalmente paradoxaliza a metafísica. Ele deve alcançar aqueles que têm necessidade de uma metafísica, e que se irritam com essa necessidade. 'Eterno' e 'Mesmo' são conceitos-guia da metafísica, assim como 'tudo' que deve retornar eternamente como o mesmo. Sob orientações, nada há de eterno e mesmo, a não ser que seja *posto* como eterno e o mesmo para além dos pontos de vista, horizontes e perspectivas; e 'tudo', já de acordo com Kant, nunca é apreendido em nenhuma orientação. Com o 'retorno', Nietzsche introduz o tempo na metafísica. Por meio disso, eterno e o mesmo é como que temporal e intemporal. Entretanto, um mesmo e eterno retorno de tudo não pode, por princípio, ser conhecido. Pois se tudo retorna *identicamente*, não se pode conhecer o retorno enquanto tal; senão um retorno deveria se diferenciar dos outros por meio de alguma coisa, e

---

Zarathustra". In: GERHARDT, V. (org.). *Klassiker Auslegen* – Friedrich Nietzsche: Also sprach Zarathustra. Berlim, 2000, p. 191-224.

40 Cf. NIETZSCHE. Za. Prefácio 5.

41 Cf. MÜLLER-LAUTER, W. *Nietzsche* – Seine Philosophie der Gegensätze und die Gegensätze seiner Philosophie. Berlim/Nova York, 1971.

42 NIETZSCHE. JGB 22.

portanto não seria o mesmo. Para poder conhecer o retorno de *tudo* deveríamos poder observar o mundo a partir de um ponto de vista exterior a ele. A metafísica sempre admitiu sub-repticiamente tal ponto de vista puramente teórico, divino, na orientação humana ele não é possível nem necessário. Desse modo, também o pensamento do eterno retorno do mesmo leva de volta à orientação humana, que sempre se posiciona de novo e continua a se desenvolver.